LA FEMME AU TE...
collection dirig...
Laurence Pernoud
Danielle Elisseeff, Jérôme Pernoud

LA FEMME AU TEMPS
DE SCARLETT

Du même auteur

La Vie quotidienne en Louisiane, 1815-1830, Hachette, 1978, couronné par l'Académie française.
La Vie quotidienne en Californie au temps de la ruée vers l'or, 1848-1856, Hachette, 1982, couronné par l'Académie française.
Coligny, Fayard, 1985, couronné par l'Académie française.
La Vie quotidienne à La Rochelle au temps du Grand Siège, 1627-1628, Hachette, 1987.
La Traite des nègres sous l'Ancien Régime, Perrin, 1989.

A paraître :

En collaboration avec Ruth Olivera :
Life in Mexico under Santa Anna, Oklahoma University Press, Norman (Okla.).

Liliane Crété

La Femme
au temps
de Scarlett

Les Américaines au XIXe siècle

Stock/Laurence Pernoud

Introduction

*Quand s'ouvrit le XIXᵉ siècle, les États-Unis ne s'éten-
daient pas au-delà du Mississippi et si, au nord, les frontières étaient plus ou moins semblables à ce qu'elles sont
aujourd'hui, au sud, la bannière étoilée ne flottait sur
aucune terre bordant le golfe du Mexique. La Floride et la
Louisiane appartenaient à l'Espagne.*

*En un demi-siècle, les États-Unis triplèrent leur terri-
toire. D'abord par l'acquisition de la Louisiane, en 1803,
après que Bonaparte eut obtenu de la faible Espagne la
rétrocession de l'ancienne colonie française; le Mississippi
devint un fleuve américain depuis sa source jusqu'à son
embouchure, et des étendues illimitées de terres vierges, à
l'ouest, s'offrirent à la colonisation. Ensuite, par l'annexion,
en 1810, de la partie occidentale de la Floride qui longeait
le golfe du Mexique jusqu'à Mobile, puis par l'achat du
reste de la Floride à l'Espagne en 1819. Enfin, la révolution
texane de 1835 et la guerre contre le Mexique en 1846-1848
allaient permettre aux Américains d'ajouter à l'Union les
immenses territoires dans lesquels furent découpés les États
de Californie, du Nevada, du Nouveau-Mexique, de l'Arizona, de l'Utah et du Texas.*

*Au nord-ouest, par ailleurs, un accord avec l'Angleterre
fixait en 1846 la frontière de l'Oregon au 49ᵉ parallèle qui
marquait déjà les limites septentrionales des territoires vendus par Bonaparte à Jefferson, le fameux* Louisiana Pur-

chase, *tandis qu'en 1853, des tractations avec le Mexique,
dit achat Gadsden, repoussaient un peu plus au sud les
frontières du Nouveau-Mexique et de l'Arizona, donnant
aux États-Unis leur configuration actuelle.*

*L'Amérique, en 1800, était une nation essentiellement
rurale. L'existence de tous était rythmée par les saisons et
les travaux agricoles. La famille rurale vivait plus ou moins
en autarcie : tout ce qui était nécessaire à la vie quotidienne
était fait à la maison, et lorsqu'il y avait achat ou vente, on
recourait le plus souvent au troc. Six pour cent seulement
de la population habitaient dans des villes de plus de 2 500
âmes, et seules New York et Philadelphie en comptaient
50 000. Les villes américaines avaient d'ailleurs toutes un
caractère champêtre. Les rues étaient bordées d'arbres
splendides, et les maisons, qu'elles fussent de brique ou de
bois, étaient entourées de jardin. Dans le Sud, des vérandas
et des balcons sur lesquels les habitants prenaient le frais
les décoraient. Dans une demi-douzaine de villes portuaires
s'était forgée au fil des ans une classe de riches marchands,
liés souvent entre eux par des intérêts commerciaux ou des
attaches familiales.*

*La guerre de 1812 contre l'Angleterre *, appelée parfois la
seconde guerre d'Indépendance, fortifia le sentiment national et provoqua l'essor de l'industrie américaine en obligeant les États-Unis à fabriquer les produits importés
naguère de Grande-Bretagne. La vitalité de la jeune République se manifesta désormais dans tous les domaines et
dans toutes les régions. Dans le Nord, dès 1830, bien que les
cinq sixièmes de la population vécussent encore à la campagne et que les exportations consistassent principalement
en produits agricoles, la révolution industrielle était en
marche.*

---

* Officiellement déclarée parce que les Anglais, pour recruter leur marine,
avaient recours à la « presse » et n'hésitaient pas à arrêter les navires américains
et à enlever à l'occasion leurs marins. En pleine paix, une frégate anglaise tira
même sur la frégate américaine *Chesapeake*. L'autre raison était que bien des
Américains voyaient dans un nouveau conflit avec l'Angleterre une chance
d'expansion territoriale.

Le Sud évolua différemment. La population y était plus éparpillée, moins nombreuse, les villes plus rares et plus petites, à l'exception de La Nouvelle-Orléans, grand port par où transitait presque toute la production des fermiers à l'ouest des Appalaches, et les grands propriétaires terriens qui employaient une importante main-d'œuvre servile, plus que les marchands, dominaient la société. Comme au temps de Cromwell, ils se paraient du nom de cavaliers, *par opposition aux puritains, et se flattaient d'avoir apporté au Nouveau Monde une civilisation raffinée et aristocratique. L'esclavage était un héritage de la période coloniale commun à tous les États de la nouvelle République. A la fin du xviiie siècle et au début du xixe, toutefois, plusieurs États du Nord s'élevèrent contre cette « institution particulière » et la supprimèrent avec d'autant plus d'ardeur que la main-d'œuvre servile importait peu à leur économie. Ils pouvaient donc concilier l'intérêt avec la morale. Bien qu'hommes du Sud, des pères fondateurs comme Washington, Madison et Jefferson attendaient avec impatience le jour où l'esclavage serait aboli. Déjà, à la fin du xviiie siècle, de nombreux planteurs avaient abandonné la culture du tabac, peu profitable. Mais deux événements se produisirent qui transformèrent à la fois les intérêts et les idées et apportèrent à l'esclavage un regain d'activité. Le premier fut l'introduction de la machine à égrener le coton, la* cotton gin *d'Eli Whitney; le second, la phase cotonnière de la révolution industrielle anglaise.*

Avec la paix de Gand (décembre 1814), les rapports entre Américains et Anglais s'améliorèrent, et la Grande-Bretagne reprit rapidement sa place de premier acheteur de coton des États-Unis. Partout où le sol s'y prêtait, on planta du coton. Le domaine du Roi coton s'étendit bientôt de la Caroline du Sud au Mississippi, et le nouveau Sud – Alabama, Mississippi, Louisiane, Arkansas – connut un formidable développement. L'esclavage, en 1830, était devenu le moteur de l'économie du Sud. Même des États comme la Virginie, le Kentucky, la Caroline du Nord et le Missouri, où l'on ne cultivait pas ou peu de coton, y trouvèrent un intérêt nou-

veau, car ils tiraient un bon prix de leurs esclaves en surplus dans les marchés du Sud profond. De plus, ces États continuaient à employer une main-d'œuvre servile sur leurs plantations de tabac et de chanvre.

Méfions-nous des stéréotypes et gardons-nous de représenter les gens du Sud comme de grands barons négriers vivant dans le luxe et l'indolence : en 1860, sur un total de 1 600 000 familles blanches, 384 000 seulement possédaient les 4 millions d'esclaves et les deux tiers de ces familles en avaient moins de vingt chacune. Chiffres plus révélateurs encore : sur les 568 000 exploitations agricoles recensées en 1850, 101 335 pouvaient être qualifiées de plantations, c'est-à-dire d'exploitations produisant en quantité importante une des cinq denrées de base : coton, tabac, sucre, riz ou chanvre[1]. Au sud comme au nord et à l'ouest, en vérité, la petite et la moyenne propriété prévalaient.

D'un peu plus de 5 millions en 1800, la population passa à 23 millions en 1850 pour atteindre 76 millions en 1900[2]. Dire que tous les Américains descendent d'immigrants est un cliché. Les seuls vrais Américains, bien évidemment, sont les Indiens. Jusqu'aux années 1690, la plupart de ceux qui débarquèrent en Amérique étaient d'origine anglaise, à l'exception de la colonie hollandaise de New York et des petites communautés suédoises et finnoises de la région du Delaware. Après la révocation de l'édit de Nantes, un assez grand nombre de huguenots s'implantèrent en Amérique ; des villes comme New Rochelle, dans l'État de New York, ou New Bordeaux, en Caroline du Sud, témoignent aujourd'hui encore de leur présence. Puis au XVIIIe siècle arrivèrent par vagues successives des Écossais, des Scots-Irish (Écossais de l'Ulster) et des Allemands. Tous ou presque étaient protestants. Un premier recensement de la jeune République, en 1790, indiquait 98 % de protestants sur les 4 millions d'habitants d'alors.

Les Scots-Irish, les plus nombreux, peuplèrent la grande vallée de Virginie, le Piedmont des Carolines, la Pennsylvanie, à l'ouest de la Susquehanna, et des comtés entiers dans les États de New York et du New Jersey. Si le calvinisme

*pénétra profondément en Amérique avec les puritains, fon-
dateurs de la colonie de Massachusetts Bay, les huguenots,
les Écossais et les Scots-Irish, ce fut avec les Allemands une
diversité de sectes protestantes qui entra : luthériens, bien
sûr, mais aussi amish, mennonites, schwenkfelders, dunkers
et Frères moraves. Les communautés catholiques étaient
quant à elles insignifiantes sinon en basse Louisiane où une
population constituée de créoles *, d'Acadiens et de Français
de souche, farouchement attachés à leur culture et à leur
langue, refusait de se laisser prendre dans le bouillonne-
ment de la vie américaine. Sans l'arrivée massive d'Irlandais, puis d'Italiens et de Polonais, au cours du XIXe siècle,
l'Église catholique romaine ne serait rien de plus en Amérique, ainsi que l'écrit l'historien Carl N. Degler, « qu'une
Église missionnaire parmi les hérétiques, comme elle l'était
au XVIIIe siècle [3] ».*

*Calvinistes et quakers transmirent aux Américains un
patrimoine puritain qui se faisait sentir dans toute la
société. Bien que divergeant grandement du point de vue
théologique, ils partageaient une même éthique : goût du
travail, de l'épargne, de la sobriété; dépouillement des
cultes; recherche du perfectionnement; modestie de la mise;
austérité. L'éthique protestante, et particulièrement calviniste, marqua profondément le comportement des Américains. Placé sous le signe de la productivité, de la rigueur et
de la raison, le mode de vie des calvinistes, avec sa
recherche angoissée des signes de l'élection divine, ne se
comprend qu'à la lumière du dogme de la prédestination :
selon Calvin, Dieu, avant même la création du monde,
aurait décidé de la destinée de tout le genre humain, vouant
les uns à la vie éternelle et les autres à la mort éternelle.*

*A cause de l'extrême dureté de la vie dans les territoires
vierges du Nouveau Monde, un bien plus grand nombre
d'hommes que de femmes s'y établirent au cours des XVIIe et
XVIIIe siècles. Les hommes furent partout en surnombre pen-*

---

* De l'espagnol *criollo*, nom qui désignait, à l'origine, les enfants de parents blancs nés dans les îles Caraïbes. Le terme s'était étendu à toute la population blanche de langue française en Louisiane.

dant la période coloniale, sauf en Nouvelle-Angleterre.
Faut-il attribuer le respect et l'attention qu'ils portaient
aux femmes à leur rareté? Tous les observateurs étrangers
s'accordent à dire que les femmes en Amérique étaient
entourées d'égards et d'honneurs inconnus en Europe. Pour
l'Anglais Nicholas Cresswell, l'Amérique était un paradis
pour les femmes parce que leurs chances de trouver un mari
étaient excellentes [4]. Alexis de Tocqueville, de son côté,
n'hésita pas à dire que la position de la femme ne lui sembla nulle part plus élevée qu'en Amérique. Et il ajouta que
si on lui demandait à quoi il attribuait principalement « la
prospérité singulière et la force croissante » du peuple américain, il répondrait qu'elle était due à la « supériorité de
ses femmes [5] ».

Quelle était donc cette femme américaine dont Tocqueville et d'autres observateurs chantèrent les louanges? Et
peut-on parler déjà au XIXe siècle d'un modèle type de
femme américaine alors que les États-Unis étaient constitués par des populations diverses et que le Nord et le Sud
semblent avoir développé des civilisations différentes, voire
antagonistes?
    La lecture d'un grand nombre de lettres, journaux
intimes, mémoires, ouvrages « édifiants » me permet de
répondre par l'affirmative. Les femmes dont j'ai suivi le
destin, qu'elles fussent du Sud, du Nord ou de l'Ouest,
qu'elles appartinssent à des milieux riches ou pauvres,
avaient un dénominateur commun : l'éducation protestante.
Le puritanisme ne céda le pas que devant le victorianisme.
Le culte victorien de la Vraie Femme, pieuse, douce et vertueuse, fut célébré au XIXe siècle par toutes les classes de la
société. La femme se prêta volontiers à ce rôle parce que le
mariage était pour elle un choix réfléchi. Autre trait
commun à toutes, le militantisme. En tout protestant som-
meille l'idée de mission sur terre, de croisade morale. La
middle class partit en guerre contre l'esclavage, l'alcoolisme, la prostitution, la débauche sexuelle. Une minorité se
battit pour les droits de la femme et le suffrage, et une
majorité pour l'amélioration de l'éducation.

La connaissance en profondeur que j'ai acquise, au cours des années, de la vie américaine dans le Sud, où toutes choses bougent avec lenteur, m'a certainement aidée pour aborder, saisir, comprendre la mentalité des femmes de ce temps. Elles me semblent en fait très proches. Mais leur comportement surprendra sans doute les Français d'aujourd'hui, surtout la jeune génération. Même les féministes les feront peut-être sourire. Et pourtant, si l'on fait abstraction du fait que pour elles, l'égalité des sexes n'impliquait pas l'élargissement aux femmes de la liberté sexuelle masculine, mais au contraire la conversion des hommes aux vertus morales féminines, leurs revendications nous apparaissent singulièrement familières : égalité en matière de droit, de salaires et d'éducation, accession à toutes les professions, y compris celle de ministre du culte, suffrage.

Leur attitude en face des différents problèmes de l'existence, tant individuelle que collective, est pour notre époque d'un grand intérêt. Raconter leur histoire, c'est raconter l'histoire du XIXᵉ siècle américain, car elles participèrent à tous les grands mouvements qui secouèrent le pays, que ce fût la guerre de Sécession, affreux conflit qui mit aux prises le Nord et le Sud, la conquête de l'Ouest ou l'Age doré. Leur rôle, on le verra, alla bien au-delà de celui que la société leur attribuait.

Première Partie

Les piliers de la République

1

« L'amour est éternel »

Instruites pour devenir des modèles de vertu et d'obéissance à la puissance maritale, formées dès l'enfance à l'idée qu'il était bienséant de se montrer fragiles, réservées et craintives devant la gent masculine, les jeunes filles américaines, sitôt sorties de l'adolescence, se mettaient généralement en quête d'un époux. Trouver un bon mari était pour la plupart d'entre elles le but suprême à atteindre. Seul le mariage, chacun en était intimement persuadé, pouvait donner à la femme un statut et même, souvent, des moyens d'existence. Contrairement aux coutumes européennes, la liberté de choix leur était le plus souvent laissée. Aussi bien les mariages d'amour étaient-ils nombreux. Mais tout en reconnaissant à sa fille une indépendance certaine dans la sélection de l'élu, le père américain veillait à ce qu'elle ne se précipitât pas tête baissée dans le mariage ou ne perdît son temps en vaines coquetteries. Dans le Sud, où l'élément masculin était fortement dominant, la vanité poussait quelques « belles » à collectionner les soupirants.

Conscients que, passé vingt-cinq ans, âge fatidique à l'époque, une jeune fille avait peu de chances de trouver un mari, à moins que celui-ci ne fût veuf et chargé d'enfants, les pères les plus aimants se montraient parfois sévères envers les coquettes. « Peu d'hommes peuvent comprendre les tentations qui assaillent une jeune fille, l'amenant parfois à faire en toute bonne foi des promesses qu'elle ne peut pas tenir », rapporta plus tard Caroline Merrick, fille d'un austère planteur de la paroisse d'East Feliciana en Louisiane, « et mon père n'avait pas de pitié pour celle qui, grisée par l'admiration générale dont elle faisait l'objet, se montrait incapable d'engager sa vie pour fonder un foyer avec un cœur brave et sincère. Une telle jeune fille, pensait-il, méritait de rester vieille fille parce qu'elle s'était détournée de sa vocation la plus noble, et tout cela par pure vanité et folie [1]. »

Vieille fille ! Le mot fit frissonner d'horreur des générations de parents aimants. Victoriens ou pas, tous cherchèrent à éviter à leurs filles l'expérience amère du célibat. Il est vrai qu'en ce temps-là, aucune profession ne s'offrait aux femmes sinon celle de maîtresse d'école lorsqu'elles avaient de l'instruction, de tisseuse ou de fileuse, si elles n'en avaient pas, et pour toutes les familles patriciennes, même la première occupation était considérée comme une disgrâce. Les mœurs la condamnaient le plus souvent à demeurer au foyer paternel ou encore à vivre chez une sœur mariée, où, non sans mélancolie, elle regarderait grandir et s'animer autour d'elle la famille.

L'épouvantail de la vieille fille n'était pas une création de l'Amérique victorienne. Dès 1677, *The Ladies calling* proclamait qu'on ne trouvait pas dans la nature « créature plus calamiteuse ». La seule façon pour ces malheureuses de faire oublier leur disgrâce était de montrer « la plus grande vertu et piété ». Ainsi pourrait-on croire qu'elles avaient volontairement choisi le célibat [2]. Au cours du siècle suivant, de nombreux auteurs, par leurs conseils judicieux, s'employèrent à prévenir dans les familles cet affreux malheur.

John Gregory, médecin d'Edimbourg, dont l'ouvrage, destiné à ses filles, fit l'objet de vingt-sept éditions en Amérique entre 1775 et 1798, tout en reconnaissant que l'amour de la parure était naturel aux jeunes filles, conseillait la « simplicité élégante », toute extravagance dans la toilette apparaissant aux hommes comme un signe de la « vanité, légèreté... (et) folie » de celle qui la portait. Le bon goût voulait aussi qu'une femme dissimulât ses avantages plutôt qu'elle ne les montrât [3]. Le révérend John Bennet renchérit : « Cultivez la simplicité, écrit-il à une certaine " miss Lucy ". Le bon goût est le vêtement naturel d'une personne pondérée et va de pair, peut-on dire, avec la pureté du cœur[4]. »

Modeste et vertueuse, la jeune fille, pour plaire à un homme, devait également meubler son esprit. Mais attention, il n'était pas question d'en faire un insupportable bas-bleu. Au seul mot de femme savante, les hommes auraient fui. Le révérend Fordyce, célèbre pour ses *Sermons to Young Women*, publiés à Philadelphie en 1787, fut bien clair là-dessus : ce que le monde (c'est-à-dire les hommes) trouvait estimable chez les femmes, ce n'étaient pas leurs facultés intellectuelles mais leurs qualités émotionnelles. Aussi bien la nature ne les avait-elle pas dotées de facultés aussi vigoureuses que celles des hommes. Craignant de fatiguer leurs petites têtes, il conseillait des lectures propres à les rendre « agréables et utiles[5]. » Le révérend Bennet était d'avis de leur élever l'esprit par des ouvrages édifiants et quelques poésies mais s'opposait farouchement aux romans : « Un volume entier ne suffirait pas pour exposer les dangers de ces livres. » Ils entraînaient la jeunesse dans un pays enchanté, un monde imaginaire plein d'amitiés éternelles, d'attachements indestructibles, de béatitudes sans fin et « de joies chimériques qui, dans l'âpreté de la vie quotidienne, ne se réalisent jamais[6]. »

L'éducation des jeunes filles ne saurait bien entendu être complète sans une solide instruction religieuse. Bien qu'au XVIIIe siècle la religion en Amérique fût en déclin, ces auteurs la jugeaient indispensable pour les femmes. Le Dr Gregory estimait qu'elle les aiderait à supporter les contraintes que la société leur imposait. De plus, avertissait-il ses filles, les moins pieux des hommes « détestent chez vous l'incroyance ». Enfin, il paraissait évident au médecin écossais qu'un homme douterait de la vertu d'une femme qui n'aurait pas de croyances religieuses[7].

Le révérend Bennet opinait : la religion était indispensable aux jeunes filles, ne serait-ce que pour les consoler des chagrins et des épreuves qui les attendaient une fois mariées. Écoutons les propos pessimistes qu'il adresse à « miss Lucy » :

« La timidité provenant de la faiblesse et de la délicatesse naturelle de votre constitution ; vos dispositions à de nombreuses maladies ; cette sensibilité exquise qui fait vibrer beaucoup d'entre vous à la moindre joie ou à la moindre peine ; l'anxiété qui vous fait trembler pour vos amis, vos enfants, une famille, et que rien ne peut soulager sinon le sentiment d'être sous la protection de Dieu ; la sédentarité de votre existence... et les nombreuses heures solitaires qui vous attendent sans doute, vous exposeront à des chagrins tout particuliers que vous ne pourrez, comme les hommes, noyer dans le vin ou oublier dans la dissipation. Dès que vous serez en âge de vous marier, la sphère de vos anxiétés et de vos afflictions s'agrandira, car la plupart des hommes sont loin d'agir envers vous selon les stricts principes d'honneur et d'intégrité qu'ils observent dans des domaines infiniment moins importants [8]. »

Dernier point : on attendait d'une jeune fille qu'elle maniât l'aiguille avec adresse, fût bonne musicienne, eût quelque talent en dessin et surtout se montrât sensible, douce et fragile. Certes, nos auteurs recommandaient qu'elle prît de l'exercice et même dansât avec modération, mais en aucun cas elle ne devait attirer l'attention sur sa force physique, cela aurait été vulgaire et antiféminin.

Ce modèle de la jeune fille parfaite, repris et développé par les cavaliers au sud et par les puritains au nord, fut imposé au XIXᵉ siècle à l'Amérique tout entière. Ajoutons que dans les États du Nord, et particulièrement en Nouvelle-Angleterre, par le fait même que les prédicateurs ne cessaient de mettre en garde leurs ouailles contre les tentations et les vices de la société, les jeunes filles étaient plus au fait des réalités de la vie que les belles du Sud, prisonnières de l'idéal chevaleresque conçu par les mâles de leur entourage. Les institutions pour jeunes *ladies*, auxquelles les parents aisés confiaient de plus en plus souvent leurs enfants à mesure que l'on avançait dans le siècle, achevèrent de cristalliser l'image de la femme pure, fragile, soumise. La femme américaine y trouvait d'ailleurs des compensations : les hommes lui portaient un tel respect qu'elle pouvait voyager à travers tout le pays sans craindre qu'un geste ou une parole vînt offenser sa pudeur. Devant elle les conversations s'arrêtaient, devant elle les hommes s'écartaient [9].

Dans ce creuset se fondirent les Mary, Harriet, Elisabeth, Susan et autres femmes arrachées au sommeil des archives ou aux feux encore rougeoyants de la célébrité, femmes dont les destins vont se croiser et s'entrecroiser au fil des pages, femmes que nous allons chercher à atteindre dans leur authenticité, le temps d'une vie que certaines auront fort longue et même mouvementée. Et nous verrons qu'à l'ère victorienne, la passion, autant que la pruderie, caractérisait leur sexualité. Sous la glace couvait parfois le feu. A lire leurs journaux et leurs lettres, il paraît évident qu'adolescentes, elles éprouvaient un grand besoin d'amour et que nombre d'entre elles, en se mariant, pensaient avoir trouvé le compagnon idéal, celui qui leur apporterait le bonheur, même si ce bonheur, elles en étaient conscientes, était précaire, ne serait-ce que par la présence du spectre de la mort autour du lit de la femme à chaque accouchement. Leur apparence fragile, voire délicate, dissimulait une force intérieure peu commune. Leur lucidité et leur détermination nous étonnent, comme elles étonnèrent Tocqueville, fin observateur de la société américaine. Il nota avec juste raison que la jeune fille, en Amérique, « ne tombe jamais dans les liens du mariage comme dans un piège tendu à sa simplicité et à son ignorance. On lui a appris d'avance ce qu'on attendait d'elle, et c'est d'elle-même et librement qu'elle se place sous le joug [10]. » Parce que justement le mariage était pour elle un choix réfléchi et que l'éducation qu'elle avait reçue l'avait mise en état de bien choisir, l'opinion publique se montrait inexorable pour ses fautes. On ne lui pardonnait aucun faux pas, aucune faiblesse. La femme américaine devait être vertueuse ou n'était pas.

La quête de l'amour

Dans les fermes pimpantes des vertes collines du Connecticut comme dans les demeures à colonnades des bords du

Mississippi ou les maisons de brique confortables de Philadelphie, nos jeunes filles rêvaient à l'amour. Mais difficile en était parfois la quête, et nous verrons que quelques esprits intrépides, faisant fi des discours démoralisants de leurs mentors, optèrent pour le célibat soit parce qu'elles ne rencontrèrent pas l'élu, soit qu'elles refusèrent d'aliéner leur liberté. D'autres, au contraire, exhalent leur peine et leur inquiétude. Une jeune fille des environs de Natchez confia à son journal qu'elle souhaitait mourir parce qu'elle n'avait pas trouvé de mari, ajoutant : « Je sais que je ferais une épouse fidèle et obéissante ; j'aimerais mon mari de tout mon cœur et lui ferais entièrement confiance [11]. »

On retrouve cette angoisse dans beaucoup de journaux intimes comme aussi la préoccupation de la mort, la crainte de ne pas assez aimer Dieu ou de trop aimer un être « mortel », la peur de quitter l'enfance, de perdre sa beauté, de vieillir, de ne pas rencontrer le compagnon idéal né de leur imagination.

« Dirai-je ici – ce que je n'ose faire à voix haute – pourquoi je ne suis pas encore tombée amoureuse, écrit cette autre jeune fille ? Tout simplement parce que je n'ai pas encore rencontré l'homme que j'aimerais reconnaître pour mon seigneur et maître. Sans m'en rendre compte, sinon très récemment, j'ai créé dans mon cœur une image que je vénère inconsciemment sous le nom de Prince Charmant... Mon seigneur et maître doit être quelqu'un dont je n'aurai jamais à rougir..., quelqu'un que je vénérerai et respecterai le plus après Dieu [12]. »

Mary Boykin Chesnut, de Caroline du Sud, belle entre les belles, dont le journal fait ressortir son sens de l'observation mais aussi sa vanité, son snobisme, son intolérance et ses frustrations, avouait, désabusée : « Durant toute ma vie, combien ai-je vu de personnes amoureuses ? Pas même une demi-douzaine... La coquetterie est l'affaire de la société. L'amour n'y est qu'un jeu : il commence dans la vanité et finit dans la vanité [13]. » Jugement sévère qui traduit un désenchantement certain.

Elle avait pourtant fait un mariage d'amour. A Charles-

ton, lorsqu'elle avait treize ans et fréquentait l'institution de
Mme Talvande, *finishing school* fort réputée, elle rencontra
James Chesnut, jr., de *Mulberry Plantation*. Vingt et un ans,
licencié en droit de Princeton, séduisant bien qu'un peu
compassé, il était le fils d'un des plus riches planteurs de la
Caroline du Sud. Il faisait partie de son petit cercle de
« belles » et de « beaux » dans lequel elle brillait. Charmeuse,
attirante, grisée plus qu'amoureuse, Mary collectionnait les
prétendants. James lui adressa quelques poèmes qu'elle nota
soigneusement dans le diaire qu'il lui avait offert ; puis,
quand elle eut quinze ans, en 1838, il lui envoya une
demande en mariage en règle. La jeune fille ayant quelques
mois plus tôt perdu son père, sa mère et sa tante prirent
l'affaire en main : elle répondrait non à l'audacieux, car à
son âge, il n'était pas question qu'elle acceptât un parti quel
qu'il fût. Mary s'inclina. Seulement huit jours plus tard arrivait une nouvelle lettre de James Chesnut, plutôt joyeuse,
dans laquelle il se déclarait heureux de ne pas avoir été
repoussé. D'évidence, elle n'avait pas tout à fait suivi les ins-
tructions familiales. Cette fois, sa tante Charlotte écrivit la
lettre de refus que Mary fut priée de recopier. Sa tante parlait « d'espoirs qui ne pourraient jamais se réaliser ». Après
que la famille eut relu la lettre, Mary raya le mot « jamais ».

L'année suivante, elle revit James Chesnut, et les jeunes
gens se fiancèrent, apparemment en catimini. Soit que la
romanesque Mary trouvât goût aux amours secrètes, soit
qu'elle ne fût pas encore sûre de ses sentiments. Peu après,
James partait pour l'Europe faire un voyage d'études et
d'agrément. De Charleston, avant d'embarquer, il adressa à
Mary une lettre enflammée qui montre à quel point la jeune
fille, avec ses yeux noirs, sa taille menue, sa vive intelligence
et son esprit fantasque, avait su gagner son cœur : « Bien que
les formes qui remplissent mon imagination et mes yeux
soient des fantômes, elles ressemblent fortement à quelque
chose de tangible, quelque chose fait de chair et de sang et
qui est l'idole de mon âme. Ah ! ma chère enfant, vous ne
savez à quel point je vous aime. Si je pouvais insuffler mon
âme à un mot, je vous le dirais [14]. »

Non moins épris de sa fiancée était Joseph Jones, héritier d'une famille très influente de Géorgie. Alors qu'il enseignait à la faculté de médecine d'Augusta, il rencontra la fille d'un pasteur de la région et en tomba amoureux. A ses parents, il écrivit : « L'intelligence, l'altruisme et la piété de Miss Caroline S. Davis ont complètement conquis mon cœur. Voici deux semaines, je lui ai offert mon cœur et ma main. Hier, elle m'a répondu favorablement, et je tiens, mes chers parents, à vous en informer au plus tôt. Aucune influence extérieure ne m'a conduit à prendre cette décision, ni aucun motif autre que l'amour. »

Les fiancés entamèrent une longue correspondance, l'un et l'autre faisant assaut de citations littéraires, comme c'était l'usage alors : Caroline puisait dans Elisabeth Barret Browning tandis que Joseph se servait volontiers d'Aristote pour ajouter du poids à son argument. Si la jeune fille demeurait comme il se doit très réservée dans ses lettres, Joseph, à mesure que le temps s'écoulait, se montrait de plus en plus exalté. Le 20 janvier 1859, il comparait Caroline à un « rayon de soleil », lui rappelant que « non seulement le bonheur mais l'existence même de tout être vivant dépend absolument des forces du soleil ».

En février, il récidivait : « Votre douce missive fut comme un rayon de soleil... Je l'ai lue et relue et l'ai pressée sur mon cœur. J'ai récité la belle prière, ma chérie. Cette prière m'a fait verser des larmes de joie. Ma bien-aimée, je sais que c'est la prière de votre cœur. » Et en mars : « Ma très chère, ma très Précieuse ! Mon Ange gardien ! Mon étoile du matin du bonheur ! Mon étoile du soir de consolation et de Paix ! Mon cher, cher amour à moi ! Mon cher, cher cœur à moi ! Ma très chère, précieuse Carrie !... Seule la mort pourra briser les liens qui retiennent mon cœur à votre cœur [15]. »

Mary et Abraham

Certaines jeunes filles n'hésitaient pas à braver leurs familles en choisissant l'élu hors de leur milieu social. Telle

Mary Todd. Descendants des *covenanters* * écossais, les Todd avaient fait souche en Pennsylvanie et en Virginie ; puis, suivant la route des pionniers vers l'ouest, ils s'étaient établis au Kentucky. On trouvait parmi les diverses branches de la famille des héros de la guerre d'Indépendance, des chasseurs d'Indiens, de gros fermiers, de riches marchands, des hommes politiques et des philanthropes. Ils pratiquaient volontiers l'endogamie, consolidaient leurs fortunes par des mariages appropriés, menaient grand train et se considéraient comme des aristocrates. Intelligente et cultivée, Mary, l'une des filles de Robert Todd de Lexington, parlait un excellent français, possédait de solides connaissances en littérature anglaise et n'ignorait rien des règles de la bienséance ni des pas de la polka, du galop, de la scottish et de la valse.

Bien qu'elle se servît d'un éventail avec la grâce exquise que l'on attendait d'une jeune fille de son rang, Mary, loin de jouer les sottes, affirmait haut et clair sa personnalité. Elle aimait à observer les choses et les gens, s'intéressait aux affaires publiques et ne se gênait nullement pour exprimer son opinion. Les craquelures dans son vernis révèlent un esprit mordant et un tempérament opiniâtre et indocile.

Lorsqu'elle eut terminé ses études, elle avait dix-sept ans — l'âge idéal pour convoler. Son père, qui était veuf, l'expédia à Springfield, dans l'Illinois, chez sa fille aînée Elizabeth Edward, la marieuse de la famille. Mais Mary avait d'autres projets. Au bout de trois mois, elle était de retour à Lexington où elle suivit pendant deux ans des cours postscolaires. Elle repartit ensuite à Springfield pour vivre avec sa sœur et son beau-frère. Les Edward possédaient une splendide maison au sommet d'une colline et donnaient le ton à la société. Devenue capitale de l'État en 1839, Springfield fut envahie par un flot de politiciens, d'avocats et de jeunes gens de l'Est que la soif d'aventures et de grandes ambitions avaient poussés vers l'Ouest. A un bal, Mary fit la connaissance d'un jeune avocat à la silhouette efflanquée, Abraham Lincoln.

---

* Partisans de l'Église presbytérienne d'Écosse qui, sous Charles Ier, s'opposèrent par deux fois à la hiérarchie anglicane.

En l'invitant à danser, il prononça cette phrase surprenante :
« Miss Todd, je veux danser avec vous de la manière la plus
exécrable. » Il était en effet fort mauvais danseur.

Quoiqu'elle approchât l'âge de vingt-deux ans, Mary
n'avait pas encore trouvé de mari et si elle prenait plaisir à
jouer de son ascendant sur Lincoln, elle n'était pas prête à
s'engager pour la vie. Au printemps de 1840, elle quitta
Springfield pour se rendre chez son oncle le juge David
Todd, qui habitait Columbia, Missouri. Avec sa cousine
Ann, elle alla de bals en réceptions, parcourut le pays, visita
des amis. Tout le monde lui faisait fête. Elle avait une cour
d'admirateurs à ses pieds mais aucun homme ne la troubla.
A son amie Mercy Ann Levering, elle déclara « qu'elle ne
donnerait jamais sa main sans son cœur ». De retour à
Springfield, elle fut de nouveau emportée dans un tourbillon
de soirées et de bals : « Il y a dans notre société un grand
nombre d'*hommes à marier*, mais ce ne sont malheureusement que des *oiseaux de passage* », écrivait-elle à
Mercy Ann, soulignant les mots qui lui semblaient les plus
importants – une habitude du temps. Elle ne mentionna pas
dans sa lettre Lincoln, mais le séduisant cousin d'une de ses
amies et un veuf « de modestes mérites » qui paraissait
l'accompagner partout [16].

En vérité, Mary et Abraham, à l'hiver de 1840, parlaient
ouvertement mariage. Puis au printemps, l'avocat rompit
ses fiançailles, tourmenté probablement par l'opposition
farouche montrée par la famille Todd mais aussi, n'en doutons pas, par la crainte de ne pouvoir subvenir aux besoins
d'une épouse habituée au luxe. Mary souffrit en silence, trop
bien élevée pour extérioriser sa peine. Au grand soulagement
des Edward, elle ne revit pas Lincoln.

Mais des amis communs, que l'amour contrarié de Mary
et d'Abraham navrait, œuvrèrent à leur réconciliation. En se
retrouvant, ils prirent conscience de la profondeur de leur
amour et refirent des projets de mariage. Mary Todd n'était
pas une jeune fille qui rêvait à la lune et poursuivait de folles
chimères. Sa décision d'épouser un avocat sans fortune et
socialement son inférieur fut mûrement réfléchie. Pendant

quelques mois, elle garda son secret, soucieuse avant tout
que sa sœur et son beau-frère ignorassent tout de ses plans.
Elle n'informa les Edward que le matin du 4 novembre 1842,
jour qui avait été choisi pour le mariage. La solidarité familiale et les exigences des conventions sociales l'emportèrent
sur leur consternation : ils insistèrent pour que la cérémonie
se déroulât chez eux. En présence d'une trentaine de parents
et d'amis, Mary Todd et Abraham Lincoln furent mariés par
un pasteur épiscopalien. Sur la bague qu'il lui offrit, Lincoln
avait fait graver trois mots : « L'Amour est Éternel. » Dans
leur cas, ces trois mots se révélèrent exacts [17].

D'amour et d'eau fraîche

Il paraît évident que la plupart des familles américaines
réalisaient qu'il ne saurait y avoir de bonnes et durables
unions sans amour ni affection. Aussi bien, plutôt que
d'imposer aux jeunes filles un candidat, s'efforçaient-elles de
guider leur choix par de judicieux conseils. Dans les classes
moyennes et surtout populaires, l'amour entrait souvent en
conflit avec l'argent. D'évidence, les familles préféraient
l'homme ayant quelques biens à l'impécunieux, et une pression, n'en doutons pas, était exercée sur les jeunes filles.
Mais elles discutaient toujours du candidat avec l'intéressée,
cherchant à convaincre plus qu'à imposer. En fin de compte,
il semblerait que dans la plupart des cas, c'était la jeune fille
qui avait le dernier mot. Le journal de Mollie Dorsey Sanford, écrit durant les années 1850, est en ceci très révélateur.

Les Dorsey étaient originaires de l'Indiana, où le père
exerçait le métier de charpentier. Ayant subi des revers et
infortunes dont Mollie ne nous dit pas la cause, les Dorsey et
leurs huit enfants partirent en 1857 pour le Nebraska afin
d'acquérir des terres à bas prix, poussés « par les exhortations de nos oncles George et Charles ». Peu avant leur
départ, la jeune fille décidait de tenir un journal. Il serait son
confident. Elle y inscrirait les multiples incidents de sa vie.

Dans ce territoire neuf, les coureurs d'aventures et les

crève-la-faim étaient assurément plus nombreux que les bons partis. Les prétendants ne manquaient pas à Mollie, mais aucun ne satisfaisait son attente. Jusqu'au jour où elle rencontra Byron Sanford.

A la date du 17 décembre, elle note : « Mon 19e anniversaire! Mon Dieu! J'ai l'impression d'avoir au moins vingt-cinq ans. J'essaie parfois d'imaginer mon avenir... Serai-je une épouse aimée, avec un bon mari, un foyer heureux, huit ou neuf enfants réclamant leur pain quotidien? Ou ne me marierai-je jamais? Si je devais rester *vieille fille*, j'aimerais être une gentille vieille fille, amie de tout le monde et que tout le monde aimerait. Si jamais je me marie un jour, ce sera avec un homme que j'aimerai *beaucoup, beaucoup, beaucoup* plus que n'importe qui à l'exception de ..., ma foi, s'il ne m'aime qu'un peu, il ne pense pas au mariage. J'attendrai qu'il me demande. »

En mars 1858, Mollie écrit : « By m'aime tendrement, sincèrement, et m'a demandé, en retour, de lui donner mon cœur, et je sais maintenant que je peux mettre ma main dans la sienne et m'engager avec lui dans la vie, que le chemin soit plan ou cahoteux. »

Bien de sa personne, honnête et courageux, Byron Sanford séduisit tous les Dorsey. Seulement il était pauvre comme Job. Mollie raconte que sa tante Eliza, une incorrigible marieuse, s'étonnait qu'elle ne cherchât pas plutôt à « captiver Mr. Rucker, qui était riche ». Sans doute n'était-il pas aussi « joli garçon » que Byron, mais du moins « il *possède une ferme* alors que mon petit chéri ne possède rien sinon quelques parcelles de terrain et – moi ». Et elle ajoute : « Ma tante aime l'argent, mais *elle* a fait un mariage d'amour. » Son oncle Milton n'était encore qu'un pauvre pasteur itinérant lorsqu'il avait demandé sa main.

Moins de trois semaines après qu'elle eut convolé avec son cher Byron, Mollie relatait dans son journal « une nouvelle stupéfiante ». Sa jeune sœur Dora allait épouser Sam Harris, un homme qu'elle avait vu pour la première fois le jour de son mariage. « Père est venu vendredi pour nous annoncer la nouvelle et nous dire de préparer l'événement. » Le samedi,

Mr. Dorsey donnait à Dora un maigre trousseau ; le mardi, le fiancé se procurait une licence de mariage ; le jeudi, bien que Mrs. Dorsey se montrât fort tourmentée par la « soudaineté de cette affaire de cœur », l'oncle Milton mariait les jeunes gens. Pour la raisonnable Mollie, qui attendit Byron deux ans, il ne faisait pas de doute que Dora avait confondu amour et emballement [18].

La vertu à l'épreuve

Contrairement à l'idée que l'on se fait généralement de l'ère victorienne, une grande liberté était laissée aux jeunes filles durant leurs fiançailles et même dans leurs relations avec les jeunes gens. Le chaperon n'était un personnage important que dans quelques familles patriciennes du Sud et surtout chez les créoles de La Nouvelle-Orléans où les pères n'auraient pas même laissé leur fille se rendre à l'église sans être accompagnée d'une personne respectable : tante célibataire ou veuve, sœur aînée dûment mariée. Dans les classes moyennes et populaires, et plus particulièrement dans les territoires neufs de l'Ouest et dans les campagnes, les jeunes filles, couramment, se promenaient au clair de lune avec leurs amoureux, ou les accompagnaient à la pêche, ou demeuraient de longues heures avec eux sur la véranda familiale à faire des projets d'avenir, dissimulés aux regards des parents par l'ombre propice de la nuit, voire par une végétation épaisse. Même en Nouvelle-Angleterre, berceau du puritanisme, les filles jouissaient d'une grande liberté.

Ainsi, à Litchfield, voyait-on souvent le soir, à la belle saison, les jeunes filles de « l'académie de Miss Pierce », élégamment vêtues, se promener en compagnie des étudiants de l'école de droit. Lorsque le jeune Edward Mansfield arriva dans la petite ville du Connecticut, en 1823, ils étaient une cinquantaine, la plupart fils de familles riches et en vue, et donc beaux partis. Mansfield rapporte : « ... pour les grandes occasions, nous prenions des traîneaux attelés de bons chevaux, des peaux de bison et des chauffe-pieds, et nous invi-

tions les belles de Litchfield, qui jamais n'hésitaient à venir,
à se rendre à un lointain village où nous soupions et dan-
sions... [19]. »

Les jeunes filles américaines étaient supposées être
chastes avant le mariage. Les parents leur faisaient
confiance et ils avaient raison, car le nombre de mariages
précipités ou d'enfants illégitimes, relativement élevé au
XVIIIe siècle, fut extrêmement faible à l'ère victorienne. Il ne
fallait tout de même pas tenter le diable. Les parents étaient
conscients et gardaient l'œil ouvert. C'est ainsi que Mr. Dorsey se mit à la recherche de sa fille Mollie, un soir que
celle-ci avait prolongé fort avant dans la nuit une promenade
avec son amoureux. La jeune fille écrit qu'elle se sentit
« toute sotte d'être ainsi ramenée à la maison » et que les
reproches que lui fit son père « gâchèrent quelque peu le
romanesque de la soirée ». Mollie reconnaît d'ailleurs que
Byron, bien avant qu'ils ne fussent fiancés, lui avait volé des
baisers [20].

Le journal intime de Mabel Loomis, jeune fille accomplie
de Washington, D.C., élevée dans la meilleure tradition du
XIXe siècle américain, révèle une sensualité qui ne devint
débordante qu'une fois mariée. Son éducation et la haute
idée qu'elle avait de sa personne l'empêchèrent de trébucher,
malgré les flâneries romantiques et les chevauchées au clair
de lune. « Je suppose, écrit-elle, que toute jeune fille qui se
considère comme une *lady* ressentirait désagréablement les
familiarités d'un homme, à moins qu'il ne fût son fiancé. Les
étreintes et les baisers sont des choses dont je ne veux même
pas entendre parler, et j'ai toujours pensé qu'il était vulgaire
pour une femme de les permettre ou pour un homme de les
suggérer. » Elle était persuadée que « c'était les filles du
peuple, vraiment, qui prenaient plaisir à de telles choses ».

Néanmoins, lorsqu'elle eut seize ans, elle confia à son journal : « Je commence à croire que j'aime beaucoup les
hommes. » Un peu plus tard, elle écrivait : « Je suis dans une
position précaire : le prochain homme qui me déclare son
amour trouvera aisément à se faire aimer de moi. » Fiancée à
vingt et un ans à David Todd, elle avoua à son journal : « Ses

lettres me font véritablement un effet *physique*. » Et elle
ajouta : « Je *sais* que David est nécessaire non seulement à
mon bonheur, mais sa présence est absolument essentielle à
ma santé physique [21]. »

Pour le jeune Lester Frank Ward et sa dulcinée, le temps
des amours, dans les campagnes de Pennsylvanie, fut aussi
celui de la découverte des corps et des sensations physiques.
Leurs jeux amoureux les emportèrent, rapporte-t-il dans son
journal, « loin des normes de la chasteté », ce qui les inquiéta
fort. Ils prirent mauvaise conscience mais n'en continuèrent
pas moins leur initiation, si bien qu'un peu plus tard, Lester
Frank notait : « Quand je suis arrivé à la maison du bonheur,
elle m'a reçu dans ses tendres bras et a pressé son corps de
miel contre le mien ; nos lèvres se sont touchées et nous
sommes entrés ensemble au Paradis... Ce soir et cette nuit-là,
nous avons goûté les joies de l'amour et du bonheur qui
n'appartiennent qu'aux couples mariés [22]. » Peu après, les
jeunes gens se mariaient.

Cas extrême, sans doute, mais sûrement pas unique.
Notons par ailleurs que le journal de Lester Frank Ward, qui
avait alors dix-neuf ans, fut écrit en français, son auteur ne
pouvant, d'évidence, se résoudre à utiliser sa langue maternelle pour décrire ses expériences érotiques.

Éducation puritaine

Puritanisme ? C'est vite dit. Les puritains du XVIIᵉ et du
XVIIIᵉ siècle se montrèrent infiniment moins pudibonds et
répressifs en matière de sexe que leurs descendants. Ils ne
rejetèrent nullement les plaisirs de la chair, même pour les
femmes, se contentant d'exhorter à la modération, et exal-
tèrent l'amour pour autant qu'il s'agissait d'une « honneste
volupté ». Hors du mariage, point de salut. Dans leur vénération de la famille, ils se firent les chantres de l'amour conjugal : « Le devoir d'aimer est mutuel et chacun doit
l'accomplir vis-à-vis de l'autre », affirmait Benjamin Wad-
worth. Pour Cotton Mather, maître à penser de Boston à la

fin du XVIIe siècle, le couple devait être « un seul Esprit en
deux Corps », tandis que le révérend William Secker le
comparait à « deux fleurs dans un bouquet » ou à « deux
chandelles brûlant ensemble pour mieux éclairer la maison [23]. »

La sexualité que les puritains du XVIIe siècle reconnais-
saient à la femme lui fut déniée par les promoteurs du victorianisme. Ceux-ci néanmoins continuèrent avec autant de
force, sinon en termes aussi fleuris, à vanter les bienfaits du
mariage et à inviter les parents à y préparer leurs enfants.
Les fils et les filles des pèlerins de la Massachusetts Bay
ayant essaimé dans tout le pays, l'éthique calviniste se répandit bien au-delà de la Nouvelle-Angleterre. Même les
familles qui n'avaient pas gardé la foi de leurs ancêtres en
conservaient les mœurs.

Mener une vie sérieuse, s'abstenir de jouer, voire de danser, respecter le sabbat, se garder des frivolités et des vices
du monde, se consacrer à l'effort, au perfectionnement et au
service social, tels étaient les enseignements des fils de la
Réforme qu'étaient les puritains. Évitons toutefois tout
manichéisme en laissant entendre qu'au Nord dominaient
l'austérité et l'industrie et au Sud la frivolité et la paresse.
Les fonctions imposées aux femmes étaient les mêmes partout dans la société anglo-saxonne et protestante, et si la
riche jeune fille sudiste apparaissait parfois futile, sitôt
qu'elle avait rejoint les rangs des femmes mariées, elle se
consacrait avec un zèle infatigable à ses devoirs d'épouse, de
mère, de maîtresse de maison et d'éducatrice. Outre un
mode de vie assurément différent, ne serait-ce qu'en raison
de l'esclavage qui déformait la société du Sud, ce qui distin-
guait les jeunes filles yankees, c'était souvent un esprit critique plus aiguisé, un sens plus grand des responsabilités, un
besoin plus fort de s'affirmer, une plus grande avidité de
connaissances, un désir plus vif d'indépendance.

Julia Ward, les sœurs Beecher, Frances Willard, Lucy
Larcom, Mary Lyon, qui toutes laissèrent un nom dans l'histoire du XIXe siècle américain, grandirent dans le cadre austère de foyers puritains baignés de religiosité. Julia Ward

passa ses jeunes années à l'écart de « tout ce qui pouvait
représenter dans la trinité du Mal le monde, la chair et le
diable [24] », dit-elle. Son père, le riche Sam Ward, redoutait
pour ses sept enfants les dissipations de la société new-
yorkaise. Il bannit la danse et le vin. On dit même qu'il fut si
affecté par le Grand Réveil des années 1830 qu'il versa dans
les rues de New York tout son stock de vins fins, de peur que
lui-même ou ses fils ne fussent tentés d'en boire [25].

Le jour du sabbat, les Ward assistaient aux deux cultes et
les enfants allaient de plus aux deux écoles du dimanche.
Julia avoua plus tard qu'elle n'avait eu pour distraction que
la lecture, et qu'elle en tira grand profit : « La littérature
étrangère – allemande, française et italienne – avec laquelle
je me familiarisais, enrichit grandement mes connaissances.
Pourtant, j'avais l'impression d'être une damoiselle du temps
passé, enfermée dans un château enchanté. Et je dois dire
que mon cher père, avec toute sa noble générosité et son
affection débordante, m'apparaissait parfois comme un geô-
lier. » Elle prit néanmoins très à cœur les convictions religieuses de son père et, comme lui, fut toujours intimement
convaincue que le temps du *Millenium* était proche et que
l'Amérique était le lieu choisi par Dieu pour réaliser le bonheur de l'humanité [26].

Prédicateur célèbre, controversé et excentrique, Lyman
Beecher fut un père non moins aimant et non moins auto-
ritaire que Samuel Ward. Il imposa lui aussi, à ses enfants,
sa vision du royaume de Dieu et leur inculqua l'idée que
dans les temps dramatiques du *Millenium* ils seraient tous
appelés à jouer un rôle important. Il fut également un apôtre
de la tempérance et un adversaire farouche de la danse en
société. Point de bals pour Catherine, Mary et Harriet. Ni de
romans, dont le révérend Beecher craignait la mauvaise
influence sur des êtres fragiles. Seul Walter Scott avait ses
faveurs. En vérité, les Beecher lisaient Sir Walter Scott avec
une telle avidité qu'ils pouvaient réciter par cœur des chapitres entiers de ses œuvres, et ils se livraient entre eux à des
compétitions amicales pour savoir lequel connaissait le
mieux l'écrivain écossais. Byron les fascina également.

Lyman trouvait son génie merveilleux et regrettait de ne pouvoir le rencontrer pour lui montrer la vérité évangélique. Il estimait qu'il pourrait aisément le convertir par son éloquence.

Le Dieu des Beecher était celui de la Nouvelle-Angleterre. Pour appuyer son enseignement religieux, Lyman utilisait *Le Paradis perdu* de Milton et *Le Voyage du pèlerin (Pilgrim's Progress)*, de Bunyan, le livre le plus traduit après la Bible. Dans la grande maison de bois de Litchfield, les enfants Beecher, serrés autour du révérend, frémissaient en écoutant le récit des tribulations de Chrétien sur les routes tortueuses menant de ce monde à l'autre. Très émotif, Lyman pleurait parfois à chaudes larmes en lisant les plus éloquents discours de Satan. Il apprenait à ses enfants à se considérer comme des pèlerins, et quand ceux-ci furent grands, ils utilisaient à l'occasion le langage de Bunyan lorsqu'ils s'adressaient les uns aux autres.

Naturellement, l'observance du sabbat était très stricte. Dans le Connecticut, il commençait le samedi soir et prenait fin le dimanche soir, dès que trois étoiles apparaissaient dans le ciel. Roxana Beecher cuisait le pain et la nourriture pour le lendemain, et les tâches habituelles comme la couture, la lessive, le filage, les soins du jardin ou des champs étaient interrompus jusqu'au lundi. Les Beecher ne voyageaient jamais le jour du sabbat, ni ne recevaient de visites, ni ne sortaient de chez eux sinon pour se rendre à l'église ou faire une course urgente. Cette éducation marqua tant les enfants que, devenus adultes, Catherine, Harriet, Mary et ses frères furent toujours hostiles aux divertissements dominicaux [27].

Chez les Beecher, on ne rêvait pas ; on méditait et on s'interrogeait sur les embûches qui attendaient le chrétien sur le chemin de la vie, sur le péché originel et le salut, sur la perdition et la justification, sur la compatibilité de la prédestination avec le libre arbitre. Des années plus tard, Catherine écrira : « Jusqu'à l'âge de seize ans, mes conceptions... de la religion étaient les suivantes : Dieu m'avait créée et avait créé toutes choses... Il savait tout ce que je pensais et faisais ; Adam et Ève lui avaient désobéi une seule fois et il les avait

chassés du Paradis et s'était arrangé alors pour que leurs descendants naissent avec des cœurs mauvais...; mon propre
cœur était si mauvais que je ne pouvais rien ressentir ni rien
faire de bien tant que je n'en aurais pas un nouveau; Dieu
seul me donnerait un cœur nouveau; si je mourais sans
l'avoir reçu, je tomberais dans un lac de feu et de soufre et je
brûlerais vivante pour l'éternité; (mais) Jésus-Christ était
très bon et plein de compassion pour nous, et il vint sur la
terre, souffrit et mourut pour nous sauver de cet horrible destin [28] ». Il faut faire la part de l'ironie, bien entendu, dans ce
texte. Il n'en explique pas moins le comportement religieux
de Catherine adulte. Nous y reviendrons.

En vérité, les filles Beecher eurent une enfance heureuse
et plutôt gaie malgré les exigences de la morale puritaine et
la mort de leur mère lorsque Catherine, l'aînée, avait seize
ans. Celle-ci reconnut d'ailleurs que l'atmosphère du foyer
familial était plus libre et aimable que ne le voulait généralement l'usage [29]. A vingt et un ans, elle trouva l'âme sœur.
L'élu, Alexander Metcalf Fisher, séduisant théologien plein
d'avenir, était le beau parti par excellence. Il fit la connaissance de Catherine alors qu'il se trouvait à Litchfield,
l'accompagna à l'église, fut gardé à dîner par Lyman, qui
exultait, et passa la soirée à jouer du piano et à chanter avec
elle. Avec l'approbation totale du révérend, il commença à
lui faire sa cour. Catherine se montra hésitante. A peine lui
avait-elle donné sa parole qu'elle la reprit. Puis elle renoua
ses fiançailles [30]. Mais le jeune homme périt en mer, et
Catherine sombra dans le désespoir. Elle ne se maria jamais
et consacra sa vie à l'éducation des jeunes filles. Des tâches
domestiques elle fit un art afin que la femme fût l'égale de
l'homme, du moins dans la sphère que « Dieu lui avait assignée ». C'est en tant que chantre de la « femme au foyer »
que Catherine Beecher passa à la postérité.

2

L'Ange du foyer

En 1778, l'avocat John Adams, futur président des États-Unis, affirmait : « Les fondements de la moralité nationale doivent être établis dans les familles. » Moins d'un demi-siècle plus tard, la famille était devenue, selon le vœu de John Adams, la première institution de la société américaine [1].

Après la proclamation de l'Indépendance, le républicanisme qui animait les pères fondateurs devint une idéologie plus qu'une théorie politique. Ainsi le concept assuma-t-il une fonction morale. En bon puritain qu'il était, Adams n'oublia jamais dans ses projets politiques que la nature humaine était essentiellement mauvaise. Il croyait moins dans l'homme que dans le pouvoir d'une bonne constitution politique qui le contrôlerait. La Constitution américaine, telle qu'il la concevait, devait donc être fondée sur la vertu et animée par elle. La vertu seule empêcherait l'homme de sacrifier le bien commun à l'intérêt privé. Elle créerait les conditions du comportement républicain et stimulerait le gouvernement plus efficacement que la peur du monarque. Sans moralité nationale, dit-il encore, un gouvernement républicain ne saurait subsister. La moralité étant impossible sans des femmes pures et chastes, c'était l'affaire des femmes de préserver la République.

D'évidence, tous les pères fondateurs, et pas seulement Adams, se persuadèrent que les États-Unis ne pourraient sur-

vivre que si les citoyens américains se montraient vertueux
tant dans leur vie publique que **privée, et** il semble même
que par moments, ils en vinrent à **croire** que le sort de la
République reposait principalement sur les frêles épaules de
ses femmes. Le foyer conjugal fut magnifié, idéalisé. C'était
là que les femmes planteraient dans le cœur de leurs enfants
« les vertus qui les prépareraient à en faire des hommes
d'État, des soldats, des philosophes et des chrétiens de
valeur [2] ».

Des « femmes de la Révolution », les mémorialistes du
temps firent des héroïnes nationales. Nulles mieux que Martha Washington et Abigail Adams incarnèrent à leurs yeux
la vertu et la dévotion républicaines. On peut d'ailleurs affirmer sans craindre de se tromper que John Adams avait
l'image de sa femme présente à l'esprit lorsqu'il exaltait la
famille et la femme vertueuse, bastions de la République.
Abigail croyait fermement, ce qui devint l'idéologie victorienne, que la place de la femme était au foyer : « Dieu, en
créant la femme, avait voulu donner une *aide* à l'homme, et
celle qui faillait aux devoirs qui lui incombaient allait à
l'encontre de sa vocation [3]. »

Pour Abigail, le principe des lignes d'action nettement
séparées pour les deux sexes était une loi divine : aux
hommes les affaires extérieures, la politique, le négoce, les
rudes travaux des champs; aux femmes les occupations
domestiques dans lesquelles elles pourraient exercer leur
esprit d'initiative et leurs talents particuliers. Mais elle
entendait bien marcher dans la vie d'un pas égal à celui de
l'homme, même si son chemin était différent; et si elle
acceptait de se soumettre à l'autorité maritale, il n'était pas
question qu'elle acceptât les abus de pouvoir. Le 31 mars
1776, elle écrivait à son mari, alors à Philadelphie :

« ... J'ai hâte d'apprendre que vous avez déclaré l'indépendance – et, au fait, dans le nouveau Recueil de Lois que vous
serez, je suppose, obligé de rédiger, je désire que vous vous
souveniez des Dames et que vous soyez avec elles plus généreux et bienveillants que vos ancêtres... Ne placez pas un
pouvoir aussi illimité dans les mains des Maris. Rappelez-

vous que tous les Hommes seraient des tyrans s'ils le pouvaient. Si vous ne prêtez aucune attention particulière aux Dames, nous sommes résolues à fomenter une Rébellion, et nous ne nous considérons liées par aucune Loi dans laquelle nous n'avons ni voix ni Représentation[4]. »

Le 14 avril, John Adams répondait qu'il avait ri de bon cœur de son « extraordinaire Recueils de Lois. On nous a dit que notre Lutte avait provoqué un relâchement de l'Autorité ; que les Enfants et les Apprentis refusaient maintenant d'obéir ; que les écoles et les collèges s'agitaient ; que les Indiens faisaient peu de cas de leurs administrateurs et que les Nègres se montraient insolents avec leurs Maîtres. Mais votre Lettre fut la première Indication du mécontentement d'une autre Tribu, plus nombreuse et plus puissante que toutes les autres. C'est là un compliment plutôt grossier, mais vous êtes si effrontée que je ne l'effacerai pas. Comptez dessus, nous avons mieux à faire que de mettre fin à notre régime masculin[5]. »

Peu après, dans une lettre qu'il adressa au général *insurgent* John Sullivan à propos des principes de la législation sur la représentation, il posa la question : « Mais pourquoi exclure les femmes ? » Parce que leur délicatesse ne convenait pas pour les grands desseins de la vie, ni les dures entreprises de la guerre, ni les responsabilités ardues de l'État. On pouvait aussi appliquer à leur égard le même raisonnement que pour les « citoyens sans terre » : comme eux, elles étaient trop peu au fait des affaires publiques pour porter un jugement correct et trop dépendantes d'autrui pour avoir une volonté qui leur fût propre[6].

La cause était entendue. Les pères fondateurs oublièrent les dames dans leur législation. Dans toute l'Union le droit de vote leur fut dénié, et le statut de la femme mariée ne fut en rien modifié. Les hommes sans propriété eurent plus de chance : les uns après les autres, les États de l'Union leur accordèrent le suffrage au début du XIXᵉ siècle.

La femme invisible

L'unité conjugale telle que la concevait la *Common Law* anglaise survécut à la colonisation et à la Révolution américaines. Dans ses *Commentaries on the Law of England,* ouvrage célèbre des deux côtés de l'Atlantique, Sir William Blackstone donna de la situation juridique de la femme mariée la définition suivante : « Par le mariage, le mari et la femme ne sont dans la loi qu'une seule personne ; c'est-à-dire que l'existence légale de la femme est suspendue pendant la durée du mariage, ou du moins qu'elle est incorporée et consolidée dans celle de son mari ; sous son aile, sa protection, sa couverture, elle entreprend toute chose [7]. »

Autrement dit, l'homme et la femme dans le mariage ne faisaient qu'un, et ce un était le mari. Bien que la législation sur la propriété et l'héritage variât d'une colonie à l'autre et, plus tard, d'un territoire ou d'un État à l'autre, le principe général resta le même. En ce qui concernait la loi coutumière, la femme, une fois mariée, cessait d'exister. Elle ne pouvait ni intenter un procès ni être poursuivie en justice. Elle ne pouvait ni faire un testament ni passer un contrat. Au moment du mariage, tous ses biens revenaient à son mari. Il possédait ses bijoux, ses fourrures, son mobilier, qu'elle les eût déjà en se mariant ou les acquît après. L'argent gagné par les rares femmes qui travaillaient au-dehors appartenait au mari. Sans doute, celui-ci ne pouvait-il vendre les terres de son épouse, mais il en avait la gestion. Tous les revenus tirés des récoltes ou de la location des terres lui revenaient. Pis, il pouvait légalement infliger une correction « modérée » à sa femme et nommer un tuteur pour ses enfants, même du vivant de la mère.

Rassurons-nous. Des lois locales en adoucissaient les termes ; les maris, généralement, n'exerçaient qu'avec modération les pouvoirs qui leur étaient conférés, et par des contrats passés au moment du mariage, l'épouse pouvait demeurer maîtresse de ses biens. Aussi bien, si l'on en croit Tocqueville, peu de femmes à l'époque considéraient l'autorité conjugale comme une usurpation de leurs droits ni ne croyaient s'abaisser en s'y soumettant. Il lui sembla au contraire « qu'elles se faisaient une sorte de gloire du volontaire abandon de leur volonté et qu'elles mettaient leur grandeur à se plier d'elles-mêmes au joug et non à s'y soustraire ». Il nota également l'estime dans laquelle les hommes tenaient les femmes et le respect qu'ils leur montraient en toute circonstance [8].

On peut en fait se demander si dans son foyer, sa « sphère », comme on disait alors, ce n'était pas la femme qui, le plus souvent, commandait. C'est en tout cas ce qu'affirme le révérend Baylay, qui semble d'autant plus sûr de ce qu'il avance qu'un collègue l'avait conforté dans son opinion en lui déclarant qu'il lui faudrait faire un long périple avant d'apercevoir un homme que sa femme ne menait pas par le bout du nez [9].

La Louisiane échappait à la *Common Law* anglaise. Bien qu'elle fût incorporée à l'Union en 1812, ses habitants étaient toujours régis par les lois espagnoles et françaises, et la communauté d'acquêts restait le régime matrimonial couramment adopté. Mais cette relative indépendance financière n'entraînait nullement une amélioration de la situation de la femme mariée, surtout dans la société créole où la plupart des mariages étaient « de raison ». En vérité, le sort de la femme créole était bien moins enviable que celui de sa sœur anglo-saxonne. Le mari s'octroyait *de facto* tous les droits, y compris celui de la tromper, et n'attendait de son épouse qu'une soumission parfaite à ses caprices [10].

Avant la guerre de Sécession, peu de femmes assurément se révoltèrent contre la législation du mariage, et celles qui le firent furent le plus souvent soutenues par leurs maris. Parfois même, comme ce fut le cas pour Robert Dale Owen, fils du socialiste utopique Robert Owen, ils étaient les instigateurs de la rébellion. Lorsqu'en avril 1832 Owen épousa à New York Mary Jane Robinson, il tint à préciser par écrit qu'il ne pouvait légalement se soustraire aux droits qu'une loi inique lui donnait tacitement sur son épouse et sur ses biens, mais qu'il le faisait moralement, considérant ces droits

comme des « reliques barbares d'un système féodal et despo-
tique ». Avant de signer le contrat, Mary Jane écrivit : « Je
me rallie à ce sentiment. » Précisons qu'auprès des âmes
pieuses, Owen passait pour un « renégat du christianisme [11] ».

Ce n'était évidemment pas le cas de la très croyante Lucy
Stone et de Henry Blackwell. Grande lectrice de la Bible,
Lucy lutta très jeune pour les droits des opprimés, affirmant
que les Écritures, bien interprétées, ne vouaient pas la
femme au rôle subalterne que les Pères de l'Église lui
avaient donné. En 1855, elle épousait dans sa maison de
West Brookfield, Massachusetts, un jeune marchand de Cincinnati, Henry Blackwell, adversaire farouche de l'esclavage.
Joignant les mains, les époux lurent à haute voix une protestation qui fut peu après publiée : au nom de la justice et de
leurs principes, ils estimaient de leur devoir d'affirmer que
cet acte n'impliquait de leur part aucune promesse « d'obéissance volontaire aux présentes lois du mariage, étant donné
que celles-ci, tout en refusant de considérer l'épouse comme
un être indépendant et doué de raison, confèrent à l'époux
une supériorité anormale et injurieuse en l'investissant de
pouvoirs légaux qu'aucun homme honorable ne voudrait
exercer et qu'aucun homme ne devrait posséder ». Avec
l'accord de son mari et après avoir pris conseil d'avocats éminents, Lucy décidait également de garder son nom de jeune
fille. Aucune loi en effet ne l'obligeait à prendre celui de son
mari, ce n'était là qu'une coutume [12].

Cette même année 1855, son amie de collège Antoinette
Brown, qui était parvenue à réaliser son rêve en devenant la
première femme pasteur consacrée par une église congrégationaliste, acceptait de se marier avec le frère de Henry
Blackwell, Samuel. Mais dans une lettre qu'elle lui adressa
le 14 décembre, elle lui fit clairement savoir qu'il ne saurait
être question pour elle d'abandonner sa vocation. Perdrait-
elle beaucoup en l'épousant ? Elle ne le pensait pas : « Laissez-moi seulement libre, aussi libre que vous l'êtes vous-
même et que tout le monde devrait l'être, et je ne perdrai
rien... Vous pouvez désirer une épouse plus attachée à son

intérieur; et pourtant, si je me contente de prêcher le dimanche à New York ou si je pars quelques jours pour donner une conférence, le mal ne sera pas grand [13]. »

Il est amusant de constater que Lucy Stone et Antoinette Brown Blackwell, une fois mariées et chargées d'enfants, rentrèrent dans leur « sphère ». Non seulement elles prirent une part de moins en moins active dans les mouvements réformateurs, mais encore s'enfoncèrent dans un conservatisme dont s'irritèrent à l'occasion les féministes aux côtés desquelles elles avaient pendant quelques années mené le combat. Quatre ans seulement après son mariage, Lucy Stone, alors mère d'une petite fille, écrivait à Antoinette qu'elle était allée donner une conférence et que soudain elle avait éprouvé le désir de sortir de sa sphère domestique :

« Mais quand je suis rentrée à la maison et que j'ai regardé le visage d'Alice endormie, et que j'ai pensé à toutes les choses horribles qui pourraient lui arriver si mes yeux vigilants regardaient ailleurs, je me suis recroquevillée dans ma coquille comme un escargot et j'ai compris que pour le moment, je ne pouvais être que mère [14]... »

Le culte de la Vraie Femme

On a parfois donné à l'idéologie de la femme au foyer le nom de « Culte de la Vraie Femme ». Pour ses adversaires, cette glorification de la femme pieuse, douce et vertueuse ne servait qu'à la contrôler et à limiter son champ d'action. Pour ses partisans, infiniment plus nombreux, il élevait au contraire la femme en lui attribuant un rôle moral égal et même supérieur à celui de l'homme. Tocqueville ne fut pas le seul observateur à louer le système de la division des rôles de la société américaine. La romancière et féministe suédoise Frederika Bremer, qui demeura deux ans aux États-Unis, y admira la place accordée aux femmes : « J'ai assez vu de foyers américains pour être à même de dire que les femmes y jouissent, en général, de tout le pouvoir qu'elles veulent. La femme, dans le Nouveau Monde, est le centre, le législateur du foyer, et l'homme américain aime qu'il en soit ainsi [15]. » De son côté, Sarah Josepha Hale, éditeur en chef d'un magazine célèbre, *Godey's Lady's Book,* affirmait que la femme était un « agent de Moralité » choisi par Dieu pour agir dans son foyer et travailler à l'élévation morale de l'époux. Catherine Beecher lui faisait écho : la vocation de la femme était de diriger son foyer et d'y appliquer les enseignements de Jésus-Christ [16].

Sarah, dont les articles étaient lus aux quatre coins des États-Unis, contribua plus que quiconque à exalter le rôle particulier de la femme dans la société en l'entourant d'un halo de prestige. Dès 1830, elle écrivait : « Si seulement on nous reconnaît le mérite d'avoir par notre action attiré judicieusement l'attention des femmes sur des sujets qui les concernent en tant que femmes ; si nous pouvons éveiller en elles le sentiment de leur importance en tant que femmes ; si nous pouvons, par nos réflexions, les aider dans leurs efforts à réaliser les tâches qui leur sont propres, alors notre but sera atteint et notre ambition récompensée [17]. »

En posant l'institution du mariage comme le fondement social et religieux de la société, les Américains avaient en effet revêtu la femme d'une dignité nouvelle. Au-delà de son rôle domestique, l'épouse devait être une mère et une éducatrice. C'était à elle de faire respecter l'ordre et la morale à la maison et de veiller à la continuité des valeurs et des croyances – rôle qui naguère était réservé à l'homme.

Sans doute, le relâchement des mœurs pendant la période révolutionnaire et la désaffection de beaucoup d'hommes pour la religion ne sont pas étrangers à cette transformation de la société américaine. Mais la cause principale semble avoir été la mobilité nouvelle de la population masculine. Au XVIIIe siècle, la société, en Amérique, était essentiellement pastorale : la plupart des familles vivaient dans des fermes, et l'homme ne s'éloignait peu ou prou jamais de son foyer. Au XIXe siècle, l'homme, poussé vers le commerce et l'industrie afin d'accroître son bien-être, se déplaça de plus en plus souvent hors de chez lui, perdant ainsi sa place de *pater familias.* Durant le Grand Réveil religieux du début du

XIXe siècle, les prédicateurs revivalistes mirent l'accent sur l'importance de l'éducation des jeunes enfants et proposèrent d'en donner la responsabilité à la mère. Sans dénier à l'homme l'autorité parentale, ils démontrèrent que la femme était « mieux dotée par la nature » pour mener une vie chrétienne.

Chez les puritains, cette théorie n'était pas nouvelle. En 1692, Cotton Mather affirmait qu'il y avait « beaucoup plus de saintes femmes dans le monde que de saints hommes ». La raison en était simple : Dieu, à cause de la faute d'Ève, avait décrété que le destin de la femme serait d'être soumise à son époux et d'enfanter dans la douleur; mais dans sa grande bonté, Il avait changé ces malédictions en bienfaits. Les épreuves que les femmes endureraient les rendraient plus « tendres » et leur feraient chercher la consolation, les amenant à se tourner vers Dieu [18].

Au XIXe siècle, nul ne mettait en doute la théorie selon laquelle leur nature sensible, leur délicatesse, leur imagination les prédisposaient à la religion – ce qui montre à quel point, à l'ère victorienne, la religion aux États-Unis s'était « féminisée ». Ainsi, sous l'influence des femmes – paroissiennes ou épouses –, beaucoup de pasteurs abandonnèrent le concept de la prédestination, pierre angulaire du protestantisme puritain. Les femmes formant le gros des congrégations, si les pasteurs ne voulaient pas parler devant des bancs vides, il leur fallait mettre l'accent sur l'amour et le salut plus que sur la colère et la damnation. Sans rien rejeter de l'éthique et des traditions puritaines, la plupart d'entre elles refusaient le sombre visage de la théologie calvinienne.

Piété, pureté, obéissance, attachement au foyer, telles étaient pour le mari, les voisins, les Églises et les journaux féminins les vertus cardinales de la femme. « Sans elles, comme l'écrit fort justement Barbara Welter, et quelles que fussent sa renommée, ses réalisations, sa fortune, tout n'était que cendre. » Parée de ces vertus, en revanche, on lui promettait le bonheur et le pouvoir [19]. En vouant toutes les femmes à un même destin, en les enfermant toutes dans le cercle étroit des intérêts et des devoirs domestiques, la

société les classa dans une seule catégorie, basée sur le sexe,
faisant fi des distinctions de rang, fortune, culture ou région.
Ce classement arbitraire créa entre elles des liens de solidarité solides et durables qui leur donnèrent une force énorme.
Toutes prirent leur rôle très au sérieux. Mais ce rôle d'Ange
du foyer fut parfois bien difficile à tenir. Leurs lettres et
leurs journaux intimes montrent leur courage, leurs frustrations et parfois leur désespoir. La belle fiction de l'idéal
féminin ne tenait pas toujours devant les réalités de la vie
quotidienne.

Image et réalité

Nulle part plus que dans le Sud on fit goûter l'excellence
de la pureté et de la grâce féminines en doses aussi fortes.
Les Églises, les journaux, les romans décrivirent la femme
comme un être chargé de beauté et de vertu. C'était une
« créature merveilleuse » faite pour aimer et honorer son
époux, lui obéir et, à l'occasion, l'amuser, élever ses enfants
et diriger sa maison ; fragile, « peu faite pour les occupations
pénibles », il lui fallait rechercher la protection masculine ;
timide et modeste, belle et gracieuse, elle était « l'être le plus
fascinant de la création..., le plaisir et l'attrait de tous les
cercles dans lesquels elle évoluait [20] ».
Une grande partie de son charme tenait à son innocence.
Moins elle connaissait la vie, mieux cela valait. Par nature
portée vers l'abnégation, elle savait souffrir en silence, et
cette caractéristique la rendait chère aux hommes. Sur sa
tête délicate ils posèrent la « couronne de Dixie * ». Par sa
grâce et son sens admirable de l'hospitalité, elle incarnait la
civilisation raffinée et chevaleresque que l'élite terrienne
avait forgée à l'ombre des magnolias en fleurs. C'est à travers l'image de la femme que les hommes vaincus, après la
guerre de Sécession, gardèrent du Sud le souvenir d'un para-

---

* A l'origine, nom donné aux billets de *ten dollars* émis à l'intention de la
population louisianaise d'origine française sur lesquels était inscrit en français le
mot DIX. Devint par la suite celui des États du Sud pris collectivement.

dis perdu. Jetant un regard nostalgique sur les temps révolus, Lucien Lamar Knight écrivit en 1920 : « Il fallait la civilisation d'un vieux Sud pour l'engendrer – une civilisation dont la substance exquise appartient aujourd'hui à la poussière des rêves [21]. »

La « couronne de Dixie » était lourde à porter. Elle faisait de la femme une sorte de déesse à peine humaine, belle et silencieuse, intangible et impérissable. On ne lui demandait pas seulement, comme à toutes les femmes américaines, d'être pieuse, pure et attachée à son foyer, on voulait qu'elle personnifiât une région : le Sud. Le combat que les femmes sudistes livrèrent pour satisfaire au mythe les rendent particulièrement attachantes. A une amie, Caroline Merrick écrivait en 1857 : « Nous devons à nos maris, nos enfants, nos amis de nous conformer le plus possible à l'idéal qui leur tient tant à cœur [22]. »

Qu'il faille voir dans cette personnification une conséquence de l'esclavage est une évidence. Les grands planteurs maintinrent dans le Sud les principes de l'aristocratie terrienne traditionnelle. Sur leurs esclaves et sur leurs familles, ils régnaient comme des seigneurs féodaux. Aussi bien les défenseurs les plus ardents de l'esclavage furent-ils les partisans les plus éloquents de la femme statufiée. De même qu'ils se présentaient en protecteurs de l'homme noir, de même se voyaient-ils en chevaliers servants de la femme blanche. En vérité, l'opposition entre Noir et Blanc se trouve au cœur du mythe. L'omniprésence du Noir sur les plantations rehaussa la valeur de la femme blanche. Génitrice de la race blanche, créature absolument inaccessible aux mâles de la race inférieure, elle devait inévitablement devenir un objet sacré devant lequel le *cavalier* pliait le genou avec déférence.

Race et sexe se fondirent pour créer la version sudiste du culte victorien de la Vraie Femme. Vierge ou prostituée, la vieille dialectique issue des consciences chrétiennes au Moyen Age refit surface sur les riches terres des États du sud des États-Unis. Le Blanc était le symbole du Bien et de la pureté, le Noir celui du Mal et de la sexualité. Il n'y avait

pas que dans la société créole, d'origine latine, que l'époux
délaissait le lit conjugal pour la couche d'une jeune esclave.
Sans être général, le mal était assez répandu dans le Sud
anglo-saxon. On a certes beaucoup exagéré le rôle du planteur dans le métissage. La présence, sur les plantations,
d'enfants à la peau dorée dans le noir troupeau témoignait
tout de même parfois des passions sensuelles des hommes de
la famille – pères, maris, fils ou frères. La décence contraignait les femmes à garder le silence, mais elles n'en souffraient pas moins. Ouvrant leur cœur à l'Anglaise Harriet
Martineau, deux femmes « qui faisaient l'ornement de la
haute société » avouèrent la douleur que leur causait l'esclavage, la « malédiction qui en résultait pour elles [23] ». Et ce ne
sont pas là seulement propos d'antiesclavagiste. Mary Boykin Chesnut écrivit dans son journal :

« Je me demande si c'est un péché de penser que l'esclavage est une malédiction pour un pays. Les hommes et les
femmes sont punis quand leurs maîtres et leurs maîtresses
sont des brutes, non quand ils font quelque chose de mal.
Dans une société esclavagiste, on vit entouré de prostituées ;
pourtant, une femme immorale est renvoyée de n'importe
quelle maison décente... Dieu nous pardonne, mais nous
avons un système monstrueux, c'est une erreur et une iniquité. Comme les patriarches d'antan, nos hommes vivent
dans une seule maison avec leurs femmes et leurs concu-
bines ; et les mulâtres qui sont dans chaque famille ressemblent en partie aux enfants blancs. Une femme vous dira
volontiers de qui sont les enfants mulâtres que l'on trouve
dans toutes les maisons, sauf dans la sienne. Ceux-là, elle
pense qu'ils sont tombés du ciel [24]. »

La belle Sarah Haynsworth, de la Caroline du Sud, qui
n'avait pas seize ans lorsqu'elle épousa John Gayle, futur
gouverneur de l'Alabama, cria elle aussi son horreur et son
dégoût devant la conduite de certains hommes dont les
enfants et les petits-enfants étaient leurs esclaves : « Et ces
pères dont les passions bestiales les entraînent vers le lit de
l'esclave, n'éprouvent-ils aucun remords quand ils voient leur
sang vendu, troqué vilement comme leurs chevaux ? Ce

péché est la lèpre de la terre, que seul le sang de la Croix peut laver [25]. »

Dieu le consolateur

Comme le pressentait Cotton Mather, la religion fut le réconfort du plus grand nombre. Peu après son mariage, une jeune femme sudiste écrivait dans son journal qu'elle demandait à Dieu de lui pardonner toutes ses fautes cachées, de la guérir de son impatience et de son tempérament impétueux et de lui donner « une parfaite résignation à Ta volonté en ce qui me concerne ». Une autre avouait que l'apathie dans laquelle elle s'était enfoncée et dont elle ne pouvait que difficilement sortir provenait de ce qu'elle avait négligé son devoir « et transgressé les lois divines les plus sacrées » en consacrant trop de temps au « monde et à ses préoccupations ». Une autre encore notait dans son journal : « Je sens que je ne suis bonne à rien et que je ne pourrai être sauvée que par le sang rédempteur du Christ [26]. » Sarah Haynsworth Gayle se tourmentait de la fragilité de sa foi et rapporte qu'un jour, en voyant deux de ses amies prendre la Cène « dans sa solennité sacrée », elle fondit en larmes, étreinte par l'émotion : « J'aurais voulu comprendre la pertinence de la cérémonie, sentir son bien-fondé, et plus que tout, je voulais que l'orgueil et la vanité qui ont libre cours dans mon cœur fussent détruits et que l'humilité, la foi et l'espérance les remplacent [27]. »

Les citations bibliques abondent dans leurs lettres et dans leurs journaux, avec une prédilection pour Jérémie. La Bible était le livre de chevet de toutes ou presque. « Mère avait l'habitude de passer plusieurs heures chaque matin à étudier la Bible, dit Belle Kearney. En la voyant penchée sur les Écritures avec tous ces commentaires autour d'elle, comparant des passages et apprenant par cœur des textes, je sentais mon cœur s'endurcir et j'éprouvais une aversion grandissante pour la religion. Notre maison était le quartier général de tous les ministres méthodistes qui passaient par là, au plaisir extrême de ma mère et à mon extrême répugnance [28]. »

Hors du Sud, la dévotion des femmes, tout aussi intense, s'exprima un peu différemment. Dans les valeurs de la religion, elles trouvèrent des stimulants pour accomplir leurs tâches. Nombre d'entre elles, en vérité, devinrent des militantes de l'ordre terrestre. Mais leur vécu religieux ne baignait pas pour autant dans une absolue et tranquille certitude. On leur avait tant inculqué l'horreur du mal, on leur avait tant répété qu'elles étaient les gardiennes des bonnes mœurs et de la piété chrétienne que l'angoisse les saisissait à la pensée de leur impuissance à protéger du péché ceux qu'elles aimaient.

Mariée à vingt-cinq ans et n'ignorant rien de l'emprise de la sexualité – n'était-elle pas une grande lectrice de Byron et de Shakespeare ? – Harriet Beecher la puritaine fut l'une de ces épouses tourmentées par la crainte des tentations qui pouvaient assaillir les hommes, d'autant que son époux, Calvin Stowe, éminent professeur de grec et d'hébreu, malgré sa formation biblique et son contact permanent avec le monde spirituel, était indubitablement un jouisseur. On nous dit qu'il mangeait gloutonnement, aimait le vin et le brandy et se montrait volontiers concupiscent. Dans une lettre qu'il adressa à Harriet, en juin 1844, il ne lui cacha pas combien il était ardu pour un ministre du culte de résister à la tentation sexuelle. Après lui avoir assuré que lorsqu'il était auprès d'elle, tous ses désirs, tant physiques qu'intellectuels, étaient pleinement satisfaits, il lui avait fait un compte rendu détaillé de la « triste licence récemment observée chez quelques clergymen de grande réputation [29] ».

Son frère Henry Ward Beecher lui ayant tenu des propos semblables, Harriet fut prise « d'horribles pressentiments » dont elle fit part à son époux : « J'ai pensé à tous mes frères et à vous... Se pourrait-il que le Grand Ennemi ait prévalu contre vous tous ? » Mais elle n'était pas assez naïve pour tout mettre sur le dos du diable. La différence physiologique entre l'homme et la femme ne lui échappa pas. « Je n'avais pas jusqu'ici compris quelles terribles tentations s'offraient à ceux de votre sexe... Je n'éprouve pas de jalousie – la plus belle femme du monde ne pourrait me rendre jalouse tant qu'elle ne ferait qu'éblouir les sens ; néanmoins, mon cher, vous ne devez pas vous étonner si je vous demande de ne pas regarder les femmes ni de penser à elles trop librement. » Elle ne le mit pas moins en face de ses responsabilités morales [30]. Dans une lettre poignante qu'elle adressa à son frère Henry, elle dit un jour : « Dans le monde, ce sont les femmes qui maintiennent la foi vivante. Ce sont les épouses et les mères qui souffrent et doivent souffrir jusqu'à la fin des temps pour porter dans leurs propres corps les péchés de ceux qu'elles aiment [31]. »

Calvin Stowe n'avait rien du « beau idéal », du Prince charmant dont rêvent les jeunes filles. Petit, massif, bientôt gros, presque chauve à trente et un ans, le visage plutôt carré et la bouche largement fendue, il était de plus hypocondriaque, pauvre et totalement incapable de s'occuper de questions matérielles. Harriet dira plus tard que son mari était un homme « riche en grec et en hébreu, en latin et en arabe et, hélas ! pauvre en toute autre chose ». Elle avait fait sa connaissance à Cincinnati, où elle s'était installée avec sa famille en 1832, le révérend Lyman Beecher ayant été nommé président du *Lane Theological Seminary,* établi dans l'intention de propager la foi protestante dans l'Ouest. Stowe rejoignit le séminaire théologique en 1833 où il occupa un poste de professeur de littérature biblique. Harriet, qui enseignait dans une école de jeunes filles fondée par sa sœur Catherine, se lia d'une amitié passionnée pour la blonde et délicate Eliza, l'épouse de Calvin. A son amie Georgiana May, elle écrivit : « Je l'ai aimée immédiatement. » Mais le choléra frappa Cincinnati, et Eliza mourut dans les bras de son mari. Le chagrin rapprocha Harriet et Calvin. C'est en parlant de la « chère disparue » qu'un sentiment plus profond grandit entre eux. Et peut-être parce qu'elle avait déjà vingt-quatre ans et que son métier d'enseignante ne suffisait pas à remplir sa vie, elle accepta de l'épouser. Ajoutons que Calvin Stowe était un brillant causeur [32].

Le mariage eut lieu au mois de janvier de 1836 dans la plus stricte intimité. Une heure avant la cérémonie, elle écrivit à Georgiana :

« Eh bien, ma chère G..., dans une demi-heure environ, ta vieille amie, compagne, camarade de classe, sœur, etc., cessera d'être Hatty Beecher pour devenir je ne sais qui. Ma chère, tu es fiancée et promise à un même sort dans deux ou trois ans. Veux-tu savoir ce que tu ressentiras ? Eh bien, ma chère, j'ai redouté et redouté ce moment, et toute la semaine dernière, allongée dans mon lit sans pouvoir trouver le sommeil, je me suis demandé comment je traverserais cette crise terrible. Maintenant, le moment est venu, et je ne sens *rien du tout*. »

Harriet ne posta pas sa lettre immédiatement et, trois semaines plus tard, elle y ajouta un paragraphe, décrivant Calvin et elle assis au coin du feu, « aussi apprivoisés que le plus apprivoisé des couples de volaille... Et maintenant, ma chère, peut-être seras-tu aussi étonnée que je le suis moi-même d'apprendre comment un être aussi nerveux que moi a pu traverser aussi calmement une crise aussi importante. Ma chère, je n'en reviens pas. Je suis calme, tranquille et heureuse. Je ne vis que dans le présent, laissant l'avenir à Celui qui jusqu'ici a été si bon pour moi [33]. »

3

Home, sweet home

Catherine Maria Sedgwick et quelques autres acquirent la notoriété par leurs « romans domestiques ». On y chantait les grâces de la vie familiale, et les bons sentiments y remplaçaient le talent. Le foyer conjugal, pour reprendre une phrase de Miss Sedgwick, devait être « ce *home* sacré où l'âme puise son énergie, sa vertu », où tout est « joie, joie sainte et religieuse... [1] ». Aujourd'hui, on sourit. Ou on ricane.

Le succès remporté par les romans de Catherine Maria Sedgwick, l'importance de leur audience, montrent clairement qu'ils touchaient alors une corde sensible : la plupart des femmes américaines du XIXe siècle ne concevaient pas une vie heureuse hors du foyer domestique. Du mariage elles attendaient tout, et elles entendaient exceller dans leur rôle d'épouse et de mère. Les plus sensibles s'exaltaient même à l'idée qu'elles avaient été mises sur terre pour rendre un mari heureux.

Assurément, lorsque la vie familiale répondait à leurs espérances, le mariage apportait aux femmes la félicité. Ainsi Eunice Wait Cobb, une jeune femme de la Nouvelle-Angleterre, confiait à son journal : « Oui, le bonheur dont nous jouissons dans notre famille peut être appelé bonheur ininterrompu. Tout est *harmonie, paix* et *satisfaction.* » Peu après, elle mettait au monde son deuxième fils et quelques mois plus tard écrivait : « En vérité, *notre* famille peut *bien* être qualifiée de petit paradis sur terre, car la santé, le bonheur et la satisfaction sans mélange habitent notre demeure [2]. »

Lucy Read Anthony, mère de la fameuse Susan B. Anthony, porte-parole des mouvements féministes et l'un des chantres de la Tempérance, fut également une femme heureuse en dépit des huit enfants qu'elle mit au monde et des tâches écrasantes qui furent les siennes, et jamais elle ne regretta son mariage avec le quaker Daniel Anthony. Pourtant, elle abandonna pour lui non seulement sa religion mais encore renonça à porter des toilettes élégantes et même à chanter, si ce n'est quelques berceuses pour endormir ses bébés. Chez les quakers, on ne chante pas. Mais si Lucy avait joyeusement rejoint la communauté des Amis, elle ne put se résoudre à adopter les vêtements gris traditionnels des quakeresses et se bornait à porter des robes très simples et de petites capelines de paille avec des rubans modestement noués sous le menton.

Son aîné de plusieurs années, Daniel Anthony avait été son maître dans la petite école qu'il avait ouverte chez ses parents pour instruire les enfants du voisinage, comme c'était la coutume alors chez les riches quakers. Mr. Anthony père possédait plusieurs fermes et beaucoup de terres dans les vertes collines du Berkshire (Massachusetts), et la belle Hannah son épouse était célèbre dans la région pour sa grande piété, son café et ses beignets aux pommes. Délaissant les travaux agricoles dont il avait horreur, Daniel Anthony avait monté une fabrique de tissage, et les ouvrières, des jeunes filles respectables du comté, prenaient pension chez lui. Lucy, dont le troisième enfant naquit lorsque le premier avait trois ans et deux mois, travaillait dans la maison du matin au soir avec, pour toute aide, une adolescente de treize ans qui allait à l'école dans la journée. En plus du lavage et du repassage, elle avait seize bouches à nourrir, et la cuisine, en ce temps-là, était faite dans l'âtre et dans un four en brique. Daniel était un mari généreux et aimant. Il avait les moyens de payer à sa femme des servantes, et lui-même avait été élevé dans le confort et l'abondance. Pourtant, cela ne lui vint pas à l'esprit [3].

Le foyer, en vérité, n'était pas toujours baigné d'une lumière aussi sereine, et toutes les femmes ne réagirent pas aussi magnifiquement que Lucy Read Anthony face aux dures réalités de la vie quotidienne. Malgré leur énergie, leur bonne volonté et la lucidité dont elles faisaient preuve en se mariant, le découragement en saisissait plus d'une. A dix-neuf ans, Mehitable Dawes, de la Nouvelle-Angleterre, avait lu de nombreux ouvrages sur le rôle de la femme au foyer afin, dit-elle, de pouvoir « y apporter le bonheur ». A trente-cinq ans, après treize années de mariage, elle avouait le découragement qui souvent la saisissait devant les difficultés – « tant d'obligations importantes pèsent sur moi que j'en suis presque désorientée ». La très pieuse Suzan Huntington elle-même confessait à son journal qu'elle perdait sa sérénité devant les maladies familiales et une domesticité éphémère : « Cela me déprime tant que mon appétit et mes forces en sont affectés [4]. »

Harriet saisie par la mélancolie

Harriet Beecher Stowe découvrit très vite que le mariage, comme un jardin de roses, avait des épines. Mariée en 1836, en 1838 elle avait déjà trois enfants : deux jumelles et un fils, Henry Ellis. En 1844, elle était mère de cinq enfants. Dans une lettre qu'elle adressa à son mari à cette époque, elle mentionnait sa routine matinale : levée à 5 heures, elle prenait son petit déjeuner à 6. A 7 heures, elle récitait les prières du matin puis travaillait au jardin jusqu'à 8 heures. Elle rentrait ensuite dans la maison pour vaquer à quelques occupations ménagères. A 9 h 30, elle appelait les enfants pour « l'école ». Harriet leur faisait chanter un « hymne », priait avec eux et ensemble ils étudiaient la Bible et les textes des sermons du dimanche. Après quoi, elle les faisait lire et passait le reste de la matinée à coudre.

C'était une privilégiée puisqu'elle avait deux servantes : une « forte Allemande » pour l'aider à tenir la maison et une jeune fille anglaise pour s'occuper des enfants. Pour à peine

plus que le gîte et le couvert, les immigrantes venues
d'Europe se plaçaient comme domestiques dans des familles
américaines. Mais leur instabilité était notoire. Sitôt qu'elles
avaient trouvé un mari, ou un travail moins rebutant, elles
s'en allaient, laissant la maîtresse de maison seule avec ses
planchers à laver, ses bouches nombreuses à nourrir, sa cuisine à récurer, ses vases de nuit à vider, ses lits à faire. Même
aidée par sa bonne allemande et sa nurse anglaise, Harriet
était accaparée par une foule de travaux domestiques. A
l'été de 1844, elle rendit visite à son frère Henry Ward à
Indianapolis. La veille de son retour, elle écrivit à Calvin
pour lui dire combien elle avait goûté la douce tranquillité de
la maison de son frère. Elle en avait presque oublié l'amour
de ses enfants, les innombrables problèmes du quotidien et
même, ajoutait-elle, « que je suis une femme mariée ».

Rien ne lui avait semblé plus agréable que de pouvoir dormir tout son soûl : « Chaque nuit..., la porte ouverte sur le
living-room, j'écoutais le tic-tac de la pendule jusqu'à ce que
je m'endorme, et alors je dormais toute la nuit – et je me
réveillais le matin, fraîche et dispose, ne pensant qu'au petit
déjeuner qui m'attendait dans la pièce voisine [5]. »

L'année suivante, elle adressait à son « cher mari » absent
une longue litanie : « C'est un jour sombre, mouillé, pluvieux,
boueux, désagréable, et j'ai travaillé dur (pour moi) toute la
journée dans la cuisine, lavant la vaisselle et inspectant les
armoires, y voyant... le côté sombre de la vie domestique
qu'une maîtresse de maison découvre lorsqu'elle est trop
minutieuse... Je ne supporte plus l'odeur du lait aigre, de la
viande aigre, et de tout ce qui est aigre, et des vêtements qui
ne sèchent pas... et tout ce qui sent le moisi ; somme toute, je
me sens comme si je ne voulais plus jamais manger. » Elle,
qui reprochait toujours à son mari son hypocondrie, tombait
dans le même travers : « Je me sens sans vie, sans énergie,
sans appétit... » La petite Georgina, leur dernière fille, était
« faible, nerveuse, irritable et agitée jour et nuit » tandis que
les autres enfants, « semblables en cela à tous les fils et les
filles d'Adam », ne faisaient que « sottises et folies ». Et
comme pour marquer un point, elle concluait : « Comparés à

cette détresse, la fatigue courante, la maladie et l'épuisement ne sont rien [6]. » Trop d'enfants, trop de soucis matériels, pas assez de temps à consacrer à son activité littéraire, aucun endroit pour s'isoler, Harriet, visiblement, passait par des moments de désarroi, et le fait que Calvin, sorti de ses grimoires, n'était bon à rien ajoutait à son insatisfaction.

La direction du *Lane Seminary* envoyait souvent Calvin Stowe en mission. A peine était-il revenu de Detroit, à l'été de 1845, qu'il se prépara à partir pour la côte Est. Il emmena Harriet avec lui. Dans l'atmosphère familière de la Nouvelle-Angleterre, elle se retrempa comme à une source vivifiante. On lui parla d'un établissement hydrothérapique dans le Vermont. Elle revint à Cincinnati, des rêves de douches, de bains et de promenades solitaires trottant dans sa tête. Elle en parla autour d'elle. Des dons d'amis généreux affluèrent, et Harriet éprouva soudain la délicieuse sensation que la porte du Paradis aquatique du Vermont s'entrouvrait. Mais que faire des enfants? Elle se persuada aisément que l'incapable Calvin pourrait fort bien s'en occuper : « Mon mari s'est magnifiquement transformé en maître de maison et en nourrice, écrivit-elle. Vous ririez de le voir avec ses lunettes, menant gravement au lit sa petite troupe en chemise de nuit [7]. »

En mars, elle prenait le chemin du Vermont. Dans l'établissement hydrothérapique de Brattleboro, elle retrouva sa sœur Catherine. Toutes deux suivirent le traitement de choc du Dr Robert Wesselhoeft, un réfugié politique allemand. Réveillés à 4 heures du matin, les patients étaient enveloppés dans un drap humide pendant deux ou trois heures, puis plongés dans un bain glacé. Après quoi, ils devaient marcher aussi longtemps que leurs forces le leur permettaient et boire cinq ou six verres d'eau glacée. Venait ensuite le petit déjeuner, qui consistait en une bouillie de farine de maïs, du pain noir et du lait. A 11 heures, on maintenait pendant dix minutes les patients sous une douche glacée qui tombait de dix-huit pieds. Puis on les faisait encore marcher et on les forçait à ingurgiter trois ou quatre verres d'eau froide. A 3 heures de l'après-midi, ils avaient droit à un nouveau bain

froid, à une nouvelle marche à pied et à quelques verres
d'eau supplémentaires. A 9 heures du soir, on baignait leurs
pauvres pieds fatigués et on les massait. Enfin on les mettait
au lit, le corps partiellement enveloppé de linge humide[8].

Revigorée par son séjour à Brattleboro, Harriet s'en fut
rendre visite à des parents, des amis, avant de rentrer à Cincinnati. En vérité, elle resta absente treize mois. A Calvin,
dont la patience s'émoussait, elle écrivit, en proie aux
remords : « Je vous plains d'avoir une femme telle que moi.
Je sens bien que j'ai été pour vous une gêne plus qu'un soutien[9]. »

Un mois après son retour, Harriet était une fois encore
enceinte. Son sixième enfant, Samuel Charles, naquit en janvier 1848. Calvin Stowe décida de prendre une année sabba-
tique et, en juin de la même année, se rendit à son tour au
Vermont. Malgré l'attachement sincère qu'elle portait à son
mari, ce n'est pas sans un certain soulagement que Harriet
vit Calvin partir pour la côte Est : son fardeau s'en trouverait
allégé, et avec lui s'éloignait le spectre d'une nouvelle grossesse[10].

Julia dépouillée de ses fonctions

Bien que l'argent ne lui fît jamais défaut, Julia Ward
Howe éprouva de grandes difficultés dans sa vie familiale, et
son mariage ne fut pas heureux. A vingt-trois ans, elle avait
épousé le réformateur de Boston Samuel Gridley Howe,
célèbre pour son œuvre auprès des enfants aveugles et handicapés. Sa maisonnée comprenait six enfants, de nombreuses
servantes et un mari exigeant. Une maîtresse de maison
compétente se serait sortie sans mal des tâches qui lui
incombaient. Seulement, Julia avait été mal préparée à son
rôle. Jeune fille, elle avait toujours préféré les livres de philosophie aux livres de cuisine et dans la mesure du possible
s'était tenue à l'écart des péripéties domestiques. Son inexpé-
rience irrita « Chev », ainsi qu'on appelait Samuel, et il profita de son manque d'organisation pour prendre en main le

contrôle de la maison. En lui retirant son rôle incontesté de dirigeante de l'économie domestique, son mari la dépouilla de son pouvoir et de sa dignité.

Toutes ses tentatives pour reconquérir la place qui lui était due au foyer échouèrent. Même ses efforts pour assimiler le livre de cuisine de Catherine Beecher, tenir sa maison sans l'aide des servantes habituelles ou mettre en pratique les théories de Chev sur l'organisation domestique ne réussirent pas à faire lâcher les rênes à un mari résolu à mener comme il l'entendait le char conjugal. Pis, il fit de sa femme une errante. Il déménageait sans cesse, sans lui demander son avis, achetant et vendant leurs maisons au gré de sa fantaisie. Entre les déménagements, il installait les siens pour quelques semaines ou quelques mois au *Perkins Institute for the Blind*, bâtiment lugubre qui sentait les w.-c. « Les enfants que nous étions, écrira plus tard sa fille Laura, menaient une vie assez fiévreuse... sans prendre racine, flottant plutôt comme de joyeuses petites créatures marines [11]. »

Mais pour Julia, c'était l'enfer. Plus d'une fois elle pleura amèrement la perte d'une maison qu'elle aimait. Déterminé à ne laisser à sa femme aucune responsabilité, Chev choisissait lui-même les domestiques. Étant donné son intérêt pour l'éducation des aveugles, des sourds-muets et des handicapés, il en plaça un certain nombre chez lui pour « aider » aux soins du ménage. Plus d'une fois, profitant d'une absence de Julia, il renvoya d'un coup tout le personnel, de la nurse à la cuisinière. Véritable tyranneau domestique, il se mêlait de l'éducation des enfants, des filles comme des garçons et, à l'occasion, empêchait sa femme de rendre visite à ses sœurs. Et quand finalement il l'autorisait à partir, c'était lui qui décidait lesquels de leurs enfants l'accompagneraient. Non content de l'avoir dépouillé de ses fonctions, Samuel Gridley Howe tenta par tous les moyens de contrecarrer sa vocation littéraire, contrairement à Calvin Stowe, qui encouragea toujours Harriet à écrire. C'est pourquoi son premier recueil de poésies, *Passion Flowers* (1853), parut anonymement. Quand il comprit que sa femme était l'auteur de cet ouvrage prôné par tous, Chev fut si furieux qu'il ne lui parla pas pendant plusieurs jours. Ses silences, ses rebuffades, ses regards réprobateurs, ses colères, provoquèrent chez Julia des troubles nerveux. A sa sœur Annie, probablement en 1854, elle écrivit : « J'ai récemment souffert de maladie et d'une horrible dépression... J'ai même eu une crise d'hystérie. J'étais complètement folle et courais d'une pièce à l'autre comme une créature sauvage [12]. » Pour compenser la servitude dans laquelle la tenait son mari, Julia allait vouer son énergie à la glorification de la femme et à l'élévation de son statut dans la société américaine. Forte de son expérience, elle exhorta les femmes à s'initier très jeunes aux affaires domestiques. Une jeune fille devait se lancer dans la vie conjugale en position de force. « Une maison est un royaume en petit, dit-elle dans ses mémoires, et sa reine, si elle est fidèle, douce et sage, est en vérité une souveraine [13]. »

La dame de la Grande Maison

Passé la *Mason and Dixon Line*, frontière théorique entre les États libres et les États esclavagistes, le rôle de la femme s'étendait souvent bien au-delà du foyer proprement dit. Sans doute, la condition des femmes de fermiers ou de marchands était-elle la même au Sud comme au Nord, mais dans la classe des planteurs, c'était toute une communauté et pas seulement la famille que la femme devait gouverner.

De sa jeunesse passée en Virginie, Letitia M. Burwell garda le souvenir de scènes familiales gaies, agréables, paisibles. Sa vie baignait dans une douce quiétude et « personne ne semblait avoir de préoccupations à part ma mère, dit-elle... Mais cela avait plu à Dieu de lui donner cette place et elle accomplissait noblement tous les devoirs exigés par sa position. Elle nous racontait souvent quelle avait été sa détresse lorsqu'elle avait saisi l'ampleur des responsabilités qui incombaient à la maîtresse d'une vaste plantation, et les nuits d'affliction et de larmes qu'elle avait passées, tourmentée par cette idée [14]. »

Jaillissant des faits et des textes apparaît un portrait de

femme assez différent de l'image que les propagandistes de la civilisation sudiste avaient placée au centre de leur conception chevaleresque de la société. Lettres et journaux intimes montrent aussi le peu de rapports existant entre la vie insouciante des jeunes filles et celle, lourde de tâches, de la femme mariée. Aucune ne se prélassait dans l'oisiveté sinon les épouses des *congressmen* qui, faute de trouver à se loger, vivaient à Washington dans des pensions de famille où elles tenaient salon. Même les femmes de l'élite urbaine menaient une vie active. Sans doute avaient-elles moins d'esclaves à surveiller et ceux-ci étaient-ils généralement mieux stylés, mais elles devaient accomplir plus ou moins les mêmes tâches quotidiennes, et leurs maisons, souvent très vastes, étaient aussi difficiles à tenir. Pour le plus grand nombre enfin, le temps des bals prenait fin avec le mariage. Qu'elles eussent vingt ou quarante ans, la bienséance dans certains milieux les condamnait à faire tapisserie.

Qu'elle le voulût ou non, l'épouse d'un propriétaire terrien était une excellente maîtresse de maison. C'était même une nécessité absolue étant donné sa nombreuse famille et le bataillon d'esclaves qu'il lui fallait nourrir, vêtir et soigner, sans compter les invités qu'elle accueillait à longueur d'année pour répondre aux exigences de la légendaire hospitalité sudiste. Elle filait, tissait, cousait, s'occupait du jardin et des volailles, fumait le lard et les jambons, mettait des légumes en bocaux, confectionnait des fruits secs ou faisait son savon et sa levure. Elle se levait couramment à 5 ou 6 heures du matin pour se rendre à la cuisine avant l'arrivée du cuisinier ou de la cuisinière. Elle pouvait rester éveillée une nuit entière pour veiller sur une esclave qui avait un accouchement difficile. Elle était capable de tailler avec une même dextérité la robe grossière d'une esclave et la délicate toilette qu'elle porterait à une soirée, et lorsqu'elle ne maniait pas elle-même l'aiguille, elle supervisait le travail des couturières noires qu'elle avait formées. « J'ai vu souvent plus d'une jolie main teinte de bleu et portant les marques de larges ciseaux », constatait Harriet Martineau après avoir visité quelques plantations en Alabama [15].

Même chez les plus nantis, la dame de la Grande Maison ne restait pas inactive. Seize grossesses n'empêchèrent pas l'épouse de Thomas Dabney, l'un des plus riches propriétaires du Mississippi, de tout diriger chez elle et d'organiser chaque été la migration de toute la maisonnée vers la côte du golfe du Mexique. La maîtresse de vastes plantations sur la Roanoke combinait l'art de faire du vin et des conserves avec celui du jardinage, de la lecture et de l'étude. N'ayant pas d'enfants, elle assistait de plus son mari dans sa tâche, parcourant à cheval à ses côtés leurs différentes propriétés, et tenait les livres de comptes [16].

Mrs. Cox Chesnut, la belle-mère de Mary Boykin, régnait sur Mulberry Plantation, dirigeant toute la maisonnée avec une apparente facilité qui dénotait sa redoutable efficacité yankee. Car le colonel Chesnut, le père de James, avait épousé une belle du New Jersey aux boucles rousses et aux traits délicats, fille d'un riche propriétaire terrien. Mary trouvait sa belle-mère trop bonne, trop empressée, trop polie, trop vertueuse. Toujours sereine, placide, elle ne critiquait personne et refusait même que l'on cancanât devant elle, ce qui irritait Mary dont la langue était particulièrement acérée : « Je loue quand j'aime, je critique quand je déteste », écrivit-elle dans son journal.

Avant de se lancer dans la politique, James exerça son métier d'avocat pendant dix ans à Camden, et le jeune couple vécut à Mulberry qui n'en était distant que de trois milles. La chambre de Mary était située au deuxième étage de la Grande Maison. C'était une demeure sobre et élégante, bâtie en briques recouvertes de *stucco*, entourée d'une galerie soutenue par des colonnes, à laquelle on accédait par quelques larges marches de marbre. Bien que construite en 1820, elle possédait un système hydraulique qui montait l'eau fraîche jusqu'à un vaste réservoir situé au grenier. La simplicité harmonieuse de Mulberry tranchait sur les demeures plus récentes des planteurs bâties en style *Greek Revival* avec colonnes doriques et chapiteaux corinthiens, voire observatoire couronnant l'ensemble.

Assise pendant des heures à sa fenêtre, Mary regardait le

monde autour d'elle : les vastes pelouses et les chênes immenses, si nombreux qu'elle s'imaginait vivre dans une « forêt vierge », et elle se grisait des senteurs de rose, de violette, de gardénia ou de jasmin qui embaumaient l'air tiède. Bien que Mary eût reçu l'éducation nécessaire pour devenir une bonne maîtresse de maison, elle n'avait rien d'autre à faire qu'à se laisser choyer par les domestiques de ses beaux-parents. La noire Betsy, qui avait élevé James Chesnut, entourait Mary de ses soins vigilants. Mrs. Cox Chesnut avait mis au monde 14 enfants et enterré 10 d'entre eux; sa belle-fille, de santé fragile, demeura stérile. A Mulberry, elle passait de longues heures à lire Chaucer, Shakespeare, Burns, Byron, Milton, Rabelais et Voltaire. Quand elle se sentait maussade ou déprimée, ce qui lui arrivait souvent, elle lisait la Bible ou les sermons de Joseph Hall, ou ceux de Jeremy Taylor, le fameux théologien anglais dont le langage fleuri lui valut le nom de « Shakespeare de la chaire ». Elle se rendait régulièrement à l'église presbytérienne de Camden; parfois aussi, elle suivait le service de la petite église noire de la plantation où un missionnaire venait chaque mois prêcher, marier, baptiser. Tous les romans jugés amoraux par Mary Cox Chesnut étaient mis sous clef. Mais Mary Boykin estimait que les romans étaient les œuvres les plus intéressantes de la littérature. Une promenade en voiture à Camden, où elle rendait visite à sa mère et à ses sœurs, coupait la monotonie de sa vie à Mulberry. Elle consacrait de nombreux après-midi à la « société de couture » de la vieille Mrs. Chesnut, confectionnant des vêtements pour les enfants des esclaves. Par intermittence, elle apprenait à lire à quelques jeunes Noirs, quoique cette pratique fût illégale en Caroline comme dans les autres États du Sud [17].

Oncle Tom, mammy et les autres

Il y avait quatre manières d'acquérir des esclaves : on en héritait; on en recevait en cadeaux ou en dot; on en recevait pour paiement d'une créance, ou on en achetait à la bourse où ils étaient « criés à l'encan ». La Nouvelle-Orléans s'enorgueillissait de posséder le marché aux esclaves le mieux approvisionné du Sud. Du temps de Mary Boykin, tous les esclaves de Mulberry étaient nés sur la plantation ou y vivaient depuis longtemps. C'était le cas dans toutes les vieilles familles aristocratiques du Sud. James lui-même n'en acheta qu'un au cours de sa vie, et il le fit à la demande de l'esclave pour éviter de le séparer de sa famille. De ceux de la Grande Maison, Mary a laissé des portraits charmants. Sous sa plume, mammy Betsy, Rhody, Daddy Abrahm, le vieux Quash, Scipion le cocher, Romeo le chef cuisinier et Big Judy le pâtissier apparaissent comme des serviteurs modèles, dévoués à leurs maîtres, débordants de gentillesse et d'affection. N'ayant pas à superviser leur travail ni à régler leurs querelles incessantes, elle n'avait de l'esclavage que les avantages [18].

En vérité, il n'y avait pas de tâche qui s'accordât plus mal avec l'image de la femme fragile et frivole que celle de maîtresse d'esclaves, et il n'y avait pas de sujet de frustration plus grand pour les femmes que celui de l'esclavage. Le métissage et ses conséquences n'en sont qu'un aspect. L'actrice anglaise Fanny Kemble, après un bref séjour à Charleston, déclarait : « Leur paresse, leur inconcevable stupidité et leur inébranlable bonne humeur sont suffisantes pour rendre quiconque complètement fou [19]. » Harriet Martineau avait été très surprise de la patience des maîtres à l'égard des esclaves : « Connaissant leur irritabilité sur une foule de sujets, je ne pouvais assez m'étonner de leur patiente résignation au milieu des sujets perpétuels d'humeur auxquels ils sont exposés chez eux [20]. »

Disons-le vite, les esclaves privilégiés, l'élite domestique, ceux qui vivaient dans l'intimité des maîtres étaient à l'occasion insupportables. Imbus de leurs responsabilités, gonflés d'importance, ils n'en faisaient souvent qu'à leur tête, surtout lorsqu'ils avaient une jeune maîtresse inexpérimentée, comme ce fut le cas de Caroline Merrick. Quand elle se maria, son père lui fit cadeau de quelques « esclaves de maison » qu'elle emmena avec elle à Clinton, charmante petite ville de Louisiane où son mari, un juriste, avait décidé de s'établir. Tout en appréciant le bien-être que ces domestiques particulièrement stylés et dévoués lui apportaient, Caroline ne cachait pas l'irritation que leur comportement lui causait. C'étaient eux, souvent, qui faisaient la loi. Caroline voulait-elle s'imposer à la cuisine? La cuisinière, forte de ses douze ans d'expérience chez les parents de la jeune femme, disait aussitôt : « Miss Carrie! Z'avez rien à faire ici si c'est que faire rougir vot' visage au feu. » Lorsqu'elle se rendait à leur plantation de Pointe Coupée, distante de 50 milles environ de Clinton, le cocher conduisait la voiture avec une telle lenteur qu'elle lui demandait généralement en route d'aller plus vite. Il obtempérait; mais peu après, il laissait les chevaux reprendre leur même pas lent. Lui en faisait-elle reproche? Il répliquait avec aplomb : « C'est pas possible avec ces chouals-là. Faut qu'ils nous ramènent à la maison, et je vais pas les tuer en allant là où qu'on va, et si Massa Edwin, il était ici, j'y dirais la même chose. »

Mariée à seize ans, elle était déjà mère de trois enfants à vingt. Elle fut une épouse heureuse et une mère comblée. Mais les Noirs, leurs « gens », jetaient une grande ombre sur sa vie. « Les responsabilités astreignantes d'un propriétaire d'esclaves ne pesaient pas sur moi avec une légèreté compatible avec ma jeunesse, avouera-t-elle plus tard. Durant mes visites annuelles à la plantation, je ne savais jamais si la nuit mon sommeil ne serait pas interrompu, car je ne pouvais jamais refuser un entretien aux nègres qui demandaient à me voir. J'ai constaté que le journal que je tenais à cette époque était rempli de notes concernant les soins que je donnais aux serviteurs malades. Lorsque le président Lincoln proclama l'émancipation de nos esclaves, je m'exclamai : "Dieu merci! Enfin, je vais être libre!" [21]. »

De son côté, Sarah Haynsworth Gayle notait dans son journal : « Je crois que mes domestiques vont me rendre folle. » Comme beaucoup de propriétaires d'esclaves, elle avait son lot de Noirs paresseux, ivrognes, indisciplinés, arrogants. Elle s'emportait contre eux, puis le regrettait, et un sentiment de culpabilité l'envahissait. Peut-être était-elle res-

ponsable de leurs défauts ? Peut-être les avait-elle trop gâtés ?
Peut-être s'était-elle montrée trop indulgente avec eux ? Ses
parents, qui étaient très stricts sur la discipline, sans se permettre la moindre injustice, n'avaient jamais, comme elle,
été confrontés à des esclaves contestataires et querelleurs.
« Je serais prête à passer le reste de ma vie dans le Nord, où
je ne verrais plus jamais le visage d'un nègre », écrivit-elle un
jour. Mais, consciente de son identité sudiste, elle ajouta aussitôt : « Peut-être est-ce là ma croix, que j'essaierai de porter
le mieux possible, et **elle est** plutôt lourde [22]. »

L'aversion que **les femmes** sudistes montraient pour
l'esclavage était **bien réelle**, et un certain nombre d'entre
elles aspiraient sincèrement à s'en libérer. Beaucoup, pourtant, demeuraient convaincues qu'une dame sudiste ne pouvait survivre sans posséder au moins un esclave, et, comme
les ministres du culte qu'elles consultaient si souvent, elles
souhaitaient moins l'abolition de cette « institution particulière » que sa réforme [23]. Leur insatisfaction se traduisait
parfois par un excès de sévérité. Frederika Bremer nota la
dureté montrée par quelques dames sudistes à l'égard de
leurs esclaves, et il est indéniable qu'en Louisiane créole, les
cas de cruauté relatés par les chroniqueurs du temps eurent
pour auteurs des femmes [24]. Le système appelait les abus. On
renvoie une servante à gages insolente, ou un cocher intem-
pérant. Mais l'esclave appartient au maître, il est son bien.
Celui-ci n'a d'autre solution que de le vendre... ou de le châ-
tier, comme il le ferait avec un enfant désobéissant ou un
cheval rebelle.

Mais, plus souvent que la haine, l'affection était au cœur
des relations entre les maîtres et leurs « gens », comme le
montre cette lettre écrite de Saint Francisville (Louisiane)
par Rachel O'Connor à son frère David Weeks, qui l'avait
priée d'envoyer cinq jeunes Noirs à un habitant sucrier,
M. Conrad, pour aider celui-ci à couper les cannes. Rachel
les avait confiés à un jeune homme qui se rendait à Baton
Rouge et embarqués à bord d'un bateau à aubes :

« Le jeune gentleman m'a promis que M. Conrad m'écri-
rait souvent et me dirait s'ils sont bien arrivés, rapporte-t-elle

à son frère. Il y a eu tant d'accidents de steamboats ces temps-ci que mon cœur tremble pour eux. Ils sont tous jeunes et n'ont jamais encore quitté la maison... Si je n'avais craint de te déplaire, je ne les aurais pas envoyés. J'ai si peur qu'ils attrapent le choléra et meurent... Je t'en prie, écrit à M. Conrad qu'il prenne bien soin d'eux. Ils sont nés et ont été élevés ici, avec moi, c'est pourquoi je les aime plus que je ne devrais [25]. »

Parmi les esclaves de maison, il est un personnage qui a pu légitimement entrer dans la légende : la *mammy*. Sur elle, la mère de famille pouvait généralement se reposer, car aux enfants blancs dont elle avait la charge, elle apportait des soins vigilants. D'aucuns prétendent même qu'elle témoignait souvent plus de tendresse pour eux que pour ses propres enfants [26]. Cet amour qu'elle leur portait lui était bien rendu. Devenue vieille, elle était choyée et dorlotée jusqu'à la fin de ses jours par ses maîtres.

Morte du tétanos dans la fleur de l'âge, Rose, qui appartenait à Sarah Haynsworth Gayle, laissa toute la famille dans l'affliction. Elle fut malade trois semaines, « durant lesquelles, Dieu merci, je suis restée nuit et jour à ses côtés », écrit Sarah. Les Gayle l'avait transportée dans une chambre confortable, et « rien ne fut épargné pour la soulager ». En rêvant, Rose s'adressait au fils de Sarah; éveillée, elle écoutait sa voix. Juste avant de mourir, elle tendit les bras vers lui, et lorsque Sarah les saisit, Rose l'attira contre elle, comme elle l'aurait fait d'un enfant. Sarah lui ferma les yeux et, « en larmes et avec ferveur, je priai Dieu pour que nous nous retrouvions dans la félicité dans un autre monde ». Toute la famille Gayle accompagna Rose à sa tombe [27].

L'exemple de la Grande Maison se répercutait souvent dans le quartier des nègres. Sur beaucoup de plantations, au XIXᵉ siècle, un enseignement religieux était donné aux esclaves. C'était la maîtresse, en général, qui leur lisait la Bible et leur inculquait les principes moraux qu'elle-même mettait en pratique. Chez les très pieux propriétaires, les esclaves respectaient le sabbat et les plus pratiquants d'entre eux s'imposaient des pénitences. Certains devinrent membres

de sociétés de tempérance et fièrement pourchassèrent les
ivrognes. L'ordre puritain, on le voit, éveilla des résonances
jusque dans les cases des Noirs, et dans cette œuvre spirituelle et morale, la femme noire prit une part non négligeable.

Pendant son séjour à Charleston, Frederika Bremer assista
à un mariage. Elle remarqua que dans l'église, « une vieille
négresse se tenait assise près de l'autel, c'était la nourrice et
la bonne de la mariée qui ne pouvait supporter la pensée d'en
être séparée, ce qui arrivera cependant [28] ». Pas toujours,
heureusement. Dans les corbeilles de noces, on déposait parfois des *mammies*. Ainsi, nombre d'entre elles élevèrent plusieurs générations d'enfants blancs.

« Soyez fécondes, multipliez... »

Fécondes, les femmes l'étaient plus qu'elles ne le désiraient. Les familles de huit enfants étaient monnaie courante, au Nord comme au Sud, et certaines femmes, on l'a
vu, en avaient bien plus, sans compter les fausses couches.
Même celles qui jouissaient d'une grande aisance et pouvaient se reposer sur une nurse stylée ou sur une nounou
noire efficace cherchaient à freiner le rythme de leurs maternités. Les naissances trop nombreuses et trop rapprochées
mettaient souvent leur vie en danger et, de toute façon, à
moins qu'elles n'eussent une constitution particulièrement
robuste, détruisaient à la longue leur santé. Une autre conséquence, et pas des moindres, était d'empoisonner les rapports
affectifs entre les époux. Comment trouver du plaisir dans
l'amour lorsque les étreintes mènent inexorablement à la
maternité?

Après la naissance de son troisième enfant, les lettres de
Harriet Beecher Stowe à son amie Georgiana laissent voir sa
joie : « Je dois dire que je n'ai qu'à me féliciter de mon mari
et de mes enfants. Je ne voudrais changer mes enfants pour
la vie d'aisance, d'oisiveté et de plaisir que je pourrais avoir
sans eux. » Et à son mari, elle écrit : « ... si vous n'étiez déjà

mon mari, je tomberais certainement amoureuse de vous. »
Quelques années plus tard, par des « migraines » et des
visites prolongées chez ses frères et sœurs ou chez des amis,
elle essayait de retarder l'approche d'une nouvelle maternité.
L'abstinence était apparemment la seule forme de contraception pratiquée en cette première moitié du XIXᵉ siècle.
Devant les grossesses répétées de sa jeune sœur, Catherine
Beecher abandonna les injonctions bibliques « croissez et
multipliez » pour une approche plus réaliste : si les femmes
ne voulaient pas devenir l'esclave de leur famille, elles
devaient se protéger de leurs maris [29].

Ce n'était pas toujours chose facile. Une source de tension
et de frustration dans le couple Stowe fut la difficulté pour
Harriet de satisfaire les besoins physiques intenses de Calvin
sans ruiner sa santé. Durant les quinze premières années de
leur vie conjugale, ils furent souvent séparés. Dans sa correspondance, Calvin ne cessait de faire allusion à leurs relations
sexuelles, évoquant les moments où il se trouvait « couché
sur le même oreiller que vous, votre visage pressé contre le
mien, nos poitrines nues se touchant », maudissant l'éloigne-
ment qui le forçait à l'abstinence, gémissant sur ses frustrations, « mes bras, mon corps ont faim, faim au point de crier
famine ». En fait, chaque séparation rendait Calvin Stowe
plus ardent [30].

Julia Ward Howe dut faire face à un même problème.
Chev voulait une femme qui, selon les propres paroles de
Julia, « l'aimât entièrement », et la jeune femme ressentait
un besoin de tendresse qui n'entraînât pas forcément un
accroissement de ses maternités. Ce conflit ne fit qu'aggra-
ver leur mésentente, et Chev, à l'évidence, alla satisfaire ailleurs ses besoins sexuels : « Je le suspecte parfois d'avoir des
relations avec d'autres femmes, écrivit Julia à sa sœur Eliza,
et je regrette plus amèrement que jamais le sacrifice qui
m'est imposé... » Le « sacrifice » était une cinquième grossesse [31]. Sur son lit de mort, son mari, pour soulager sa
conscience, lui avoua ses infidélités.

Le nombre de femmes qui trouvaient la mort en donnant
la vie était très élevé. Avec l'idéalisation de la famille et

l'aura de sainteté entourant le mot « mère » s'imprimait dans
les esprits le spectre de la mort. Les bons maris partageaient
l'angoisse de leurs épouses. A sa femme, le général confédéré
William Dorsey confessait : « Je me sens humilié et mortifié
de penser que la plus dangereuse de toutes nos passions et la
plus coupable quand nous nous y abandonnons est celle que
je ne peux maîtriser. » Peu après le retour d'un des Clay
d'Alabama dans son foyer, pendant la guerre de Sécession,
sa femme attendit son onzième enfant. Mari et femme,
apprenons-nous, envisageaient cette naissance avec « chagrin
et regret [32] ».

L'amour, assurément, résistait souvent aux épreuves;
mieux, il aidait à les surmonter. A son journal, Fannie Moore
Webb Bumpas confiait : « Quel réconfort! Quel grand bonheur d'avoir un compagnon, un associé des joies et des peines
en qui je puis avoir toute confiance! » Et cette autre femme
avoue : « Il y aura treize ans demain que nous sommes
mariés. Comme le temps a passé vite, et comme ces années
ont été heureuses pour moi! Je remercie Dieu pour sa bonté
et sa miséricorde envers notre famille. » Bonheur partagé, oh
combien : « Vous dites que je vous suis très cher, écrit ce pasteur méthodiste à son épouse, vous m'êtes, *mon aimée*, de
plus en plus chère. Il m'est de plus en plus pénible d'être loin
de vous, et je m'inquiète de plus en plus pour vous sur qui, en
mon absence, tombe le poids des responsabilités [33]. »

A son mari qui voyageait en Europe, Mary Poor, de son
côté, adressa une lettre dans laquelle on perçoit clairement la
félicité de son union : « Plus votre absence se prolonge, plus
grand est mon chagrin. Si j'étais *à moitié* sûre d'aimer Jésus
comme je vous aime, je nourrirais de brillants espoirs pour la
vie éternelle. Je n'ai rien d'autre à vous dire parce que,
lorsque je m'assois pour vous écrire, je n'ai qu'une seule pensée, celle de vous voir, et elle domine toutes les autres. » Et
elle ajoutait cette phrase bien dans l'esprit du temps : « C'est
un péché que je ne peux m'empêcher de commettre. » Leur
amour ne faiblit pas au cours des ans. Quelques années plus
tard, alors que les affaires de son mari l'éloignaient une fois
encore du foyer, Mary lui écrivait : « Retirons-nous et

menons à Andover une vie de simplicité toute pastorale, que notre seule occupation soit de faire chacun le bonheur de l'autre [34]. »

La correspondance échangée entre le révérend Robert Mallard et sa femme Mary Jones, de Géorgie, montre également la profondeur de leur attachement. A son épouse qui avait dû s'absenter pour suivre un traitement médical, Mallard écrivait qu'elle occupait tellement ses pensées qu'il ne pouvait travailler à ses sermons et qu'en dépit du coût élevé du service postal dans les États confédérés investis, il comptait lui écrire chaque jour : « Votre absence est une affliction et j'ai hâte qu'elle prenne fin. » Il ne ferait rien, toutefois, pour précipiter son retour si son traitement réclamait plus de temps, car seul comptait la santé de son épouse bien-aimée [35].

Cet accord des cœurs, et sans doute des corps, n'avait rien d'exceptionnel. A parcourir tant de textes d'où se dégagent la chaleur des sentiments et l'attachement conjugal, on a vite l'impression que les mariages heureux n'existaient pas que dans les romans à l'eau de rose. La voyageuse suédoise Frederika Bremer confirme cette impression. La recette du bonheur, dans les foyers heureux où elle s'est trouvée, était que « la femme était aussi empressée à faire la volonté de son mari qu'il pouvait l'être à faire la sienne. Le dévouement et une sage raison égalisent tout [36] ».

4

Les chemins du savoir

Une soif d'apprendre saisit les femmes de la jeune république, et la Nouvelle-Angleterre, comme en tant d'autres domaines, ouvrit la voie en vainquant la première l'analphabétisme. En 1840, tous ses habitants savaient lire et écrire, femmes et hommes, riches ou pauvres, alors que soixante ans plus tôt, la moitié des femmes seulement étaient capables de signer leur nom [1]. Pendant la Révolution, la très sage et très remarquable Abigail Adams avait cru bon de rappeler à son mari, dont elle appréciait, disait-elle, les sentiments « généreux » et « libéraux », combien l'éducation des femmes avait été jusqu'ici négligée et comme il avait été à la mode de « ridiculiser le savoir féminin ». Depuis longtemps déjà, elle était arrivée à la conclusion que « si nous voulons des héros, des hommes d'État et des philosophes, nous devons avoir des femmes savantes [2] ».

Une de ses contemporaines, Judith Sergent Murray, fille d'un prospère marchand du Massachusetts, alla plus loin en déclarant que les femmes étaient intellectuellement les égales des hommes, et qu'elles avaient le droit, comme eux, de cultiver leur esprit. Comme plus tard Catherine Beecher, elle affirma qu'un acquis intellectuel permettrait aux femmes de trouver une plus grande satisfaction dans leurs occupations domestiques. Au tournant du XVIIIᵉ siècle, Eliza Southgate, une jeune femme qui avait eu la chance d'accéder à un enseignement supérieur, posa la question : « Le cerveau de la femme serait-il la seule œuvre de Dieu qui aurait été créée en vain? » Si les facultés de discernement et de jugement des femmes déclinaient, c'est parce qu'elles ne les utilisaient pas assez [3].

Il n'y avait là rien de bien révolutionnaire. Ces femmes intelligentes qui réclamaient une meilleure éducation pour leur sexe ne cherchaient nullement à sortir de leur « sphère » mais au contraire à devenir, grâce au développement de leurs connaissances, de meilleures mères et des maîtresses de maison plus expertes. Seulement Rousseau, en cette fin de siècle, était à la mode. Dans l'*Émile*, ouvrage qui fit fureur en Amérique auprès des esprits éclairés, le philosophe n'avait-il pas déclaré que l'éducation des femmes devait être relative aux hommes? Que leur plaire, leur être utiles, se faire aimer et honorer d'eux et leur rendre la vie agréable étaient le devoir des femmes [4]? De nombreux auteurs, aux États-Unis, lui firent écho. Mais le temps allait donner raison aux femmes. Cette philosophie d'un autre âge ne résista pas au grand souffle provoqué par l'Amérique en marche.

Avec l'achat de la Louisiane à la France, en 1803, s'ouvrirent aux Américains les immenses territoires du Nord-Ouest. Par étapes successives, les pionniers, chassant devant eux les Indiens, entreprirent la conquête des nouveaux espaces. Ils colonisèrent les territoires, des Appalaches au Mississippi, puis traversèrent le grand fleuve, les plus hardis pénétrant même en Oregon et en Californie sur les pas de Lewis et Clark, les deux jeunes explorateurs patronnés par le président Jefferson. Un mouvement irrésistible poussait les Américains vers l'ouest depuis la fin de la seconde guerre d'Indépendance.

Des États nouveaux furent admis dans l'Union; de petites villes jaillirent des solitudes, et les fleuves se couvrirent de bateaux à aubes. Parallèlement à la migration vers l'ouest se développa à l'est l'industrie. Les jeunes filles non seulement trouvèrent des emplois dans les filatures et les manufactures de coton mais encore, grâce à l'accroissement de la population et à l'essor des nouveaux territoires, furent recherchées comme maîtresses d'école, douce revanche pour des créatures que l'on se plaisait à cantonner dans les travaux domestiques.

Mais en avaient-elles les capacités? La plupart des filles étaient instruites à la maison. La mère leur transmettait généralement son maigre savoir; parfois, dans les familles aisées, elles profitaient de l'enseignement donné à leurs frères par un maître. Philadelphie, toutefois, pouvait s'enorgueillir d'avoir ouvert dès les années 1750 des institutions pour les filles, ce qui n'est pas pour nous surprendre quand on sait l'importance du rôle des femmes chez les quakers, fondateurs de la Pennsylvanie. Les quakers furent également les premiers à permettre aux femmes de devenir ministres du culte ou plus exactement prédicateurs, le quakerisme ne faisant pas la distinction entre clercs et laïques. En Nouvelle-Angleterre, dans les années 1780 et 1790, un certain nombre de jeunes universitaires et de pasteurs établirent des écoles secondaires pour garçons dans lesquelles les filles furent admises. Seulement, elles y recevaient un enseignement différent de celui des garçons, plus conforme à leur sexe [5].

Dès le début du XIXᵉ siècle, les établissements d'enseignement secondaire se multiplièrent, au Sud comme au Nord. *Elizabeth Academy*, dans le Mississippi, et l'institut pour jeunes filles de Winston-Salem, Caroline du Nord, établi en 1817 par les Frères moraves, dispensaient même un « enseignement supérieur [6] ». Bien que cet enseignement ne fût en aucun point comparable à celui que les garçons recevaient dans les bons collèges de la côte Est, il mettait un terme à l'équation femme = arts d'agrément, et seize ans plus tard était fondé dans le jeune État de l'Ohio le célèbre *Oberlin*. D'académie ouverte à tous, Oberlin se transforma en collège. Les premières femmes à terminer le cycle complet des études obtenaient leur diplôme en 1841 [7].

De très nombreuses académies de jeunes filles furent également ouvertes par des femmes. Certaines passaient pour excellentes; d'autres laissaient fort à désirer : financement insuffisant, conditions de travail défectueuses et surtout incompétence des pédagogues. Le maigre savoir de la plupart de ces maîtresses d'école improvisées ne leur permettait pas d'orner l'esprit de leurs élèves mais tout juste de le dégrossir. De toute façon, ces institutions étaient payantes et éparpillées dans le pays. De ce fait, les filles des classes les plus défavorisées, surtout dans le Sud, ne pouvaient y accéder et restaient sans instruction.

Une évidence criante sautait aux yeux : à mauvais maîtres, mauvais élèves. Il fallait donc avant tout former des professeurs, donner à des jeunes filles un enseignement de qualité qui leur permettrait de transmettre un savoir rigoureux et non des rudiments de connaissances. Ici et là des voix s'élevèrent pour signaler les carences de l'instruction féminine. En 1818, la petite-fille du révérend Cotton Mather, Hanna Mather Crocker, mère de dix enfants, publiait un petit traité intitulé *Observations sur les droits réels de la femme*. Mais tout en rejetant le concept de l'infériorité des filles et en affirmant qu'elles avaient le droit, comme les garçons, d'étudier toutes les branches de la science et même la jurisprudence, elle s'élevait contre l'idée qu'une femme pût un jour plaider devant un tribunal : ce serait « mal moralement et imprudent physiquement ». Aucune loi ne pouvait donner à la femme le droit de « s'écarter des règles les plus strictes de la rectitude et de la bienséance [8] ». L'année suivante, le gouverneur DeWitt Clinton, de New York, recevait une *Adresse au Public; Particulièrement aux Membres de la Législature de New York, Proposant un Plan pour l'Amélioration de l'Éducation des Femmes*. Son auteur, Emma Willard, en envoya aussi une copie à Thomas Jefferson et à James Monroe. Dans son *Adresse*, elle dénonçait les méfaits des académies de jeunes filles qui, trop souvent, négligeaient la culture au profit des « arts d'agrément » et, en vraie fille de la Réforme, démontrait que le but suprême de l'éducation était de perfectionner les femmes moralement, intellectuellement et physiquement tant dans leur intérêt propre que dans celui des autres [9].

Emma la pionnière

Née en 1787 à Berlin, Connecticut, Emma était la sei-
zième enfant d'une famille de dix-sept. Son père, le capitaine
Samuel Hart, avait des idées fort avancées pour son temps
puisqu'il s'émerveilla devant l'intelligence de sa fille, qui
s'attaquait à des problèmes de mathématiques pour le seul
plaisir de les résoudre, et l'encouragea à faire des études.
Après quelques années passées à l'école du village, elle entra
à l'académie municipale tandis que chez elle son père l'ini-
tiait aux œuvres de Shakespeare et de Locke. A dix-sept ans,
elle fut nommée « maîtresse » de l'école du district de Ken-
sington, qui ne fonctionnait que l'été. Ainsi commença sa
carrière de pédagogue. A vingt ans, elle se retrouva à la tête
de la *Middlebury Female Academy*, dans le Vermont. Deux
ans plus tard, elle épousait le Dr John Willard, un médecin
qui avait abandonné sa profession pour occuper le poste de
marshall du Vermont. Elle quitta l'enseignement, se fit fer-
mière, prit soin de sa maison et de son mari. Mais son temps
libre, elle le passait à lire et à étudier. Des revers de fortune
l'amenèrent en 1814 à ouvrir un pensionnat de jeunes filles.
Au programme, elle mit des matières réservées habituelle-
ment aux garçons : algèbre, géométrie, trigonométrie. Ne
disposant pas de manuels scolaires, elle se servait de pyramides et de cônes taillés dans des navets ou des pommes de
terre. Elle enseignait à ses élèves la géographie en leur faisant dessiner des cartes, au lieu de leur faire apprendre par
cœur les distances entre telle ou telle ville, et par des récits
rendait l'histoire vivante, au lieu de la limiter à des noms et à
des dates. Chaque nouvelle matière qu'elle mettait au programme, il lui fallait d'abord l'étudier : « Je passais dix à
douze heures par jour à enseigner et, en certaines occasions,
en période d'examen, par exemple, quinze heures [10]. »

C'est alors qu'elle mit au point son *Plan pour l'Amélioration de l'Éducation des Femmes*. Mais il était difficile en ce
temps-là d'ôter de la tête des hommes la conviction durement ancrée que l'image du bonheur était celle d'une femme

penchée sur sa tapisserie ou les mains enfoncées dans la farine en train de pétrir la pâte à pain. Son *Plan* rencontra une vive opposition auprès des éléments les plus conservateurs. Certains frissonnèrent d'horreur, et les plus pessimistes pouvaient déjà entrevoir des fissures dans l'ordre établi. Aussi bien, si le gouverneur DeWitt Clinton encouragea son projet de création d'une institution « moderne » de jeunes filles dans l'État de New York, ne put-il obtenir de la législature la moindre subvention. Pis, les régents de l'université de l'État décidèrent de soustraire à son académie toute assistance du « fonds littéraire [11] ».

Déçue, humiliée, Emma Willard l'était; découragée, nullement. Sa résolution était prise : elle s'adresserait directement à la population, en appellerait à l'opinion publique pour faire pression sur les législateurs. Troy, petite ville du centre-est de l'État de New York, vola à son secours. Le 26 mars 1821, le conseil communal passait une résolution prévoyant l'imposition d'une taxe spéciale pour lever une somme de 4 000 dollars destinée à l'achat d'un bâtiment qui conviendrait à une académie de jeunes filles. Au mois de septembre, Emma Willard ouvrait les portes du *Troy Seminary* : 90 élèves venues des quatre coins des États-Unis s'y étaient inscrites [12].

« Le séminaire de Mrs. Willard à Troy était l'école à la mode de ma jeunesse, écrit dans ses mémoires Elizabeth Cady Stanton, fer de lance du mouvement féministe aux États-Unis; et au cours de l'hiver 1830, avec une centaine d'autres filles, je me retrouvai une active participante de toutes les joies et les peines de cette institution. »

Satisfaite, la jeune Elizabeth ne l'avait été qu'à moitié lorsque ses parents avaient décidé de l'envoyer dans cette « Mecque intellectuelle », car elle ne prisait guère l'idée d'aller dans une école qui ne fût pas mixte. Les garçons, avoua-t-elle, « avaient été pour moi un tel stimulant dans les études et dans les jeux ». Elle semble avoir été plus impressionnée par Emma Willard, son « port de reine » et ses robes de soie que par l'enseignement dispensé dans la « Mecque intellectuelle » – du moins le laissa-t-elle entendre plus tard.

Elle regretta de ne pas avoir eu la possibilité d'y étudier le grec et le latin et d'avoir dû « accepter » à la place la philosophie morale de Paley et la philosophie intellectuelle de Dugald Stewart. Mais elle prit plaisir à prendre des leçons de danse, de chant, de guitare.

Elle y fut plutôt heureuse : « La vaste demeure, la société de tant de filles, les promenades en ville, la nouveauté de tout me rendaient la vie plus agréable que je ne l'avais prévu. » Les garçons néanmoins lui manquaient, encore que maintenant qu'ils se faisaient rares, elle reconnaissait qu'il y avait « un nouveau piquant à en rencontrer occasionnellement ». Quand les jeunes filles rendaient visite à des amis de leurs familles en ville, elles faisaient la connaissance de leurs fils. Seulement, toute fréquentation avec le sexe fort était interdite à Troy : « Comme seuls les frères et les cousins étaient autorisés à venir nous voir et à nous écrire, raconte Elizabeth, nous avions par moments un très grand nombre de parents [13]. »

« Enfermée » durant les trois ans qu'elle passa à Troy avec des filles dont la plupart étaient plus âgées qu'elle, Elizabeth Cady entendit parler de choses qu'elle n'aurait jamais imaginées avant et « d'une manière qu'il aurait mieux valu que je n'entende jamais. La retenue salutaire qui existe toujours dans les conversations entre garçons et filles, ajoutait-elle fort justement, a tendance à se relâcher dès lors qu'un seul sexe est présent [14]. »

D'évidence, Elizabeth Cady apprit plus de choses à Troy que ne l'aurait souhaité Mrs. Willard, même si celle-ci se permit quelques audaces intellectuelles qui n'allèrent pas toujours sans créer des remous dans les familles. Ainsi, à une époque où l'on considérait de la dernière inconvenance pour les femmes de parler du corps humain, elle entreprit d'enseigner la physiologie : « Les mères qui visitaient une classe au séminaire, au début des années 1830, étaient si choquées en voyant une élève dessiner au tableau un cœur, des artères et des veines pour expliquer la circulation du sang, qu'elles quittaient la salle rougissantes et consternées. Pour protéger la pudeur des filles et leur éviter trop d'embarras, un épais papier était collé sur les pages des manuels scolaires où l'on représentait le corps humain [15]. »

Ces audaces n'avaient pas pour but de détourner les femmes de leurs devoirs d'épouse et de mère, mais de les y mieux préparer. Le savoir devait maintenir les femmes dans la ligne du devoir, non les en écarter. Emma Willard insista toujours sur la nécessité de donner aux filles des cours d'instruction religieuse et morale, d'économie domestique, de philosophie naturelle et de psychologie. Comme Catherine Beecher, elle joua aussi un rôle déterminant dans la formation des maîtresses d'école, sans avoir toutefois l'ampleur de sa vision. Pour la fille aînée du révérend Lyman Beecher, l'enseignement ne devait plus être un pis-aller pour les jeunes filles en mal de mari ou les veuves sans fortune, mais une véritable vocation dans laquelle la femme pourrait donner le meilleur d'elle-même. Elle s'inquiéta toujours du sort des filles « en surplus » de l'Est, contraintes de gagner leur vie par suite de la migration massive des mâles vers l'Ouest, et qui affluaient dans les usines où, pour un maigre salaire, elles travaillaient de longues heures dans des conditions malsaines. Elle envisagea même l'enseignement comme un domaine réservé aux femmes.

Catherine la visionnaire

Le temps était au réveil religieux. Imbue de l'idée de mission, Catherine Beecher, dès 1823, tenta dans sa petite école de Hartford, Connecticut, de lever la bannière de Dieu. Quand la fièvre « revivaliste » tomba, elle s'embarqua dans un projet audacieux afin de transformer son école en un collège doté. Elle réussit à collecter près de 5 000 dollars et à l'automne de 1827 inaugurait le séminaire. Pour arriver à ses fins, Catherine avait usé de son pouvoir de persuasion auprès des épouses des notables qui, durant le Réveil, venaient régulièrement chez elle pour les réunions de prière : « Les femmes les plus intelligentes et les plus influentes vinrent à mon aide, et j'obtins rapidement tout ce que je voulais [16]. » A cette occasion, elle apprit une leçon qu'elle ne devait jamais oublier : « C'était ma première expérience du pouvoir moral et du bon jugement des femmes américaines qui ont été depuis lors mon plus grand soutien [17] », dit-elle plus tard.

Elle avait sous ses ordres huit professeurs. Elle-même se consacra à l'enseignement de la philosophie morale. Savoir et morale pour Catherine allaient de pair. A l'hiver de 1831, elle publia anonymement et à ses frais un remarquable ouvrage, *The Elements of Mental and Moral Philosophy founded upon Experience, Reason and Bible*. Elle y intégra les trois thèmes qui avaient marqué son expérience passée : le salut de l'âme, la réforme des structures sociales et l'expérience des femmes dans ces domaines. Sa vision morale et sociale préfigurait le modèle « victorien ». Elle envisageait la création d'un code moral destiné à perfectionner l'individu, à discipliner son comportement sans même l'existence du Dieu de la colère, et la conception d'une nouvelle classe de gardiens de la moralité ayant toute autorité pour faire respecter ce code. A ses élèves, elle déclara que la réponse à la question « que pouvons-nous faire pour être sauvé ? » se trouvait dans le caractère de l'individu et non dans la conversion [18]. Rappelons que les presbytériens et les congrégationalistes, deux dénominations calvinistes, insistaient sur la nécessité pour le chrétien de passer par l'expérience de la conversion, signe de l'élection probable, qu'ils souhaitaient même soudaine et violente. Contrairement à ses frères et sœurs, Catherine Beecher ne fit pas cette expérience. Elle détestait d'ailleurs l'émotivité religieuse.

Un travail excessif, le poids des responsabilités, les perpétuels problèmes financiers, les frustrations, brisèrent ses nerfs. Pendant qu'elle allait se reposer dans sa famille à Boston, sa jeune sœur Harriet, qui n'avait que dix-huit ans, assura la direction de son école. Les lettres journalières que celle-ci adressa à Catherine montrent l'importance donnée à la notion de moralité au *Hartford Female Seminary*. Non seulement Catherine était déterminée à sauver la nation, mais elle voulait encore que les femmes la sauvassent [19]. On croirait entendre John Adams. Elle devait d'ailleurs écrire plus tard un ouvrage intitulé *Femmes américaines, voulez-vous sauver votre pays* [20] ?

Lorsque le révérend Lyman Beecher se vit offrir la présidence du *Lane Theological Seminary* de Cincinnati, Catherine accompagna sa famille dans l'Ouest. La petite ville de l'Ohio avait tout pour la séduire : un cadre plaisant, une élite prospère, sociable et intelligente, et surtout un groupe d'habitants décidés à favoriser la fondation d'une école de qualité pour les filles. Étant donné qu'un grand nombre de notables venaient de Litchfield, Hartford et autres lieux de la Nouvelle-Angleterre, les sœurs Beecher furent immédiatement reçues dans la bonne société. Fidèles aux traditions de la Nouvelle-Angleterre, Cincinnati avait même un cercle littéraire dont elles firent partie. Mais Catherine n'était pas femme à s'endormir dans une béate torpeur. Répondant aux sollicitations des édiles, elle entreprit, dès que sa santé fut rétablie, de fonder une école qui serait, ainsi qu'elle l'écrivit à son amie et collaboratrice de Hartford Mary Dutton, « un modèle pour tout l'Ouest ». Le *Western Female Institute* ouvrit ses portes en avril 1833 [21].

Son succès fut énorme. Il s'y inscrivit rapidement plus d'étudiantes que l'école ne pouvait en accueillir. Catherine voulait que l'organisation de l'institut fût calquée sur celle des collèges. A une époque où la gymnastique était généralement considérée pour les filles comme une incongruité, voire une inconvenance, elle mit au programme des cours d'éducation physique afin de leur apprendre à « bouger gracieusement la tête, les mains et les bras ». Les exercices se faisaient en musique [22].

Tout en dirigeant l'école, Catherine travaillait sans relâche au grand projet qu'elle avait formé. En 1835, lors d'une conférence organisée par l'*American Lyceum* de New York, elle présentait un plan pour l'éducation des femmes professeurs dans lequel sa double personnalité apparaît distinctement. Catherine Beecher était à la fois anticonformiste et traditionaliste, innovatrice et réactionnaire. Ainsi, après avoir audacieusement rejeté l'image, classique dans la haute société, de la femme défaillante, rougissante, larmoyante, jolie et futile, elle retrouvait le plus grand conservatisme pour définir les devoirs de la femme : elle était la « gardienne de la nursery », le « génie présidant... aux occupations domestiques » qui devait s'accommoder des « particularités » et des « faiblesses » d'un mari et surveiller l'« indolence » et les « caprices » des servantes. Dans son ardeur à assurer aux femmes l'accès à l'enseignement et l'autorité au foyer, elle renforça l'idéologie chère aux maîtres à penser de la République selon laquelle la femme était et devait être plus vertueuse et plus pieuse que l'homme. Elle démontra qu'une augmentation du nombre de professeurs permettrait d'apporter les bienfaits de l'éducation tant aux enfants américains privés d'école qu'aux hordes « d'étrangers corrompus... qui affluent partout dans cette nation [23] ».

De même que le révérend Beecher, dans son fameux *Appel de l'Ouest*, réclamait la formation de pasteurs pour sauver les âmes des immigrants plongés dans les ténèbres, sa fille voulait éduquer des professeurs dont la mission serait d'arracher à l'ignorance les nouveaux territoires de l'Ouest. Côte à côte, ils marchèrent sous la bannière de la religion et de l'éducation et, chemin faisant, soulevèrent des passions, des oppositions et des aigreurs. Catherine était d'un tempérament extrêmement dominateur et, par idéalisme et intransigeance, redresseur de torts. Plus elle avança en âge, plus elle prit d'autorité. C'est ainsi que lorsqu'elle approchait de soixante-dix ans, elle apprit que l'université Cornell, dans l'État de New York, avait mis à son programme un cours qui l'intéressait particulièrement. Elle alla trouver son président, le Dr Andrew D. White, et lui annonça qu'elle avait l'intention de le suivre.

Plutôt embarrassé, White répondit que Cornell n'était pas ouvert aux femmes. « Qu'à cela ne tienne, répliqua Catherine avec assurance, je préfère étudier avec des hommes. » Désarmé, il lui demanda alors si elle pensait trouver à se loger en ville. « Mais je compte prendre une chambre dans le foyer », dit Catherine, imperturbable. White s'exclama : « Mais c'est impossible, c'est un foyer pour jeunes gens. — Ils ne me gêneront nullement », répondit-elle. Et non seulement

elle obtint de suivre le cours en question, mais encore de rési-
der sur le campus où elle se rendit, paraît-il, très populaire
auprès des étudiants.

Partout où elle allait, elle « prenait les choses en main », ce
qui provoquait souvent des heurts. Même lorsqu'elle priait,
Catherine refusait de renoncer à la haute opinion qu'elle
avait d'elle-même. Un jour que des amis chez qui elle se
trouvait entonnaient un cantique dont le refrain était : « Je
ne suis rien, Seigneur. Oh, rien, tu es tout, tout, tout! », elle
refusa de se joindre à eux en s'écriant : « Je ne suis *pas* rien. »
Et l'affaire fut close [24].

Malgré ces défauts particulièrement agaçants, on doit
reconnaître que l'impact de ses campagnes fut grand. Même
si la postérité retint surtout ses ouvrages sur l'économie
domestique et l'hygiène, Catherine Beecher mérite d'occuper
au Walhalla de l'histoire de l'éducation aux États-Unis une
place au côté d'Emma Willard et de Mary Lyon.

Mary la puritaine

Fille de la Nouvelle-Angleterre, cela va de soi, Mary Lyon
naquit en 1797 dans une ferme de l'ouest du Massachusetts
et grandit au milieu de familles toutes pétries de culture
biblique. Chez les Lyon, les règles de vie étaient conformes
aux exigences du Créateur. Vive, intelligente, Mary atteignit
rapidement le plus haut degré des connaissances accessibles
aux filles à cette époque. Comme Emma Willard et tant
d'autres, elle continua son éducation tout en enseignant.
L'expérience qu'elle acquérait ne faisait qu'ajouter à sa frustration. Elle constatait l'incompétence des professeurs, la
précarité des institutions, même des meilleures, toujours à la
merci des sautes d'humeur d'un donateur ou de la mort d'un
autre. Elle se désespérait du nombre de jeunes femmes
pauvres, filles de petits fermiers ou d'artisans, dont la soif
d'apprendre était grande mais qui ne recevraient jamais une
bonne instruction faute d'argent, ou qui ruineraient leur
santé en s'astreignant aux plus durs labeurs pour s'offrir des
études.

De son sanctuaire d'Ipswich, Massachusetts, où elle enseignait, elle conçut le projet d'apporter aux femmes un savoir qui serait l'égal de celui que leurs frères pouvaient acquérir dans les collèges. Elle ne voulait pas seulement former des maîtresses d'école ou des maîtresses de maison, elle visait plus haut. Au mois de septembre de 1834, devant un aréopage de notables, elle présentait son plan pour un nouveau type d'institution féminine. Par sa foi ardente et sa volonté de fer, sous son apparente douceur, elle impressionnait durablement ceux qu'elle rencontrait. Les hommes réunis ce jour-là dans son petit salon d'Ipswich ne résistèrent pas à son charisme. Un comité fut créé dont le rôle serait de lever les fonds nécessaires à l'achat d'un terrain et à la construction de l'institution.

Bien que Mary Lyon fût le cerveau de l'entreprise, elle demeura dans l'ombre, craignant, si elle se mettait en avant, d'affoler les éléments les plus conservateurs. A son amie Zilpah Grant, elle écrivit : « Il est souhaitable que les plans concernant ce projet ne semblent pas avoir été élaborés par *nous*, mais par de charitables *gentlemen*. Il y a danger, si la chose s'ébruite, que nombre de ces hommes de bien s'inquiètent de l'effet sur la société d'une influence féminine aussi forte et de ce qu'ils appelleront la grandeur féminine [25]. »

Seulement, face à l'apathie du public et à la crise économique naissante qui, sous la présidence de Van Buren, culmina par la panique et la dépression de 1837, les « charitables *gentlemen* » se révélèrent incapables de collecter les fonds nécessaires. Mary Lyon se décida alors à descendre dans l'arène. Inlassablement, elle parcourut la Nouvelle-Angleterre, allant de ville en ville, parlant au public, exhortant les gens à contribuer à la création de la nouvelle académie. Quand ses plus fidèles amis lui firent remarquer qu'il n'était pas comme il faut pour une dame de se conduire ainsi, elle répondit :

« Que fais-je de mal ? Je voyage en diligence et en voiture sans escorte. D'autres dames en font autant. Je visite une famille dans laquelle j'ai déjà été invitée, et la femme du

pasteur ou quelque autre femme de notable invitent les
dames à venir me voir, et je leur présente notre projet. Est-ce
mal?... Mon cœur est malade, mon âme peinée par cette
bonne société creuse, cette vacuité distinguée. Je fais un formidable travail et je ne m'arrêterai pas [26]. »

C'était vrai, et les femmes ne s'y trompèrent pas. Les
petits donateurs furent très nombreux. Mary collecta auprès
de quelque 1 800 personnes, dans quatre-vingt-onze villes,
environ 27 000 dollars. Presque tout l'argent avait été réuni
dans les églises, cœur battant des communautés, les salons
des notables et les cercles de couture. *Mount Holyoke Seminary* ouvrit ses portes le 8 novembre 1837, alors que les travaux n'étaient pas encore complètement terminés. L'objet
initial de Mary Lyon avait été d'en faciliter l'accès aux
jeunes filles pauvres. Contrairement à Emma Willard et à
Catherine Beecher, qui appartenaient à la middle class,
Mary venait d'un milieu défavorisé. Elle n'avait pas oublié
qu'elle avait dû économiser sou par sou pour pouvoir entrer
dans une académie de jeunes filles, et qu'elle avait payé sa
pension, la première année, avec l'argent de deux couvre-lits
dont elle avait filé, teint et tissé la laine. Elle fixa donc le
prix de la pension et des études à 60 dollars par an. En
contrepartie, chaque étudiante devait consacrer deux heures
par jour au moins à des travaux domestiques. Afin de maintenir le niveau des études, aucune fille de moins de seize ans
n'y fut admise, et Mary prévoyait un système d'examens et
une sélection des élèves fondée sur leur maturité d'esprit et
leur potentiel intellectuel [27].

Le programme des études pour la première année, ou
junior class, comprenait la géographie ancienne, l'histoire
ancienne et moderne, l'algèbre, les sciences politiques, la
physiologie, la botanique, la philosophie naturelle, la rhétorique et la grammaire anglaise. La deuxième année, les
élèves s'attaquèrent à l'histoire ecclésiastique, la chimie,
l'astronomie et la géologie, tout en poursuivant leurs études
de botanique et de grammaire anglaise. En troisième année,
elles se plongèrent dans Euclide, dans la philosophie naturelle d'Olmsted, la botanique de Whately, la philosophie

intellectuelle, la philosophie morale et l'économie politique de Wayland, l'analogie de Butler et *Le Paradis perdu* de Milton, ouvrage qui, avec *Le Voyage du pèlerin* de Bunyan, se trouvait à la base de toute éducation puritaine. Les étudiantes suivaient également des cours de français, de musique et de gymnastique [28].

Programme ambitieux, on le voit, sans commune mesure avec l'enseignement dispensé à Troy, dont le niveau ne dépassa jamais finalement celui d'une bonne *finishing school*. Mais Mary Lyon ne songeait nullement à façonner des bas-bleus, seulement des chrétiennes responsables. Dans son prospectus, *Mount Holyoke* promettait de faire de l'éducation féminine « une servante de l'Évangile et une auxiliaire efficace dans la grande œuvre de rénovation du monde [29] ».

Sous l'influence du révérend Joseph Emerson, ardent partisan de la formation intellectuelle des femmes, Mary Lyon prit progressivement conscience que l'éducation pouvait conduire au service social et religieux. Il n'est donc pas surprenant que la lecture de la Bible et l'étude de la théologie occupassent une grande place à *Mount Holyoke* et que les dévotions publiques et privées y fussent encouragées.

Assurément, la piété étant à la base de la vertu féminine, dans toutes les académies de jeunes filles sans exception l'instruction religieuse était au programme. Ainsi, l'académie de Keene, dans le New Hampshire, se proposait de préparer les jeunes filles pour « qu'elles pussent jouir dans la vie future du Bonheur éternel ». Ainsi Joseph M. D. Mathews, principal du *Oakland Female Seminary*, dans l'Ohio, affirmait que « l'éducation féminine devait être avant tout religieuse ». Mais toutes ces institutions n'avaient d'autre but que de faire des élèves des épouses et des mères religieuses. Une fois encore, Mary Lyon voyait plus loin. Durant les douze années où elle présida à la destinée de *Mount Holyoke*, elle s'intéressa activement aux travaux des missions étrangères, et, comme on pouvait s'y attendre, de nombreux professeurs et étudiantes, brûlés par la flamme évangélique, devinrent missionnaires. A ses élèves, Mary répétait inlassablement : « Faites quelque chose, ayez des projets,

vivez pour un but. » Et elle leur disait encore : « Ne faites
rien à demi ou négligemment. Apprenez à vous asseoir avec
énergie [30]. »

Lucy la rebelle

Dans un cercle de couture de West Brookfield, Massachusetts, où Mary Lyon s'était rendue pour présenter son
projet de collège et collecter des fonds, une toute jeune fille
aux joues rebondies et au regard volontaire cousait une chemise pour aider un jeune homme à faire des études de théologie. Nulle ne fut plus attentive aux paroles de Mary. Lorsque
celle-ci eut terminé son exposé, elle laissa tomber son aiguille
et son ouvrage et dit : « Laissons donc ces hommes dont les
épaules sont plus larges et les bras plus puissants (que les
nôtres) gagner l'argent de leur éducation ; quant à nous, pro-
fitons des maigres occasions qui s'offrent à nous pour nous
éduquer. » Le nom de cette jeune fille déterminée était Lucy
Stone. Elle ne ramassa pas la chemise [31].

Élevée dans une ferme de la Nouvelle-Angleterre, Lucy
Stone s'était très tôt rebellée contre l'ordre établi. Enfant, un
jour qu'elle lisait la Bible, elle tomba sur la malédiction de
Dieu contre Ève : « ... tes désirs se porteront vers ton mari,
mais il dominera sur toi. » Elle en fut bouleversée. Il ne lui
était pas encore venu à l'esprit que la soumission des femmes
à leur mari était la volonté divine. Plus tard, elle voulut
apprendre le grec et l'hébreu afin de lire la Bible dans le
texte original et pouvoir constater par elle-même l'exactitude
de la traduction. Elle demanda à son père de l'envoyer
comme son frère au collège. Mr. Stone, homme de la vieille
école et pas bien riche de surcroît, refusa catégoriquement
et, se tournant vers son épouse, demanda : « Est-ce que cette
enfant est folle ? » Mais Lucy ne désarma pas. Puisqu'elle ne
pouvait compter sur son père, elle gagnerait l'argent de son
éducation. Elle ramassa d'abord des baies et des châtaignes
pour acheter des livres ; ensuite, elle fut maîtresse d'école,
elle aussi, enseignant et s'instruisant alternativement.

Lorsqu'elle entra à *Oberlin*, en 1843, elle avait vingt-cinq ans et des idées plein la tête. Alors qu'à *Oberlin* on préparait les jeunes filles à devenir des « mères intelligentes et des épouses dûment soumises », Lucy comptait faire carrière [32].

Ses vues féministes provoquèrent, bien entendu, des conflits avec les autorités. Et il y avait toujours le problème lancinant de l'argent. Lucy donna des cours pendant l'été, enseigna dans les classes préparatoires du collège, accomplit des tâches ménagères dans le bâtiment où logeaient les jeunes filles. Son courage fit tomber les dernières objections de son père. Homme austère, dominateur mais juste, Mr. Stone, sous un aspect sévère, cachait un amour profond pour ses enfants. A sa fille, il écrivit le 11 janvier 1845 :

« Lucy, la première chose que je veux que tu saches, après t'avoir dit que nous allons bien, concerne la question d'argent. Quand tu nous as écrit que tu te levais à 2 heures du matin pour étudier ta leçon, cela m'a rappelé la vieille tannerie où je devais me lever à 1 ou 2 heures. Je ne pensais pas alors que j'aurais des enfants, ou une enfant, qui devraient en faire autant... Ne t'inquiète plus pour l'argent ; tu peux avoir ce dont tu as besoin sans passer tes nuits à étudier, ou travailler pour 8 cents l'heure. »

La troisième année de collège fut donc plus facile pour Lucy, et elle consacra plus de temps à l'étude. A ses parents, elle raconte dans une lettre : « Je me lève à 5 heures et jusqu'à 6, je m'occupe de ma chambre et de ma personne. A 6 heures, nous prenons le petit déjeuner qui dure, avec les dévotions familiales, jusqu'à 7 heures. De 7 à 8, je récite du latin ; de 8 à 9, du grec ; de 9 à 10, j'étudie l'algèbre ; de 10 à 11, j'écoute une classe réciter l'arithmétique ; de 11 à 12, je déjeune, et un exercice a lieu dans le salon auquel toutes les filles sont priées d'assister. De 1 à 2 heures, j'écoute une classe réciter l'arithmétique ; de 2 à 5, j'étudie ; de 5 à 6, nous avons réunion de prière dans la chapelle, puis nous soupons. Le soir, nous étudions [33]. »

Vie rude que celle d'*Oberlin*, mais bien dans l'esprit du temps. Il semble qu'en cette première moitié du XIXᵉ siècle, on oscillait en permanence entre la vacuité intellectuelle et le gavage de connaissances, et on peut s'étonner, devant pareil régime, que l'on pût encore faire sentir aux élèves la beauté du savoir. Lucy Stone, en tout cas, fut l'une des premières femmes à suivre le programme « régulier » de quatre ans, et en 1847 elle obtenait sa licence avec mention. On lui demanda de préparer un essai pour la cérémonie de la remise des diplômes. Seulement, quand elle apprit qu'un des professeurs le lirait à sa place, car à *Oberlin* on jugeait peu convenable pour une femme de parler en public, elle se récusa. Pendant quatre ans, elle avait songé à l'avenir. Sa résolution était prise : elle se mettrait au service des opprimés : « J'espère plaider non seulement la cause de l'esclavage, dit-elle, mais celle de l'humanité souffrante partout. *Et j'ai particulièrement l'intention d'œuvrer à l'élévation de mon sexe* [34]. »

Cette année-là, 1847, Lucy Stone donna sa première conférence sur les droits de la femme du haut de la chaire de l'église de son frère à Gardner, Massachusetts. L'année suivante, elle devenait « agent » ou « conférencière » pour la Société antiesclavagiste.

Lucy la poétesse

Pour Lucy Larcom, le chemin de l'enseignement passa par l'usine. Parcours inhabituel, sans doute, mais point exceptionnel. Les femmes et les jeunes filles qui, en nombre croissant, affluèrent dans les manufactures de textiles dans la première moitié du siècle, avaient souvent d'autres ambitions que de passer leur vie à s'activer devant un métier à tisser ou à surveiller des broches pour un salaire très inférieur à celui des hommes. Beaucoup savaient lire et écrire et, comme Lucy Larcom, certaines venaient de la middle class. Dès la fin du XVIIIe siècle, la capacité de production des femmes avait été prise en considération. En 1791, Alexander Hamilton, alors secrétaire au Trésor, notait dans son *Rapport sur les manufactures*, que « les deux tiers, les trois quarts et même les quatre cinquièmes de tous les vêtements des habi-

tants sont fabriqués par elles ». Au fil des ans, les rouets se
turent et le tissage en famille se raréfia. En 1822, sur
100 000 personnes employées dans les manufactures de
coton, 65 000 environ étaient des femmes.

Le textile n'était d'ailleurs pas la seule industrie à faire
appel à la main-d'œuvre féminine. Dans les années 1830, on
trouve des femmes dans l'ameublement, la chaussure, la
poudre à fusil, les boutons, la ganterie, les pelles et le tabac.
De bons esprits commencèrent à s'inquiéter : n'occupaient-
elles pas une trop grande place dans l'industrie ? Ne sor-
taient-elles pas de leur « sphère » ? Les temps sont boulever-
sés, déclarait un journal de Boston. Mais rien ne pouvait
plus arrêter leur élan. En 1850, elles étaient présentes
dans 175 industries. L'État du Massachusetts, seul, en
employait 20 000 dans son industrie cotonnière. Même dans
le Sud, près de 9 000 femmes travaillaient dans le textile [35].

En ce temps-là, la plus célèbre manufacture était celle de
Lowell, dans le Massachusetts. Fondée en 1830, elle passait
pour un modèle du genre, et les voyageurs étrangers venaient
la visiter. Les ouvrières formaient une communauté unie et
on les appelait les « Lowell girls ». L'idée maîtresse de son
fondateur était d'offrir aux filles de fermiers de la Nouvelle-
Angleterre des logements, bâtis sur le terrain même de la
manufacture, dans lesquels elles pourraient être surveillées
et entourées, ce qui soulagerait l'angoisse des parents. Lucy
Larcom fut pendant une dizaine d'années une « Lowell
girl [36] ».

Après avoir passé une enfance choyée à Beverly, dans le
nord-est du Massachusetts, Lucy connut le chagrin et la pauvreté lorsque mourut son père, capitaine au long cours.
Demeurée sans ressources, Mrs. Larcom ouvrit à Lowell une
pension de famille pour les ouvrières. Les difficultés financières croissant, le moment vint pour Lucy, qui n'avait que
onze ans, d'entrer à la manufacture. A lire ses souvenirs,
on a l'impression que le travail des enfants était léger, du
moins le laissa-t-elle croire à sa mère, et il avait été convenu
avec le directeur qu'elle poursuivrait sa scolarité, partageant
l'année, comme cela était l'usage en ce temps-là, entre

l'école et l'usine. Seulement, Lucy put tout juste terminer ses classes primaires. Le cœur déchiré, car elle voulait devenir maîtresse d'école comme sa tante Hannah, elle renonça aux études et fut tisseuse à plein temps : « La famille, dit-elle, avait besoin du peu d'argent que je gagnai [37]. »

Assurément, elle gagnait peu. Catherine Beecher, qui se rendit à Lowell en 1844 pour recruter des enseignantes pour l'Ouest, rapporta que les femmes y étaient délibérément exploitées, comme d'ailleurs à New York City, et que leur salaire leur permettait tout juste de vivoter alors que le « capitaliste » tirait des profits « monstrueux » du fruit de leur labeur. L'enseignement ne les rendrait pas plus riches, affirmait-elle, mais du moins « leur sacrifice financier leur vaudrait une promotion sociale et bénéficierait à la nation tout entière et non à des hommes d'affaires préoccupés de leurs seuls intérêts [38]. »

Les « Lowell girls » approuvaient : « Nous avions toutes reçu une certaine instruction dans des écoles publiques ou privées, rapporte Lucy, et un grand nombre d'entre nous étaient résolues à poursuivre leur éducation. » Certaines tisseuses, en vérité, travaillaient à l'usine pendant six mois, et le reste de l'année étudiaient à l'académie d'Ipswich ou au séminaire de Bradford. Toutes connaissaient le nom et l'œuvre de Mary Lyon, mais *Mount Holyoke* semblait inaccessible. Avec quelques voisines, Lucy Larcom et sa sœur Emily fondèrent un cercle littéraire, puis un magazine, le *Lowell offering*, dont la notoriété parvint jusqu'en Grande-Bretagne. Lucy y écrivit des essais et ses premiers poèmes. La grande difficulté était de trouver le temps de lire, et aussi le lieu. Le règlement interdisait l'introduction de livres dans la manufacture et un contremaître y veillait. Il confisquait même les Bibles, au grand chagrin de ces filles pieuses qui estimaient que « les Écritures avaient le droit d'être partout ». Parfois, elles en arrachaient des pages qu'elles dissimulaient dans leurs poches [39].

L'esprit missionnaire était vif en Nouvelle-Angleterre. Les églises réclamaient sans cesse des fonds pour éduquer des jeunes gens en vue de les envoyer dans l'Ouest. « Il y avait quelque chose de presque pathétique, écrit Lucy, dans la célérité avec laquelle s'y employaient des jeunes filles qui rêvaient elles-mêmes de devenir enseignantes mais n'en avaient pas les moyens. Plus d'une fille, à Lowell, travaillait pour pouvoir envoyer au collège son frère qui avait bien moins de talent et de caractère qu'elle ; mais un homme pouvait prêcher et il n'était pas " orthodoxe " de penser qu'une femme le pouvait aussi [40]. »

Comme beaucoup de jeunes filles de la Nouvelle-Angleterre, Lucy Larcom éprouvait « un vif désir de voir les prairies et les grands fleuves de l'Ouest et de goûter à la vie primitive des pionniers ». Plusieurs de ses camarades avaient déjà émigré comme maîtresses d'école ou missionnaires. Deux d'entre elles étaient parties dans une mission indienne en Arkansas et travaillaient parmi les Cherokees et les Choctaws. Lucy lisait leurs lettres avec avidité. Lowell lui pesait chaque jour davantage, bien qu'elle occupât maintenant un poste de comptable. Tous ses moments de loisir, elle les passait à étudier [41].

Lorsqu'en 1846, sa sœur Emily et son mari se rendirent en Illinois – l'Ouest en ce temps-là –, elle les accompagna et, dans une petite école de rondins, enseigna aux enfants des pionniers. Puis elle parvint à se frayer un chemin jusqu'à l'excellent *Monticello Seminary*, institution de jeunes filles fondée une douzaine d'années plus tôt par des anciens de Yale. Lucy dut apprendre à discipliner son esprit afin de le plier à un enseignement traditionnel. Autodidacte, elle avait jusqu'ici absorbé tous les livres qui lui tombaient sous la main sans discrimination ni méthode.

Dès qu'elle eut obtenu son diplôme, Lucy revint enseigner en Nouvelle-Angleterre. Elle avait vingt-six ans. « Je ne pouvais rester à l'Ouest, écrit-elle dans ses mémoires. Je ne m'y suis jamais sentie chez moi, et mon séjour de six ou sept ans dans les prairies ne fit qu'augmenter mon amour et ma nostalgie pour ce cher vieil État du Massachusetts [42]. »

5

Narcissa et ses sœurs

Alexis de Tocqueville avait été frappé par le silence qui régnait dans les villes et les campagnes américaines le dimanche, ou jour du sabbat, par le recueillement qui s'emparait soudain de la population : « Chaque citoyen, entouré de ses enfants, se rend dans un temple ; là, on lui tient d'étranges discours qui semblent peu faits pour son oreille. On l'entretient des maux innombrables causés par l'orgueil et la convoitise. On lui parle de la nécessité de régler ses désirs, des jouissances délicates attachées à la seule vertu, et du vrai bonheur qui l'accompagne. » L'esprit rempli d'émotions spirituelles, il retournait chez lui et, ouvrant sa Bible, s'abîmait pour quelques heures dans les images sublimes de la grandeur et de la bonté du Créateur [1].

Pour l'homme américain, le sabbat était une pause, un hiatus, une interruption dans la trame de son existence agitée, consacrée à la quête du bien-être matériel. La sensibilité religieuse de la femme s'exprimait en revanche tout au long de la semaine, culminant le Septième Jour. La prédication revivaliste du début du siècle en Nouvelle-Angleterre parmi une population dont la foi religieuse était devenue fade, routinière ou trop intellectuelle provoqua de très nombreuses « conversions » individuelles et collectives. Mais les femmes l'emportèrent largement en nombre sur les hommes. Entre 1798 et 1826, elles affluèrent dans les Églises, les organisations charitables religieuses, les groupes de prière, les écoles du dimanche, les sociétés d'évangélisation et de diffusion de la Bible, les associations pour promouvoir l'éducation ou renforcer la morale.

L'œuvre missionnaire occupa une grande place dans leurs activités. Dans le New Hampshire, entre 1820 et 1828, les femmes créèrent des antennes locales de la *Bible Society* dans 138 villes. Dans le Massachusetts, en 1817-1818, la *Boston Society for Missionary Purposes* correspondait avec 109 sociétés semblables. Dans le Connecticut, les organisations religieuses et les sociétés missionnaires ou bibliques étaient plus nombreuses encore [2].

En un temps où l'esprit de croisade animait les pasteurs, l'affiliation religieuse était pour leurs ouailles un engagement de l'être : « J'ai fait de la religion le principal objet de ma vie », confiait à son journal Nancy Thompson, qui à dix-neuf ans était passée par l'expérience de la conversion. En 1800, Abigail Lyman s'encourageait à « vivre selon les professions de religion que je me suis faites – à oser me singulariser dans un moment où l'iniquité abonde ». Et Nancy Meriam, pieuse jeune femme d'Oxford, Massachusetts, notait en 1815 : « Il y a une douceur à se consacrer à Dieu que le monde ignore. L'idée que je suis entièrement dans la main de Dieu emplit mon cœur d'un plaisir secret que je ne peux décrire [3]. »

La religion offrait à la convertie une vie de combats porteurs d'espoir; elle lui montrait la route à suivre, les embûches à éviter, les priorités à observer. Guidée par la lumière divine, la convertie réformerait le monde. Aussi bien se jetait-elle dans les œuvres religieuses avec la ferveur du pèlerin partant pour Jérusalem afin de reconquérir le Saint-Sépulcre.

Le protestantisme n'était plus seulement une aventure spirituelle; il était vécu comme une lutte de tous les instants contre le Mal : alcoolisme, pauvreté, ignorance, prostitution, débauche, esclavage, paganisme, voire catholicisme. La soif de conquête des espaces vierges qui saisit les Américains s'accompagna d'une fièvre missionnaire. Leur destin manifeste, celui que Dieu avait voulu pour eux, était d'occuper le continent tout entier et de le christianiser. Exaltées par la prédication revivaliste, des femmes résolurent de consacrer leur vie à l'évangélisation des païens. Narcissa Prentiss fut de celles-là.

Née en 1808 à Prattsburg, dans l'ouest de l'État de New York, elle était la fille de Stephen Prentiss, charpentier et petit propriétaire terrien auquel on donnait le titre de juge parce qu'il avait occupé pendant une brève période la fonction de juge adjoint du comté. Narcissa avait de nombreux frères et sœurs. Les Prentiss formaient une famille unie, joyeuse, chaleureuse, et leur maison était le centre d'activités de la jeunesse locale. Intelligente, studieuse, Narcissa fit de très bonnes études au séminaire de Troy. Puis elle enseigna pendant quelques années à l'école du district de Prattsburg, attendant, dit-elle, « que la Providence me guide ». En juin de 1834, les Prentiss s'établirent à Amity (aujourd'hui Belmont). A l'automne de cette même année, un ardent prédicateur presbytérien, Samuel Parker, parcourut l'État de New York pour raconter à de pieux auditoires la merveilleuse histoire de quatre Indiens qui avaient traversé les montagnes Rocheuses et gagné Saint Louis, dans le Missouri, pour réclamer des missionnaires chrétiens et la Bible. Ces bons Indiens attendaient toujours. Non que Parker n'eût senti vibrer en lui la vocation. Seulement il avait cinquante-cinq ans, et *l'American Board of Commissioners for Foreign Missions*, société des missions des Églises congrégationaliste, presbytérienne et réformée hollandaises, rejeta sa demande, le trouvant trop vieux; et quand elle se ravisa, il était trop tard. Parker s'était bien rendu sans délai à Saint Louis, mais lorsqu'il arriva, le convoi annuel de l'*American Fur Company* était déjà parti pour les *Rockies*. Le révérend retourna alors dans l'État de New York afin de collecter des fonds et recruter un homme de bonne volonté pour l'accompagner l'année suivante.

A Wheeler résidait le Dr Marcus Whitman, médecin de trente-deux ans, célibataire, « ancien » de son église. Il entendit l'appel vibrant de Parker et se proposa de partir pour le Far West avec lui. Peu de temps après, le révérend s'adres-

sait à la communauté presbytérienne de la petite ville
d'Angelica, distante de quelques milles seulement d'Amity.
Parmi les auditeurs se trouvait Narcissa Prentiss. Les paroles
du révérend Parker firent naître en elle de folles espérances,
et, à l'issue de la réunion, elle alla le voir pour lui demander
si la société des missions accepterait les services d'une
« femme célibataire ». Le 17 décembre, le révérend écrivait
au *Board* : « Avez-vous besoin de femmes ? Une certaine
Miss Narcissa Prentiss, d'Amity, est désireuse de se rendre
chez les païens. Son éducation est bonne, sa piété remarquable, son influence bonne. Elle s'offrira si besoin est. » Le
24 décembre parvenait la réponse : la société des missions ne
pouvait pour le moment accepter la candidature de « femmes
célibataires ».

Le 14 janvier 1835, cependant, Marcus Whitman recevait
sa désignation officielle. Il se rendit aussitôt à Ithaca pour
conférer avec Parker et organiser le voyage jusqu'en Oregon.
Le révérend lui parla de Narcissa Prentiss. Le médecin
connaissait-il déjà la jeune fille ? C'est probable, étant donné
qu'ils habitaient la même région et que tous deux prenaient
une part active à la vie de leurs églises. Ce dont on est sûr,
c'est qu'au cours d'un week-end qu'il passa en février chez le
révérend Powell et sa femme à Amity, le Dr Whitman proposa à Narcissa de l'épouser et que celle-ci accepta. Elle
allait avoir vingt-sept ans le 14 mars. Sans tarder elle adressa
une demande au *Board*, tandis que Marcus partait en éclai-
reur avec Parker pour les Rocheuses. Il revint un an plus
tard, étant allé jusqu'à la Green River, dans l'actuel Wyoming, rendez-vous d'été des coureurs de bois et trafiquants
de fourrure [4].

Où passent les chariots, les femmes peuvent aller

Le castor, assurément, permit la pénétration des missionnaires dans le Nord-Ouest américain. Durant les premières
décennies du XIXe siècle, il était de bon ton pour les hommes
des professions libérales de porter des chapeaux hauts de

forme en peau de castor, et dans les rivières qui dévalaient les pentes des Rocheuses, ces charmantes bêtes pullulaient. Des compagnies entreprenantes comme l'*American Fur Company*, puissant cartel réuni par John Jacob Astor, dont le quartier général était situé à Saint Louis, la *Hudson Bay Company* et la *Rocky Mountain Fur Company*, se livraient une lutte impitoyable pour les grands profits qu'elles tiraient du commerce de leurs peaux.

Les gens de l'*American Fur Company* inaugurèrent à partir de 1825 le système dit du « rendez-vous ». Chaque année, aux beaux jours, des centaines de trappeurs et des milliers d'Indiens convergeaient vers des points désignés des Rocheuses tandis que de Saint Louis, dès que les herbes de la Prairie étaient assez hautes pour nourrir les bêtes en chemin, partait un convoi lourdement chargé de marchandises. Le rendez-vous d'été durait généralement deux semaines : contre des armes, de la poudre, des pièges en fer, du sucre, du thé, du whisky, coureurs de bois et Indiens échangeaient leurs pelleteries. Puis le convoi repartait vers l'est avec ses précieuses peaux, les Indiens retournaient dans leurs territoires et les trappeurs s'enfonçaient dans les montagnes pour retrouver la vie âpre, solitaire, indépendante, à laquelle ils étaient farouchement attachés. Seulement, après 1832, la mode masculine changea : le chapeau de castor s'effaça devant le haut-de-forme en soie. Le prix des peaux de castor tomba, ruinant le commerce des Rocheuses, et le dernier rendez-vous ne fut en vérité qu'un modeste rassemblement d'Indiens emplumés et de coureurs de bois désenchantés. C'était en 1840.

Les « engagés » de l'*American Fur Company*, Canadiens français et sang-mêlé pour la plupart, étaient des hommes frustes, illettrés, intempérants, impies, brutaux, qui virent d'un très mauvais œil la présence de deux missionnaires dans leur caravane. Au *Board*, Marcus Whitman écrivit : « Des signes évidents, comme de me lancer des œufs pourris, nous ont fait comprendre que notre compagnie ne leur était pas agréable. » Au rendez-vous sur la Green River, il apprit qu'un capitaine du nom de Benjamin L.E. Bonne-

ville avait réussi à traverser les Rocheuses avec 20 chariots
bien remplis. Whitman en conclut que là où un chariot
passait, une femme le pouvait aussi. La coutume voulait
que le sexe faible montât en amazone exclusivement. La
caravane parcourant parfois cinquante kilomètres en une
journée, il doutait que des femmes pussent endurer cette
épreuve dans une si inconfortable position semaine après
semaine. Par contre, si les missionnaires emmenaient un
chariot avec eux, elles pourraient s'y reposer quand elles
seraient lasses. Whitman fit le voyage de retour avec deux
jeunes Nez-Percé, dont l'un était le fils du grand chef
Tack-en-sua-tis. Il avait promis de les ramener avec lui au
rendez-vous d'été de 1836.

Les inquiétudes ne manquaient pas à Whitman. Bien qu'il
fût tout à fait convaincu qu'il était possible d'emmener une
femme de l'autre côté des Rocheuses, il redoutait pour Narcissa la solitude. Il s'efforça donc, dès son retour, de trouver
un autre couple de missionnaires pour les accompagner dans
leur aventure. Tâche difficile, car, en ce temps-là, l'organisation missionnaire protestante américaine en était à ses
débuts, et les volontaires, disons-le vite, ne se pressaient
guère pour se rendre en Oregon, terre lointaine, sauvage,
inconnue, fourmillant d'Indiens plus ou moins hostiles. Pour
s'y rendre, les voyageurs devaient obtenir des passeports du
département d'État, dont dépendaient alors les Affaires
indiennes, et, de Waiilatpu, il fallait compter deux années
pour envoyer une lettre dans l'Est et recevoir la réponse.
Comment s'étonner, dans ces conditions, que les candidats
fussent plus nombreux pour évangéliser les populations de
l'Afrique, de la Chine ou de l'Inde que celles de l'Oregon?
Le *Board* ne montrait d'ailleurs aucun enthousiasme pour les
projets de Whitman : « Avez-vous bien étudié et pesé les difficultés que vous rencontrerez, tant pour emmener des
femmes dans ces régions lointaines et désolées que pour y
entretenir confortablement des familles? » demandait le
8 décembre le secrétaire Green. C'était là, justement, le
nœud de la question [5].

Un couple tout de même se présenta : Henry H. Spalding,

de Prattsburg, et sa femme Eliza. Candidat fâcheux s'il en fut : Spalding était un amoureux éconduit de Narcissa, et lorsqu'il sut que la jeune femme allait se marier avec Whitman et serait du voyage, il déclara brutalement : « Je refuse de faire partie de la même mission que Narcissa, car je n'ai aucune confiance dans son jugement. » Whitman continua sans succès à chercher des compagnons de voyage. Spalding, de son côté, attendit en vain une autre désignation du *Board*. Finalement, faisant contre fortune bon cœur, les deux missionnaires tombèrent d'accord pour tenter ensemble l'aventure. En février 1836, les Spalding se mettaient en route pour Cincinnati. Il fut convenu qu'ils y attendraient Whitman et Narcissa.

On est confondu devant la légèreté avec laquelle le *Board* choisissait ses missionnaires. Point d'examen physique ni, bien entendu, de tests psychologiques – la chose était encore du domaine du rêve. Il suffisait que le candidat fût chaudement recommandé par quelques personnes de haute moralité et que son désir d'évangéliser les païens fût grand pour recevoir une désignation[6]. D'évidence, ni Spalding, ni le Dr Whitman, ni même, on le verra, Narcissa, n'avaient les qualités nécessaires pour devenir missionnaires chez les Indiens.

Sur la piste de l'Oregon

On célébra le mariage de Narcissa Prentiss et de Marcus Whitman le 18 février 1836. Tous deux étaient vêtus de noir, selon la coutume puritaine, de même que les invités. Tableau dramatique, étrange, presque irréel. La robe de la mariée, plus que ses cheveux auburn, s'accordait au ton ambiant. Une émotion poignante étreignait l'assemblée, comme si elle pressentait le sort affreux réservé en terre indienne aux mariés. Il y eut des sermons et des chants. Dans la soirée, les membres de la congrégation et le chœur entonnèrent un hymne de Samuel F. Smith, auteur du célèbre chant patriotique *America* :

Yes, my native land! I love thee;
All thy scenes I love them well;
Friends, connections, happy country,
Can I bid you all farewell?
Can I leave you,
Far in heathen lands to dwell?

L'un après l'autre, les chanteurs se turent, la voix étranglée, les yeux pleins de larmes. Narcissa, seule, continua à chanter, et sa voix claire et pure s'éleva dans l'église d'Angelica :

In the deserts let me labor
On the mountains let me tell,
How he died — the blessed Saviour —
To redeem a world from hell!
Let me hasten,
Far in heathen lands to dwell [7].

Après de tendres embrassements, le couple prit la route d'Ithaca pour rechercher les deux jeunes Nez-Percé qui se trouvaient chez les Parker. Ce fut ensuite le grand départ.

A Liberty, Missouri, Whitman et Spalding s'attardèrent quelques semaines, préparant les bagages, rassemblant bêtes et équipement, acquérant des chariots. Pendant ce temps, Narcissa et Eliza fabriquaient une tente avec de la toile à matelas. Le 19 avril arriva impromptu un nouveau compagnon envoyé par le *Board* à titre d'artisan, William Henry Gray. Whitman engagea par ailleurs un Nez-Percé pour les aider, ainsi qu'un jeune homme du nom de Dulin. Enfin, peu après leur départ de Liberty, un rouquin du Connecticut de dix-neuf ans, Miles Goodyear, se joignit à eux. Après diverses péripéties dues au refus du capitaine du *steamboat* de la *Fur Company* d'emmener des femmes blanches au-delà de la frontière, Whitman et sa petite troupe parvenaient le 22 mai à rejoindre le convoi sur la Platte River. Début juin, Narcissa écrivait à sa sœur Harriet et à son beau-frère une lettre joyeuse.

Le convoi, cette année-là, était particulièrement important. La jeune femme le compara à un « vrai village ambulant » : soixante-dix hommes, près de quatre cents bêtes en comptant les leurs, surtout des mules. Les missionnaires avaient acheté deux chariots. Narcissa, Marcus et les Spalding en occupaient un; Gray et les bagages l'autre. Les trois Indiens menaient les vaches et Dulin les chevaux, tandis que Miles conduisait les chevaux de tête, quatre par attelage.

« Maintenant, je voudrais pouvoir vous décrire comment nous vivons pour que vous puissiez comprendre. Notre manière de vivre est de loin préférable à tout ce que nous connaissons aux États-Unis. Jamais je n'ai été aussi satisfaite et heureuse; et jamais je ne me suis sentie en aussi bonne santé depuis des années. Le matin, au lever du jour, les premiers mots que nous entendons sont : " Levez-vous! Levez-vous! " Aussitôt les mules commencent à faire un bruit inimaginable, ce qui met tout le camp en branle. Nous campons dans un grand cercle – hommes et bagages, tentes et chariots à l'extérieur ainsi que les animaux à l'exception des vaches (qui) sont attachées à des piquets à l'intérieur du cercle. Cet arrangement facilite la tâche des sentinelles qui veillent nuit et jour, comme aussi lorsque nous sommes en route, afin de protéger les animaux des Indiens qui sans cela les voleraient...

« Maintenant, H(arriet) et E(dwards), vous devez penser que c'est très dur d'avoir à se lever si tôt après avoir dormi sur la terre. Quand vous trouvez qu'il est bien dur d'ouvrir vos yeux à 7 heures, pensez à moi; chaque matin, au cri de " Levez-vous ", nous bondissons. Pendant que les chevaux mangent, nous prenons en hâte notre petit déjeuner. A ce moment résonnent à travers tout le camp les mots " En avant! En avant! " Nous sommes généralement prêts à partir à 6 heures, faisons route jusqu'à 11, campons, nous reposons et mangeons, repartons vers 2 heures, faisons route jusqu'à 6 ou plus tôt, si nous trouvons une bonne auberge *, et nous dressons le camp pour la nuit...

« Dites à Mère que je suis une bonne maîtresse de maison de la Prairie. Je voudrais qu'elle pût nous voir, lorsque nous prenons nos repas. Nous avons le sol pour table, et pour

---

* Il s'agit bien entendu d'une boutade. Par « auberge », Narcissa veut dire un site adéquat pour camper.

nappe une toile cirée qui nous sert à nous abriter lorsqu'il pleut; et notre vaisselle est de fer-blanc... [8]. »

Le 4 juillet, le convoi empruntait la *South Pass*, dans l'actuel Wyoming, défilé découvert en 1812 par le trafiquant de fourrure Robert Stuart, puis redécouvert en 1824 par Jeremiah Smith, célèbre agent de l'*American Fur Company*. Narcissa et Eliza furent les premières femmes blanches à franchir la ligne de partage des eaux. Deux jours plus tard, elles arrivaient au rendez-vous de la Green River, un site d'une incomparable beauté. L'effet qu'elles produisirent sur les rudes hommes des montagnes fut mémorable. Beaucoup n'avaient pas vu de femmes blanches depuis des années. Quant aux Indiens, la plupart en voyaient pour la première fois. Un coureur de bois, Joseph Meek, raconta plus tard que les trappeurs intimidés passaient et repassaient devant la tente de Narcissa, mettant la main à leur bonnet de castor chaque fois qu'ils réussissaient à accrocher son regard [9]. Ils furent nombreux à réclamer des Bibles et une vingtaine d'entre eux assistèrent matin et soir aux réunions de prière.

En commémoration du passage des deux jeunes femmes au rendez-vous de la Green River, une plaque de bronze fut posée sur le site portant l'inscription suivante :

A Narcissa Prentiss Whitman
et
Eliza Hart Spalding
missionnaires
Premières femmes blanches dans le Wyoming
et
Premières femmes sur la piste de l'Oregon
1836
Passèrent au rendez-vous de la Green River
du 6 juillet au 18 juillet
Ces femmes pèlerins prirent une part active aux
services religieux qui eurent lieu ici [10].

Les missionnaires reprirent en effet la route le 18 juillet, cette fois escortés par un petit détachement de la *Hudson Bay Company*. Le 1er septembre, ils atteignirent Walla Walla, sur la Columbia River. Huit jours plus tard, ils arrivaient au fort Vancouver, important comptoir de la compagnie anglaise. Là encore, la présence de Narcissa et d'Eliza fit sensation. La plupart des *Baymen*, comme on appelait les gens de la compagnie, avaient des femmes indiennes ou métisses, même parfois les chefs. A Vancouver, Whitman acquit des vivres, des instruments agraires et d'autres objets de première nécessité, et Mr. Pambran, du fort Walla Walla, lui fournit « un bon poêle ». Le 21 septembre, laissant les deux jeunes femmes à Vancouver, les hommes partirent à la recherche de sites favorables pour fonder des missions. Malgré les avertissements d'autres Indiens contre la perfidie des Cayuses, Whitman décida de s'établir parmi eux à Waiilatpu, et Spalding choisit de s'installer à Lapwai, chez les Nez-Percé, à 120 milles de là.

Curieux arrangement, quand on sait que Whitman voulait absolument emmener un couple avec lui pour vaincre la solitude. Narcissa ne fait aucun commentaire dans son journal, sinon que « les Cayuses, autant que les Nez-Percé, sont très désireux d'avoir des professeurs chez eux ». En vérité, la jalousie montrée par Spalding à l'égard de Whitman fut à l'origine de l'éclatement de la mission. A Elkenah Walker, l'un des missionnaires venus en renfort en 1838, Spalding aurait d'ailleurs dit : « Croyez-vous que je me serais installé ici, seul, à 120 milles, si la cohabitation avec lui ou Mrs. Whitman avait été possible [11] ? »

A Waiilatpu

Narcissa attendait un enfant. Sa santé semblait bonne et son moral excellent, même si par moments la mélancolie l'étreignait. A son journal, qu'elle rédigeait pour sa famille, elle confiait ses joies, ses peines, ses difficultés. Le 18 février, jour anniversaire de son mariage, elle écrivit : « Un an a passé sans que j'aie eu la moindre nouvelle, même de mes plus chers amis d'Angelica. Qui peut dire, à cette heure, combien dorment dans leurs tombes ? Ah ! si je pouvais savoir ce que vous devenez tous, cela me ferait comme l'eau froide sur une âme assoiffée... [12]. » Construite en *adobe* *, la mission de Waiilatpu ne manquait pas totalement de confort : une chambre, une cuisine avec une énorme cheminée, une autre pièce servant de resserre ou de chambre d'amis, quelques meubles grossiers. L'obligeant Mr. Pambran avait envoyé une table et des cadres de fenêtres, et Marcus, avec du bois et de la peau de daim, avait fabriqué deux des trois sièges. Sans la *Hudson Bay Company*, ses comptoirs et ses agents, les missionnaires n'auraient pu survivre en Oregon.

Quinze jours avant la naissance du bébé, l'épouse indienne de Pambran, qui parlait à peine anglais, vint s'installer chez les Whitman avec ses deux enfants. Malade, elle ne fut guère utile. Tout se passa bien, heureusement, et après tout, Marcus était médecin. « Ni Mère, ni Sœur pour alléger mes soucis, note Narcissa, seulement un Mari affectionné, qui fut le meilleur des médecins et des infirmières... Chaque jour, les chefs et les principaux hommes du camp et les femmes envahissent la maison pour rendre visite à La Petite Étrangère. » Que les Indiens, à l'occasion, fussent encombrants est une évidence, d'autant qu'ils apportaient des poux avec eux. Narcissa s'en plaignait : « Les Indiens, pour l'instant, ont toute liberté pour se rendre dans la cuisine, mais dès que nous aurons pu bâtir une pièce séparée pour eux, ils ne seront plus autorisés à venir dans la maison. »

Gray était reparti dans l'Est pour demander au *Board* d'envoyer de nouveaux missionnaires en Oregon, et les Whitman demeurèrent seuls au milieu des Cayuses. Marcus essaya en vain d'habituer les hommes à cultiver la terre. Pour l'aider, il dut finalement demander à la *Hudson Bay Company* de lui céder deux indigènes christianisés que la compagnie anglaise avait fait venir de Hawaii où elle avait des comptoirs. Pendant ce temps, Narcissa se vouait à son travail missionnaire, tenant école, enseignant aux Indiens l'Évangile. Au début, elle voulut leur apprendre l'anglais; mais au bout d'un an les Whitman, comme les Spalding, comprirent qu'il était plus aisé pour eux d'apprendre le lan-

---

* Briques séchées au soleil.

gage des Nez-Percé que pour la tribu d'acquérir des notions d'anglais. La première semaine de novembre, trois Nez-Percé arrivèrent de Lapwai : Eliza Spalding était sur le point de mettre un enfant au monde et réclamait la présence du docteur. Craignant de rester seule à la mission, Narcissa accompagna son mari avec la petite Alice-Clarissa. Voyage difficile, épuisant, sous la pluie puis sous la neige. Ce fut avec une grande émotion, tout ressentiment momentanément oublié, que les Whitman retrouvèrent les Spalding. Depuis près d'un an, ils n'avaient pas vu « un ami civilisé [13] ».

Le 26 novembre, Spalding baptisa les deux petites filles, et les Whitman, le 2 décembre, repartirent pour Waiilatpu. Eliza, comme Narcissa, comme les quatre autres jeunes femmes missionnaires qui s'établirent en Oregon l'été suivant, tenait son journal. Nous apprenons ainsi que la visite des Whitman lui avait fait grand plaisir, que le bébé, au cours du mois de février, manqua mourir, qu'au mois de mars, elle reçut une lettre de Narcissa lui proposant de consacrer chaque jour un moment pour « remettre ensemble notre enfant à la miséricorde divine ». En réponse, écrit Eliza, « je lui ai demandé de mentionner une heure que nous pourrions vouer à cet exercice... Je suis persuadée que ce n'est pas seulement notre devoir, mais un merveilleux privilège de nous unir pour prier pour la conversion précoce de leurs âmes précieuses et immortelles ». A la fin du mois lui parvenait une note de Narcissa l'informant que chaque matin, à 8 h 30 ou 9 heures, elle consacrerait une heure pour prier en communion avec elle. Les deux jeunes femmes tinrent parole. Jour après jour, mois après mois, Eliza inscrivit dans son journal le passage des Écritures qu'elle lisait durant l'« heure consacrée [14] ».

L'hiver avait été particulièrement doux. En janvier, un vent chaud, le *chinook*, souffla sur les *Blue Mountains*, faisant fondre la neige. La petite Walla Walla se transforma en un torrent furieux. Le sous-sol de la maison des Whitman fut inondé, les murs abîmés. Marcus décida sagement de transférer la mission sur un terrain plus élevé. Absorbé toutefois par ses occupations multiples, il ne put donner suite immédiatement à ses projets. Quand le 29 août arrivèrent de l'Est quatre couples de missionnaires et un célibataire pour les seconder, Marcus et Narcissa habitaient toujours leur petite maison de torchis.

Le 1er septembre, écartant leurs épouses de la réunion, les missionnaires tinrent conseil. Ils résolurent de fonder une nouvelle mission au voisinage des chutes sur la Spokane River . les Walker et les Eels y résideraient, tandis que les Gray (William Henry avait pris femme dans l'Est) iraient vivre à Lapwai chez les Spalding et que les Smith demeureraient avec les Whitman. Cornelius Rogers, le célibataire, fut libre d'aller où bon lui semblait. Mais comme on attendait de lui qu'il apprît prestement la langue des Nez-Percé, on décida qu'il passerait l'hiver à Waiilatpu. Après la solitude angoissante, les Whitman allaient connaître la surpopulation étouffante. Dans une maison faite pour abriter une famille s'entassèrent treize adultes, la petite Alice-Clarissa et deux enfants métis dont les Whitman avaient la charge. Et bientôt s'ajouterait un nouveau-né, car Mary Walker attendait un enfant pour le mois de décembre.

Il devenait urgent de bâtir une nouvelle maison, infiniment plus spacieuse. Une fois encore, les missionnaires se tournèrent vers la *Hudson Bay Company*. Whitman partit pour Vancouver chercher du matériel et des provisions. Pendant ce temps, Walker et les autres, retroussant leurs manches, se lancèrent dans la fabrication de briques crues qu'ils feraient sécher au soleil de l'été. A la date du 27 octobre, Mary Walker écrivait dans son journal : « La Maison de Dr W monte. » A la date du 5 décembre, elle notait : « Ai emménagé dans ma nouvelle chambre, je crois qu'elle sera très confortable [15]. »

Tels des rats de laboratoire placés dans une cage trop étroite, les missionnaires sentirent croître en eux un sentiment d'agressivité peu conforme à leur vocation. A la lecture du journal de Mary Walker, on perçoit la tension qui régnait à Waiilatpu. Mary, jeune femme du Maine, vive, intelligente et ambitieuse, aurait souhaité être médecin ; mais trop d'obstacles se dressaient à l'époque devant une femme même décidée et courageuse. Elle résolut alors de devenir missionnaire. Elle n'avait épousé Elkenah Walker que pour satisfaire ce désir, mais ce mariage de raison s'était transformé en un mariage d'amour. Mary avait une personnalité attachante, et son journal est d'une grande valeur, tant par la multitude de détails sur sa vie en Oregon que par la franchise de ses réflexions.

Elle avait commencé son journal pour elle-même; à partir de 1839, elle l'écrivit pour son mari. Elle avait en effet découvert que Elkenah le lisait en cachette. Plutôt que de lui faire une remarque ou un reproche, elle inséra à la date du 26 juillet une note : « Je vois qu'il était vain de croire que mon journal échapperait à votre regard, et en vérité, pourquoi le voudrais-je? Je suis donc décidée à vous adresser mon journal. Je m'adresserai à vous avec la liberté qui convient à une femme aimante et confiante... [16]. »

A Waiilatpu, en cet hiver de 1838-1839, les sources de friction se multiplièrent, d'autant que tous étaient gens de caractère et Asa Smith franchement insupportable. De plus, leurs traditions religieuses différaient quelque peu. Alors que Narcissa avait grandi dans une communauté où les femmes priaient à haute voix en public, les nouveaux venus estimaient qu'elles devaient garder le silence. Ils insistaient pour n'utiliser que du vin pour la Sainte Cène alors que les Whitman préféraient le jus de raisin. Enfin, Elkenah Walker chiquait et Mrs. Eels prisait! Dans une lettre qu'elle écrivit à sa sœur Jane le 17 mai, Narcissa laissa échapper l'amertume que contenait son cœur :

« Nous avons bien besoin d'aide et aussi du secours de ceux qui prieront pour nous. Nous avons été déçus par nos assistants, surtout par les deux révérends qui sont partis pour les Flatheads *. Ils pensent que ce n'est pas bon d'avoir trop de réunions, trop de prières, qu'il est malséant et peu approprié pour une femme de prier là où il y a des hommes, et disent qu'il est nécessaire d'avoir du vin, du tabac, etc.

---

* Les Spokanes parlant la même langue que les Flatheads, on les appelait parfois de ce nom qui désignait aussi le territoire qu'ils occupaient. Les missionnaires, comme prévu, s'étaient rendus sur le territoire des Spokanes.

Maintenant, comment crois-tu que j'aie pu vivre avec ces
gens-là dans ma cuisine pendant tout l'hiver ? Si tu peux imaginer mes sentiments, tu comprendras mieux que par des
mots [17]. »

Mary Walker notait de son côté : « J'ai presque perdu
patience à cause de l'habitude qu'a Mrs. E(els) de priser.
J'aimerais que quelqu'un lui fît une remarque. » Et à la date
du 7 octobre : « Ai sondé mon cœur aujourd'hui pour voir
quel mal l'habite. » Elle voyait tant d'insuffisances chez les
autres qu'elle se demandait, inquiète, si elle n'était pas
aveugle à ses péchés et à ceux de son mari [18].

Aucune intimité pour ces couples entassés, jeunes mariés
de surcroît et, en ce qui concerne Mary et Elkanah, amoureux. Pour Mary seule comptait la présence de son mari à ses
côtés. Toute absence, même brève, d'Elkanah la plongeait
dans le désarroi. Ses pensées tournèrent à la morbidité. Le
dimanche 4 novembre, elle confiait à son journal : « Longue
journée pour moi. Un jour est long comme une semaine
quand mon cher mari est absent... Ce soir, j'ai relu mon
vieux journal et j'ai pleuré en évoquant de doux souvenirs...
J'aime tant mon mari que la seule chose qui me rende malheureuse ou presque est la crainte qu'il ne m'aime pas assez.
J'ai du mal à accepter l'idée d'en être séparée à jamais. S'il
disparaissait, je serais si seule et inconsolable. Je serais plus
heureuse de mourir et de le quitter si je savais qu'il trouverait quelqu'un de mieux que moi [19]. »

Dans le dessein de mieux se préparer à élever leurs enfants
en bons chrétiens et, ainsi, d'accomplir la régénération
morale de la société, les femmes avaient formé une association maternelle sur le modèle en vogue à l'époque dans les
églises de l'Est. La *Columbia (River) Maternal Association* se
réunissait tous les quinze jours. Mrs. Spalding avait été nommée présidente, Mrs. Walker vice-présidente, Mrs. Whitman
et Mrs. Gray secrétaires ; Mrs. Eels et Smith en étaient les
seuls membres [20]. Étant donné leur cohabitation forcée
et apparemment déplaisante à toutes, et le fait que Eliza
Spalding vivait à 120 milles de Waiilaptu et ne fut présente
qu'à la première réunion, la chose peut sembler étrange,

voire absurde. C'est oublier que les Américains sont de *big joiners*. Quels que soient leur sexe, leur âge, leur milieu social, ils s'associent pour mille motifs, graves ou futiles. On peut penser aussi que, pour symbolique que fût cette association, elle représentait pour ces femmes isolées du monde civilisé un moyen de se conformer à ses règles. Elle les confortait enfin en leur donnant un sentiment d'importance. Au sein de leur club, ces femmes étaient libres de parler et d'agir, ce que leur refusaient leurs époux qui les écartaient sans vergogne de toutes les réunions où des décisions se prenaient.

A la fin du mois de janvier 1839, Marcus proposa à Narcissa de l'accompagner dans une tournée des tribus. Narcissa accepta avec joie, préférant camper au milieu des Indiens avec une enfant de moins de deux ans que de demeurer plus longtemps dans la mission surpeuplée. A peine rentrée, elle prit le chemin de Lapwai. Quand elle revint définitivement à Waiilatpu, les Walker et les Eels étaient déjà partis pour Tshimakain, sur la Spokane. Sa vie reprit un cours normal, d'autant que les Smith, qui s'étaient installés dans la partie terminée de la nouvelle maison, quittèrent Waiilatpu pour Kamiah en mai. Mais un mois plus tard, la mort frappait à la porte des Whitman.

Le samedi 23 juin, alors que Marcus et Narcissa lisaient et que Margaret MacKay, une jeune sang-mêlé confiée à leurs soins, mettait le couvert, la petite Alice-Clarissa dit : « Maman, le dîner est presque prêt ; Alice va chercher l'eau. » Elle prit deux coupes sur la table et sortit. Quelques minutes plus tard, Narcissa, qui n'avait prêté qu'une attention distraite aux propos de sa fille, remarqua son absence et demanda à Margaret d'aller la chercher. Alice demeura introuvable. Mungo, l'un des travailleurs hawaiiens, partit à son tour à sa recherche. Il revint en disant qu'il avait vu les deux coupes au bord de la rivière. Le cœur étreint par la peur, Marcus et Narcissa coururent à la rivière. Frénétiquement, ils sondèrent les eaux du regard, passant sans la voir à deux pas de l'endroit où la petite fille gisait, engloutie, les cheveux accrochés aux racines d'un arbre. Ils hélèrent des

Indiens qui passaient par là ; l'un d'eux plongea dans l'eau et trouva le corps. Marcus tenta de redonner vie à sa fille. Mais il dut rapidement avouer son impuissance : Alice-Clarissa était morte.

Un messager partit immédiatement avertir les Spalding à Lapwai. Un service funèbre eut lieu le jeudi après-midi 26 juin. Seuls y assistaient les missionnaires, Mr. Pambran et quelques Indiens. Au chagrin qui l'accablait s'ajouta bientôt pour Narcissa la solitude. En juillet, Marcus dut partir pour Tshimakain, Myra Eels étant dangereusement malade. C'était le prix payé pour être femme de médecin. « J'ai pleinement saisi alors l'ampleur de mon affliction », écrivit-elle à sa mère [21].

Doutes et solitude

Deux cabanes en bois sans fenêtre, ni porte, ni plancher, telle se présentait la mission de Tshimakain lorsque Mary et Myra arrivèrent. D'épais tissus de coton ou des peaux de daim fermaient les ouvertures et le toit, par grosses pluies, fuyait. Mary attendit cinq mois pour jouir du confort d'un plancher. La table était faite de trois planches et de quatre pieux fichés dans le sol. Jusqu'au printemps de 1841, les Walker, comme les Eels, n'eurent pour s'asseoir que de grossiers tabourets, et Mary ne mentionne de carreaux aux fenêtres qu'en janvier 1845. Pendant neuf ans, les deux jeunes femmes firent la cuisine dans la cheminée, et Mary nota l'acquisition d'un poêle en mai 1844 seulement [22].

Le journal de Mary révèle de façon pathétique le poids et la monotonie des tâches qui lui incombaient : elle devait non seulement cuisiner, laver, repasser dans les conditions les plus primitives, mais encore faire ses chandelles, son savon, traire les vaches, jardiner, battre le beurre, mettre des fruits en conserve, sécher la viande, coudre. Il lui fallait aussi étudier la langue des Spokanes et leur enseigner l'Évangile. Tant Elkanah que Mary regrettaient de ne pouvoir consacrer assez de temps au travail missionnaire, unique but de leur présence en Oregon. Ils avaient quand même réussi à ouvrir une école pour les Indiens à l'automne de 1839. Les Spokanes avaient eux-mêmes construit la cabane qui leur servait de salle de classe et d'église. Mary, comme Narcissa, souffrait de la promiscuité des Indiens et s'efforçait de les tenir hors de sa maison.

Deux événements joyeux, la naissance d'un bébé et l'arrivée, après deux ans de tribulations autour du continent américain, des caisses contenant ses objets personnels, éclairèrent l'année 1840. Contrairement à Myra Eels, Mary jouissait d'une robuste santé. Pourtant, son inquiétude irraisonnée au sujet de son mari montre, au-delà de son amour pour lui, un état de profonde anxiété. D'évidence, elle était hantée par la pensée de ce qui lui adviendrait si un malheur arrivait à Elkenah. Les Spokanes, comme la plupart des Indiens, restant rarement longtemps à la même place, celui-ci se déplaçait souvent : « Je suis ici, loin de tout, avec mon petit garçon, et s'il arrive quelque chose, je ne saurai où trouver un autre être humain », écrit-elle le 2 mai [23]. Le 24, elle mettait au monde une petite fille. Les Whitman étaient arrivés la veille à 5 heures. Le matin, elle trayait encore les vaches.

Le sourire de l'enfant nouveau-né ne suffit pas à faire reprendre courage à Elkenah. Il se sentait misérable, inutile. Il songea un moment à démissionner. Le bel idéalisme qui avait poussé les Walker vers le Far West résistait mal aux réalités de la vie quotidienne. Comme tous les couples de missionnaires, où qu'ils fussent, ils s'inquiétaient pour l'avenir de leurs enfants. Le jeune Cyrus n'avait pour compagnons de jeu que des Indiens. Il parlait parfaitement leur langue et « s'indiénisait » plus vite que les Spokanes ne se « civilisaient ». Sa distraction favorite était de courir les bois alentour, arc et flèches à la main, pour chasser les oiseaux et les écureuils. A son père, il réclamait sans cesse des armes indiennes de chasse et de guerre. Mary se désolait, et les Eels ne voulaient plus qu'il fréquentât leurs enfants. « Ils apprennent tant de choses qu'ils ne devraient pas apprendre, confiait Mary à son journal. Et à la maison, ils apprennent si peu de choses [24]. »

En vérité, tous les missionnaires envoyés par l'*American Board* étaient la proie du doute et du découragement. L'évangélisation des Indiens progressait très lentement et même, ici et là, régressait. La plupart d'entre eux ne se montraient guère réceptifs au calvinisme et à la civilisation occidentale. Une formidable barrière culturelle se dressait entre Indiens et Visages Pâles. La présence de missionnaires catholiques sur les territoires des Nez-Percé et des Cayuses aggrava la situation. Difficile pour des presbytériens d'entrer en compétition avec des jésuites qui distribuaient généreusement médailles et gravures pieuses et montraient aux Indiens émerveillés l'image d'un arbre puissant dont les branches mortes, représentant les protestants, tombaient dans les flammes de l'Enfer où elles brûlaient pour l'Éternité. Les plus astucieux des Indiens faisaient jouer la concurrence entre missionnaires catholiques et protestants, tandis que les plus sincères, troublés, cherchaient en vain à comprendre qui détenait la vérité.

Abandonnant Kamiah, où ils avaient tenté d'établir une mission, les Smith avaient fui vers Honolulu. Les Gray avaient également quitté l'Oregon, découragés. Les Spalding, de loin les plus heureux dans leur action, constataient eux-mêmes combien il était ardu d'évangéliser les Nez-Percé qui restaient rarement plus d'une semaine au même endroit. Pourtant, Eliza avait su se faire aimer d'eux. Aux femmes, elle apprenait à filer, tisser, coudre, tricoter, et pour leur instruction religieuse elle avait peint à l'aquarelle des scènes représentant les événements majeurs de la Bible. Toutes les lettres des Spalding montrent l'affection que les Indiens avaient pour Eliza et l'intérêt qu'ils lui portaient. En 1842, elle fit une fausse couche ; puis, peu après, elle souffrit d'un « mal de poitrine ». Le vieux chef venait la voir tous les jours et, chaque fois, exprimait son regret que l'école fût fermée. Quand elle se rétablit, il lui dit que Dieu l'avait épargnée grâce à leurs prières, « comme les amis de Paul avaient prié pour lui quand il était en prison [25] ».

A Lapwai, Narcissa Whitman avait essayé sans succès d'apprendre aux Indiennes les arts domestiques : « Les

dames cayuses sont trop fières pour être employées utile-
ment », avait-elle dit à Mary Walker [26]. A ses parents, elle
confessa : « Le travail missionnaire est dur, rebutant, même
dans le meilleur des cas. La vie, ici, n'est pas un jardin de
roses. » Narcissa était constamment malade et sa vue bais-
sait dramatiquement. Au mois d'avril 1844, elle leur écrivit :
« Mes chers parents, ne soyez pas surpris si vous entendez
bientôt dire que je suis morte. Depuis l'automne de 1840, ma
santé n'a fait que décliner [27]. »

La peur et l'angoisse de la mort solitaire les torturaient
toutes lorsque leurs maris s'absentaient. Qui soulagerait
leurs tourments ? Qui leur lirait les paroles consolatrices de
la Bible quand le moment viendrait ? Qui s'occuperait des
enfants ? Narcissa, plus que toute autre, connaissait la souffrance de la solitude parce que Marcus allait sans cesse
d'une mission à l'autre et qu'en septembre 1842, il partit
pour l'Est défendre sa cause et resta absent près d'une année.

A la suite des lettres acides adressées au secrétaire Green
par Smith, Gray et Rogers, l'*American Board* avait en effet
décidé de remercier les Spalding, de fermer les missions de
Lapwai et de Waiilatpu et de transférer les Whitman à Tshimakain. Dès qu'il en fut averti, Marcus se mit en route afin
de démontrer à Green que la fermeture de Waiilatpu ruinerait la cause protestante dans cette région, car la mission
était située à un point stratégique de la piste de l'Oregon.
Narcissa resta seule avec trois enfants métis qu'elle avait
adoptés et un Hawaiien, John. Une nuit d'octobre, un bruit
la réveilla : quelqu'un s'apprêtait à entrer dans sa chambre.
Elle se leva d'un bond et réussit à mettre le loquet ; mais
l'homme, un Indien, tenta de forcer la porte. Affolée, elle
appela John à l'aide. L'intrus s'enfuit. Narcissa vécut dorénavant dans la peur, sans pouvoir trouver le sommeil.
Lorsque la nouvelle de l'incident lui parvint, Archibald
McKinley, qui dirigeait alors les activités de la *Hudson Bay
Compagny* au fort Walla Walla, partit chercher Narcissa
Whitman et les enfants qu'il ramena avec lui. A l'été de
1843, Marcus revint avec un important convoi d'émigrants.
Il avait obtenu gain de cause auprès du *Board,* et l'avenir lui

apparaissait plein de promesses. Son jeune neveu Perrin Whitman l'accompagnait [28].

Le massacre

A partir de ce moment-là, la vie à Waiilatpu changea. La mission devint un relais majeur sur la piste de l'Oregon que par milliers, chaque année, les émigrants empruntaient. Les Whitman adoptèrent deux orphelines, Emma et Ann Hobson, puis les sept enfants Sager, dont les parents avaient trouvé la mort sur la piste. Narcissa ouvrit une école pour les enfants des missionnaires, les siens, et ceux des *Baymen* et des coureurs de bois qui désiraient donner à leurs fils et à leurs filles une bonne éducation. Elle s'occupa de moins en moins des Cayuses.

La mission de Waiilatpu comprenait maintenant deux grandes maisons d'habitation, une forge, un moulin, une scierie, quelques bâtiments annexes et plusieurs *corrals*. Les champs, irrigués et clos, le verger, le jardin fleuri, étonnaient les visiteurs, comme aussi l'importance du bétail que possédaient les Whitman. L'artiste canadien Paul Kane, qui se rendit à Waiilatpu en 1847, fut surpris du confort dont jouissaient Marcus et Narcissa. La mission ressemblait à un village bourdonnant d'activité. Les émigrants, en nombre croissant, s'y arrêtaient pour reprendre des forces et faire reposer leurs bêtes avant de poursuivre leur chemin. Le Dr Whitman prenait soin des malades. Dans une lettre qu'elle adressa à sa mère le 4 juillet 1847, Narcissa disait : « les pauvres Indiens sont stupéfaits par le nombre incroyable d'Américains qui viennent s'établir dans le pays. Apparemment, ils ne savent que penser [29]. » Le mot « stupéfait » est impropre. Les Cayuses sentaient grandir en eux la haine pour ces intrus qui campaient avec leurs chariots et leur bétail devant la maison. Ils voyaient clairement qu'ils venaient voler leurs terres. Par contre, ils ne parvenaient pas à comprendre pourquoi la rougeole, cette maladie ignorée de leurs ancêtres, tuait l'homme rouge et épargnait l'homme blanc.

En cet été de 1847, une épidémie de rougeole se déclara en effet dans les convois venus de l'Est et se propagea parmi les tribus indiennes, semant la mort. Fin juillet, un homme arriva au camp indien proche du fort Walla Walla porteur de nouvelles alarmantes : la maladie avait décimé une bande de 200 braves partis sur le sentier de la guerre pour venger l'un des leurs tué par des émigrants. Du camp montèrent des cris de douleur et de colère, et des messagers partirent dans toutes les directions avertir les tribus voisines. Paul Kane se trouvait à ce moment-là au fort Walla Walla. Craignant pour la vie des Whitman, il galopa jusqu'à Waiilatpu pour les mettre en garde. Il supplia Marcus de quitter la mission et de se réfugier pendant quelque temps au fort avec les siens. Celui-ci refusa : il avait vécu si longtemps parmi les Cayuses et pris tant soin d'eux qu'il ne pouvait imaginer qu'ils lui feraient du mal [30].

Mais le trouble et la suspicion avaient pénétré l'esprit des Cayuses. Le Dr Whitman était impuissant devant la maladie, car les Indiens ne possédaient aucune immunité. A l'automne, 30 victimes étaient déjà passées de vie à trépas, et les Indiens s'interrogeaient : le docteur était-il un *Te Wat* sans pouvoir pour les hommes rouges ? Ou bien, comme le prétendait le métis Joe Lewis, les avait-il empoisonnés pour prendre leurs terres et leurs chevaux ? Le 29 novembre au matin, Marcus mit en terre trois des enfants du chef Tiloukaikt. Dans l'après-midi, une bande de guerriers cayuses, menée par Tiloukaikt, attaquait la mission. A l'intérieur, il y avait 23 personnes, hommes, femmes, enfants.

Whitman fut leur première victime. A coups de *tomahawk,* Tiloukaikt s'acharna sur lui. Narcissa reçut une balle « sous le bras gauche ». Une femme l'allongea sur le canapé. Perdant son sang en abondance, elle se mit à prier Dieu à haute voix, le suppliant de protéger les enfants et de donner à sa mère la force de supporter la nouvelle de sa mort. Les Indiens discutèrent entre eux pour savoir si les femmes et les enfants devaient aussi mourir. Les éléments modérés l'emportèrent. Ils seraient épargnés, à l'exception de Narcissa. Le massacre des hommes alors commença systéma-

tiquement. Au matin, 13 victimes gisaient, mortes ou mou-
rantes. Joe Lewis le métis avait lui-même abattu le jeune
Frank Sager. Une quatorzième victime périt en tentant de
gagner la Willamette Valley. La chance voulut que Perrin
Whitman fût à ce moment-là chez le révérend Perkins, à la
mission méthodiste de Waskopum (The Dalles). Il échappa
ainsi au massacre. Les Cayuses emmenèrent également dans
leur camp 47 personnes, des émigrants de fraîche date pour
la plupart, mais ne les molestèrent pas, et les gens de la *Hudson Bay Company* obtinrent leur liberté. Un Canadien français, Joseph Stanfield, fut autorisé à creuser une tombe pour
les victimes. Le père Douillet assista à leur ensevelisse-
ment [31].

La tragédie de Waiilatpu mit fin à l'œuvre de l'*American
Board* en Oregon. Les missions furent fermées, et les Walker
s'établirent dans la Willamette Valley, où Mary vécut
jusqu'à sa mort, en 1897.

Lorsque Marcus Whitman s'était rendu dans l'Est, en
1842-1843, Narcissa avait fait un long séjour chez le révérend Perkins et sa femme à Waskopum. Sachant l'amitié qui
les avait liés, Jane Prentiss, une des sœurs de Narcissa, leur
écrivit pour tenter de comprendre pourquoi les Indiens
l'avaient tuée. Avec franchise et perception, Perkins répondit : « Mrs. Whitman n'était pas faite pour la vie sauvage
mais pour la vie *civilisée*. Elle aurait fait honneur à son sexe
dans un milieu raffiné et élevé. Les Indiens la trouvaient
fière, hautaine, très *au-dessus d'eux*. Indubitablement, elle
apparaissait ainsi. Ce fut son *malheur,* non sa *faute.* Elle
aimait la compagnie, la société... Moi-même, j'aurais pu
aussi bien devenir un Indien. J'aurais été heureux de faire
d'un wigwam mon foyer pour la vie si le devoir me l'avait
commandé. Pas Mrs. W. Elle n'avait apparemment rien en
commun avec eux. Elle demeura jusqu'à la fin fidèle à son
milieu d'origine. Ce n'était pas une *missionnaire* mais une
femme, une femme américaine talentueuse et policée. Et
comme telle elle mourut [32]. »

6

Heureux les affligés!

Épuisée, usée avant l'âge par les grossesses, les labeurs, les tourments, Eliza Hart Spalding mourut à quarante-trois ans. Sarah White Smith, elle, disparut à l'âge de quarante et un ans, emportée par le mal du siècle, la tuberculose. D'évidence, elles moururent vertueusement, comme elles vécurent, sans un murmure contre leur Créateur. La mort était l'aboutissement normal de la vie terrestre, et Dieu en était seul maître. De toute éternité, l'heure de leur mort avait été fixée. Et puis l'épreuve n'était-elle pas un don de Dieu? La confiance qu'elles montrèrent toujours dans la justice divine leur permit, n'en doutons pas, d'aborder avec sérénité la dernière ligne droite de leur courte vie.

La mort occupe une place considérable dans les journaux intimes et les lettres des femmes américaines du XIXᵉ siècle. Fragilité de la vie – la leur et celles des êtres qui leur sont les plus chers, leurs enfants. Peur eschatologique – seront-ils parmi les élus qui verront Dieu, ou iront-ils brûler en Enfer? Sur la maladie et la mort, elles concentrèrent tant d'énergie qu'on a pu écrire qu'elles rivalisaient dans ce domaine avec les ecclésiastiques [1].

Au XVIIᵉ siècle, les puritains de la Nouvelle-Angleterre avaient de la mort une vision effrayante. A la notion du périssable, de l'éphémère, de la caducité de la vie terrestre s'ajoutaient la crainte des feux éternels, l'horreur de la damnation. La régénérescence par la grâce n'était pas pour tous,

seulement pour quelques élus que Dieu avait distingués dans
le troupeau des hommes corrompus. D'où l'importance que
les théologiens de l'ordre puritain donnèrent à la conversion,
signe de l'élection. La conversion permettait au chrétien de
sortir de l'ombre et de marcher dans la lumière où se tenait
Dieu. L'horreur physique de la mort était sans cesse rappe-
lée : têtes de mort décorant les pierres tombales, les élégies
funèbres, les nécrologies, les anneaux de deuil ; épitaphes
portant les mots « Prépare-toi à Mourir et Suis-Moi [2] ».

Premier du genre, le Grand Réveil du milieu du
XVIIIe siècle allait modifier progressivement cette image
lugubre de la mort. Dès l'année 1735, des pasteurs itinérants
avaient parcouru le Connecticut, provoquant par leur prédication émotionnelle mystique et sentimentale un renouveau
religieux. S'appuyant sur la Bible, ils annonçaient la mort du
pécheur et le salut pour l'homme juste, décrivant tour à tour
par le menu les tourments de l'Enfer et les béatitudes du
Paradis. A un collègue sceptique, le théologien Jonathan
Edwards, qui partout sur son passage faisait flamboyer la
terreur, écrivait de Northampton au mois de mai que tous les
habitants sans exception étaient maintenant profondément
concernés par leur salut et ressentaient fortement le poids de
leurs péchés. Quelques-uns lui avaient confié qu'ils se préoccupaient plus du salut d'autrui qu'ils ne s'étaient jamais inté-
ressés à leur propre rédemption, et certains lui avaient même
déclaré « qu'ils pourraient mourir aisément pour quelques
âmes les plus viles de l'humanité, pour celles des Indiens des
forêts ». Edwards ajouta : « Cette ville n'a jamais été aussi
pleine d'amour, ni aussi pleine de joie, ni aussi pleine de tristesse... [3]. »

Au cours des années suivantes, d'ardents prédicateurs
secouèrent les foules de la Nouvelle-Angleterre à la Géorgie.
Assuré de l'amour de Dieu, le chrétien repenti et régénéré
devait désormais considérer la mort comme une occasion de
joie. Dans les poèmes, les sermons, les journaux intimes, l'art
funéraire, la mort n'évoquait plus les grandes peurs eschatologiques mais inspirait la nostalgie. Dans les cimetières, on
ne rappelait plus au passant sa mortalité et l'imminence du

Jugement, on lui annonçait que la mort physique n'était que temporelle. Telle cette épitaphe en vogue : « Adieu ma femme et mes enfants bien-aimés. Je vous quitte pour quelque temps [4]. » Avant-goût de l'art funéraire de l'ère victorienne, les anges commencèrent à remplacer sur les tombes les têtes de mort, les tibias croisés, les squelettes. On en vint ensuite au médaillon représentant le défunt ou la défunte avec des ailes; puis l'émotion se pétrifia dans l'image symbolique de l'urne et du saule pleureur – la première figurant le cher disparu, la deuxième les affligés. Enfin, du saule pleureur on passa à la femme pleurant sur l'urne, femme dont la silhouette courbée, prostrée dans la douleur, rappelait celle de l'arbre, pour aboutir à la mort glorieuse. Dès les années 1830, des cimetières ruraux bien dessinés et fleuris accueillirent les chers disparus, et les tombes se couvrirent de statues d'anges semblables à des victoires. Comme le dit si bien Ann Douglas : « Les morts n'étaient plus des perdants mais des vainqueurs [5]. »

Ainsi la pensée populaire pieuse, moralisante, sentimentale du XIXe siècle apporta-t-elle une note touchante à la mort, mettant l'accent moins sur le disparu que sur ceux qui le pleuraient. Dans le drame de la mort, le défunt ne joua plus que le second rôle.

La mort devint un genre littéraire dans lequel brillèrent les ministres du culte et les femmes. Tandis que Caroline F. Orne, poète mineur, chantait les beautés et les douceurs de Mt. Auburn, premier cimetière-jardin du continent américain, Lydia H. Sigourney faisait de la mort le thème favori de ses ouvrages et acquérait la notoriété. En vers et en prose, elle écrivit sur la mort des bébés, des enfants tuberculeux, des missionnaires en Birmanie ou au Libéria, des poètes et des fous, des artistes et des marins, des étudiants et des jeunes filles sourdes-muettes. En 1847, elle fit paraître une anthologie de poèmes nécrologiques au titre évocateur, *Le Saule pleureur*, et bien que respirant la santé, elle aimait à raconter à ses auditoires qu'elle venait de justesse d'échapper aux griffes de la mort. Les derniers mots qu'elle prononça furent : « J'aime tout le monde. » Sur les lèvres d'une de ses héroïnes, trente ans plus tôt, elle avait mis les mêmes paroles [6].

Le Ciel pour foyer

Les ouvrages de consolation firent florès au XIXe siècle. Leurs titres indiquent clairement que l'intention de leurs auteurs était d'aider les affligés à supporter le départ d'un être cher : *Nos Petits qui sont aux Cieux; Le Joyeux Éprouvé ou Comment apporter la Consolation de Dieu à ses Enfants affligés; La Couronne de Cyprès; Une Couronne pour la Tombe; Méditations pour l'Affligé, le Malade et le Mourant; Le Berceau vide; Le Ciel pour foyer,* etc.

Traditionnels étaient en Nouvelle-Angleterre les écrits pieux traitant de la mort d'un enfant, d'un mari, d'une épouse. Seulement, ils invitaient le chrétien à faire taire son émotion et à s'incliner devant la justice divine. Pour le bon puritain, la mort d'un être aimé était la punition de Dieu pour ses péchés et une épreuve destinée à lui rappeler sa propre mortalité. Les auteurs du XIXe siècle, contrairement à ceux du XVIIe et du XVIIIe siècle, encouragèrent les Américains à pleurer leurs morts. Tout au plus leur recommandèrent-ils la modération. Il aurait été en effet malséant, disaient-ils, de se conduire comme le païen ou le juif qui, devant la mort d'un être cher, laissait bruyamment éclater « sa douleur impie » parce qu'il n'avait pas, comme le chrétien, l'espérance de la Résurrection [7].

Curieuse littérature, en vérité. Dans *Agnès et la petite Clé ou Comment réconforter et instruire les Parents affligés*, l'auteur, Nehemiah Adams, relatait la mort de sa fille Agnès, âgée d'un an, et analysait minutieusement la gamme de ses émotions et celles de sa femme devant le drame. Il s'interrogeait pour savoir qui, des deux, avait éprouvé le plus de chagrin et faisait d'un point de détail – où ranger la clé du cercueil? – le problème majeur de son ouvrage [8]. Le livre eut un succès retentissant, de même que *Le Berceau vide*, qui valut à son auteur, le révérend Theodore Cuyler, des milliers de lettres de sympathie de parents éplorés ; de même que *Stepping Heavenward* (Marchant vers le Ciel) d'Elizabeth Prentiss et les romans de l'outre-tombe d'Elizabeth Stuart Phelps.

La mort d'un enfant, si fréquente à cette époque, était l'occasion pour les ecclésiastiques de démontrer le bien-fondé de la vieille prophétie, « le dernier sera le premier » : l'enfant, être insignifiant, avait été appelé par Dieu afin de frayer le passage aux adultes. Les femmes auteurs leur emboîtèrent le pas. Elles conquirent et colonisèrent les cieux. Rejetant le concept d'une Éternité vide, elles firent de l'Au-delà un Paradis retrouvé. Pour vaincre l'angoisse de la mort, elles matérialisèrent les cieux et leur donnèrent une image familière.

> Nous partons, nous partons
> Pour un chez-soi au-delà des cieux,
> Où les champs sont parés de beauté,
> Où le coucher de soleil ne meurt jamais

affirmait Fanny Crosby, la poétesse aveugle [9]. Et Elizabeth Prentiss, tandis que son fils agonisait, écrivait :

> Enfant béni! Cher enfant! Jésus t'appelle.
> Toi seul de notre maisonnée, toi seul est appelé.
> Oh, dépêche-toi! Cours te jeter dans Ses bras!
> Doux sera ton repos et sûr ton refuge!

Douze jours plus tard, Elizabeth Prentiss n'en confiait pas moins à une amie le chagrin causé par la mort d'Eddy, « mais, ajoutait-elle, nous nous réjouissons qu'il ait quitté cette vie de misère et que nous ayons eu le privilège de donner à Dieu un enfant tant aimé ». L'année suivante, elle mettait au monde une petite fille, son troisième enfant. Après une brève maladie, Bessie, à un mois, était à son tour « enlacée dans les bras du Bon Berger ». En cette heure tragique, la jeune femme, une fois encore, saisit sa plume :

> Un enfant et deux tombes vertes,
> C'est le don que Dieu m'a fait.
> Un cœur saignant, défaillant, brisé,
> C'est le cadeau que je Te fais.

Le 16 janvier 1856, quatrième anniversaire de la mort de son fils Eddy, dans un poème pathétique elle exprimait sa douleur :

> Quatre ans cette nuit, quatre ans
> Qu'avec un cri déchirant
> Ton esprit, hélas, s'est envolé,
> Qu'il a pris son vol pour l'Éternité.
> . . .
> Mon enfant sans péché! A genoux
> Devant le Maître tu pries;
> Il me semble que tes mains d'enfant peuvent saisir,
> Et répandre sur ma route une douce paix [10].

L'enfant mort était devenu le guide, celui qui se tenait à la porte du Ciel pour y accueillir les parents, celui qui avait, tout compte fait, la meilleure place. La mort, annoncée comme une victoire, apparaît dans les lettres et les journaux intimes, tout autant que dans les sermons et la littérature. « Oui », confiait Mollie Dorsey à son journal après avoir appris la mort des deux enfants d'amis chers, « je crois que le Ciel est plein de chérubins. Ils partent les premiers pour préparer le chemin [11]. » Charles Colcock Jones, jr., avocat de Savannah, perdit la même semaine sa femme Ruth et sa fille Julia. Son frère Joseph en fit part à son épouse : « Ruthie a fait une fin heureuse et triomphante... Hier, mon frère lui a appris la mort de la petite Julia. Elle répondit que depuis plus d'un jour déjà, elle avait acquis la certitude de sa mort et exprima sa joie à l'idée de la revoir si vite au Ciel. » Charles et Joseph Jones avaient d'abord hésité à apprendre à la jeune femme la mort de Julia, estimant que « si elle devait être enlevée, ce serait bien préférable de lui épargner la triste nouvelle; et elle ferait la découverte heureuse dans un lieu infiniment plus beau [12] ».

L'Au-delà d'Elizabeth Phelps

Si quelques esprits intrépides, dès la fin des années 1850, se mirent à écrire des romans sur le Royaume céleste, Elizabeth Stuart Phelps en fit sa spécialité. Elle s'attira ainsi la reconnaissance de centaines de milliers d'Américains et les moqueries de Mark Twain [13]. Dans ses ouvrages, elle présenta la vie éternelle comme une continuation de la vie terrestre. Les morts n'étaient pas retranchés de la création ; ils gardaient leur identité et leur mémoire et étaient promis à une vie de félicité dans un lieu familier qui évoquait un Paradis terrestre américain. Sous bien des rapports, son Au-delà était paré des couleurs d'un conte de fées.

Elizabeth Stuart Phelps avait derrière elle dix générations de ministres du culte congrégationalistes, et si elle avait été un homme, elle serait sans nul doute devenue ministre du culte elle-même. Profondément convaincue, animée de l'esprit de croisade propre aux protestants et aux Anglo-Saxons, plutôt laide et consciente de l'être, torturée par des névralgies et des insomnies, elle épousa à l'âge de quarante-quatre ans un aspirant écrivain de dix-sept ans son cadet, Herbert Ward, ce dont l'Amérique se gaussa. D'évidence, il avait été plus attiré par ses succès littéraires que par ses charmes, et l'union fut malheureuse. Aussi bien sa réussite professionnelle ne compensa-t-elle pas l'échec de sa vie affective. Dans *The Gates Ajard* (Les Portes entrouvertes), publié en 1868 alors qu'elle avait vingt-quatre ans, elle faisait sienne cette phrase d'un théologien écossais : « Le Ciel pouvait être un lieu pour ceux qui avaient échoué sur la terre. » En 1889, elle confessa ouvertement son tourment : « Il y a une limite... au-delà de laquelle ce que le Destin pourrait offrir de mieux ne pourrait en aucun cas effacer ce qu'il avait infligé de pire. »

De l'insatisfaction naissent souvent les rêves. Elle rêva d'un Au-delà victorien, d'un *home* céleste confortable, paisible, heureux, royaume domestique pour les enfants, les femmes et les anges. *The Gates Ajar* est l'histoire d'une jeune fille de la Nouvelle-Angleterre, Mary, qui pleure son frère adoré tué pendant la guerre civile. Trouvera-t-elle la consolation auprès de l'austère pasteur calviniste, qui lui dépeint le ciel comme un « état éternel » où l'élu « apprendra à connaître Dieu » ; ou auprès de sa tante Winnifred, qui croit à un ciel concret, un Walhalla où les soldats morts bavarderont avec le président Lincoln ? Mary, bien entendu, trouvera le réconfort auprès de sa tante avec laquelle elle se promène longuement dans le cimetière local [14].

Avec *Beyond the Gates* (Au-delà des portes) et *Between the Gates* (Entre Ciel et Terre), Elizabeth Stuart Phelps franchit un nouveau pas : les narrateurs sont morts et racontent leur expérience. L'héroïne d'« Au-delà des portes », une vieille fille, fait le récit de son agonie, de sa mort, de son « réveil » dans un lieu familier où elle retrouve son défunt père qui l'entraîne. Ils avancent tous deux sans effort dans une campagne d'une infinie beauté : « Il y avait des collines et de vastes espaces, de vaporeuses perspectives et des forêts profondes, une grande étendue d'eau scintillante, des plaines d'une couleur délicieuse, où des herbes ondulaient comme les flots verts de la mer. Le soleil était très haut... » Elle constate qu'elle a une forme, des vêtements, éprouve une sensation de plaisir intense. Un ange l'escorte jusqu'à sa nouvelle demeure, une petite maison à colombage nichée au milieu des arbres. Elle décrit les fleurs, les oiseaux. Un chien prend le soleil sur les marches de la maison. Comme elle traverse la petite pelouse, il se lève et vient au-devant d'elle [15].

Dans *Between the Gates* (Entre Ciel et Terre), le narrateur est un médecin. Pécheur devant l'Éternel – ne serait-ce que parce qu'il avait l'habitude de classer le sexe faible en « femmes nerveuses, hystériques, dyspepsiques », au lieu de « femme intelligentes, dévouées, nobles de sentiments et d'aspiration » – il n'accède au repos dans l'Au-delà que lorsque son enfant vient le rejoindre. Mais il pense à Hélène, son épouse, « dépouillée de sa dernière consolation ». Une défunte patiente, témoin de sa douleur, lui dit alors : « Croyez-vous donc qu'Hélène regretterait un seul instant le départ de son petit trésor, sachant qu'il est pour vous un petit messager de miséricorde ?... Hélène vous aime plus qu'elle-même [16]. »

On retrouve dans les livres d'Elizabeth Stuart Phelps les thèmes favoris de la littérature de consolation : l'enfant-guide et la femme aimante jusqu'au sacrifice. On y retrouve aussi, héritage du XVIIIᵉ siècle, l'utopie pastorale. Il n'y a au Paradis ni villes, ni industrie, ni commerce, ni foules urbaines. Le rêve d'une société en harmonie avec la nature, éloignée de la souillure des sociétés industrialisées, devient après la mort une réalité.

Parallèlement à la parution d'ouvrages de consolation, tout un *American way of death* allait se bâtir avec ses *funeral homes* et, à partir de la guerre civile, ses embaumeurs.

Les justes, les pécheurs et les Beecher

Mais l'angoisse demeurait, chevillée à l'âme. Angoisse de la mort de l'autre plus que de la mort de soi et surtout, ainsi que le dit si bien Philippe Ariès, de la « mort de toi » l'être aimé, l'autre part de soi-même. Chez les femmes élevées, comme les sœurs Beecher, dans un calvinisme très strict, le problème de la prédestination à la damnation restait inscrit au fond de la conscience. Difficile, d'ailleurs, de concilier le libre arbitre avec la prédestination. Sans doute Charles Edward Stowe pensait-il à sa famille lorsqu'il écrivit plus tard que le calvinisme « était un puissant géant marchant sur le chemin de l'histoire sur deux jambes : l'action de Dieu et l'action de l'homme. Il boitait toujours d'une jambe sur l'autre, tombant d'un côté dans le fatalisme, de l'autre dans l'arminianisme * [17] ».

Si l'angoisse de la damnation jaillit brusquement de la conscience de Catherine Beecher à la mort de son fiancé, Alexander Metcalf Fisher, son père, en fut responsable. Le révérend Beecher concevait la conversion comme une crise spirituelle, un acte émotionnel que le chrétien pécheur devait provoquer s'il ne venait de lui-même. Alors que Catherine vivait un amour apparemment romantique et que nul sentiment de culpabilité ne venait la troubler, son père, qui s'inquiétait pour son « âme immortelle », car elle n'avait pas

---

* Les arminiens pensaient que l'homme pouvait faire son salut par ses propres efforts, sans intervention divine.

encore fait l'expérience de la conversion, l'exhorta à la repen-
tance et à la soumission totale à Dieu. Seulement Catherine
ne se sentait en rien coupable. En mars 1822, la jeune fille,
désespérée, demanda à son frère Edward ce qu'elle
« devrait » ressentir. Pour toute réponse, celui-ci lui décrivit
le tourment qui serait le sien si tous les membres de sa
famille étaient au ciel et qu'elle n'y pût entrer : « Comme les
prétextes qui maintenant paralysent tes efforts disparaî-
traient vite si les portes de la gloire se fermaient devant toi,
te séparant à jamais de tous ceux qui te sont chers [18]. »

Croyant fermement que la souffrance était le prix à payer
pour échapper à la damnation, Lyman Beecher vit d'un bon
œil les angoisses de sa fille. Au lieu de lui apporter l'apaise-
ment, il l'enfonça dans la détresse. Lyman aimait passionné-
ment sa fille Catherine. Mais convaincu qu'une fois mariée
son cas serait sans espoir, il s'employa à secouer sa
conscience au point qu'elle tomba malade. A Edward, il
déclara non sans une certaine satisfaction qu'il espérait que
« l'affreuse souffrance » qu'elle avait ressentie serait « sancti-
fiée [19] ».

Fut-ce l'amour pour le bel Alexander Metcalf Fisher ?
Fut-ce un manque de disposition au mysticisme, à l'irration-
nel ? Seule de la famille, Catherine ne se convertit pas. Le
1er avril 1822, cependant, Fisher, au grand regret de sa fiancée, partit pour un voyage en Europe qui devait durer un an :
il était attendu en Angleterre, en Écosse et en France par
d'éminents universitaires. A une amie, Catherine avait
confié huit jours plus tôt : « Que de choses il aura à me
raconter, et comme nous serons heureux de nous retrouver. »
Mais le 22 avril, l'*Albion*, sur lequel naviguait Fisher, coulait
corps et bien dans la mer d'Irlande.

Le révérend Beecher, le premier, apprit la nouvelle. A sa
fille, il écrivit aussitôt : « Mon cœur est lourd de chagrin.
Nous avons la certitude que le professeur Fisher n'est plus.
Ainsi ont péri nos espoirs, nos plans, nos projets terrestres.
Ainsi les espoirs du collège de Yale et ceux de notre pays et
même de l'Europe sont réduits à néant. Les vagues de
l'Atlantique les ont engloutis tous par la volonté de Dieu...

Sur la condition de sa présente existence dans l'Éternité, qui tourmentera sûrement ton cœur peiné, je peux seulement dire que beaucoup nourrissent et nourriront l'espoir qu'il était pieux, bien que nous n'ayons pas la preuve qui aurait pu lui faire nourrir cet espoir. Mais sur ce sujet, nous ne pouvons lever le voile que Dieu a jeté, et n'avons pour seul lieu de repos idéal que la soumission en son gouvernement parfait. »

Il n'en fallut pas davantage pour jeter Catherine dans le plus profond désespoir. A son jeune frère elle lança un appel déchirant : « Oh, Edward, où est-il maintenant? Les nobles facultés d'un tel esprit sont-elles condamnées aux peines éternelles? Ou bien est-il maintenant avec notre mère aimée dans la demeure des miséricordieux?... Mais quand je pense aux derniers moments de sa courte vie – les horreurs de l'obscurité, des vents, des vagues, de la tempête, de ses souffrances morales quand il dut quitter la vie et toutes ses brillantes espérances pour se hâter seul, esprit désincarné, vers l'Éternité inconnue –, oh, quelle horreur, quel tourment! Si seulement j'étais sûre qu'il fût à l'abri pour toujours, je ferais taire mon chagrin... Je n'ai pas conscience d'un sentiment de culpabilité, ajoutait-elle, je ne ressens pas d'amour pour mon Sauveur, ni rien sinon que je suis malheureuse et que j'ai besoin de la religion, mais où et comment la trouver [20]? » Catherine en vint à maudire le jour où elle était née et à se demander pourquoi les chrétiens désiraient tant introduire des âmes immortelles dans un monde si terrible.

A l'automne, elle partit pour Franklin, dans le Massachusetts, et passa d'hiver chez les Fisher. Mais son chagrin ne s'apaisait pas. Elle composa un poème destiné au monument que le père d'Alexander avait fait ériger en mémoire de son fils. Puis elle recommença à faire des projets d'avenir. Après des mois de désespoir, tournant et retournant dans sa tête le problème du salut et de la damnation, elle arriva à la conclusion « qu'il y avait une terrible erreur quelque part », qu'il n'était pas possible que son fiancé irréprochable eût été condamné aux flammes de l'Enfer, et que désormais elle se mettrait au service des autres. C'est ainsi qu'elle voua sa vie à l'éducation des jeunes filles et à l'élévation de la femme.

Avec Jean Calvin, elle régla ses comptes en 1836 avec un ouvrage publié sous la forme de *Lettres sur les difficultés de la religion*, dans lequel elle affirmait que l'homme qui aimait sincèrement son Créateur, au point de faire de Sa volonté le but suprême de sa vie, s'assurerait du bonheur éternel. « Je suis convaincue, écrit-elle, que Dieu ne demande de nous rien de plus que ce que nous avons la totale capacité d'accomplir. » Les milieux calvinistes orthodoxes furent scandalisés. On cria à l'hérésie, et la *Princeton Review* lui consacra un article dévastateur [21].

Trente-cinq ans plus tard, sa sœur, Harriet Beecher Stowe, à son tour, connaissait l'angoisse de la mort de l'autre. A l'été de 1857, son fils aîné, Henry Ellis, son favori, se noya dans la Connecticut River. Il avait dix-neuf ans et venait d'entrer au Dartmouth collège à Hanover. Henry n'ayant pas encore entendu l'appel à la conversion, la peur eschatologique qui avait étreint Catherine à la mort de son fiancé surgit de l'inconscient de Harriet, bien qu'elle eût depuis longtemps déjà rejeté le dogme de la prédestination.

A sa sœur Catherine, elle adressa une lettre bouleversante : « Si j'ai eu conscience d'une attaque du diable cherchant à me séparer de l'amour du Christ, ce fut pendant les quelques jours qui suivirent l'annonce de la terrible nouvelle. J'étais dans un état de grande faiblesse physique, bouleversée, torturée, incapable de contrôler mes pensées. Mon âme fut brutalement envahie par des doutes affreux sur l'état spirituel de Henry. C'était comme si une voix m'avait dit : " Tu avais confiance en Dieu, n'est-ce pas ? Tu croyais qu'Il t'aimait ? Tu étais persuadée que jamais Il ne prendait ton enfant avant que la grâce n'eût accompli son œuvre en lui ? Maintenant, Dieu l'a dépêché dans l'Éternité sans avertissement, sans préparation, et où est-il ? " [22]. »

Bien qu'elle chassât rapidement de son esprit « ces pensées irrationnelles » qu'elle jugeait « indignes de Dieu » et se plongeât dans la rédaction d'un nouveau roman, trouvant l'inspiration dans le drame vécu naguère par Catherine, la mort de Henry laissa dans son cœur une plaie béante : « Le fait est, ma petite chatte, écrivait-elle à sa fille Georgina, une adolescente de seize ans, que maman est fatiguée... Le beau et doux visage de Henry se penche vers moi pour me regarder... du haut d'un nuage, et je sens encore toute l'amertume du " non " éternel qui dit que je ne dois jamais, jamais, dans ce bas monde, voir ce visage, m'appuyer sur ce bras, entendre cette voix [23]. »

Afin d'essayer d'entrer en contact avec leur fils, Harriet et Calvin Stowe se tournèrent vers le spiritisme. La chose était à la mode depuis que le concept d'un Ciel familier, reflet de l'Amérique victorienne, avait conquis les âmes simples et crédules. En 1848, les sœurs Fox, de l'État de New York, popularisèrent le phénomène des esprits frappeurs et des tables tournantes. Avec raison, Harriet n'avait aucune confiance dans ces « soi-disant médiums ». Peu après la mort de son fils, elle avait écrit un article pour le *New York Independent* intitulé *Who shall Roll away the Stone?* (Qui fera rouler la pierre?), dans lequel elle liait le spiritisme aux miracles bibliques. Ce qu'elle recherchait, c'était un « ange incontestable » qui pourrait véritablement rouler la pierre du tombeau. Elle ne voulait nullement correspondre avec l'au-delà par le truchement de tables frappantes et autres « supercheries » : « Si la vie future était aussi ennuyeuse, morne, monotone et vaine que ce que nous pouvons déduire de ces procédés », dit-elle, l'immortalité serait intolérable. Elle n'en continua pas moins à chercher désespérément l'« ange véritable » qui la mettrait en contact avec son fils disparu, et le spiritisme devint le sujet central de sa correspondance avec la célèbre romancière anglaise George Eliot [24].

Le mal de l'être

La mort aussi attirait, fascinait, exaltait Elizabeth Prentiss. Toute sa vie elle attendit la mort comme une délivrance. Certes, elle perdit deux enfants en bas âge et souffrait d'insomnies, de migraines et surtout de troubles émotionnels intenses; mais elle avait un mari qui l'aimait et qu'elle aimait, peu de soucis matériels, et semblait trouver de

grandes joies dans sa vie de femme de *clergyman*. « Vous ne
pouvez savoir comme il est agréable d'être femme de pasteur, écrivait-elle, de se sentir *le droit* de sympathiser avec
ceux qui pleurent, de courir immédiatement vers eux, de se
joindre à leurs prières et à leurs larmes. Comme il serait
doux de passer son temps parmi ceux qui souffrent, et de
témoigner de ce que Christ pourrait faire pour eux si seulement ils le laissaient faire... »

Il y avait chez elle un mal de l'être que son extrême piété
ne guérit jamais. On peut même se demander si cette piété
exaltée ne fut pas la conséquence de son état dépressif. Peur
de la vie? Peur du bonheur qui lui apparaissait généralement
comme le signe avant-coureur du malheur? Le 4 mars 1844,
alors qu'elle était fiancée et, apparemment, heureuse de
l'être, elle écrivait à une cousine : « Je ne sais pas pourquoi,
mais je n'ai jamais autant songé à la mort et à la certitude
que, tôt ou tard, je devrai mourir, que depuis quelques mois.
Je ne suis pas exactement superstitieuse, mais j'ai le sentiment que ma vie sera courte. Cette sorte de pressentiment
qui ne me quitte pas une heure est singulièrement déprimant
et met un frein à tous mes projets futurs. »

Le 22 mars, à cette même cousine, elle annonçait le retour
de George L. Prentiss après quatre mois d'absence. S'en
réjouit-elle? Un sentiment de culpabilité aussitôt l'envahit :
« Pour vous dire la vérité, ma chère cousine, j'ai *peur de
l'amour*. Seul le bonheur d'aimer et d'être aimée pourrait
me détourner des choses de l'esprit. Ne suis-je pas sur un terrain dangereux? » Et elle ajoutait : « Je crois que je dois
souffrir aussi longtemps que j'aurai une existence terrestre.
Dieu n'utilisera-t-il pas alors ces souffrances comme un
moyen béni pour me rapprocher de lui? Je l'espère bien [25]. »

La mort occupait continuellement ses pensées, rapporta
plus tard son mari; « durant les quelque trente-cinq ans de
notre vie commune, je doute qu'il y ait eu un jour où elle
n'aurait vu venir la mort avec joie ». Mais de la mort, son
imagination ne s'attachait pas au côté charnel. Elle ne rêvait
ni de cendre, ni de vers. Elle considérait le Ciel comme la
demeure véritable de l'âme, un foyer de béatitudes. Elle

associait la mort à la réalisation immédiate de ses espérances les plus douces et les plus précieuses ; elle la voyait comme une invitation de Dieu à le rejoindre, une récompense pour le chrétien. Aussi bien éprouvait-elle parfois des difficultés à sympathiser avec ceux qui la ressentaient comme une calamité ou une terreur [26].

Ses ouvrages furent populaires parce qu'ils reflétaient les sentiments d'une grande partie de la population. Beaucoup de lecteurs partageaient ses émotions religieuses et plusieurs lui confièrent : « J'ai eu l'impression d'avoir moi-même écrit ce livre [27]. »

« *Quand les roses cesseront de fleurir* »

De la mort, Emily Dickinson de Amherst, Massachusetts, n'avait pas une vision aussi sereine. Les concepts abstraits du Temps, de l'Éternité, de l'Infini, de l'Immortalité l'obsédaient et faisaient ressurgir de son inconscient l'angoisse incontrôlable de la mort. Sa foi était trop fragile pour empêcher le doute de la torturer. Aux questions qu'elle se posait sur la mort et l'au-delà, elle répondit dans ses poèmes en mêlant à l'Inconnu, à l'Incommensurable, à l'Insondable des images concrètes et familières. Elle devint une « observatrice » de la mort et de ses effets sur les vivants, accordant une attention particulière aux ensevelissements et aux activités des familles récemment frappées par un deuil.

Mais si le thème de la mort résonne dans ses poèmes comme un glas lancinant, ininterrompu, l'idée qu'elle s'en faisait manquait de cohérence. La mort était tantôt un roi, un monarque, un tyran, tantôt un niveleur qui, tel le squelette de la célèbre *Danse macabre,* rappelait la vanité des choses du monde en entraînant dans sa ronde tous les hommes sans distinction : « Couleur – Rang – Dénomination, écrit-elle, c'est l'Affaire du Temps. » La Mort, « de ses doigts démocratiques », efface la marque. Tantôt elle était associée au mariage, aux mariés, tantôt elle devenait synonyme de séparation. Elle était tour à tour amant, meurtrier, brigand, bête sauvage ou consolateur. De ses descriptions, le froid, le gel, la neige sont les seuls symboles persistants [28].

Adolescente, Emily Dickinson semblait pourtant prête à mordre la vie à belles dents. A l'âge de quinze ans, en 1845, elle écrivait à son amie Abiah Root : « J'embellis en vérité rapidement. J'espère devenir la belle de Amherst lorsque j'atteindrai mes dix-sept ans. Je ne doute pas que j'aurai à cet âge une foule d'admirateurs. Comme je prendrai plaisir alors à les faire languir; avec quel délice je les tiendrai en haleine tandis que je prendrai ma décision finale. » Le temps passa. Où était la foule d'admirateurs ? En 1850, elle proclamait : « Amherst est très amusant cet hiver... Tout le monde se promène en traîneaux... Les réunions n'ont jamais été aussi joyeuses... Les soupirants sont pour rien – et les filles sourient comme des matins de juin [29]. » Cette exubérance cachait un profond désarroi. Cette même année, 1850, elle écrivait ses premiers poèmes sur la Mort, et deux lettres qu'elle adressa à des amies montrent ses troubles émotionnels. A Jane Humphrey, elle confessa une expérience « amère et douce » qu'elle fit une nuit, si troublante, et apparemment si délicieuse, qu'elle aurait voulu « toujours *dormir* et rêver et que le matin ne vînt jamais ». A Abiah Root, elle rapporta qu'elle mit fin à une idylle romanesque en refusant une promenade à cheval dans les bois avec un ami qu'elle aimait tendrement. Elle avait lutté contre la tentation et remporté une amère victoire sur elle-même. Elle ne demanda pas à Abiah si elle avait bien fait de refuser cette promenade; elle s'inquiéta de savoir si le Christ, qui lui aussi avait été tenté, avait, comme elle, succombé à la colère et s'il s'était montré indécis [30].

Pourquoi ce refus qui, d'évidence, lui coûta ? Son père, un austère calviniste de la vieille école comme il y en avait tant à Amherst, le lui avait-il interdit ? Devait-elle rester auprès de sa mère, malade chronique et plus ou moins imaginaire, personnage falot totalement dominé par son mari ? Ou bien avait-elle peur de ses sentiments, de ses pulsions sexuelles, ou simplement du mariage ? Qu'elle fût perturbée psychiquement est un fait. Arrivée à l'âge adulte, elle souffrit d'agoraphobie. Elle se replia sur elle-même, rejeta la compagnie de ses semblables et prit prétexte des maladies de sa mère pour demeurer à la maison où elle vécut en recluse. Pourtant, elle écrivit qu'elle s'y sentait « sans abri [31] ».

Elle refusa toujours de publier ses textes, mais le XXe siècle lui rend heureusement un hommage éclatant. Sa personnalité fascine, ses poèmes intriguent. Elle y exprime ses angoisses, ses convictions, ses doutes, ses frustrations. Mais il n'est pas facile, même dans ses lettres, de faire la part du réel et de l'imaginaire. Emily Dickinson ne s'y met pas à nu, et nous nous heurtons sans cesse aux contradictions dont elle était la proie. Conflit affectif : besoin et peur d'aimer. Ambiguïté sexuelle : dépassa-t-elle les bornes de l'amitié féminine ordinaire, ne serait-ce qu'en pensée? Conflit religieux : déchirement entre la foi et le doute, entre le puritanisme dont elle avait été imprégnée dans l'enfance et le transcendantalisme mis à la mode dans les milieux littéraires de la Nouvelle-Angleterre par le poète et philosophe Ralph Waldo Emerson.

Rejetant la doctrine de la prédestination, les transcendantalistes affirmaient que tout homme était perfectible dans sa vie terrestre, qu'il était totalement indépendant, que le salut n'était pas réservé à quelques élus mais à l'humanité tout entière et que personne n'était condamné. Ces vues optimistes ne pouvaient trouver qu'un écho favorable chez Emily, tourmentée par l'idée qu'elle n'appartenait pas aux clans des élus, que Dieu, avant la Création, l'avait peut-être condamnée à la perte éternelle. Mais l'influence d'Emerson, en fin de compte, accentua son désarroi plus qu'il ne le soulagea, car la jeune femme ne parvint pas à s'affranchir de l'emprise calviniste. Ni le puritanisme, ni le transcendantalisme ne lui apportèrent de réponse satisfaisante aux questions qu'elle se posait sur la place de l'homme dans l'univers. Le doute et l'appréhension continuèrent à empoisonner son âme. A vingt-trois ans, elle demandait à ses amis Holland : « Le Ciel est vaste, n'est-ce pas? La vie, aussi, est courte, n'est-ce pas? Alors, quand l'une est finie, en existe-t-il une autre? » Et un peu plus tard, elle écrivait :

> Pourquoi – me ferme-t-on la porte du Ciel?
> Ai-je chanté – trop fort?
> Mais – je peux élever une voix plaintive
> Timide comme un oiseau [32].

D'évidence, l'« oiseau » transcendantaliste, parce qu'il chantait trop fort et peut-être trop gaiement, se voyait refuser l'entrée du paradis puritain. Oscillant entre la foi et le doute, elle cria son angoisse :

> De l'existence du Paradis,
> Tout ce que nous savons,
> C'est l'incertaine certitude [33].

Son enjouement masquait son anxiété, son rire dissimulait ses larmes. Ses seuls amis furent des hommes qui « aimaient ailleurs », donc inaccessibles. Comme le jeune garçon qui chante en passant devant le cimetière, dira-t-elle, elle chantait pour calmer ses terreurs. La poésie fut un exutoire pour ses frustrations et ses tensions, un chant, la seule forme de prière dont elle était capable. A des cousins qui venaient de perdre leur père, elle écrivit : « Laissez Emily chanter pour vous, parce qu'elle ne peut prier [34]. »

Elle lia toujours la religion à la mort. Celle-ci ne lui semblait nécessaire que parce que la mort était présente dans le monde. A son amie Elizabeth Holland, elle dit un jour : « Si les roses ne s'étaient flétries, si les gelées n'étaient jamais venues, si certains n'étaient tombés, ici et là, que je n'ai pu réveiller, il n'y aurait besoin d'autre paradis que celui qui se trouve ici-bas [35]. » La mort de soi, plus que la mort de l'autre, l'obsédait. Un poème aux résonances tragiques, *Dying, Dying in the Night*, montre ses incertitudes et son désarroi :

> Je meurs! Je meurs dans la nuit!
> Quelqu'un m'apportera-t-il la lumière
> Afin que je puisse trouver mon chemin
> Dans ces neiges éternelles?
>
> Et Jésus! Où est Jésus?
> On dit que Jésus – toujours vint –
> Peut-être ne connaît-il pas la Maison –
> Par ici, Jésus! Laissez-le passer!

Tenue de combat des féministes : le *bloomer costume,* par son audace, scandalisa l'Amérique victorienne.

Querelle d'amoureux.

Réconciliation.

Amour, mariage, famille

Le grand jour.

Un an plus tard…

Famille américaine au début du XIX° siècle. Les enfants se succédaient à un rythme rapide, mettant souvent la vie de la mère en danger : avec l'image du prince charmant, le spectre de la mort s'imprimait dans l'esprit des jeunes filles.

Portrait de famille : trois générations posent pour le photographe, en compagnie de la servante noire.

La machine à laver, avec essoreuse, apparut dans les foyers américains après la guerre de Sécession.

Le travail domestique

Le marchand ambulant apportait aux femmes isolées dans les campagnes plus que des balais et des tissus chatoyants : il colportait aussi nouvelles et potins.

Le travail en commun (ici on bat la tige de lin pour en extraire la fibre) était pour les familles de pionniers une occasion de se réunir, de s'amuser et d'organiser entre elles des compétitions.

Bien que cette jeune fille arbore fièrement un instrument agricole, les durs travaux des champs étaient toujours réservés aux hommes, même dans les familles pauvres.

Une jeune fille américaine à sa fenêtre, peinte en 1873 par Winslow Homer.

13

Les belles de New York patinaient à Central Park l'hiver...

14

... et jouaient l'été au tennis, à Newport, la station balnéaire des milliardaires, dans le Rhode Island.

La promenade à bicyclette, à la fin du siècle, faisait partie des rituels mondains observés par les New-Yorkaises.

15

L'éducation

Mary Lyon, puritaine de la Nouvelle-Angleterre, voua sa vie à l'éducation des jeunes filles et fonda en 1836 Mount Holyoke Female Seminary, dont elle fit l'égal des meilleurs collèges de garçons — une audace à une époque où la société considérait que le sexe faible n'était pas fait pour les études.

Après la guerre de Sécession, des écoles primaires pour les Noirs s'ouvrirent un peu partout dans le Sud (18).

16

MOUNT HOLYOKE SEMINARY.
SOUTH HADLEY, MASS.

17

18

L'école dans une cabane en rondins, image familière de l'Ouest américain.

Le jardin d'enfants — une institution allemande — se développa considérablement dans les villes américaines à la fin du siècle.

Accablées par les tâches, mal payées, les femmes se rebellèrent. En 1860, 800 ouvrières d'une fabrique de chaussures de Lynn (Massachusetts) défilèrent dans les rues de la ville en signe de protestation.

Les filatures de Lowell (Massachusetts) employaient 1 200 personnes ; la plupart étaient des femmes. Les directeurs veillaient sur leur vertu et les visiteurs étaient très impressionnés par l'aspect agréable et respectable de cette petite cité industrielle.

23

Le travail des femmes

Les plus humbles travaux, dans les filatures et les fabriques, étaient laissés aux femmes et aux enfants. A mesure que l'on avance dans le siècle, les immigrantes remplacèrent les filles de fermiers.

24

25

Une belle du Sud vue par un artiste…

Le Sud

Les maîtres employaient rarement le mot « esclaves ». Les Noirs étaient « leurs gens », et les Sudistes les estimaient mieux traités que les ouvriers des villes industrielles du Nord.

Que quelqu'un coure vers la grande porte
Et voie si Dollie vient! Attendez!
J'entends son pas dans l'escalier!
La mort ne frappera pas! Maintenant, Dollie est ici [36]!

Curieux poème où Dollie, surnom qu'elle donnait à sa belle-sœur Sue Gilbert Dickinson, pour laquelle elle éprouvait des sentiments troubles, apparaît comme le « Sauveur », seule à même de repousser la mort. Est-ce pour cela que le journaliste Samuel Bowles, ami fidèle d'Emily Dickinson, déclara qu'elle était « mi-ange, mi-démon [37] » ?

7

Les Bloomer girls

Tournées vers la vie, non vers la mort, et animées d'une ardeur revendicative, des femmes – oh! elles ne furent pas légion avant la guerre de Sécession – levèrent l'étendard de la révolte contre l'ordre établi. Niant le rôle spécifique des sexes, les unes partirent à la conquête de leurs droits naturels et, chemin faisant, firent leur la cause des esclaves; d'autres, au contraire, furent amenées à faire campagne pour l'égalité des sexes en luttant pour la libération des Noirs. Un certain nombre d'entre elles trouvèrent dans le militantisme l'occasion de s'évader du cadre traditionnel de la vie domestique. Mais généralement, elles parvinrent à concilier leur rôle d'épouse et de mère avec celui de militante. Et si elles souhaitèrent développer leurs talents, si elles voulurent franchir le mur du conformisme que les hommes avaient dressé devant elles, elles ne renièrent pas pour autant l'idée du devoir. L'élévation de la femme, comme l'émancipation du Noir, devaient se faire dans l'ordre et la dignité.

Marquées profondément par leur éducation protestante, elles se montrèrent intrépides tout en s'efforçant de rester convenables. Dans la mesure du possible, elles évitèrent de choquer. Elles n'hésitèrent cependant pas à violer de loin en loin leurs principes de bienséance lorsqu'elles estimèrent que la cause valait la peine qu'elles souffrissent le mépris, la colère, les moqueries de leurs contemporains ou, ce qui les touchait davantage, la désapprobation de leurs contemporaines.

L'esclavage était devenu un problème brûlant qui agitait les esprits et divisait l'Amérique. L'introduction de la machine à égrener le coton d'Eli Whitney, en 1793, et surtout la phase cotonnière de la révolution industrielle anglaise avaient contribué à l'extraordinaire développement du nouveau Sud. La mise en valeur des terres réclamant toujours plus de main-d'œuvre, on assista à une sorte de renaissance de l'esclavage alors même qu'au Nord il était de plus en plus impopulaire. Le compromis du Missouri de 1820 (esclavage au sud du 36° 30′, liberté au nord), avait été un remède temporaire. Le mal subsistait, et les gens du Sud, exaspérés par les critiques formulées à leur égard par les Yankees, se mirent à défendre farouchement cette « institution particulière » qu'ils n'avaient jusqu'ici que tolérée comme un mal nécessaire. L'esclavage eut ses apologistes qui, dans la Bible, cherchèrent sa justification.

Au mois de janvier de 1831, un jeune journaliste de Boston, William Lloyd Garrison, fondait l'hebdomadaire abolitionniste le *Liberator* et, dans son premier numéro, proclamait : « Je ne tergiverserai pas, je ne chercherai pas d'excuses, je ne reculerai pas d'un pouce – ET JE SERAI ENTENDU [1]. » Seulement, le début de sa campagne coïncida avec un horrible massacre. Au mois d'août, un prédicateur noir fanatique, Nat Turner, organisait une rébellion en Virginie et provoquait la mort de 57 Blancs, en majorité des femmes et des enfants. Épouvantés, les États du Sud, les uns après les autres, prirent des mesures restrictives à l'égard des esclaves et des gens de couleur libres, tandis qu'à Boston même, l'action de Garrison et son langage violent étaient blâmés par les adversaires plus modérés de l'esclavage [2].

La fondation de l'*American Anti-Slavery Society* à Philadelphie, le 4 décembre 1833, marqua un tournant dans les mouvements antiesclavagistes, dont les divisions s'accentuaient au fil des mois. Les abolitionnistes, menés par Garrison, réclamaient l'émancipation immédiate de tous les esclaves, sans compensation pour leurs propriétaires, et se tenaient prêts à employer la force pour y parvenir, alors que les antiesclavagistes se montraient hostiles au principe et à l'extension de l'esclavage, souhaitaient une émancipation progressive et prônaient le retour des Noirs libérés en Afrique. Au début du XIXe siècle, de nombreuses sociétés s'étaient formées, dont 103 dans le Sud, dans l'intention de réformer l'esclavage, et quelques-unes furent créées pour encourager la colonisation en Afrique des Noirs libres. L'*American Colonization Society*, fondée en 1817, envoya ainsi des esclaves émancipés sur la côte de la Sierra Leone et fut à l'origine de la création de la république indépendante du Libéria, tandis que la *Mississippi Colonization Society*, établie en 1831, fondait une colonie séparée en Afrique pour les immigrants de l'État sur la Sinou River, à 130 milles au sud de Monrovia [3].

Au Nord comme au Sud, le mouvement du retour en Afrique avait beaucoup de partisans. Les Beecher étaient de ceux-là. Farouchement hostiles à l'esclavage, ils étaient néanmoins opposés aux abolitionnistes, persuadés avec raison que le fanatisme tuait les causes les plus justes. Harriet les comparait à des hommes « qui mettent le feu à leur maison pour se débarrasser des rats ». Elle fut mise pour la première fois en contact direct avec la société esclavagiste lorsqu'elle vivait à Cincinnati. Bien que la jeune fille la vît sous son meilleur jour, car chez ses amis Shelby, planteurs dans le Kentucky voisin, les Noirs étaient bien traités, elle n'ignorait pas que l'esclavage pouvait avoir un autre visage, hideux celui-là. Dans le Middle West, elle eut l'occasion de rencontrer des esclaves fugitifs. Vers la fin de 1834, en compagnie de son père et de Calvin Stowe, qui n'était encore qu'un ami, elle s'était rendue à un synode de l'Église presbytérienne dans la petite ville de Ripley, sur l'Ohio River. La maison du pasteur John Rankin, où ils logèrent, était une « station » de l'*Underground Railroad*, réseau d'assistance pour les esclaves en fuite [4]. Le chemin de fer était une nouveauté et son vocabulaire à la mode : « Chefs de gare » et « conducteurs » guidaient les « voyageurs » de « station » en « station » vers la liberté. 3 200 membres de l'*Underground* furent identifiés. Il y avait parmi eux des femmes dont la plus célèbre fut l'esclave fugitive Harriet Tubman, connue sous le nom de « Moïse ». En dix ans, Harriet Tubman fit dix-neuf voyages dans les territoires du Sud et ramena avec elle plus de 300 esclaves, hommes, femmes et enfants. Les propriétaires rendirent un hommage indirect à son courage en mettant sa tête à prix pour 40 000 dollars [5].

En luttant pour la cause des Noirs, les femmes apprirent à s'organiser, à parler en public, à mener des campagnes de propagande. Des réunions de couture, elles passèrent aux cercles littéraires où l'on ne parlait pas seulement littérature. Les unes s'occupèrent de réunir des fonds pour les missions ; d'autres s'affilièrent à des sociétés de tempérance. L'œuvre missionnaire et la lutte contre l'alcoolisme faisaient partie des activités que la bienséance autorisait, voire encourageait. Mais les plus audacieuses souhaitaient aller plus loin. En 1840, Lucy Stone écrivait à son frère : « Nous avons décidé l'autre jour à notre société littéraire que les dames devraient se mêler de politique, aller au Congrès, etc. Qu'en penses-tu [6] ? »

Lorsque les chefs abolitionnistes se réunirent à Philadelphie, en 1833, ils permirent à quelques femmes d'assister à leur convention. Mais là s'arrêta leur mansuétude. Elles n'eurent le droit ni de prendre la parole, ni d'adhérer à l'*American Anti-Slavery Society*, ni de signer la « Déclaration des Convictions et Objectifs ». Quand la convention ferma ses portes, une vingtaine de femmes s'assemblèrent et fondèrent la *Philadelphia Female Anti-Slavery Society*. Au cours des années suivantes, des sociétés féminines anti-esclavagistes furent créées à New York, à Boston et dans plusieurs villes de la Nouvelle-Angleterre. Au mois de mai de 1837 se tint la première convention de la *National Female Anti-Slavery Society*. 81 déléguées, venues de douze États, s'y retrouvèrent. Il y avait parmi elles la digne et respectable quakeresse Lucretia Mott de Philadelphie, bien connue des milieux abolitionnistes, et Sarah et Angelina Grimke, deux *Carolinians* rebelles [7].

Quelques réformateurs condescendants avaient offert aux

dames leurs bons offices et leurs conseils. Les dames en avaient fait fi. Angelina Grimke prit un plaisir particulier à transmettre au bouillant abolitionniste Theodore Weld, qui trois ans plus tôt avait claqué avec fracas les portes du *Lane Theological Seminary* de Cincinnati, ce message de ses consœurs : « Dites à Mr. Weld... que lorsque les femmes se réunirent, elles trouvèrent qu'elles avaient des idées bien à elles, et pouvaient mener leurs affaires *sans* ses conseils. » De sa main, Angelina Grimke ajouta quelques mots : « Les femmes de Boston et de Philadelphie sont si rompues aux affaires qu'elles furent très mortifiées de voir que Mr. Weld était cité comme une autorité pour faire ou ne pas faire telle ou telle chose [8]. » Les sœurs Grimke insistèrent pour que le préjudice racial fût combattu au Nord comme au Sud. Dans un article qu'elle avait préparé pour la convention, Angelina mit l'accent sur les liens qui unissaient les femmes des deux races : « Elles sont nos compatriotes – *elles sont nos sœurs*. En tant que femmes, elles ont droit à notre sympathie pour leurs souffrances et à nos efforts et à nos prières pour leur délivrance [9]. »

Les gens du Nord étaient loin de considérer les Noirs comme leurs égaux, même ceux qui voulaient sincèrement l'émancipation des esclaves. Beaucoup, parmi eux, ne souhaitaient nullement les voir envahir le Nord, et un tout petit nombre d'antiesclavagistes seulement étaient disposés à leur ouvrir leurs écoles et leurs foyers. Les sœurs Grimke pensaient différemment.

Les sœurs Grimke

Filles d'un riche propriétaire et homme de loi de la Caroline du Sud, John Faucheraud Grimke, Sarah et Angelina, tout en reconnaissant qu'elles avaient sans doute vu l'esclavage sous un aspect favorable, s'étaient très jeunes révoltées contre la société sudiste. Un désir inassouvi de cultiver son intelligence à l'égal de ses frères, une incapacité à trouver une dénomination religieuse qui pût calmer ses angoisses, une passion insatisfaite pour un veuf quaker séduisant, père de huit enfants, avaient fait de Sarah une rebelle et une abolitionniste. « L'esclavage était comme un boulet que je traînais, dit-elle un jour, et du plus loin qu'il m'en souvienne, il gâcha toujours mon plaisir [10]. » La vérité semble autre. Mécontente d'elle-même comme des autres, ruminant ses déceptions, ses occasions manquées, Sarah avait peu à peu rapproché le sort des femmes blanches, frustrées dans leurs aspirations, de celui des esclaves opprimés : les unes et les autres étaient victimes d'une injustice. D'un féminisme plus ou moins conscient, elle avait glissé dans l'abolitionnisme militant. Sans rompre les ponts avec sa famille, Sarah, un matin du mois de mai 1821, s'embarqua pour Philadelphie. Afin d'éviter le scandale, les Grimke déclarèrent à qui voulait l'entendre que la jeune fille avait besoin d'un « changement d'air [11]. » Elle rejoignit la Société des Amis et revêtit la robe grise traditionnelle.

Angelina vint la retrouver huit ans plus tard. De treize ans son aînée, Sarah éprouvait pour elle des sentiments presque maternels. Angelina était belle, intelligente, exaltée, capricieuse. Comme sa sœur, elle fut séduite par la philosophie et la manière de vivre des quakers, par leur concept de l' « étincelle divine » existant en l'homme, par leur refus de tout sacrement, de toute liturgie, de toute institution ecclésiastique. Après avoir quitté l'Église épiscopalienne de son enfance pour l'Église presbytérienne, elle se convertit au quakerisme. Sa famille fut affligée et son pasteur, le révérend McDowell, bouleversé. Il avait tenté de la retenir et ils avaient pleuré ensemble. « Je ne peux me résoudre à perdre votre affection », lui avait-il écrit. Angelina répondit qu'elle avait ressenti un « appel » contre lequel elle ne pouvait lutter et lui demanda de ne plus chercher à la revoir, car cela ne ferait que rendre la séparation plus pénible. Utilisant le tutoiement propre aux Amis, elle lui dit : « Je pensais que j'avais renoncé à toi..., de l'abîme de mon affliction, mon âme crie : "Comment puis-je renoncer à toi, toi qui as été mon meilleur ami sur terre, mon conseiller, mon guide, mon *tout* dans ce monde..." » Buvons la coupe de la douleur

jusqu'à la lie, et disons, que *Ta* volonté soit faite... Adieu,
mon bien-aimé frère [12]. » Une lettre si passionnée, adressée
par une jeune fille à son pasteur, un homme marié de surcroît, peut surprendre. Mais en cette première moitié du
XIXe siècle, l'exaltation et les propos enflammés étaient monnaie courante entre gens très religieux. Aux dires de ses
contemporains, le révérend McDowell était au-dessus de tout
soupçon [13].

Conscientes, à quarante-trois ans et à trente-sept ans,
qu'elles étaient de vieilles filles auxquelles la vie n'offrirait
rien d'autre que le service d'autrui, elles se jetèrent corps et
âme dans l'abolitionnisme le plus radical, une position qui
leur aliéna une grande partie des quakers, partisans généralement du « retour en Afrique » et plus préoccupés en ce
temps-là du sort des Cherokees, dont Andrew Jackson avait
décidé la déportation au-delà du Mississippi, que de celui des
Noirs. Il fallait alors un grand courage pour suivre Garrison
et ses amis. Un peu partout, au cours des années 1830, les
populations réagirent violemment contre les abolitionnistes.
A Philadelphie, des émeutiers mirent le feu à 41 cabanes
appartenant à des Noirs. L'année suivante, à Boston, tandis
que Garrison s'adressait à la *Female Anti-Slavery Society*
locale, des hommes en colère envahirent le bâtiment où les
dames s'étaient réunies. Garrison s'enfuit par une porte de
derrière. Le maire en personne vint prier les dames de quitter l'immeuble en bon ordre afin d'éviter tout incident
fâcheux. Sous la direction de Maria Weston Chapman, vétéran du mouvement antiesclavagiste, chaque femme présente
prit la main d'une « sœur de couleur » et, deux par deux, calmement, descendirent l'escalier et sortirent dans la rue [14].

Dans l'Ouest, les abolitionnistes étaient régulièrement
attaqués, battus, assaillis à coups de pierres. Même les
femmes les plus respectables n'échappaient pas toujours à
la vindicte populaire, car en s'associant aux Garrison, Weld
et autres, on estimait qu'elles avaient perdu leur respectabilité. Ainsi Prudence Crandall, quakeresse de Canterbury,
Connecticut, fut mise en prison pour avoir osé ouvrir une
école pour les jeunes filles de couleur. Sa vie et celle de ses

élèves et de ses assistantes étant menacées, Prudence, après dix-huit mois de brimades et de harcèlement, dut s'avouer vaincue. Elle perdit dans l'affaire son école, sa maison et sa réputation. A Charleston, on brûla les pamphlets abolition-nistes, et quelques chefs, dont William Lloyd Garrison, furent pendus en effigie au-dessus du brasier [15].

Les sœurs Grimke ne séparèrent jamais la lutte pour les droits des Noirs de celle pour les droits de la femme. En 1836, Angelina lançait son fameux *Appel aux femmes chré-tiennes du Sud*, pamphlet vibrant de passion :

« Peut-être vous demandez-vous pourquoi faire appel aux femmes ? *Nous* ne faisons pas les lois qui perpétuent l'escla-vage. *Nous* n'avons *aucun* pouvoir législatif; *nous* ne pou-vons rien faire pour abolir le système, même si nous le sou-haitons. A cela je réponds que je sais que vous ne faites pas les lois, mais je sais aussi que vous êtes *les femmes et les mères, les sœurs et les filles de ceux qui les font*, et si vous pensez réellement que *vous* ne pouvez rien faire pour abolir l'esclavage, vous vous trompez réellement. Vous pouvez faire beaucoup... Premièrement, vous pouvez lire sur ce sujet; deuxièmement, vous pouvez prier sur ce sujet; troisième-ment, vous pouvez parler de ce sujet; quatrièmement, vous pouvez agir à ce sujet... *Les femmes du Sud peuvent abolir cet horrible système* d'oppression, de cruauté, de licence, d'injustice [16]. »

Peu après, Sarah allait bien au-delà du rôle des femmes dans le mouvement antiesclavagiste en publiant à Boston des *Lettres sur l'égalité des sexes et la condition féminine*. Elle y niait la justification biblique de la position inférieure de la femme et, si elle admettait la responsabilité d'Ève dans le péché originel, elle n'affirmait pas moins qu'en acceptant le fruit qu'on lui tendait, Adam n'avait pas fait preuve d'une grande force de caractère. Après avoir exercé leur domina-tion sur la femme pendant près de 6 000 ans, il était temps que les hommes se préoccupassent de relever la pécheresse. « Je ne demande pas de faveur pour mon sexe, ajoutait-elle, je n'abandonne pas notre droit à l'égalité. Je demande seulement à nos frères qu'ils ôtent de notre nuque le pied qu'ils y ont posé et nous permettent de nous tenir debout sur le sol que Dieu a voulu que nous occupions. » Ses revendications, véritable charte du féminisme moderne, allaient de l'égalité en matière d'éducation et de salaires pour un travail identique à la possibilité, pour la femme, d'accéder à la fonction pastorale, en passant par une modification des lois iniques « qui faisaient de l'homme le maître absolu des biens de sa femme et frustraient celle-ci de ses droits de citoyen ».

Abordant le problème de l'esclavage, elle dressa un parallèle entre l'esclave et la femme et décrivit avec une vive âpreté la dégradation des femmes esclaves : « Nos villes du Sud sont englouties sous une vague de pollution ; la vertu des femmes esclaves est entièrement à la merci de tyrans irresponsables, et les femmes sont achetées et vendues sur nos marchés aux esclaves pour satisfaire l'appétit de ceux qui portent le nom de chrétiens [17]. »

Au cours de l'hiver 1837-1838, les sœurs Grimke effectuèrent une tournée en Nouvelle-Angleterre, prenant la parole dans de petites sociétés antiesclavagistes locales. Si Sarah était un piètre orateur, Angelina, par son éloquence et son charisme, séduisait son public. Aussi bien fut-elle choisie par l'*American Anti-Slavery Society* pour présenter une pétition devant le Comité de la législature de l'État du Massachusetts qui se réunissait à Boston au mois de février. C'était la première fois qu'une femme s'adressait à une Assemblée législative, et des gens accoururent de partout pour voir le « phénomène ». Angelina savait très bien que la foule était là moins pour l'écouter que pour la huer. Comme elle entrait dans la salle, pâle et tremblante, la belle Maria Weston Chapman lui mit la main sur l'épaule et lui dit en souriant : « Que Dieu vous fortifie, ma sœur. » Angelina sentit son courage renaître, et ce fut d'une voix ferme qu'elle présenta la pétition : elle portait 20 000 noms [18].

« Nous, les femmes abolitionnistes, nous sommes en train de renverser le monde. » Ainsi Angelina résuma son intervention. C'est bien ce qu'on leur reprochait. Le comportement des sœurs Grimke, leurs écrits et surtout les *Lettres* ouvertes de Sarah, soulevèrent la tempête en Nouvelle-

Angleterre. Des révérends sympathisants leur claquèrent au
nez les portes de leurs églises, et chez les abolitionnistes, on
s'inquiétait : en faisant des droits de la femme et des droits
du Noir un même combat, leur expliqua Weld, elles mettaient en danger la cause abolitionniste. Les éléments les
plus conservateurs virent en elles l'exemple type de la
« femme déchue », et quelques journaux les attaquèrent férocement. Tel le *Boston Morning Post* qui, dans son numéro du
25 août 1837, écrivit : « Depuis longtemps déjà, les demoiselles Grimke ont fait des discours, écrit des pamphlets, se
sont exhibées en public, etc. Mais elles n'ont pas encore
trouvé de mari. Nous supposons que, tout bien considéré,
elles préféreraient des enfants blancs aux enfants noirs... [19]. »
    Les chantres de la Vraie Femme blâmèrent aussi leur
conduite. Dans son *Essai sur les devoirs des femmes américaines vis-à-vis de l'esclavage et de l'abolitionnisme*, Catherine Beecher affirma que les femmes chrétiennes, abolitionnistes de cœur, se prononçaient en faveur de l'émancipation
progressive et du retour en Afrique, et elle condamna sans
détour leur rôle dans des organisations antiesclavagistes.
Très victorien était son avertissement à celle qui succombait
« à l'appel de l'ambition ou à la soif de pouvoir » et, ce faisant, perdait toute prétention à la protection de la religion,
de la courtoisie et de la « galanterie romantique [20] ».
    Angelina répondit par une série de *Lettres* ouvertes dans
lesquelles elle réfutait, avec une violence de ton bien dans la
tradition de Weld et de Garrison, les assertions de la fille
aînée du révérend Beecher, et douze ans avant la proclamation du Manifeste de la première Convention des Droits de la
Femme déclara : « Je crois que la femme a le droit d'exprimer son opinion sur les lois et réglementations qui la gou-
vernent, dans l'État comme dans l'Église, et que l'organisation actuelle de la société, sur ces points précis, est une
violation des droits de l'homme, une usurpation grossière de
son pouvoir, une confiscation de tout ce qui lui est sacré et
inaliénable [21]. »
    Au fil des mois, Angelina s'était rapprochée de Theodore
Weld. Elle suivit de plus en plus souvent ses conseils et au

printemps de 1838 accepta de l'épouser. Bien que le rôle de femme au foyer, d'évidence, ne lui sourît guère, d'autant que le couple n'était riche que de sa foi et de son enthousiasme, Angelina Grimke, au cours des années suivantes, disparut peu ou prou de la scène publique. Sarah habitait avec eux et aidait sa sœur à élever ses enfants et à tenir sa maison. Le 12 août 1842, Garrison écrivait dans le *Liberator* : « Où sont Theodore D. Weld et sa femme ; et Sarah M. Grimke ? Tous " au calme ", loin de toute contestation !... Voici peu, ils faisaient trembler la terre par leur ardeur, mais maintenant, on ne les voit plus ni ne sent leur présence [22]. »

La fille du juge Cady

Lucy Stone, Elizabeth Cady Stanton, Susan B. Anthony, d'autres encore, étaient prêtes à prendre la relève. Une deuxième génération de femmes résolues allait porter haut l'étendard de la femme et de l'esclave. Aucune n'alla plus loin dans la lutte qu'Elizabeth Cady Stanton. Douée d'une vitalité et d'une robustesse peu communes, indifférente aux critiques de l'opinion publique, elle fit véritablement « trembler la terre » sous les pieds des Américains victoriens ; et, sans s'affranchir des entraves familiales et domestiques, mena pendant une soixantaine d'années le combat pour la libération de la femme.

Sa mère, Margaret Livingston, appartenait à la haute société new-yorkaise ; son père, Daniel Cady, juriste éminent, était fils de fermier. En politique, les Cady étaient fédéralistes et conservateurs ; en religion, ils faisaient partie de la vieille école presbytérienne. Aussi bien élevèrent-ils leurs enfants dans le respect des valeurs puritaines traditionnelles. La vie de la jeune Elizabeth semblait toute tracée : après une période plus ou moins longue de soirées, de pique-niques et de promenades à cheval en compagnie de galants de son milieu et de sa confession, elle entrerait dans la sphère domestique où elle jouerait son rôle de bonne épouse et de bonne mère. Une rencontre avec le prédicateur Charles Finney lorsqu'elle était au *Troy Seminary* d'Emma Willard, raconta-t-elle, changea le cours de sa destinée, mais pas dans le sens souhaité par le bouillant révérend.

La campagne revivaliste organisée par le pasteur Finney et ses collègues en 1831 fut l'une des plus intenses qui jamais touchèrent Troy. A l'intérieur du collège, où Finney pourfendit les démons pendant plusieurs semaines, la terreur se répandit dans les âmes avec l'ampleur d'une épidémie. « A cause de mon expérience du calvinisme de la vieille Église presbytérienne écossaise et de mon imagination vive, dit plus tard Elizabeth, j'en fus une des premières victimes. » Aux jeunes filles, Finney apprit la totale dépravation de la nature humaine et le châtiment éternel qui menaçait le pécheur. Pour être sauvé, il n'y avait qu'une voie, courte, simple : elles devaient se repentir et croire et offrir leurs cœurs à Jésus, toujours prêt à les accueillir. Mais comment y parvenir ? Là était la grande question.

Jamais Elizabeth n'oublia Charles Finney, tonnant du haut de la chaire, roulant les yeux, les bras battant comme les ailes d'un moulin. Un soir, il décrivit l'Enfer, Satan et la longue procession de pécheurs précipités dans le gouffre infernal tandis que des profondeurs montaient à leurs oreilles les cris de joie des diables qui les attendaient dans la fournaise ardente.

La peur du Jugement dernier saisit Elizabeth. Les âmes des damnés hantèrent ses rêves, et elle sombra dans la dépression. De retour dans sa famille, elle réveillait souvent son père, la nuit, pour lui demander de prier pour elle afin qu'elle ne fût pas jetée **dans l'abîme** sans fond de la damnation. Un séjour de **six semaines aux** chutes du Niagara avec sa sœur Tryphena **et son beau-**frère Edward Bayard la remit sur pied. Elle s'absor**ba** dans la lecture d'ouvrages de théologie libérale, de philosophie et découvrit la phrénologie : « Mes superstitions religieuses firent place à des idées rationnelles, basées sur des faits scientifiques, et comme je voyais chaque jour les choses d'un point de vue neuf, je devenais chaque jour plus heureuse [23]. »

Délivrée de sa crainte de l'Enfer, elle connut les années

plaisantes des jeunes filles riches de son temps. Ses meilleurs moments, elle les passait chez ses cousins Smith à Peterboro, N.Y. Non sans quelque exagération, elle écrivit plus tard : « Où que j'allais après une visite (chez eux), c'était comme descendre des hauteurs célestes dans la vallée de l'humiliation [24]. » Apôtre de la tempérance, puis abolitionniste, Gerrit Smith avait fait de sa maison de Peterboro une « station » de l'*Underground Railroad*. Beau, spirituel, distingué, chaleureux, il adorait recevoir. On rencontrait chez lui des réformateurs, des intellectuels, des aristocrates new-yorkais, des cousins sudistes d'Ann Fitzhugh, son épouse, et même des chefs Oneida ses voisins [25].

En 1839, Elizabeth, âgée alors de vingt-cinq ans, fit la connaissance chez les Smith de Henry Stanton, conférencier pour l'*American Anti-Slavery Society*, de dix ans son aîné. Elle l'épousa un peu par amour, un peu par caprice, un peu pour braver ses parents. Les Cady considéraient en effet les abolitionnistes comme des fanatiques, que beaucoup d'ailleurs étaient, et n'assistèrent pas au mariage.

La cérémonie eut lieu le vendredi 13 mai 1840 dans la plus stricte intimité. Elizabeth décida de garder son nom de jeune fille et se contenta d'y ajouter celui de son mari. A sa demande, et non sans chagrin, le pasteur supprima le mot « obéissance » de la cérémonie – une pratique qui devint courante au XIXe siècle chez les féministes. Après une courte visite chez Angelina et Theodora Weld, avec lesquels Stanton était très lié, les jeunes mariés s'embarquèrent pour l'Angleterre. A Londres, Henry devait prendre part à la *World's Anti-Slavery Convention* [26].

Les sociétés féminines antiesclavagistes américaines y avaient envoyé quelques-unes de leurs plus brillantes représentantes, et la quakeresse Lucretia Mott de Philadelphie avait été dépêchée par la société nationale. Mais une vive controverse s'éleva au sein des délégations pour savoir où faire asseoir les dames. A la consternation d'Elizabeth Cady Stanton, par une majorité écrasante les hommes présents décidèrent de les faire asseoir à la galerie et de les dissimuler derrière un rideau. Bien entendu, elles n'eurent pas droit à la parole. L'un des délégués, Nathaniel Colver, affirma sans vergogne que les femmes étaient « constitutionnellement inaptes aux affaires et aux réunions publiques [27] ».

Lucretia Mott sympathisa avec la jeune Elizabeth. Elles passèrent des heures ensemble à discuter de la convention et de ses implications. Lucretia trouvait chez Elizabeth l'audace agressive qui lui manquait, tandis qu'Elizabeth admirait chez la sereine quakeresse la maturité d'esprit et la sagesse qu'elle n'avait pas encore acquises (et qu'elle n'acquit en fait jamais). Toutes deux furent convaincues de la nécessité d'organiser dès leur retour une convention des femmes américaines. Aux sœurs Grimke, Elizabeth écrivit : « Mrs. Mott... estime que vous êtes demeurées toutes deux trop longtemps silencieuses, qu'il n'est pas souhaitable que vous le restiez davantage ; il faut que vous écriviez pour le public, ou que vous parliez au nom de la femme *opprimée* [28]. »

Elle rentra d'Angleterre moins concernée par le sort des esclaves que par la situation des femmes. Mais elle aussi demeura silencieuse. A Boston, où Henry Stanton ouvrit un cabinet juridique, la jeune femme se contenta pendant huit ans de son rôle d'épouse et de mère. Le jardinage la fascina et la cuisine la passionna. Avec sa famille, une trêve avait été signée. Sans apprécier les prises de position de son gendre, le juge Cady avait fini par l'accepter et le respecter. Cady possédait une propriété à Seneca Falls, dans l'État de New York. Il l'offrit à sa fille, et les Stanton, en 1847, s'y installèrent.

Elizabeth avait toujours aimé le monde. A Seneca Falls, elle s'ennuya à périr. Mal secondée par des servantes incompétentes, sa vie devint chaotique : « La propreté, l'ordre, l'amour du beau, tout disparut dans la lutte pour l'accomplissement des tâches quotidiennes », écrivit-elle. De plus, ses enfants, turbulents et difficiles à tenir, étaient constamment malades en raison du climat malsain de la région, truffée de lacs où les moustiques se reproduisaient par myriades. Pour la première fois depuis des années, elle se sentait personnellement opprimée en tant que femme, d'autant que son mari, déjà très pris par ses affaires, s'intéressait maintenant à la politique et se déplaçait sans cesse, l'abandonnant à ses tâches ménagères. En elle grondait le mécontentement. Son rôle d'épouse, de femme, de mère, de maîtresse de maison, de docteur et de guide spirituel lui paraissait de jour en jour plus intolérable. Ce qu'elle voyait des autres femmes, leurs regards anxieux, fatigués; ce qu'elle savait ou croyait savoir du statut légal des femmes, ajouté à son expérience de la *World Anti-Slavery Convention,* tout cela bouillonnait dans son esprit. Comme une marmite sous pression, elle était prête à exploser. Elle se persuada qu'il lui fallait faire quelque chose. Elle ne savait ni quoi faire, ni par où commencer. « Ma seule idée, dit-elle, était d'organiser une réunion publique pour protester et discuter [29]. »

A quelque temps de là, Lucretia Mott rendit visite à une amie, Jane Hunt, qui habitait Waterloo, petite ville proche de Seneca Falls. Elizabeth Cady Stanton alla passer une journée avec elle. Elle retrouva aussi chez Jane Hunt Martha Wright, la sœur de Lucretia, et Mary Ann McLintock, toutes des quakeresses. Elizabeth déversa sur ses amies le torrent de ses griefs accumulés avec une telle véhémence, une telle indignation qu'elle les convainquit que le temps était venu de faire quelque chose, n'importe quoi, mais d'oser. Assises autour d'une table d'acajou, les cinq femmes discutèrent. Toutes s'accordèrent pour organiser une « convention des droits de la femme », terme pompeux pour une réunion improvisée. Le lendemain, 14 juillet 1848, paraissait une annonce dans le *Seneca Courier.* La « convention » devait se tenir en la chapelle Wesleyan (méthodiste) de Seneca Falls les 19 et 20 juillet [30].

Elles avaient mis au point une déclaration qui paraphrasait la déclaration d'Indépendance des États-Unis :

« Quand, dans le cours des événements, il devient nécessaire pour une partie de la famille humaine d'assumer parmi les peuples de la terre une position différente de celle qu'elle a occupée auparavant, mais à laquelle les Lois de la Nature et de la Nature divine lui donnent droit, un respect élémentaire de l'opinion des hommes l'oblige à déclarer les raisons qui la contraignent à la rupture. Nous tenons ces vérités pour évidentes en elles-mêmes, que tous les hommes ont été créés égaux, qu'ils sont dotés par leur Créateur de certains droits inaliénables, qu'au nombre de ces droits sont la vie, la liberté et la poursuite du bonheur. L'histoire de l'humanité est celle d'une longue suite d'abus et d'usurpations de la part de l'homme envers la femme, visant à l'établissement d'une absolue tyrannie sur elle. Pour le prouver, il suffit de soumettre les faits au jugement d'un monde impartial [31]. »

Elizabeth avait été chargée de la rédaction définitive du texte. Lorsqu'elle montra à son mari le projet d'une résolution réclamant le droit de vote, celui-ci lui déclara que si elle le présentait à la convention, il quitterait à ce moment-là la ville, ce qu'il fit. Lucretia Mott fut tout aussi opposée au projet : « Tu nous rendrais ridicule, lui écrivit-elle. Nous devons aller doucement [32]. »

De cinquante milles à la ronde, des femmes, par petits groupes, arrivèrent à Seneca Falls. La convention était organisée à leur seule intention, mais une quarantaine d'hommes, le premier jour, demandèrent à y être admis. Une seule résolution ne fut pas adoptée à l'unanimité et provoqua même une vive opposition, la neuvième. Elle concernait « leur droit sacré à la franchise électorale ». A la fin des débats, 63 femmes et 32 hommes, le tiers de l'assistance, signèrent la *Declaration of Principles* [33].

Les dames de Seneca Falls avaient choisi le moment propice pour lancer leur mouvement. Déjà trois mois plus tôt, sous la pression d'un petit groupe de féministes dont Ernestine Rose, une émigrante polonaise de vingt-six ans, l'État de New York avait modifié la loi sur le mariage. La *Married Women's Property Act* de 1848, qui recueillit l'appui et des conservateurs et des libéraux, reconnaissait aux femmes mariées le droit de posséder des biens en propre. D'autres États changèrent à leur tour la législation sur le mariage, justifiant ainsi les craintes de quelques esprits rétrogrades qui avaient comparé la loi new-yorkaise à la boîte de Pandore [34].

Douleurs de croissance

L'Amérique bougeait. James Knox Polk, onzième président des États-Unis, était un ardent expansionniste. Du côté du Pacifique nord, il avait réglé la question de l'Oregon par un traité avec son cooccupant, la Grande-Bretagne, en fixant les limites sur le 49e parallèle. Du côté du sud-ouest, il regardait vers le Nouveau-Mexique et la Californie qu'il souhaitait acheter aux Mexicains. Un incident en entraînant un autre, les États-Unis, le 13 mai 1846, avaient déclaré la guerre au Mexique. Les Américains volèrent de victoire en victoire, et le 2 février 1848 le Mexique, par le traité de Guadalupe Hidalgo, renonçait à toute prétention sur le Texas, reconnaissait comme frontière le rio Grande et cédait aux États-Unis, contre 15 millions de dollars, la Californie et tout le territoire situé entre cette province et le Texas [35].

Une semaine avant que fût signé le traité, un fabuleux gisement aurifère était découvert dans la vallée du Sacramento. Dès que le président Polk, au mois de décembre, annonça officiellement la nouvelle, la population fut saisie par la fièvre de l'or. Jetant toutes leurs économies dans l'aventure, vendant ou hypothéquant leurs fermes, leurs maisons, leurs fonds de commerce, des milliers d'Américains prirent la route du Far West. A ceux qui firent partie de la grande vague de 1849, on donna le nom de *Forty Niners*. Sous ce nom, ils entrèrent dans la légende [36].

L'acquisition et le développement des nouveaux territoires accentuèrent le clivage entre le Nord et le Sud, fragilisant l'unité de la nation. Deux Amériques s'opposèrent, celle des plantations de coton, de tabac, de riz, de cannes à sucre, et celle des villes, des industries, du capitalisme marchand. L'esclavage devint un problème économique et politique autant qu'idéologique, car il affectait la situation des immigrants. L'admission de la Californie dans l'Union, en 1850, souleva au Congrès une ardente controverse. On aboutit à un nouveau compromis qui effaça les principes de celui de 1820 : la Californie serait admise comme État libre, et dans le reste des territoires cédés par le Mexique, la décision au sujet de l'esclavage serait laissée aux colons. En contrepartie, une loi faciliterait la capture des esclaves fugitifs et le retour à leurs maîtres. Le *Fugitive Slave Act* du 18 septembre 1850, qui réclamait le concours de tous, au Nord comme au Sud, pour traquer les esclaves en fuite, remua jusqu'au fond de l'âme les hommes et les femmes de bonne volonté.

Révoltée, comme bien d'autres, Harriet Beecher Stowe prit sa plume et, dans *La Case de l'oncle Tom,* répandit toute l'indignation qu'elle portait en elle sur cette « institution particulière ». 300 000 exemplaires furent vendus aux États-Unis en un an. Même dans le Sud, on le lut. Harriet fit plus pour la cause du Noir que tous les abolitionnistes avec leurs discours enflammés et leurs écrits violents. Ce n'est pas sans raison que Lincoln, lorsqu'il rencontra Harriet Beecher Stowe, en décembre 1863, s'écria : « La voici donc, la petite femme dont le livre a déclenché cette grande guerre [37] ! »

La période 1840-1860, qui vit paraître les œuvres principales d'Emerson, de Thoreau, de Hawthorne, de Melville, de Whitman, put à juste titre être qualifiée de Renaissance américaine. Autour d'Emerson, un groupe assez lâche d'intellectuels se réunit pour échanger des idées sur la philosophie, la théologie, la littérature. Ils eurent leur publication, *The Dial,* avec des collaborateurs éminents dont Margaret Fuller, auteur d'un ouvrage célèbre, *Woman in the Nineteenth Century.* Publié trois ans avant la convention de Seneca Falls, ce livre valut à Margaret l'intellectuelle une notoriété égale à celle, au siècle précédent, de la féministe anglaise Mary Wollstonecraft, et servit d'antidote à la littérature féminine du temps qui prêchait la soumission et la résignation [38].

Les féministes organisèrent une nouvelle convention à Salem, Ohio, en 1851. Si les hommes y furent admis, ils n'eurent pas droit à la parole, plaisant retour des choses. La présidente fut inflexible. Chaque fois qu'un homme se levait pour faire une suggestion, bravant l'interdit, il était aussitôt remis à sa place [39]. Retenue par sa nombreuse progéniture à Seneca Falls, Elizabeth Cady Stanton n'y assista pas, mais par lettres encouragea les déléguées à l'action. Mère de six jeunes enfants, elle enrageait de ne pouvoir, comme Lucretia Mott et sa sœur Martha Wright, voyager à travers le pays pour donner des conférences et devait se contenter d'écrire des articles, de faire circuler des pétitions ou de prendre la parole dans les églises et les *lyceums* des environs. Sa maison était ouverte aux réformateurs itinérants : elle fut un havre pour Lucy Stone et Antoinette Brown, porte-parole des mouvements abolitionniste et féministe.

La cause du Noir faisait plus recette que celle de la femme. Il est vrai que la plupart d'entre elles ne s'estimaient nullement opprimées. Une fois retombée l'excitation de la convention de Seneca Falls, beaucoup avaient fait marche arrière sous la pression de leurs proches. Mais leur enthousiasme réformateur demeurait : elles avaient seulement porté leurs efforts sur des causes moins controversées, telle la tempérance. A Seneca Falls, par exemple, les femmes fondèrent une société de tempérance peu après la convention, car elles avaient découvert, comme le dira Amelia Bloomer, que quelque chose n'allait pas dans les lois sous lesquelles elles vivaient [40]. L'alcoolisme n'était pas seulement un problème masculin ; il avait des conséquences graves pour la femme et l'enfant, trop souvent victimes des brutalités de l'homme ivre.

Celles par qui le scandale arrive

Amelia Bloomer, l'épouse du receveur des Postes de Seneca Falls et son suppléant, fonda un journal de tempérance, *The Lily*. Elizabeth Cady Stanton y collabora à partir de l'été de 1849. Non qu'elle s'intéressât particulièrement au problème de l'alcoolisme, mais parce qu'elle espérait convaincre Amelia Bloomer – et elle y réussit – de soutenir la cause féministe. Elle écrivit d'abord sur l'éducation, la tempérance, les soins à donner aux enfants, signant ses articles du pseudonyme de *Sunflower*, afin de ne pas effaroucher les lectrices conservatrices. En janvier de 1850, elle publia son premier article sur les droits de la femme et, par la suite, signa de son propre nom.

Elle voulait aussi réformer la toilette féminine, adopter des vêtements plus pratiques que ces jupons innombrables, ces jupes traînant dans la boue, ces corsets qui meurtrissaient les chairs et déformaient les corps. Des médecins avisés s'étaient élevés contre cette mode qu'ils jugeaient malsaine, et les sœurs Beecher dénoncèrent franchement le port du corset qu'elles souhaitaient remplacer par une sorte de brassière baleinée. L'Anglaise Fanny Kemble s'était montrée en public avec un pantalon, mais Kemble était une actrice célèbre. Quelle femme oserait en faire autant dans une petite ville américaine? Et voilà que la fille de Gerrit Smith débarqua un beau jour à Seneca Falls pour rendre visite à sa cousine Elizabeth, vêtue d'un pantalon bouffant qui s'arrêtait aux chevilles, et d'une courte tunique. En moins d'une semaine, le tout Seneca Falls féministe, Elizabeth en tête, adopta cette tenue pratique sinon élégante. *The Lily* reproduisit le modèle, et la mode s'en répandit chez toutes les réformistes. Parce que Amelia Bloomer avait plaidé en sa faveur dans son journal, on lui donna le nom de *bloomer costume* [41].

Le scandale fut énorme. Le *bloomer costume* devint le symbole de la femme « libérée », et ses adversaires l'attaquèrent avec une fureur et une férocité inimaginables. Dans les journaux, des dessinateurs prirent plaisir à ridiculiser ses adeptes, les caricaturant en vieilles filles laides ou en femmes hommasses. Quelques journaux, injustement, les accusèrent de plaider contre le mariage et la famille. Dans les rues, les jeunes garçons se moquaient d'elles. Parfois, on leur jetait des pierres. Les chefs abolitionnistes étaient furieux. A l'exception de Gerrit Smith, tous s'opposèrent à la « robe courte » et firent pression sur les femmes pour les dissuader de la porter.

La famille Cady était consternée. Toujours belligérante, Elizabeth rapportait à son mari, le 11 avril 1851, qu'elle ne se rendrait pas à Johnstown chez ses parents, « car mon cousin Gerrit dit que papa est très affligé à cause de mon costume. Cependant, je lui ai écrit que si mes amis ne pouvaient supporter de me voir en robe courte, ils ne me verraient pas du tout... » Ses fils Daniel et Henry, pensionnaires à l'école que dirigeait Theodore Weld, n'appréciaient pas non plus. « Vous voulez que je sois comme tout le monde, leur écrivit-elle. Vous ne voulez pas qu'on rie de moi. Vous devez apprendre à ne pas prêter attention à ce que disent les idiots. Des hommes sages comme le cousin Gerrit et Mr. Weld vous diront qu'une robe courte est très correcte [42]. »

Elle abandonna néanmoins le bloomer après 1853, moins sans doute à cause du scandale que parce qu'elle raffolait des jolis vêtements et que le pantalon bouffant et la jupe courte, pour une femme petite et grasse, étaient disgracieux au possible. Même Lucy Stone, qui porta le bloomer plus longtemps que toute autre, finit par y renoncer aussi. « Nous avions l'impression, dira Amelia Bloomer, que le costume détournait l'attention de questions infiniment plus importantes qui allaient des droits de la femme à une meilleure éducation, une meilleure rémunération pour son travail, un champ d'activités plus étendu, au vote pour la protection de ses droits. Dans l'esprit des gens, la robe courte et les droits de la femme ne faisaient qu'un, alors que pour nous, c'était un incident de parcours [43]. »

Susan B. Anthony, tard venue dans le mouvement, avait été la dernière à l'adopter et ne le fit que parce que Elizabeth Cady Stanton le lui avait offert.

Susan la quakeresse

Ce fut par Amelia Bloomer qu'Elizabeth, en 1851, fit la connaissance de Susan B. Anthony qui, jusqu'au dernier jour de sa vie, demeura son équipière dans la lutte pour les droits de la femme et son amie la plus fidèle. Les deux femmes se complétaient : Elizabeth était le cerveau, Susan l'organisatrice. La première était rivée par sa large famille à Seneca Falls; la seconde, célibataire, pouvait voyager et, sur un appel de détresse de son amie, se précipiter auprès d'elle pour aider aux soins de la maison, s'occuper des enfants ou en ramener quelques-uns chez elle. L'une écrivait remarquablement, l'autre parlait bien; l'une bouillonnait d'idées; l'autre les triait, les canalisait, les ordonnait.

En 1851, Susan la quakeresse vivait à Rochester, N.Y. Elle avait trente et un ans. Deux ans plus tôt, elle avait abandonné la carrière d'enseignante pour aider son père à la ferme et travailler pour la Société des Filles de la Tempérance. La découverte de l'or en Californie avait excité son imagination : « Oh! si seulement j'étais un homme, je pourrais partir », écrivit-elle. Mais comme elle n'était pas un homme, elle se consacra à la cause de la tempérance. Elle était également tout acquise à la cause abolitionniste mais ne s'intéressait que modérément aux droits de la femme. En rentrant d'une réunion antiesclavagiste, elle s'était arrêtée à Seneca Falls, chez Amelia Bloomer. Au coin d'une rue, elle rencontra Elizabeth, accompagnée de Garrison et d'un abolitionniste anglais, George Thompson. Mais les deux femmes ne se parlèrent que brièvement ce jour-là. « Elle m'a été immédiatement sympathique, raconta plus tard Elizabeth, et je ne sais pourquoi je ne lui ai pas demandé de venir à la maison. Elle m'en a toujours voulu de cette négligence, car elle souhaitait tellement voir et entendre nos nobles amis [44]. »

L'été suivant, Susan retourna à Seneca Falls. Cette fois, elle fut l'hôte d'Elizabeth. De là date son engagement à la cause des femmes. Les deux amies menèrent leurs attaques sur quatre fronts : la tempérance, l'éducation, l'antiesclavagisme, les droits de la femme. Elizabeth mettait parfois en garde Susan contre le conservatisme des Filles de la Tempérance. Osez, osez, lui répétait-elle. Elle-même envoya une lettre si audacieuse aux dames responsables, à l'occasion d'une réunion de masse organisée par les « Fils de la Tempérance », que celles-ci refusèrent de la lire, mais Susan en prit la responsabilité. Souvent, Elizabeth critiquait avec autant d'âpreté le comportement des femmes que celui des hommes. Elle réfutait avec force l'argument selon lequel les femmes étaient les égales des hommes dans la plupart des domaines et leur étaient moralement supérieures, et s'irritait contre les femmes riches qui dépensaient avec ostentation l'argent durement gagné par leurs maris[45]. Lors de la dixième convention nationale des Droits de la Femme, en 1860, elle déclara que « le divorce se justifiait sous certaines conditions », soulevant une tempête dans l'auditoire. Antoinette Brown Blackwell prit la tête des opposants tandis qu'Ernestine Rose soutenait la proposition. Le 8 février 1861, devant le *Judiciary Committee* du Sénat de l'État de New York, Elizabeth présenta une requête pour obtenir une révision des lois sur le mariage et le divorce.

Elle parla en fille de juriste plus qu'en féministe et fit mouche. La législature modifia sa loi sur le mariage. Outre la possession de ses biens propres, la femme avait droit de toucher le salaire de son travail et, à la mort de son époux, d'hériter de ses biens au même titre que lui, lorsque son épouse partait la première. Demi-victoire en vérité, car ces acquis n'eurent pas tous la vie longue. Dès 1862, une nouvelle législation en rognait les effets, et l'heure n'était plus au combat pour les droits de la femme. Qui, en 1862, s'en souciait encore, sinon Elizabeth Cady Stanton et Susan B. Anthony[46] ?

8

La femme et la guerre

La guerre avait éclaté entre le Nord et le Sud. Déjà, en 1859, un incident sanglant avait failli déclencher le conflit. Une bande d'abolitionnistes, dirigée par John Brown, un fanatique responsable, quelques années auparavant, de violences dans le Kansas, avait tenté de s'emparer des armes dans l'arsenal de Harper's Ferry, en Virginie, et de fomenter un soulèvement d'esclaves. Le coup de force échoua. Les assaillants furent faits prisonniers, et sept d'entre eux, dont John Brown, furent pendus. Horrifiés, les Sudistes clamèrent haut et fort leur indignation, accusant non seulement les abolitionnistes mais encore le Parti républicain de vouloir leur perte. Les chefs républicains, Lincoln en tête, prononcèrent une condamnation sans équivoque de John Brown et nièrent toute participation de leur parti au raid. Mais le mal était fait. Les Sudistes furent persuadés que leur institution ne survivrait pas à une victoire républicaine. Pendant l'hiver et le printemps de 1860, les leaders politiques des États du Sud profond évoquèrent le droit de faire sécession et d'appeler à la solidarité sudiste.

Pourtant, une majorité de gens, au Nord, se montraient aussi indignés que les Sudistes par le coup de main de Brown. Lorsque Susan B. Anthony voulut organiser un meeting à sa mémoire, au soir de son exécution, nul ne lui prêta assistance, sinon un petit groupe d'abolitionnistes fidèles, et dans son journal, elle nota avec amertume : « Pas un homme éminent, dans l'Église ou dans la politique, ne voudra s'associer à un meeting à la mémoire de John Brown. » Une autre victime fut Gerrit Smith. Harcelé, persécuté à cause de sa participation financière au raid sur Harper's Ferry, il sombra dans la folie [1].

Brown vivant n'était qu'un violent, un raté à demi fou, et son coup de force fut une action insensée. Brown mort devint un martyr, bientôt un héros, son nom un cri de guerre et sa cause celle de la liberté de l'humanité. Des femmes yankees dévotes, à l'image de Susan B. Anthony, prièrent pour l'illustre martyr, et de respectables penseurs, tels Thoreau, Emerson ou Longfellow, chantèrent sa gloire en termes bibliques [2]. Faisant table rase sur ses malheureuses victimes, Emerson l'appela plus tard un « grand idéaliste d'une bonté sans détours », et Thomas Bringham Bishop lui dédia un chant célèbre qui, lors de la marche des troupes nordistes à travers la Georgie, en 1864, sonna comme un glas aux oreilles des Sudistes vaincus :

John Brown's body lies a-mouldering in the grave
But his soul goes marching on [3].

La peur d'un soulèvement d'esclaves et d'un massacre des Blancs hanta toujours les Sudistes. Leurs craintes semblaient maintenant justifiées, et les plus modérés des observateurs voyaient se multiplier au-dessus des forêts noyées, des rizières et des champs de coton les signes d'une fin proche. L'élection présidentielle de 1860 se déroula dans une atmosphère de terreur.

Les partis s'affrontèrent dans un état de division sans précédent dans la courte histoire des États-Unis. Incapables de s'entendre sur le choix d'un candidat, les démocrates en présentèrent deux. Cette scission favorisa l'élection du républicain Abraham Lincoln à la présidence. Il l'emporta dans 18 États non esclavagistes, mais ne recueillit pas un seul vote dans 10 États du Sud, et une poignée seulement dans les autres.

Deux cultures, deux sociétés, deux économies s'affrontaient. Le Sud demeurait rural et agricole ; le Nord devenait urbain et industriel. Le Sud ne défendait pas seulement une civilisation fondée sur l'esclavage, il était farouchement opposé aux tarifs douaniers protecteurs que le Nord, porté par la révolution industrielle, réclamait pour faire face à la concurrence des produits britanniques. Les Sudistes étaient conscients de leur subordination économique au Nord. Ils n'ignoraient pas que le Nord était la « Mecque » de leurs marchands, qu'ils dépendaient presque toujours des Yankees pour satisfaire leurs besoins commerciaux, mécaniques, manufacturés et même littéraires. En 1857, Hinton R. Helper, de la Caroline du Nord, avait démontré dans un ouvrage qui fit grand bruit le mal que l'esclavage faisait à l'économie de la nation.

Mais la plupart des Sudistes ne voulaient rien entendre. Farouchement attachés à leurs terres et à leur mode de vie, ils n'avaient que méfiance envers les villes, l'industrie, le commerce, les foules urbaines, et voyaient dans leur sujétion au Nord le résultat d'une machination ourdie par les rapaces affairistes yankees. Diminué économiquement, le Sud l'était aussi politiquement, car les immigrants venus d'Europe délaissaient les États esclavagistes pour les territoires libres du Nord et de l'Ouest. Les Sudistes n'étaient pas seulement en minorité à la Chambre des représentants ; au Sénat, l'admission des États libres, Californie, Oregon et Minnesota, avait également détruit la balance du pouvoir.

Au Nord comme au Sud, les artisans du malheur jetaient de l'huile sur le feu des passions. L'élection de Lincoln à la présidence aggrava les tensions et acheva de cristalliser les ressentiments. Peu importait que Lincoln fût un homme modéré et pragmatique, et qu'il se fût engagé à empêcher l'extension de l'esclavage, non à l'abolir. Il appartenait au Parti républicain, et les Sudistes connaissaient les positions extrémistes de certains de ses membres vis-à-vis de l'esclavage. Propriétaires d'esclaves et petits Blancs serrèrent les rangs. Tous se sentaient concernés. Une modification radicale du système complexe qui contrôlait la vie de près de 4 millions de Noirs ne pouvait amener, ils en étaient convaincus, que violence, terreur et dégradation. Qu'adviendrait-il de ces masses noires devenues libres d'aller où bon leur semblerait? A la hantise du viol de la femme blanche par l'homme noir, à l'horreur du contact charnel entre une Blanche et un Noir s'ajouta chez le « pauvre Blanc » la haine raciale. En vérité, comme le dit si bien Bruce Catton, « la nation fut entraînée dans la guerre civile en 1861 non point parce que le Nègre était esclave mais parce que l'esclave était un Nègre [4] ».

Un compromis demeurait-il encore possible? Les Sudistes croyaient leur situation désespérée s'ils restaient dans l'Union, et les plus belliqueux soutenaient que la sécession leur donnerait de grands avantages politiques et économiques. Avant même qu'eût lieu l'installation d'Abraham Lincoln à la Maison-Blanche, le 4 mars 1861, les sept États du Sud profond avaient quitté l'Union.

La marche vers l'abîme

« Je ne sais comment je supporterai la défaite », avait écrit Mary Todd Lincoln à une amie, peu de temps avant l'élection présidentielle de 1860. Lorsque la victoire républicaine avait paru assurée par le vote de New York, Abraham s'était tourné vers Lyman Trumbull, son fidèle allié politique, et lui avait dit : « Je crois que je vais descendre l'annoncer à Mary. » Et il était rentré chez lui [5]. Il est aisé d'imaginer la joie de Mary. La victoire de son mari, c'était ses rêves les plus fous devenus réalité. Malgré les difficultés qu'elle avait rencontrées au début de son mariage, malgré les tensions, les frustrations et la perte d'un enfant, Mary avait été une épouse heureuse. Lincoln savait apprécier ses qualités et se montrer tolérant envers ses défauts. Tout en la traitant comme un objet précieux, il respectait son jugement plus que ne le faisaient bien des maris victoriens. La victoire électorale de Lincoln lui monta à la tête. Déterminée à montrer au Tout-Washington et au monde qu'elle n'était pas une petite provinciale de l'Ouest mal fagotée, elle partit pour New York au début du mois de janvier s'acheter une garde-robe digne de sa nouvelle position. Elle profita largement du crédit que les marchands empressés offraient à l'épouse du Président élu, et dissimula ses dettes à son mari avec d'autant plus de facilité que celui-ci avait l'esprit occupé ailleurs.

Mary avait toujours aimé dire ce qu'elle pensait. Entourée par une cour de flatteurs, elle parla trop et donna l'impression qu'elle avait son mot à dire dans le choix des membres du cabinet, ce qui nuisit à son mari dont les ennemis étaient nombreux, même au sein de son propre parti. A l'exception d'une sœur de Mary, tous les Todd de Lexington épousèrent la cause sudiste. Sa famille fut utilisée contre elle par tous ceux qui désapprouvaient la modération de Lincoln. Elle en fut profondément affectée. En 1856, elle avait critiqué l'affiliation de son mari au Parti républicain. La guerre modifia son jugement. Contrairement à lui, elle devint une ardente abolitionniste. Avec le manque de mesure qui la caractérisait parfois, elle alla même jusqu'à déclarer à une visiteuse qu'elle espérait que ses frères seraient tués ou fait prisonniers. Comme son amie, choquée par son langage, protestait, elle dit avec chaleur : « Ils (les Sudistes) tueraient mon mari, s'ils le pouvaient, et détruiraient notre gouvernement, la chose qui compte le plus pour nous [6]. »

Dans les États frontières comme le Kentucky, le Tennessee, le Maryland, la Virginie, bien des familles se divisèrent, et les combattants, parfois, se battirent littéralement frère contre frère. Au Sud plus qu'au Nord, les populations avaient l'humeur belliqueuse, et les habitants de la Caroline du Sud se montrèrent les plus agressifs, peut-être parce qu'elle comptait plus de têtes folles qu'ailleurs. Aussi bien quitta-t-elle l'Union la première, le 17 décembre 1860.

Quelques semaines plus tôt, James Chesnut avait été le premier sénateur des États-Unis à se démettre de son siège et à quitter Washington. Sa femme se trouvait chez sa sœur. Apparemment, elle n'apprécia qu'à moitié sa décision puisque dans son journal, elle nota : « Hélas, j'étais en Floride. Je n'aurais peut-être pas réussi à l'influencer, mais du moins j'aurais essayé. » Peu après, Mary Boykin Chesnut reconnaissait honnêtement que la sécession était inévitable, car depuis des années, la Caroline du Sud bouillonnait :

« Personne ne pouvait vivre dans cet État à moins qu'il ne fût un tranche-montagne. Quoi qu'il advînt, je voulais qu'ils se battent et cessent de parler. Les Carolinians s'étaient tellement excités, enflammés, qu'ils ne pouvaient plus faire tomber leur fièvre que par une saignée. C'était le remède inévitable. Alors je fus sécessionniste [7]. »

Aux doléances habituelles des orateurs contre l'exploitation commerciale et financière du Sud par le Nord avaient succédé des thèmes plus mobilisateurs : l'appel à la fierté sudiste et à la loyauté régionale, le *droit* inaliénable à la sécession, la peur et la haine du Nord, l'horreur raciale qui suivrait immanquablement l'émancipation. Des thèmes qui touchèrent les femmes jusqu'au fond de l'être et en firent les plus solides défenseurs de la Confédération. Pour les unes, « Lincoln et sa bande » devinrent des « mécréants blasphémateurs et des poltrons fanatiques », coupables de « duplicité et de couardise furtive » ; pour d'autres, l'« administration noire » de Washington était si assoiffée de sang qu'elle ne pensait qu'à envahir le Sud et « nous balayer tous ». D'autres encore se persuadèrent qu'en cas de victoire nordiste, les Noirs et les plantations « seraient confisqués au profit de propriétaires yankees ». Beaucoup croyaient – et les événements leur donnèrent raison – qu'une victoire nordiste amènerait la disgrâce du Sud et une sorte de servitude intolérable à un peuple anglo-saxon.

Malheur aux modérés, aux pessimistes, aux nostalgiques de l'Union, aux « étrangères », à celles, lucides, qui osaient dire que le chemin de la victoire ne serait pas un sentier fleuri ! La victoire, la plupart en étaient convaincues, ne pouvait leur échapper puisque les armées confédérées étaient composées de « gentlemen », du « meilleur sang du Sud » alors que dans le Nord les régiments avaient été formés avec des « voleurs et des coupe-jarrets arrachés aux prisons », la « gueuserie et la lie des villes », la « racaille de l'Europe attirée par la solde du soldat ». Quand un riche planteur de la Caroline du Sud dit un jour à sa femme, occupée à jardiner, qu'elle était peut-être en train de planter des fleurs sur le chemin du conquérant, celle-ci répliqua, irritée, que la guerre serait courte et la victoire du Sud certaine : « Ils ne pourront jamais nous vaincre, jamais nous conquérir! Nous nous battons pour notre patrimoine! Pour la liberté! Qu'ils essaient seulement de nous investir! » Emportée par l'enthousiasme communicatif du printemps de 1861, une jeune Virginienne écrivait : « J'avais pensé que la guerre civile était une chose horrible, mais maintenant, je sens et je vois que c'est ce qui est le mieux pour le Sud, car la victoire couronnera nos efforts, et Dieu accablera d'afflictions ceux qui cherchent à détruire la paix de cette glorieuse nation [8] ». Ici et là, des jeunes femmes s'entraînaient à tirer au pistolet, et un observateur anglais nota que si Richmond venait à être envahi par les troupes nordistes, « un grand nombre d'Amazones seraient prêtes à défendre leurs principes, leurs biens et leurs foyers par la force des armes [9] ».

Pour le Sud, les femmes étaient prêtes au sacrifice suprême : le don de leurs fils. David, le fils de Caroline Merrick de Louisiane, n'avait que dix-sept ans en 1861. Le 1er juin, celle-ci écrivait à son frère : « David est à la maison. Nous sommes prêts à le donner à notre pays. Son père se dépense et dépense sans compter pour en faire un soldat. Il a un instructeur qui lui apprend l'art militaire dans la journée et l'entraîne, le soir, avec les *State Rights Guards* [10]. » Sortant de leur tour d'ivoire, les créoles de La Nouvelle-Orléans partageaient l'ardeur générale : pour l'honneur du Sud, ils étaient disposés à en découdre.

L'exaltation masquait les réalités. Elle montait comme un chant à la gloire du Sud. Mais dans le secret de leur cœur, quelle femme ne confessait pas par moments son angoisse et son appréhension. Telle cette jeune fille du Tennessee qui, après avoir joyeusement souhaité bonne chance à son régiment favori, retourna dans la solitude de sa chambre et, brisée par l'émotion, écrivit : « Je ne peux que verser des larmes amères pour ces pauvres garçons. Je sais ce qui les attend, et mon cœur me dit que nombre d'entre eux ne reverront jamais leur maison, ni ceux qu'ils aiment... Je suis accablée. Je ne peux que pleurer et prier [11].» Mrs. Lyle Saxon laissa, elle aussi, éclater sa douleur : « Je crois que le jour le plus

triste de ma vie fut celui où l'Alabama quitta l'Union, le
11 janvier 1861 », dit-elle. « Beaucoup d'entre nous avaient
des êtres chers des deux côtés... La famille paternelle dans
un camp, la famille maternelle dans l'autre. C'était mon
cas [12]. »

Les dames de Richmond

Les événements s'étaient précipités. Au début du mois de
février, les délégués des États sécessionnistes s'étaient réunis
à Montgomery, Alabama, au cœur du Sud profond. Ils se
dotèrent d'une constitution et élirent pour président Jefferson Davis, planteur du Mississippi, sénateur des États-Unis,
ancien colonel qui avait servi pendant la guerre du Mexique,
homme modéré, à l'instar de son homologue nordiste, et
comme lui né dans le Kentucky. Le but des États confédérés
était de créer un gouvernement plus sage, plus vertueux, plus
frugal et plus efficace que celui de Washington. Davis fit un
discours grave et mesuré : « Nous avons changé les éléments
constitutifs, déclara-t-il, mais pas le système de notre gouvernement. La Constitution élaborée par nos pères est celle des
États confédérés. » Et il dit encore : « Tout ce que nous
demandons, c'est qu'on nous laisse tranquilles [13]. »

James Chesnut s'était rendu à Montgomery en compagnie
de Mary. En route, ils étaient passés par Camden. La petite
ville somnolente bruissait d'activités guerrières. A Montgomery, Mary retrouva son amie Varina Davis, la seconde
femme du président de la Confédération, qu'elle avait
connue à Washington. Les deux femmes avaient de nombreux points communs : toutes deux aimaient le côté social
de la vie politique, prenaient plaisir à faire assaut d'esprit
avec les hommes et à cultiver l'amitié de personnages mar-
quants de leur époque; toutes deux possédaient un sens de
l'humour irrévérencieux, une langue acérée et un tempérament emporté qu'elles n'arrivaient pas toujours à maîtriser.
Consciente d'être au centre du creuset où se forgeait l'histoire, Mary commença à rédiger son « journal de guerre ».

Entre la première et la deuxième session du Congrès provisoire, les Chesnut retournèrent à Charleston.

Là, le 12 avril 1861, Mary fut témoin de l'attaque des
Sudistes contre le fort Sumter, formidable position dans la
baie de Charleston. « A quatre heures et demie, écrivit-elle,
je sautai de mon lit et, à genoux, prosternée, je priai comme
je ne l'avais jamais fait auparavant. » Avec son amie Charlotte Wigfall, l'épouse du bouillant sécessionniste du Texas,
elle grimpa sur le toit et assista au bombardement de la for-
teresse par les canons du général louisianais Beauregard.
Quand le fort se rendit, sans qu'une goutte de sang fût ver-
sée, elle laissa éclater sa joie et prit part à toutes les réjouis-
sances. Quelques jours plus tard, elle jeta des notes sur un
papier afin « d'essayer de me souvenir de tout ce qui s'est
passé à ce merveilleux siège pour l'écrire dès que j'en aurai
le temps [14] ».

Le 27 avril, les Chesnut repartirent pour Montgomery.
Contre l'avis de Chesnut, le Congrès provisoire décida de
transférer la capitale à Richmond, en Virginie. La prise du
fort Sumter avait galvanisé le Nord. Le 15 avril, Lincoln
avait lancé une proclamation convoquant 75 000 hommes
dans la milice pour trois mois. Et tandis que tout le Nord
se ralliait autour du Président, la Virginie, l'Arkansas, le
Tennessee, la Caroline du Nord entraient en dissidence.
Quatre États à esclaves, Delaware, Maryland, Kentucky et
Missouri, après d'âpres luttes internes, décidaient de rester
dans l'Union. La rupture totale entre le Nord et le Sud était
maintenant consommée. Deux nations se dressaient l'une
contre l'autre, dont les capitales, Washington et Richmond,
n'étaient séparées que par le Potomac. Horace Greely, du
New York Tribune, si désireux quelques semaines plus tôt de
ne pas offenser les « sœurs égarées », fut saisi à son tour par
la fièvre guerrière et en première page imprima : A RICH-
MOND! [15].

A Richmond! Mots magiques pour Mary Boykin Chesnut,
qui supportait de plus en plus mal les longs séjours chez ses
beaux-parents. Début juin, James était parti pour la capitale
confédérée, et Mary avait écrit à son amie Charlotte Wigfall

pour lui demander de leur trouver un logement confortable. Celle-ci avait réussi à caser les Chesnut au Spotswood Hotel, quartier général temporaire des Davis et d'une douzaine de dignitaires sudistes dont les Wigfall. Sitôt arrivée, Mary fut entraînée dans la querelle qui opposait les Wigfall et les Davis. L'affaire avait commencé par un désaccord politique entre les deux hommes. Une discorde entre leurs épouses, naguère bonnes amies, l'envenima. Mary tenta de louvoyer entre les écueils. En sympathisant avec Charlotte Wifgall, elle s'attira les foudres de Varina Davis : « Elles sont si occupées à jouer les petites reines, nota-t-elle dans son journal, qu'elles en oublient la guerre [16]. »

Comment oublier la guerre ? Le 21 juillet avait lieu la première grande bataille de la guerre de Sécession, bataille qui, aujourd'hui encore, porte deux noms, Bull Run pour le Nord, Mannasas pour le Sud. Le général Beauregard avait prié les dames de Richmond de fournir à ses hommes des foulards de couleur qu'ils porteraient attachés à l'épaule ; faute de tissus, elles avaient confectionné des rosettes. Leurs prières accompagnèrent les soldats.

Côté nordiste, des femmes, vêtues de leurs plus beaux atours, s'étaient dirigées vers Bull Run en calèche pour assister à la bataille. C'était dimanche. Les familles s'installèrent sur les pentes des collines pour pique-niquer. Leur présence ajouta au désordre, lors de la retraite des troupes de l'Union, et les dames de Washington furent prises dans l'enchevêtrement de chariots, de voitures, de canons, de troupes en déroute. Emma E. Edmonds, une Canadienne qui servit dans l'armée nordiste du Potomac d'abord comme infirmière, ensuite comme agent secret, se trouvait au cœur de la bataille, ramassant les soldats blessés et leur donnant à boire. A Centerville, où les officiers avaient réussi à remettre un peu d'ordre, les blessés avaient été transportés dans l'église : « ... des morts étaient empilés tout autour, rapporte Emma, et des bras et des jambes avaient été jetés en tas. Mais comment décrire la scène à l'intérieur de l'église. Aucune plume ne peut traduire la souffrance des hommes. Je ne peux oublier l'un d'eux. C'était un pauvre garçon dont les jambes avaient été brisées au-dessus des genoux; des genoux aux cuisses, ce n'était qu'une bouillie. Il était mourant... L'infection avait envahi sa chair et la dévorait. La mort bientôt le délivra, et ce fut un soulagement pour nous aussi bien que pour le malheureux [17]. »

Pendant trois jours, les dames de Richmond attendirent anxieusement des nouvelles. Au soir du 21, Varina Davis entra dans la chambre de Mary, l'embrassa et lui dit que le Sud avait remporté la victoire [18]. Mais sa victoire, l'armée confédérée la paya chère. Dans l'aube pluvieuse, les dames de Richmond virent passer les premières ambulances, chargées de soldats estropiés, mutilés, sanglants, livides, les blessés légers marchant parfois à leur côté, soutenus par des camarades. Elles comprirent qu'il n'existait pas de jolies petites guerres et que le son des marches funèbres rythmerait dorénavant leur vie.

Au lendemain de la bataille de Manassas, Sally Thompkins, une célibataire de vingt-huit ans de Richmond, établit un hôpital dans une vieille demeure appartenant à une amie. Elle le dirigea avec une telle compétence que Jefferson Davis lui délivra personnellement un brevet de capitaine de cavalerie. On dit qu'elle prit soin de plus de 1 300 blessés et n'en perdit que 73 [19]. Miss Tompkins ne supportait ni l'inefficacité, ni la futilité. Quand Mary Boykin Chesnut se présenta à son hôpital et demanda un peu sottement : « Y a-t-il des Carolinians ici ? », Sally répliqua sèchement : « Je ne demande jamais d'où viennent les malades et les blessés [20]. » Mary comprit le message, et, par la suite, les deux femmes devinrent amies.

Aucune femme du Sud, en fait, n'avait reçu de formation d'infirmière, à l'exception des sœurs catholiques, et d'ailleurs la bienséance leur interdisait de soigner des hommes. Le mot *nurse*, dans les armées confédérées, eut donc presque toujours une connotation masculine. Les femmes étaient là pour veiller à leur confort, les faire manger, éponger un front, écrire une lettre, prier, apporter des douceurs, voire ravitailler l'hôpital, ce qu'elles firent avec un courage admirable lorsque les vivres et les médicaments vinrent à manquer, certaines n'hésitant pas à traverser les lignes ennemies au péril de leur vie. Seulement en cas d'urgence employa-t-on des femmes, mariées et de préférence âgées, pour panser des blessés.

Les directrices d'hôpitaux militaires, en vérité, ne considéraient pas d'un bon œil la présence dans les salles de femmes trop jeunes ou trop belles. C'est ainsi qu'en voyant une certaine Mrs. Carter piquer un fard sous le compliment fleuri d'un blessé, Sally Tompkins déclara : « Si vous pouviez laisser votre beauté à la porte et apporter seulement votre bonté et votre énergie [21]. »

Les dames de Richmond rendaient chaque jour visite aux blessés et aux malades. Si l'hôpital de Sally Tompkins apparaissait comme un modèle du genre, d'autres reflétaient toute l'horreur de l'humanité souffrante. Les bras chargés de pêches, Mary Boykin Chesnut, un jour, les visita tous. Jamais elle n'oublia cet étalage de misère humaine : « Des rangs d'hommes malades étendus sur des lits de camp; malades de la fièvre typhoïde et de tous les maux de l'humanité; blessures que l'on pansait; toutes les horreurs saisies d'un seul coup d'œil. » Et un autre hôpital lui arracha ce cri : « Horreur sur horreur, encore, par manque d'organisation; longues rangées d'hommes morts ou mourants; sourires affreux et soupirs affreux. » Un jeune homme de Camden l'avait fait demander : « Il était couché sur un lit de camp, mourant de la fièvre. Près de lui, un homme mourut de convulsions pendant que nous nous trouvions là... Après, je ne me souviens plus parce que je me suis trouvée mal [22]. » Entre deux visites à l'hôpital, les dames se réunissaient pour bavarder, cancaner, un tricot à la main. Dans toute la Confédération, le mot d'ordre était : « Des chaussettes pour nos soldats. » Une femme qui se serait montrée en public sans ses aiguilles à tricoter aurait passé pour tiède à la Confédération.

Malgré la guerre, la gaieté et une certaine extravagance régnaient à Richmond, comme le constatèrent le sénateur Clement Clay et sa femme Virginia, d'Alabama, lorsqu'il arrivèrent à l'automne. Militaires et *congressmen* avaient envahi la petite ville, raconte Virginia, une belle des années 50, et les hôtels et les pensions de famille ne pouvant les accommoder tous, les « patriotiques résidents » avaient généreusement ouvert leurs maisons. Il n'y avait pas un lit disponible dans toute la capitale, et « pour fournir les tables de Richmond, presque tous les canards de la baie de Chesapeake furent abattus. Nous nous régalions des meilleurs huîtres et tortues de mer, et de tout côté une extraordinaire hospitalité était à l'ordre du jour. Jamais je n'avais vu une si grande activité, tant militaire que politique ou sociale ». Au moment de quitter l'Alabama, elle avait dit à sa femme de chambre, qui s'apprêtait à mettre des robes du soir dans ses malles : « Nous allons à la guerre, Emily, nous n'aurons besoin ni de velours ni de bijoux. Nous allons soigner les malades, pas nous habiller ni danser. » Mais Emily avait répondu : « Pou' sû', Miss 'Ginie', que j' vais pas laisser ma maît'esse se fai' éclipser par Mis' – et les aut's dames. » Et malgré ses protestations, la noire Emily avait soigneusement emballé les robes. Virginia Clay lui fut très reconnaissante, car à Richmond, il y avait toujours un héros à fêter, civil ou militaire [23].

Les pourvoyeuses

Aucun conflit armé n'avait autant mobilisé les énergies que cette « guerre entre les États », et nulles ne payèrent plus grand tribut que les femmes de la Confédération. La conscription et l'engagement volontaire ayant dégarni le Sud de sa population masculine, ce fut aux femmes de pourvoir les soldats en vêtements, vivres, drapeaux, tentes, fourreaux à fusil, cartouches, pansements et autres articles de première nécessité. Le patriotisme n'était pas le seul motif qui les animait : « Nombre d'entre nous, écrit une Virginienne, étaient heureuses d'avoir les mains occupées pour empêcher nos cœurs de saigner. » Les femmes de tout âge et de toute condition se dévouèrent à la cause, filant, tricotant, taillant, cousant. Les plus riches fournissaient aux plus pauvres matériel et machines à coudre ; les plus âgées apprenaient aux plus jeunes à coudre et à tricoter. Les doigts raidis, gonflés, coupés, teintés, les belles du Sud travaillaient jusqu'à l'épuisement, les plus pieuses n'hésitant pas même à violer le sabbat pour finir une couverture, un pantalon, une jaquette, une chemise.

Une femme tricota 750 paires de chaussettes en 1 500 jours avec du coton cultivé, cardé et filé à sa ferme ; une autre habilla tout une compagnie avec la laine provenant de sa plantation ; une autre encore fabriqua, seule, 500 cartouches en une saison. Margaret Tyler McMichael, de Caroline du Sud, occupait ses journées à tricoter, faire de la charpie et préparer des douceurs pour les soldats de passage, tandis que ses nuits étaient souvent interrompues par l'arrivée des malades ou des blessés qu'on lui amenait. Mary Ann Buie, de Wilmington, Caroline du Nord, fournit à ses frais les uniformes d'une compagnie entière et, durant la durée du conflit, parcourut la région pour prendre soin des malades, soulager la misère et solliciter des fonds pour les secours. Son labeur lui valut le surnom de « l'Amie du Soldat ». Moins spectaculaire mais tout aussi utile fut le travail de Mrs. John T. Johnson, de Madison County, Mississippi. Chez elle, les rouets, les navettes et les aiguilles marchaient sans cesse. Ses soieries devinrent des bannières, ses tapis des couvertures, ses draps et ses batistes des pansements [24].

Aux victoires succédèrent les défaites. La terrible réalité de la guerre se faisait sentir chaque jour davantage. Les familles comptaient leurs morts. Tous les hommes en état de prendre les armes se battaient ; les propriétaires d'esclaves étaient partis à la guerre avec leurs fidèles serviteurs. Dans les régions touchées par les combats, les esclaves étaient réquisitionnés pour travailler aux fortifications, creuser des tranchées ; parfois, on leur donnait un fusil pour tirer sur les Yankees, comme le constata Emma E. Edmonds au cours d'une mission d'espionnage en territoire tenu par les Confédérés [25].

Les femmes restaient seules sur les plantations et dans les fermes. Caroline Pettigrew, de Caroline du Sud, écrivait à son frère en 1862 : « Je m'efforce d'être très énergique et de donner l'impression d'en savoir plus que je ne sais en réalité. » Ida Dulany, de Virginie, usait de son charme et de son esprit pour faciliter les lourdes tâches de la vie quotidienne ; secondée par d'efficaces contremaîtres, elle parcourait chaque jour sa plantation à cheval, vêtue d'un élégant costume dont la jupe frôlait le sol, une plume à son chapeau, des gants montant jusqu'aux coudes. Ses contremaîtres partis à la guerre, Mrs. Elmore, de Caroline du Sud, assuma le contrôle de toutes ses plantations avec ses trois filles, divisant soigneusement le travail entre elles : « Pendant quatre ans, je concentrai mon énergie au ravitaillement, écrivit l'une des filles, et pour y parvenir, les affaires du moulin et de la plantation requirent toute mon attention et beaucoup de prévoyance. » Elle supervisa la confection de vêtements, de sirop, de sel et autres vivres ; elle ravitailla l'armée confédérée en bois d'œuvre ; elle fournit les hôpitaux et les réfugiés en légumes, et vendit le surplus au marché de Columbia ; elle réussit même, à la fin de la guerre, malgré les pillages et les dévastations commises par les troupes du général Sherman, à écarter le spectre de la faim [26].

Le blocus ennemi priva rapidement le Sud de café et de médicaments. Les dames concoctèrent des breuvages curieux, à base de maïs, d'arachides, de patates douces, d'okra *. Avec des simples, elles fabriquèrent des médicaments contre la toux, la fièvre, les ecchymoses, les entorses, les pneumonies, les névralgies. Le service médical du gouvernement confédéré fit appel aux femmes pour qu'elles entreprissent la culture de l'opium et, à cet effet, leur distribua des graines. Mais à mesure que l'on s'enfonçait dans la guerre, le whisky fut le remède miracle, le seul abondant [27].

La solitude, plus que l'âpreté de l'existence quotidienne, fut pour les femmes la grande épreuve : « Ces jours d'angoisse lorsque les familles se trouvaient sans protection

---

* Grande plante originaire d'Afrique occidentale dont le fruit sert à faire des potages et des ragoûts.

masculine et que nous, les femmes, étions seules avec nos
jeunes enfants dans nos foyers en désarroi, écrivit plus tard
Caroline Merrick. Partout, durant le long conflit, on jeûnait
et on priait. Le spectacle le plus pathétique était celui de ces
milliers de femmes, d'enfants, d'esclaves, avec les quelques
hommes que l'armée n'avait pas réclamés, à genoux devant
le Dieu des Batailles, au lever et au coucher du soleil [28]. »

La fidélité des esclaves envers leurs maîtres fut admirable,
et beaucoup risquèrent leur vie pour les protéger contre la
vindicte des soldats de l'Union. Mais comment prévoir leurs
réactions aux événements? N'allaient-ils pas faire payer aux
femmes et aux enfants isolés sur les plantations leurs années
de servitude, voire les mauvais traitements qu'ils avaient
subis? A l'automne de 1861, la vieille Mrs. Witherspoon, une
cousine de Mary Boykin Chesnut, avait été assassinée dans
son lit par ses gens. La nouvelle avait répandu la terreur dans
la région de Camden. Mary avoua que pendant plusieurs
jours, ses nuits furent agitées par d'affreux cauchemars :
« Jusqu'ici, je n'avais jamais pensé à craindre les nègres. Je
ne leur avais jamais fait de mal... Maintenant, j'avais
l'impression que le sol s'effondrait sous mes pieds. Pourquoi
me traiteraient-ils mieux que ma cousine Betsey Witherspoon?... Mrs. Witherspoon était une sainte sur cette terre, et
voici sa récompense. » La femme de chambre de sa sœur
Kate, Betsey, apporta son matelas et ses couvertures dans la
chambre de sa maîtresse en lui disant qu'elle passerait la
nuit auprès d'elle pour la protéger en l'absence de son mari.
Mais Kate confia à Mary son angoisse : « Vient-elle pour
veiller sur moi ou pour m'assassiner [29]? » En vérité, les
femmes sudistes eurent plus à redouter les troupes de
l'Union que les esclaves.

Les héroïnes et les furies

Leur comportement pendant la guerre, leur combativité,
leur détermination, surprennent. Descendues de leur piédestal, elles se transformèrent parfois en furies. D'où cette

remarque du général Sherman à une dame du Mississippi, alors que ses soldats pillaient et brûlaient la ville de Jackson : « Eh bien, madame, vous ne savez pas que les femmes du Sud et l'Église méthodiste du Nord font durer la guerre [30] ? »

Quelques-unes s'engagèrent dans l'armée en se faisant passer pour des jeunes gens. Telle cette Loreta Janeta Velasquez, de La Nouvelle-Orléans, qui sous le nom de lieutenant Harry T. Bufford, combattit à la première bataille de Manassas, pénétra à plusieurs reprises en territoire yankee pour espionner les forces ennemies avant de reprendre du service actif dans l'armée, et finit sa carrière comme briseur de blocus. Pour dissimuler ses formes, elle s'était fait faire des sortes de « cottes de mailles », qu'elle portait sous son uniforme. En vérité, ces amazones confédérées étaient vues d'un très mauvais œil. Au mieux on les considérait comme des excentriques, au pire comme des « créatures répugnantes », et on sait que l'une d'entre elles fut renvoyée de l'armée pour « conduite immorale [31] ».

Si les combattantes constituaient l'exception, assez nombreuses furent celles qui servirent comme auxiliaires de l'armée ou dirigèrent des hôpitaux – des rôles que remplirent avec un dévouement égal les femmes du Nord, et de part et d'autres on fit assaut d'héroïsme. Dans les territoires occupés par les troupes fédérales, les circonstances amenèrent des femmes que rien n'avait préparé à cette dangereuse occupation à se faire agents de renseignement. Miss Portofield, de Loudoun County, en Virginie, fit ainsi huit kilomètres à pied, une nuit, pour avertir les Confédérés que l'ennemi s'apprêtait à traverser le Potomac. Belle Boyd, une toute jeune fille, porta à diverses reprises des messages aux troupes confédérées massées dans la vallée de Shenandoah pour les prévenir des mouvements des forces fédérales. Ces aventurières bien souvent malgré elles sauvèrent de nombreuses vies par leur action et le firent avec une modestie qui, paraît-il, faisait honneur à leur sexe [32].

Mais l'intensité de leur haine faisait parfois oublier aux dames sudistes la plus élémentaire charité, et si les soldats confédérés purent généralement compter sur la compassion des femmes nordistes, il n'en fut pas toujours de même pour les fédéraux. Persuadées que dans le Nord leurs maris, frères, fils ou fiancés étaient maltraités, la plupart négligèrent les prisonniers de l'Union qui croupirent dans des camps dans des conditions d'hygiène atroces : « Comme il est difficile de supprimer ce sentiment de haine pour notre ennemi », s'exclamait Kate Cumming, une Écossaise de Mobile, infirmière-major dans l'armée du Tennessee, lorsqu'elle entendait des histoires sinistres circuler dans le Sud sur les prisons du Nord [33].

De même, leur fièvre patriotique les conduisit à supporter la douleur avec un stoïcisme surprenant chez des créatures dont on vantait à l'envi la fragilité. Le malheur semblait fouetter les vertus héroïques des mères. Leur force d'âme avait même quelque chose d'inhumain. Quand les troupes fédérales pénétrèrent en Virginie, des mères s'adressèrent aux populations apeurées pour leur dire que bien que la guerre fût horrible, elles ne lèveraient pas le petit doigt pour empêcher leurs fils de servir leur pays. Une dame de la Caroline du Nord, dont les trois fils et le mari se battaient pour la Confédération, déclara à un journaliste en 1863 : « Ils sont tout ce que j'ai, mais si j'en avais d'autres, je les donnerais volontiers à mon pays. » Une Virginienne qui avait perdu deux fils conduisit au général « Jeb » Stuart son petit dernier, un blondinet de quinze ans, en lui disant qu'elle était prête à le donner à l'armée. Bouleversée par la mort de trois garçons, une mère du Tennessee assura le général Leonidas Polk qu'elle lui enverrait son dernier fils, Harry, dès qu'elle se serait reprise [34]. La souffrance exaltée, le sacrifice sublimé réclamaient vengeance. Ces mères spartiates appelaient leurs derniers fils à venger ceux qui étaient tombés au champ d'honneur.

Et le Sud bascula dans le néant

Sur le front de l'Ouest, l'année 1862 fut désastreuse pour les Confédérés. Les troupes de l'Union portèrent des coups mortels aux forces sudistes à Shiloh, dans le Tennessee, tandis que La Nouvelle-Orléans tombait aux mains de l'ennemi après un bombardement massif de ses forts. Le général Benjamin F. Butler occupa la ville. Caroline Merrick se trouvait alors à Myrtle Grove Plantation, sur l'Atchafalaya, en visite chez son frère. Sa maison de La Nouvelle-Orléans fut pillée par Butler. Ses meubles splendides, ses objets précieux, ses livres nombreux furent vendus publiquement au profit des États-Unis, et un officier de l'Union s'appropria sans vergogne sa voiture pour son usage personnel. Peu après, les forces yankees gagnaient Port Hudson. Après s'être assuré qu'il n'y avait à Myrtle Grove que des femmes et des enfants, le brigadier général Banks, de l'armée fédérale, détacha trois soldats pour les protéger. Ces soldats, trois étranger dont un Allemand, se montrèrent si bienveillants que lorsqu'ils partirent, Caroline Merrick reconnut qu'elle avait dit adieu à de « fidèles amis ennemis [35] ».

A La Nouvelle-Orléans, cependant, la plus grande confusion régnait, et le moins qu'on puisse dire est que les femmes ne s'y conduisirent pas en « ladies ». En petits groupes, elles se mirent à arpenter les rues, harcelant les soldats nordistes, se moquant d'eux, les insultant, si bien que le général Butler, exaspéré, finit par émettre un ordre proclamant que « dorénavant, lorsqu'une femme, de la voix ou du geste, insultera ou montrera son mépris à un officier ou un soldat des États-Unis, elle sera considérée comme une femme publique exerçant son métier et tenue d'être traitée comme telle ». Pour choquante que fût la proclamation de Butler, elle fit son effet : ni ses officiers, ni ses soldats n'eurent plus à souffrir les insultes des femmes de La Nouvelle-Orléans [36]. Mais Butler devint le général yankee le plus haï des Confédérés.

Dans une harangue à ses troupes, le général Beauregard évoqua la proclamation « bestiale et infamante du major-général Butler ». De nombreux journaux dénoncèrent haut et fort cet ordre « caractéristique de l'esprit nordiste », et un peu partout, les femmes frémirent d'horreur à la pensée qu'une des leurs risquait d'être traitée comme une prostituée par la soldatesque yankee. Quelques esprits pondérés se refusèrent néanmoins à condamner sans appel le général Butler. Ainsi que l'écrivit l'éditorialiste du *Macon Beacon* (Mississippi), les dames devraient savoir que les officiers et les soldats nordistes n'étaient là que pour faire leur devoir, « et que la femme qui les insultait s'abaissait et méritait un traitement sévère [37]. »

Fort de ses victoires, Lincoln, le 1er janvier 1863, proclama l'émancipation des esclaves, proclamation qui n'eut d'effet, assurément, que dans les territoires conquis. Washington imposa la mobilisation des affranchis, malgré les réticences nombreuses au sein des armées fédérales, et les Noirs se retrouvèrent soldats dans des **unité**s spéciales commandées par des Blancs [38]. A l'été tomba Vicksburg, dernier grand port fluvial de la Confédération. Les victoires de Gettysburg puis de Chatanooga consolidèrent les positions des Nordistes. La Confédération était coupée en deux et de vastes territoires occupés. Un observateur anglais correspondant du *Daily News* se trouvait à Nashville, Tennessee, en 1863. Il raconte une anecdote qui montre parfaitement l'attitude déterminée, voire la bravade des femmes : lors d'une soirée à laquelle assistaient quelques officiers fédéraux, une jeune femme sudiste, après avoir chanté avec eux « A mon beau Kentucky », leva son verre et dit : « A Jeff(erson) Davis, lui et Dieu nous sauveront. » Les officiers se mirent à rire, et l'un d'entre eux déclara qu'il était prêt à boire tout son soûl si Dieu seulement était compris dans le toast [39].

Tandis qu'en Virginie les combats s'éternisaient, à Richmond, surpeuplée et rongée par l'inflation, on s'efforçait encore de mener joyeuse vie. Après quelques mois d'absence, Mary Boykin Chesnut avait rejoint la capitale confédérée et offert l'hospitalité à deux jeunes filles charmantes, Buck et Mary Preston. Aussi son salon était-il devenu le rendez-vous de la jeunesse. Mais la gaieté des visiteurs n'était qu'un dehors trompeur, dissimulant leur détresse. Beaucoup portaient dans leur chair les marques de la guerre : les uns avaient perdu un bras, les autres une jambe, d'autres encore un œil ou, blessés à la gorge, ne pouvaient plus parler. Dans le Sud d'avant-guerre, mentionner le mot « jambe » devant une dame eût été faire un faux pas. Tant de soldats avaient été amputés que maintenant, notait Mary, « il semble qu'il soit impossible de ne pas parler de jambe au cours d'une conversation [40] ». L'usure lustrait les vêtements des élégantes de Richmond, mais elles en tiraient gloire, et en jetant sur ses épaules une cape taillée dans une couverture, la mariée en noir faisait un pied de nez à l'Union.

Au mois de mars de 1864, Sudistes et Nordistes échangèrent des prisonniers. Mary et les jeunes Preston se rendirent au Capitole pour les accueillir. Une foule énorme s'était rassemblée. Mary remarqua une femme qui cherchait son fils parmi les hommes au visage hâve, au regard vide, « comme s'ils étaient morts au monde depuis des années ». La femme raconta que son fils avait été capturé à Gettysburg. On lui avait dit qu'il serait là, parmi les prisonniers. « Elle allait et venait au milieu d'eux, avec un panier de provisions qu'elle avait apportées pour lui. C'était trop affreux [41]. »

Malgré le génie du général Lee, malgré l'héroïsme et le sacrifice de tous, les sudistes ne purent arrêter l'avance des soldats de l'Union. Écrasés sous le nombre, ils commencèrent à l'été de 1864 leur longue agonie. Tandis que Grant mettait le siège devant Richmond, Sherman prenait et brûlait Atlanta puis entamait sa marche dévastatrice vers la mer, tuant, pillant, brûlant tout sur son passage. Pour chaque bataille, gagnée ou perdue, les pertes, de part et d'autre, étaient effroyables : « Quand je me souviens de tous ces garçons courageux, gais, enjoués, honnêtes qui au cours des trois dernières années ont croisé mon chemin en riant, en chantant, en dansant ! J'ai regardé dans ces jeunes yeux courageux et je les ai aidés du mieux que j'ai pu, et je ne les ai plus jamais revus. Ils gisent, rigides et froids, morts sur le champ de bataille ou pourrissant dans les hôpitaux ou les prisons. ... Est-ce que cela en vaut la peine ? » écrivait Mary Boykin Chesnut [42].

A l'automne, les États confédérés montraient un total dénuement. La fatigue, la faim, la dysenterie minaient l'armée; les combats désespérés néanmoins se poursuivaient,

et les femmes, avec un courage indomptable, tentaient de
survivre, allant en haillons et marchant, souvent le ventre
vide, avec des chaussures taillées dans le cuir des fauteuils,
des malles ou des selles [43]. Après la Géorgie, Sherman pénétra en Caroline du Sud où ses troupes commirent plus de
déprédations encore. L'arrogance des soldats croissait au fil
des jours. Il semblait que seules la haine et la violence
eussent libre cours. Chaque plantation était visitée et pillée,
et les soldats se plaisaient à humilier et à persécuter les
femmes. En Caroline du Nord, la vindicte de la soldatesque
s'étendit aux petits Blancs : toutes les fermes furent brûlées
ou détruites. Les officiers tentaient d'empêcher les excès,
mais pas toujours. Des femmes furent même violées et battues par des éléments incontrôlés [44].

Auprès de leurs serviteurs noirs, beaucoup trouvèrent aide
et réconfort. Lorsque les Yankees firent irruption sur la plantation de la jeune Mary Kirkland, en Caroline du Sud, son
fidèle Monroe lui conseilla de prendre son bébé dans les bras
et de tenir serrés contre elle ses deux autres enfants. Mammy
Selina et Lizzie se placèrent de chaque côté de leur jeune
maîtresse et de ses enfants. Durant quatre heures, les soldats
se moquèrent des femmes noires et de leur idiotie à se tenir
ainsi auprès d'une maîtresse cruelle, et ils accablèrent Mary
de sarcasmes et d'injures. Monroe, qui s'était bandé une
jambe et jouait les boiteux pour ne pas être enrôlé de force
dans l'armée – sort réservé à de nombreux esclaves qui
avaient choisi la liberté –, essayait de calmer sa maîtresse :
« Ne répondez pas, Miss Mary. Laissez-les dire ce qu'ils
veulent. Ne leur donnez pas l'occasion de dire que vous été
insolente avec eux. » Quand la mère de Mary s'évanouit
d'épuisement, la jeune femme, incapable d'en supporter
davantage, posa son bébé, courut vers elle et, se tournant
vers les soldats, cria : « Sortez d'ici, misérables. Vous voulez
tuer ma mère ? » Alors, sans un mot, ils quittèrent la pièce,
honteux [45].

Mulberry Plantation reçut aussi la visite des armées fédérales, alors que les Chesnut étaient absents. Lorsque Mary
Boykin Chesnut s'y rendit, elle constata que d'un côté toutes

les fenêtres, les portes, les meubles avaient été brisés mais que l'autre côté était intact, car le général Sherman était arrivé à temps pour arrêter les vandales. Lui-même prit les chevaux. Peu après, d'autres troupes passèrent par Mulberry et mirent le feu au moulin, aux égreneuses et à une centaine de balles de coton [46]. Le passage d'une troupe de yankees ne signifiait pas pour les propriétaires la fin du cauchemar. Couramment, les hordes se succédaient, et c'était souvent lorsque les soldats ne trouvaient plus rien à voler qu'ils se vengeaient en détruisant tout.

Fuyant l'avance nordiste, Mrs. Mary Jones avait regagné précipitamment Montevideo, une plantation de riz et de coton située au sud de Savannah que tous les Jones appelaient « une heureuse, heureuse maison ». Arrivée le 11 décembre 1864, elle écrivait le lendemain à sa sœur : « Que Dieu ait pitié de nous, pauvres pécheurs. Mon cœur souffre pour ma pauvre enfant, ici, et pour mon fils, à Savannah – et pour mon pays déchiré et meurtri. » Mais le 10, Savannah était tombée, et les troupes de Shermann se répandirent dans la campagne. Le 16 au soir, Mrs. Mary Jones vit se profiler des ombres sur la pelouse, à moitié cachées par les chênes, les magnolias, les cèdres et les pins. Femmes et enfants tombèrent à genoux pour implorer le Ciel « de nous soustraire à un sort pire que la mort », pour que « notre Dieu tout-puissant et Sauveur ne permette pas que nos ennemis cruels et mauvais puissent s'approcher de nous et de notre demeure ».

Le lendemain à l'aube se présenta un officier : il venait chercher de la nourriture et les assura qu'aucun soldat ne pénétrerait dans la maison. Les Yankees enlevèrent toutes les provisions qui se trouvaient à Montevideo ou presque, une partie de la basse-cour et quelques esclaves. Jours et nuits de terreur pour Mary Jones, sa fille, sa jeune amie Kate et les cinq enfants. Enfermées à double tour dans la maison, elles assistèrent, impuissantes, au pillage et aux ravages commis par les bandes de soldats qui, à tour de rôle, envahirent leur propriété. Ils volèrent les dernières volailles, tuèrent les moutons, brutalisèrent les Noirs dans leur quartier, et certains tentèrent d'abuser de leurs femmes et de leurs filles. Une horde parvint à pénétrer dans la grande maison et s'empara des vêtements, des bijoux, du peu de provisions qu'il restait aux Jones. Des soldats volèrent même des couvertures appartenant à Caton le *driver*. Le 22 décembre, Mrs. Mary Jones eut la joie de voir revenir deux des esclaves que les premiers soldats avaient emmenés avec eux. Puis le 23, sa fille, Mrs. Mary Mallard, notait dans son journal : « Un jour de parfaite liberté sans voir l'ennemi. Cinq ou six passèrent à cheval à travers le pâturage, mais aucun ne vint à la maison ni dans le quartier des nègres. »

Le 24, il y eut une nouvelle intrusion. Cette fois, les soldats cherchaient des armes. Regardant la belle demeure, l'un d'eux dit : « Cette maison ferait un beau feu et beaucoup de fumée. » Ils fouillèrent partout et partirent en déclarant qu'ils reviendraient à la nuit pour mettre le feu. Mais ils ne revinrent pas. Le 29, trois soldats blancs et un noir arrivèrent. Ils tentèrent de violenter une jeune esclave qui réussit à leur échapper. Malgré son angoisse, Mary Mallard ne pouvait s'empêcher de sourire devant l'ingéniosité des Noirs pour se soustraire aux exactions des envahisseurs. Enveloppée de la tête au pied dans une couverture sordide et affectant de pouvoir à peine bouger, la jeune cuisinière s'était donné l'apparence d'une vieille femme malade. Gilbert portait une écharpe sous sa veste dans laquelle il passait le bras au moindre danger. Charles marchait avec une canne et boitait bas. Niger, en voyant les soldats approcher de sa case, se mettait au lit et lorsqu'ils entraient déclarait qu'il avait la « fièvre jaune ».

Et les jours s'écoulèrent. Leurs gens ne travaillaient plus. Si certains esclaves se montrèrent des modèles de fidélité et d'affection, d'autres n'en faisaient plus qu'à leur tête ou prenaient la clef des champs. Il ne restait plus rien à vider, à piller, mais la peur des hordes yankees demeurait, et plus encore celle des régiments noirs. Dans le lointain, les dames Jones voyaient parfois luire les flammes des incendies et priaient pour leurs amis en détresse. Par leurs serviteurs, elles communiquaient avec leurs voisins. Le 14 janvier 1865, elles reçurent la visite d'un officier confédéré [47]. Le spectre de la soldatesque s'éloigna. Avec le gros de ses forces, Sherman avait envahi la Caroline. Il continua ses ravages, incendiant plus d'une douzaine de villes dont la capitale, Columbia.

La guerre prit fin, comme elle avait commencé, en Virginie. Le 9 avril, dans une ferme du village d'Appomatox, le général Robert E. Lee, en grand uniforme, rencontrait le général Grant, négligé, en tenue de simple soldat. Aux armées sudistes affamées, Grant fit envoyer 25 000 rations. Réélu le 8 novembre 1864, Lincoln, le 4 mars, avait prononcé un discours de réconciliation, invitant la nation à panser ses plaies et à œuvrer à une paix juste et durable. Mais les abolitionnistes extrémistes, comme Shylock, réclamaient leur livre de chair et criaient vengeance. Désarmé, exsangue, ruiné, le Sud gisait à la merci du Nord. Son seul rempart était Abraham Lincoln : la balle d'un acteur à demi fou, John Wilkes Booth, le fit tomber.

Booth avait connu la renommée en jouant Shakespeare. Roméo était son rôle le plus populaire, Brutus son personnage favori. Né dans le Maryland, il avait épousé la cause sudiste avec une passion qui, au fil des mois, se transforma en haine pour Lincoln en qui il voyait un tyran. Un plan bientôt mûrit dans son esprit : il tuerait Lincoln. L'occasion se présenta le 14 avril 1865. Ce soir-là, le Président et sa femme devaient se rendre au théâtre. L'acteur connaissait la pièce. Il savait qu'au cours du IIIe acte, une scène particulièrement drôle provoquait les éclats de rire bruyants des spectateurs. Il choisirait ce moment-là pour tirer.

Les Lincoln arrivèrent en retard. Lorsque le Président entra dans sa loge, les acteurs s'interrompirent, la salle, debout, lui fit une ovation et l'orchestre joua *Heil to the Chief* (Salut au Chef). Abraham Lincoln prit place dans un fauteuil à bascule et Mary s'assit sur une chaise à ses côtés. Le Président se sentait-il ce soir-là l'âme romantique ? Il saisit la main de sa femme et la garda dans la sienne. Un peu plus tôt, il avait avoué à Mary, « qu'il ne s'était jamais senti aussi heureux de sa vie ».

Vers 22 h 10, Booth entra sans bruit dans la loge présidentielle. Mary riait aux éclats. L'acteur allongea le bras, approcha son pistolet de la tête de Lincoln et tira. Puis il sauta sur la scène en criant : « Le Sud est vengé » et disparut. Le public, stupéfait, ne bougea pas. Le Président s'écroula, et le rire de Mary se transforma en un hurlement.

Lincoln mourut le lendemain à 7 h 22 [48].

Deuxième Partie

La Femme nouvelle

1

Châtiment et Reconstruction

La mort d'Abraham Lincoln fut une tragédie pour les ex-États confédérés. Le vice-président Andrew Johnson hérita d'une situation dangereuse qu'il s'avéra incapable de régler. Dans le Nord, la branche extrémiste du Parti républicain, entraînée à la Chambre par Thaddeus Stevens, vieillard fanatique, et au Sénat par Charles Sumner, réclamait le châtiment des rebelles, la confiscation de leurs biens et leur redistribution aux affranchis, tandis que dans le Sud, les Noirs, définitivement émancipés par le 13e amendement de la Constitution, erraient sur les plantations ruinées, sur les routes, dans les villes dévastées et les camps de soldats de l'Union, souvent affamés et misérables, attendant que le gouvernement de Washington leur donnât une terre et des mules.

L'étau de la douleur et de la désolation s'était resserré sur le Sud : « Chaque foyer pleurait ses morts, écrivit Caroline Merrick. Heureux ceux qui pouvaient déposer des fleurs baignées de larmes sur les tombes de leurs soldats tués. De si nombreuses familles ne reverraient jamais, même mort, le visage de celui qui leur avait souri en s'éloignant avec son régiment sur l'air de Dixie. » Grièvement blessé à la tête, son fils David, si jeune et si beau, était maintenant borgne, sourd, défiguré. Malgré son chagrin, Caroline s'estimait privilégiée. Tant de ses amies avaient perdu leurs fils ou leurs maris. Son cœur saignait pour elles, et aussi pour les femmes du Nord qui connaissaient pareille détresse [1].

Le désordre était total, la pauvreté générale. A sa fille qui s'était rendue dans le Massachusetts pour visiter des parents de son père, Caroline rapportait en septembre 1865 : « La guerre représentait la prospérité comparée à ce que la paix nous a apporté. » Dans toutes les communautés, les femmes l'emportaient en nombre sur les hommes et ceux-ci, souvent mutilés, malades, pouvaient difficilement affronter l'avenir. Lorsqu'en ces jours tragiques le cœur manqua parfois aux hommes, les femmes prirent le relais et ce furent elles, par leur plus grande capacité d'adaptation, qui établirent les fondations du nouveau Sud. La femme vendit des fleurs, du lait, des légumes; elle se fit couturière ou maîtresse d'école, enseignant parfois dans une école noire. Elle fit des tartes et des petits pains de semoule, et fabriqua des chapeaux de paille pour les Fédéraux en garnison. Elle éleva des cochons, de la volaille, des pigeons et les cuisait lorsque le « nègre qui ne voulait plus jamais travailler » lui en avait laissés. Elle lavait et, souvent, son vétéran de mari remplissait la lessiveuse, frottait le linge et l'étendait dehors; « et il jurait pour elle quand le soldat yankee, de l'autre côté de la barrière, se moquait en disant : "Comme c'est réjouissant de voir que vous devez plonger vos blanches mains dans la lessiveuse" [2] ».

Laissés à eux-mêmes, planteurs et affranchis auraient sans doute trouvé une solution. Mais des agitateurs faisaient croire aux Noirs qu'ils allaient prendre la place des Blancs. Alors ceux-là ne comprenaient plus pourquoi ils devaient continuer à travailler pour eux, et pourquoi ils devaient maintenant payer le docteur et les médicaments quand ils étaient malades, et acheter les provisions pour se nourrir. Rose, la servante de Mrs. Merrick, lui avait dit : « C'est pas que j' veux des beaux atours et tout – seul'ment plein de bons habits et des nécessités, et j' les veux sans f'otter les pa'quets pou' ça. »

Les Noirs ne chantaient plus, ne dansaient plus. Ils disaient qu'ils avaient été trompés, que les Blancs les commandaient toujours et allaient encore à cheval ou en voiture pendant qu'eux marchaient à pied. « Jamais je n'avais fermé quelque chose à clef, écrivait Caroline à sa fille. Aujourd'hui, je m'accroche à mes clefs. Chaque jour on me vole. Cuillères, tasses et tous les ustensiles de cuisine ont disparu. Je paie maintenant le petit Noir Jake pour qu'il m'en rapporte une partie parce qu'il dit qu'il sait où ils sont. Je ne peux même pas laisser lever le pain sans risquer qu'on me le prenne. Et tout cela bien que les serviteurs reçoivent des gages [3.] »

L'âpre goût de la défaite

De partout montaient les mêmes plaintes. Les propriétaires devaient souvent racheter leurs terres et leurs biens, confisqués par les Fédéraux. Faute de liquidités, ils en vendaient une partie lorsqu'ils le pouvaient pour en récupérer une autre. Pour les mêmes raisons, il leur était impossible de faire marcher leurs fermes ou leurs plantations. Où trouver l'argent pour payer les graines et les nègres, remplacer les bêtes tuées ou volées, réparer les bâtiments brûlés ou démolis ? James Chesnut, qui à la mort de son père avait hérité de 400 Noirs et de plusieurs plantations, vendit une partie des terres pour payer ses dettes. Ses Noirs étaient demeurés fidèles, mais ils étaient devenus un lourd fardeau. En 1866, Mary Boykin Chesnut pouvait à peine réunir dix *cents* pour acheter des enveloppes et des timbres et, affamée de lecture comme toujours, devait maintenant vendre de vieux livres pour en acheter des neufs.

A son amie Virginia Clay, dont le mari avait été fait prisonnier par les Fédéraux en même temps que Jefferson Davis, elle écrivait : « Parfois, je ne vois pas un visage blanc pendant des semaines – et ces visages noirs s'accrochent à nous comme la mort. Il nous faudrait aller bien loin pour échapper à leur dévotion persistante. Aujourd'hui, nous sommes libres de les abandonner, j'espère. Mais je dois préciser que leur conduite envers nous a été au-dessus de tout

éloge. » Sur les intentions des Yankees, elle s'interrogeait :
« Que nous réservent-ils ? Une autre révolution, pour quoi
faire ? Nous serions morts que dans la tombe ils nous tour-
menteraient encore. Un tigre pourrait se satisfaire de la
ruine de ce paradis prospère... » Avec son sens du pathétique,
elle ajoutait : « Certaines nuits où la lune brille, froide et bla-
farde, où le silence n'est brisé que par le cri des *whippoor-
wills* * et le ululement des chouettes, je pourrais m'arracher
les cheveux et pleurer tout haut sur tout ce qui fut et n'est
plus. A Richmond, j'ai habité pendant un temps en face de
l'hôpital des officiers et je rêve maintenant de marches
funèbres éternelles, rythmées au son étouffé du tambour – et
de la selle vide du cheval de bataille – pour moi le plus triste
de tous les spectacles humains... Nous sommes dans un état
transitoire curieux... Je suis contente que seuls les arbres
silencieux et les sables arides soient témoins de notre " état
misérable " [4]. »

Bien des familles auraient envié la « misère » des Chesnut.
Kate, la sœur de Mary, et son mari furent contraints de
vendre leur plantation de Floride et partirent avec leurs deux
plus jeunes enfants pour Flat Rock, en Caroline du Nord,
tandis que leur fils Miller restait avec les Chesnut afin de
pouvoir poursuivre ses études à Camden [5].

Ravalant leur fierté, les aristocratiques Charlestonians
s'étaient mis au travail : « Henry Manigault et sa femme sont
intendant et intendante de l'hospice de Charleston, notait
Meta Morris Grimball dans son journal. William Middleton
loue des chambres ; la femme et les filles de James Hay-
wards... font de la couture ; la veuve du gouverneur,
Mrs. Allston, tient une pension de famille. » La propre fille
de Mrs. Grimball avait quitté sa famille et gagnait sa vie
comme maîtresse d'école. Lorsque les difficultés financières
des Grimball diminuèrent et qu'ils intimèrent l'ordre à leur
fille de rentrer, celle-ci annonça poliment et fermement que
l'indépendance était préférable à une dépendance respectable [6].

---

* Engoulevent de l'est de l'Amérique du Nord qui chante la nuit.

Incapables de prendre conscience de la gravité de la situation, les parents de Belle Kearney, par contre, conservèrent pendant cinq ans leur train de maison, donnant à leurs serviteurs noirs des salaires exorbitants, louant la terre aux affranchis qui ne la firent point prospérer. Quand survint la ruine, Mrs. Kearney, sans un murmure, renvoya tous ses domestiques. « Les robes de coton remplacèrent les robes de soie, écrit Belle ; le salon fut déserté pour la cuisine, le piano pour la machine à coudre. Le labeur était incessant. L'argent faisait trop défaut pour embaucher quelqu'un, sinon pour laver le linge et couper le bois [7]. »

Les femmes pouvaient encore s'estimer heureuses lorsqu'elles n'avaient pas perdu un époux à la guerre. Rien qu'en Alabama, il y avait 80 000 veuves, dont les trois quarts manquaient des plus élémentaires nécessités de la vie [8]. Plus bas était leur milieu social, plus dures étaient leurs tâches. On en vit, en Virginie et en Caroline du Nord, pousser la charrue. La guerre avait créé une génération de femmes sans hommes. Les armées confédérées avaient perdu 258 000 hommes, et un certain nombre de jeunes gens, plutôt que de relever les ruines, partirent chercher fortune dans l'Ouest, ce qui dépeupla d'autant les États du Sud. Le recensement de 1870 montre qu'il y avait 25 000 femmes de plus que d'hommes en Caroline du Nord, 36 000 en Géorgie, 15 000 en Virginie, 8 000 en Caroline du Sud [9].

Des veuves et des femmes célibataires firent marcher, seules, des fermes et des plantations. Au Mississippi, la fille du vieux Thomas Dabney reprit ainsi la direction de la plantation familiale. Au Kentucky, Mrs. Cassius Clay, qui avait laissé son ambassadeur de mari en Russie à cause de ses aventures féminines, récupéra la ferme familiale, paya les dettes, construisit une vaste maison et éleva ses six enfants [10]. Les exemples sont infinis. « Les femmes, les femmes du Sud, si courageuses, partout réorganisant leur vie, rebâtissant leur foyer sur les ruines », écrivait un observateur admiratif [11].

Difficile, pourtant, d'ôter de la tête des hommes l'image de la femme sur son piédestal, orgueil du vieux Sud. Quand, en avril 1867, les membres du *Charleston Board of Trade* se réunirent pour fêter le premier anniversaire de sa création, une série de toasts furent portés. Le neuvième s'adressait aux dames dont la véritable mission, dit l'orateur, était d'élever l'humanité, de l'améliorer et de purifier ses mœurs : « Sa place est dans le cercle familial, à l'école, à l'hôpital, auprès du lit de douleur. Sa mission est de répandre le bonheur dans le foyer, de maintenir allumée la lampe de la religion et d'apprendre aux hommes la vertu. Que jamais ne vienne le jour où sa belle nature sera avilie dans l'arène politique et les querelles de parti [12]. »

Le temps de la Reconstruction

Il est vrai qu'en 1867, la politique tomba dans d'étranges mains. Forts d'une majorité accrue au Congrès, les radicaux firent passer, par-dessus le veto du Président, une loi qui divisa les anciens États confédérés en cinq régions militaires, chacune placée sous les ordres d'un général qui commandait des troupes en nombre suffisant pour faire régner l'ordre. 20 000 soldats furent affectés ainsi à l'occupation des anciens États confédérés. Afin d'évincer de la politique toutes les personnalités du Sud, des lois iniques frappèrent d'incapacité les ex-Confédérés tandis que le droit de vote était accordé aux Noirs, dont la plupart étaient illettrés. Dans cinq États, l'Alabama, la Floride, le Mississippi, la Louisiane et la Caroline du Sud, les électeurs noirs représentaient la majorité ; dans d'autres États, une coalition Noirs-Blancs constituait la majorité radicale. A ces collaborateurs, généralement des petits Blancs sans expérience ni éducation, fut donné le nom de *scalawags*.

Pis, une armée d'aventuriers sans scrupules accourut du Nord, portant pour tout bagage un sac fait d'un morceau de tapis (d'où le nom de *carpetbagger*) afin d' « éclairer » les affranchis sur leurs droits, c'est-à-dire pour les faire voter républicain, et « aider » dans leur tâche les législateurs ignorants.

L'extravagance, la corruption et la bouffonnerie fleurirent au sein des assemblées locales, où l'on vit des législateurs se voter des crachoirs en or. Écartée du pouvoir, l'élite blanche, la classe des planteurs et des professions libérales, en fut le témoin impuissant. Privés de tout pouvoir sur leur propre gouvernement, soumis à une occupation militaire, les Sudistes eurent recours aux moyens dont usent les peuples opprimés : sociétés secrètes, action clandestine, terrorisme. Ce fut le temps du Ku Klux Klan et du Camelia Blanc, dont la mission initiale fut d'assurer la protection des familles blanches, et surtout des femmes, contre tout acte de violence de la part des Noirs, et d'empêcher ceux-ci de voter. En vérité, le vote noir allait permettre aux Républicains de se maintenir au pouvoir jusqu'en 1885. Dans certains États, la Reconstruction dura dix ans. Elle ne s'acheva qu'en avril 1877, lorsque les derniers soldats fédéraux quittèrent la Caroline du Sud et la Louisiane.

Les motifs des gens du Nord n'étaient pas seulement humanitaires et politiques. Leur volonté de détruire la civilisation sudiste et d'humilier les Blancs est évidente. Les radicaux et leurs amis ne se contentèrent pas de prôner l'égalité des deux races, mais la « suprématie noire ». Les excès des agents fédéraux ouvrirent des plaies si profondes qu'elles saignent encore : « En repensant à ces années terribles, écrivait fort justement Virginia Clay, je suis convaincue que ces agents, bien plus que les ennemis qui affrontèrent nos héros sur les champs de bataille, sont responsables du ressentiment que la grande horreur du " temps de la Reconstruction " provoqua [13]. »

En Alabama, la Reconstruction commença avant même la paix d'Appomatox. De retour à Huntsville après quatre ans d'absence ou presque, Mrs. Clay fut bouleversée par les changements survenus à cette « belle, vieille ville ». Leurs propriétés confisquées, leurs champs en friche, leurs bourses vides, « la majorité de nos voisins n'avait d'autre antidote au désespoir que l'indignation ». Si nombre d'anciens esclaves gardèrent avec les Blancs la même attitude cordiale et respectueuse, d'autres se montrèrent volontiers arrogants, surtout les femmes. Ainsi, à Huntsville, elles se rassemblaient sur les trottoirs et, en voyant approcher leurs anciens maîtres ou maîtresses, formaient un rang serré afin de les contraindre à leur céder le passage, les plus audacieuses les bousculant même. L'insolence était pour elles un moyen de s'assurer qu'elles étaient libres [14].

A une dame de Charleston qui demandait à sa servante de nettoyer quelques pots et bouilloires, celle-ci répondit : « Feriez mieux de l' faire vous-même. Z' êtes pas plus intelligente que moi. Vous pensez que vous l'êtes? Alors, f'ottez vous-même. » D'autres se contentaient d'ignorer leurs anciens maîtres. « Lorsque je me rendais à l'église, rapportait un distingué Charlestonian à son épouse, Rosetta, la femme de chambre de Lizze, **est passée** près de moi sans me parler. Elle était vraiment **très élégante**... [15]. »

En réalité, maîtresses et esclaves de maison avaient toujours vécu dans une intimité conflictuelle qui explosait parfois en violence, d'un côté comme de l'autre. De l'amour à la haine, elles passaient par toute une gamme de sentiments. Mais quelles que fussent les qualités émotionnelles de leurs relations, elles comportaient une très grande part d'intimité. Il arrivait qu'une femme fouettât la servante qui pouvait partager son lit, dont elle avait mis les enfants au monde, ou qui avait mis au monde les siens et les avait allaités, et dont les enfants, fréquemment, jouaient avec les siens; une servante qui lui était si chère qu'elle l'emmenait partout avec elle et prenait plaisir à lui confectionner de ses mains une jolie robe, ou des vêtements pour ses enfants [16].

Dans le meilleur des cas, les servantes noires étaient considérées comme des membres de la famille blanche, et elles rendaient bien l'affection qu'on leur portait. Telle cette Annie Johnson, qui avait été mise dans la corbeille de noce d'une jeune fille de la Caroline du Sud et jamais ne la quitta, où que celle-ci allât. Lorsque la guerre vint, puis la Reconstruction, et que ses maîtres furent ruinés, Annie partit travailler au-dehors et ramena sa paie à la maison pour aider à acheter la nourriture des enfants blancs. Quand elle mourut, elle fut enterrée dans la concession funéraire familiale, où elle repose encore aujourd'hui aux côtés de sa maîtresse [17].

L'expérience de Port Royal

L'ignominie et la haine dominèrent tellement les années d'occupation yankee qu'on oublie trop souvent que des hommes et des femmes du Nord, animés d'un grand idéal, s'efforcèrent d'améliorer la condition des Noirs, ouvrant des écoles afin de leur donner une éducation, se dévouant pour eux sans arrière-pensée politique, tâche à laquelle des jeunes filles et des femmes sudistes participèrent également, ainsi que le révèle Letitia M. Burwell, de Virginie : « Nos écoles religieuses font beaucoup pour élever les nègres et améliorer leur condition, et nous devons remercier beaucoup de bons et chaleureux amis du Nord pour l'aide en matériel, livres et Bibles destinés au travail des écoles du dimanche noires, auquel tant de personnes s'intéressent dans le Sud sans avoir les moyens de le mener à bien comme elles l'entendent [18]. »

Le désir de s'instruire était grand chez les affranchis, comme aussi le besoin d'avoir une terre à eux, une mule, un chien, un fusil, de chasser et de pêcher et de vivre à leur guise. Là résidait pour eux la liberté et non dans le travail salarié. Aussi bien, devenus serviteurs à gages, les domestiques se montrèrent-ils particulièrement instables. A la moindre remarque, ils filaient. Difficile pour des gens tenus pendant tant d'années en servitude de faire l'apprentissage de la liberté. Le processus fut long et douloureux. Ceux des Sea Islands, occupées par les forces nordistes au début de la guerre, furent pris en main dès le printemps de 1862 par des hommes et des femmes de bonne volonté venus du Nord qui mirent en place une série de réformes audacieuses afin de rebâtir ces petites îles côtières de la Caroline du Sud à l'image du Massachusetts. L' « expérience de Port Royal », ainsi qu'on appela cette tentative, fut pour les missionnaires et les maîtresses d'école de Boston, de Philadelphie et de New York riche d'enseignements, de promesses, de contradictions et de désillusions.

Alors que la guerre faisait rage en Virginie et le long du Mississippi, la flotte du commodore S. F. Du Pont, le 7 novembre 1861, pénétra dans le *Port Royal Sound* et ouvrit le feu sur les batteries sudistes, les réduisant rapidement au silence. Sans attendre la suite des événements, la population blanche gagna le continent dès que le canon se tut. Un petit nombre seulement de planteurs réussirent à prendre le ferry pour Charleston avec leurs esclaves et leur bétail; la plupart des gens se contentèrent de rassembler en hâte quelques affaires et d'embarquer pour le continent avec une poignée d'esclaves, abandonnant derrière eux leurs demeures et une dizaine de milliers de Noirs − soit que ceux-ci refusèrent de les suivre, soit que leurs maîtres jugèrent préférable de les laisser sur place et de leur confier leurs biens.

Laissés à eux-mêmes, les esclaves se livrèrent à une orgie de pillage et de destruction. La petite ville de Beaufort fut mise à sac par les nègres des champs qui, en bandes excitées, pénétrèrent dans les maisons et, malgré les protestations des serviteurs fidèles, brisèrent les meubles, chargèrent sur des bateaux le fruit de leurs pillages et noyèrent dans le vin leur liberté nouvelle. Un habitant de Beaufort, Thomas Elliot, revint chez lui le lendemain de l'attaque yankee; il découvrit « Chloé, la femme de Stephen, assise au piano de Phoebe et jouant des airs endiablés tandis qu'au premier, deux filles dansaient à corps perdu ». Toutes étaient des négresses des champs. Sa maison avait été pillée et retournée de fond en comble.

Le commodore Du Pont entra dans Beaufort le 12 novembre et fut consterné par le spectacle de désolation qui s'offrait à ses yeux. Il était urgent de remettre les Noirs au travail et de veiller sur eux. Un jeune avocat de Boston, fervent abolitionniste, Edward L. Pierce, et un pasteur méthodiste renommé, Mansfield French, s'en chargèrent. Persuadés avec juste raison que l'amélioration des conditions de vie du Noir passait par son élévation morale, les deux hommes jugèrent indispensable d'envoyer non seulement des intendants auxquels toute autorité serait donnée pour faire régner sur les plantations une « discipline paternelle », mais encore des ministres du culte et des maîtres d'école. Leur objectif, disait Pierce, serait de « régénérer » le Sud décadent grâce aux vigoureuses institutions de la Nouvelle-Angleterre, à son système d'école publique et à son « christianisme libéral ».

Pierce choisit trente-cinq missionnaires, tous jeunes et d'un niveau intellectuel élevé, prenant grand soin d'écarter les fanatiques et les excentriques, et French douze femmes dont il avait l'entière responsabilité. Ces femmes comptaient parmi elles les épouses de quelques membres du Congrès dont le rôle se limiterait à distribuer des vêtements et des provisions qu'elles avaient collectés, et de jeunes institutrices. Pour l'assister, Mansfield French emmena avec lui son épouse Austa, ancienne élève de Mary Lyon. Austa French était une femme fort intelligente qui avait mené de front avec succès l'éducation de sa large famille et sa tâche d'enseignante et de missionnaire. Seulement elle était franchement excentrique et, dès lors qu'il s'agissait de la cause des Noirs, sombrait dans le fanatisme.

La petite troupe, qui prit le nom de *gideonites* (du nom du juge d'Israël), débarqua à St. Helena au mois de mars. A bord, les gideonites avaient chanté des hymnes et *John Brown's body,* au grand déplaisir du personnel du steamboat. Le premier geste de Austa French, en arrivant à Hilton Head, fut de se précipiter sur une Noire qui passait, de la serrer sur son cœur et de l'embrasser en disant entre deux sanglots : « Oh, ma sœur ! » Elle avait l'impression ainsi d'avoir personnellement brisé ses chaînes, mais ce faisant, elle s'attira les moqueries et le mépris des officiers qui avaient assisté à la scène [19].

Bien que le plan de Edward L. Pierce eût reçu l'accord et du ministère des Armées et du *Treasury Department*, les militaires en place accueillirent plutôt froidement les missionnaires. Au début de la guerre, l'abolitionnisme ne faisait pas plus recette dans les armées de Lincoln que dans celles de Jefferson Davis. En parlant des gideonites, un officier écrivait le 12 avril 1862 : ce sont des « sentimentaux venus ici pour prendre (les nègres)... dans leurs bras, et qui s'étonnent de trouver tant de cas de gonococcie dans la famille... ». De leur côté, les Noirs n'aimaient pas du tout la manière dont les soldats se comportaient sur « leurs » propriétés. Pierce constata à son arrivée qu'ils n'avaient pas été payés pour le travail effectué pour le compte du gouvernement fédéral et que les abus étaient monnaie courante. Le colonel Nobles dénonçait, quant à lui, l'incompétence des missionnaires qui saluaient les Noirs avec des « mes sœurs et mes frères, vous êtes libres » et les faisaient travailler dans les champs de coton comme leurs anciens maîtres. Ils ajoutaient de plus à leur fardeau celui d'apprendre à leurs nouveaux maîtres jusqu'aux plus simples rudiments de la culture [20].

D'évidence, les missionnaires se trouvèrent aux prises avec des situations qui les dépassaient complètement. Le caractère même des Noirs leur était incompréhensible. Elizabeth Botume, l'une des maîtresses d'école, rapporta que ses élèves, de jeunes adultes, « roulaient les yeux et se grattaient la tête lorsqu'ils étaient étonnés, plissant tous les traits de leur visage. Si l'un d'eux se trompait de mot, ou donnait une mauvaise réponse, il prenait un air très sérieux. Mais lorsque la réponse était correcte, et surtout si elle leur semblait difficile, tous se mettaient à s'esclaffer, à tournoyer et à se pousser du coude. Ces gros rires bruyants ne pouvaient être tolérés pendant les heures de classe. Ils se moquaient les uns des autres comme des enfants mais, contrairement à eux, ils prenaient tout avec bonne humeur [21] ».

Ce n'était pas le cas des dames yankees. Elles avaient toutes été logées dans la même maison, une superbe demeure dont on leur avait vanté le confort. En vérité, elle avait été vidée de son contenu, et Susan Walker rapporte que pour tout mobilier, elle dut se contenter d'un matelas de paille, d'une pomme de terre qui lui servait de bougeoir et d'un petit banc. Mais les difficultés les plus graves provenaient de la cohabitation de douze femmes de caractère sous le même toit. Question de tempérament mais aussi de traditions religieuses. Il y avait mésentente entre les dames de New York et celles de Boston.

Le groupe new-yorkais avait assurément un grand avantage sur les Bostoniens dans leurs relations avec les Noirs. Les discours moraux sur le devoir, l'industrie, la patience, avaient bien moins d'attraits pour ces derniers que le message du Christ crucifié et ressuscité. Tous les Noirs ou presque avait été évangélisés par les baptistes et ne voyaient que par la recherche émotionnelle mystique qui s'accordait fort bien avec leur passé africain. Les évangélistes new-yorkais, pour lesquels l'émotion religieuse était un signe de la foi, les comprenaient. Point les missionnaires bostoniens, en majorité unitariens. Aussi bien se plaignaient-ils continuellement de la trop grande émotion manifestée par les Noirs. Ils estimaient également que la religion prenait trop de temps dans leur vie. Deux des enseignants s'étonnaient que les besoins religieux du cuisinier eussent un impact aussi néfaste sur sa cuisine. Une maîtresse d'école se désolait que ses jeunes élèves, sous prétexte de « chercher Dieu », restassent éveillés une partie de la nuit, errant, prétendaient-ils, « dans le désert ». Un intendant déplorait qu'un réveil religieux pût interrompre pendant quinze jours le travail dans les champs de coton. Ils étaient choqués par les réunions de prière sur les plantations, au cours desquelles les Noirs donnaient libre cours à leur tempérament émotionnel. *Gittin' de Spirit*, recevoir l'Esprit, était le but recherché. La danse et le chant faisaient partie de leur rituel, et les fidèles dansaient jusqu'à atteindre la frénésie. Comme en Afrique, le prédicateur « appelait » et les fidèles « répondaient », martelant le sol de leurs pieds nus et claquant des mains. Même les plus évangéliques des missionnaires étaient troublés par le *shout*, ce cri arraché à l'âme. Interrogés par le jeune William Gannet, ils répondirent que les « anges criaient ainsi au Ciel [22] ».

Aux Sea Islands comme dans tout le Sud, les esclaves dans leurs chants exprimaient le désir de « traverser le Jourdain » pour « voir le Seigneur ». Celui qui voulait échapper à sa condition d'esclave n'avait qu'à attendre la mort. Il serait alors transporté « paisiblement et majestueusement sur la Terre promise ». Le Ciel était pour eux quelque chose de tangible, un lieu où, comme dans la Bible, coulait le « lait et le

miel ». Mais les missionnaires et les maîtresses d'école, dans
l'ensemble, désapprouvaient ces réunions de prière qui leur
apparaissaient comme une « survivance du paganisme » et les
mots « sauvage », « barbare », « hideux », « pitoyable » revenaient sous bien des plumes [23].

Pour les Noirs comme pour les Blancs, le culte du
dimanche était le point culminant de la semaine. Revêtus de
leurs plus beaux atours, femmes et hommes se rendaient à
l'église baptiste en si grand nombre que beaucoup ne trouvaient pas de place à l'intérieur et devaient s'installer sous
les chênes, au milieu des tombes de leurs maîtres « partis
pour toujours ». Seulement le sermon était rarement à leur
goût, surtout quand un unitarien le prononçait. La rédemption par le travail était le sujet de prédilection des missionnaires, si bien qu'un jour un vieux Noir, qui avait des idées
précises sur ce que devait être un sermon, arrêta net le prédicateur dans son discours en disant : « Les Yankees, z'y
prêchent rien d'aut' que l'coton, l'coton, l'coton. » Susan
Walker raconte de son côté que lorsqu'elle voulut apprendre
l'alphabet à de jeunes élèves de l'école du dimanche, l'un
d'eux protesta : ils étaient là pour « étudier le Seigneur [24] ».

Les nouvelles dames de la Grande Maison

L'ordre nouveau déplaisait fort aux Noirs qui grondaient
en allant aux champs : « Pas d'habits, pas de tabac, pas de
molasses, pas de sel, pas de sou'iers, pas de médecine. » Il y
eut même rébellion. Les dames yankees, disons-le, réussirent
infiniment mieux que les hommes dans leur tâche. Alors que
les intendants rencontraient partout une résistance opiniâtre,
les femmes étaient joyeusement accueillies par tous. Un
contingent de Philadelphiennes était venu grossir leur
nombre, dont Charlotte Forten, une institutrice noire, Laura
Towne, jeune femme de la haute société qui représentait le
Philadelphia Port Royal Relief Committee, Ellen Murray,
Lucy McKim et quelques autres.

On les avait dispersées sur les plantations où elles assistaient l'intendant et tenaient son « ménage », prenant ainsi, qu'elles le voulussent ou non, la place qu'avait occupée peu de temps auparavant la dame de la Grande Maison. Leur présence rassurait les Noirs. Lorsqu'il y avait plainte au sujet des maigres gages donnés par Pierce aux travailleurs, écrit Laura Towne, « on venait nous chercher, nous les femmes, et on nous emmenait pour... calmer les esprits. Un triomphe après avoir été écartées de prime abord comme inutiles [25] ».

Quand Helen Phillbrick arriva à Pine Grove, les Noirs voulurent savoir ce qu'elle savait en « médecine ». Harriet Ware rapporta que les Noirs étaient « mal à l'aise tant qu'ils ne connaissaient pas nos prénoms, et ils furent heureux que le mien fût celui de la " vieille maîtresse " ». Lorsqu'elles visitaient le quartier des esclaves, elles n'en revenaient jamais sans le présent d'amitié habituel des îles – des œufs frais. Et lorsque les Noirs se sentirent plus en confiance, les objets qu'ils s'étaient appropriés lors du grand pillage réapparurent dans la maison. Une autre source de surprise pour les maîtresses d'école fut de découvrir qu'un certain nombre d'esclaves pouvaient lire et écrire, car, malgré les lois sévères en vigueur dans le Sud, de bons maîtres ou leurs enfants le leur avaient appris et ils en étaient très fiers. De même, des maîtres pieux avaient marié leurs gens avec une certaine solennité. Seulement ces mariages n'avaient aucune valeur légale puisque les esclaves, de par leur servitude, ne jouissaient d'aucun droit civil. Mansfield French entreprit de les « remarier », cette fois officiellement, et Pierce remit aux époux un certificat. Pour French, il ne s'agissait pas seulement de moralité. Il pensait qu'un mariage valide constituerait une barrière contre un retour possible à l'esclavage, si les îles venaient à être reconquises par les Confédérés [26].

En vérité, la situation était confuse. Soudainement, le 9 mai 1862, le major général David Hunter, qui commandait le secteur du sud, proclama que tous les esclaves de la Caroline du Sud, de la Géorgie et de la Floride étaient libres, et peu après il faisait paraître l'ordre suivant : « Tous les nègres mâles de dix-huit à quarante-cinq ans, bons pour le service et capables de porter les armes, devront être envoyés immédiatement à Hilton Head. » Sur de nombreuses plantations, les Noirs devinrent hystériques, et presque partout régnèrent la douleur et la consternation. Les gideonites furent atterrés, et Lincoln très mécontent. Aussi bien, le 17 mai, révoqua-t-il l'ordre de Hunter. Lui-même était partisan d'une émancipation volontaire [27].

Lorsque les gideonites, dévorés par la fièvre démocratique, tentèrent de modifier les structures sociales, ils rencontrèrent une résistance qui les laissa pantois. Depuis toujours, les Noirs avaient vécu dans un univers fortement hiérarchisé dans lequel l'homme blanc vivait sans doute du travail de l'esclave mais aussi lui accordait sa protection bienveillante. Si un petit nombre d'esclaves avaient réussi à préserver leur individualité et une certaine indépendance, la plupart, prenant conscience dès l'enfance qu'ils étaient la propriété d'un Blanc dont l'intérêt était de veiller sur leurs jours, se contentaient d'être un rouage dans une mécanique bien huilée. Les dames yankees ainsi tentèrent en vain d'empêcher les Noirs de les appeler « maîtresse ». Laura Towne fut toute surprise de voir un jour une demi-douzaine de jeunes qui s'accrochaient à ses jupes se disputaient gentiment pour avoir le privilège de l'appeler « *ma* maît'esse ». De même découvrirent-elles qu'il était impossible d'ôter aux vieux Noirs sans les froisser terriblement leur titre d'« oncle » et de « tante ».

Les esclaves de maison possédaient également un sens des convenances, voire un snobisme, qui échappait totalement aux gideonites, ce qui créa des situations cocasses. Rina, la cuisinière de Laura Towne, estimait que pour la « bonne renommée de la maison » et l'« honneur de l'établissement », il fallait faire de temps à autre des présents de nourriture aux voisins, même quand c'était elle la donatrice inconnue et non Miss Towne. Lorsque le capitaine Hooper voulut, un dimanche, offrir sa place dans la voiture à la vieille « tante Phyllis » pour aller à l'église et se proposa de monter sur le siège arrière, Harry le cocher, douloureusement atteint dans sa dignité, protesta vivement contre ce manquement aux règles de la bienséance. Harriet Ware écrit : « J'ose dire qu'ils pensent que nous sommes tous de " pauvres Blancs ".

Mary... a dit à Mr. G(annett) qu'elle lui prendrait cinquante cents par douzaine de vêtements à laver; qu'elle avait l'habitude de prendre soixante-quinze cents à Charleston, mais à des " gens bien nés ". » Quant à Charlotte Forten, à cause de la couleur de sa peau, elle fut l'objet de leur mépris. Laura Towne eut bien du mal à la faire accepter par les esclaves de la plantation *The Oaks*. Elle dut longuement cajoler tante Becky pour que celle-ci se décidât à la servir et à faire sa chambre, et tante Phyllis se montra particulièrement sévère pour « cette fille milate », comme tous appelaient la jolie institutrice de Philadelphie [28].

Après une année faite de mille frustrations, les gideonites firent leur bilan : la communauté noire demeurait certes dépendante de l'homme blanc, mais les écoles des îles de St. Helena, Ladies et Port Royal comptaient plus de 1 700 élèves. Bien que les gideonites eussent appris à mieux connaître les Noirs, ceux-ci n'avaient pas fini de les surprendre, ne serait-ce que par les bons sentiments qu'ils manifestaient à l'égard de leurs anciens maîtres. Ainsi, tout en proclamant qu'ils étaient heureux d'en être débarrassés à jamais, ils ne leur souhaitaient que du bien et espéraient « qu'ils ne seraient pas un jour dans le besoin »; et Garrett nota que lorsque les Noirs durent s'acheter des vêtements neufs, ils se rendirent compte fort bien qu'il avait été un temps où le maître leur offrait « un costume entier à Noël [29] ».

L'expérience de Port Royal fut en vérité un échec. La Caroline du Sud ne devint jamais un autre Massachusetts, comme les idéalistes yankees l'avaient espéré, et quand vint le temps tragique de la Reconstruction, les Sea Islands, elles aussi, sombrèrent dans la corruption et la misère. Des aventuriers rapaces se jetèrent sur les îles et manipulèrent à leurs fins la population noire. A l'invitation de Laura Towne, la quakeresse Cornelia Hancock, après avoir passé les années de guerre sur le front comme infirmière, se rendit à Charleston. Dans une lettre adressée à sa sœur, en décembre 1867, elle mentionne la « coquinerie » pratiquée à l'égard des affranchis par les « spéculateurs nordistes, de malhonnêtes agents du *Freedmen' Bureau*... et autres gredins [30] ». La situation dans les Sea Islands était particulièrement tragique.

Rufus King, venu enquêter pour le *Scribner's Monthly Magazine*, rapporta en 1873 que l'hôtel de ville était contrôlé par les Noirs, et que la magistrature, la police et la législature étaient presque entièrement aux mains des « Africains ». 90 % de la population de Beaufort était noire; à St. Helena, il y avait 72 Blancs pour 6 000 Noirs; « ils monopolisent tout », écrivit King. Devenus des jouets dans les mains d'éléments corrompus, ils étaient « immoraux et irresponsables, émotifs et inconstants ». En une décennie et demie, constatait-il tristement, « une des plus singulières révolutions de l'histoire s'est produite. Une communauté riche et prospère à l'extrême a été réduite à la misère. Ses vassaux sont devenus ses seigneurs; ils disposent des ressources présentes de l'État et engagent ses ressources futures [31] ». La plupart des journalistes nordistes lui faisaient écho. Laura Towne reconnaissait l'échec de l'expérience de Port Royal; mais avec juste raison, elle refusait de tenir les Noirs pour responsables. Ils avaient cru bien faire, dit-elle, en imitant leurs « frères blancs [32] ».

La peur, la frustration, le ressentiment contre leurs anciens esclaves amenèrent néanmoins les Sudistes à construire un monde blanc dans lequel, dit l'écrivain W. J. Cash, « l'homme blanc, n'importe lequel, était en quelque sorte un maître ». Les Noirs devinrent ainsi les boucs émissaires des malheurs du Sud [33].

2

La nouvelle Terre promise

L'Ouest devint la nouvelle Terre promise, et pas seulement pour les Sudistes vaincus et ruinés. L'épopée du Far West, l'une des plus grandes migrations des temps modernes, se déroula entre 1840 et 1870. Traversant les Grandes Plaines, franchissant les Rocheuses, 250 000 Américains se précipitèrent vers l'Oregon et la Californie, puis vers l'Arizona, le Nouveau-Mexique, le Colorado, le Nebraska, l'Utah, pour prospecter l'or et l'argent ou acquérir des terres. Si l'on excepte les chercheurs d'or, population instable et essentiellement masculine, la plupart des immigrants étaient chargés de femmes et d'enfants. L'exode vers l'ouest fut une affaire de famille. Mais si les hommes se jetèrent avec enthousiasme dans l'aventure, les femmes partirent à leur corps défendant et le cœur lourd. Dans cette histoire, elles n'eurent guère leur mot à dire.

La crise économique sévissant à l'Est provoqua la première grande migration. A la fin de l'année 1837, on enregistra des faillites bancaires dans tous les États-Unis. En 1839, les salaires avaient diminué de 30 % à 50 %. A Philadelphie, 20 000 chômeurs manifestèrent et à New York, 200 000 personnes se demandaient si elles survivraient à l'hiver. Le Middle West était également durement touché. Sur le Missouri et le Mississippi, les steamboats brûlaient du grain comme combustible [1]. Une autre raison fut la surpopulation – toute relative – dans la vallée du Mississippi et les États du

Middle West. Un grand nombre de fermiers prétendaient se sentir « à l'étroit ». L'un d'eux quitta ainsi l'Illinois pour le Missouri parce que « des gens commençaient à s'installer sous son nez » alors que ces plus proches voisins se trouvaient à douze milles de là. Puis à peine avait-il défriché sa terre qu'il entassa dans sa lourde carriole sa famille, ses lits, ses instruments aratoires, ses provisions, et prit le chemin de l'Oregon [2]. L'Américain, en vérité, eut toujours plus de terre à sa disposition qu'il ne pouvait en exploiter.

En 1840, les immigrants regardaient surtout vers l'Oregon, que les trappeurs de la *Hudson Bay Company* et ceux de la *Rocky Mountain Fur Company* présentaient comme un paradis terrestre, ventant à l'envi son climat, ses forêts giboyeuses, ses rivières poissonneuses, ses vallées fertiles dont la terre apporterait à celui qui la mettrait en valeur richesse et prospérité. Sans doute, les Indiens possédaient-ils ces terres; mais le fait qu'ils ne les cultivaient pas et n'avaient point bâti dessus ôtait tout scrupule aux immigrants en puissance. Ce que le fermier souhaitait le plus au monde, le gouvernement fédéral le lui offrait par une loi qui lui permettait de choisir une terre dans un territoire vierge, de bâtir dessus, de la cultiver puis, lorsque la région aurait été arpentée, de l'acheter à un prix minimum. La première *Preemption Bill* fut votée en 1842 [3].

Les *squatters* vinrent du Missouri, de l'Illinois, de l'Iowa, de l'Indiana et même de l'État de New York et du New Hampshire. Tous ou presque appartenaient à la classe des petits « paysans-propriétaires » et avaient déjà au moins une fois émigré. La plupart étaient jeunes et déterminés. Un optimisme sans faille leur faisait croire que leur dur labeur trouverait demain sa récompense et que l'avenir ne pourrait apporter que des jours meilleurs. Le Far West répondrait-il à leur attente? Ils en étaient persuadés.

Les femmes voyaient les choses différemment. Elles s'inquiétaient de devoir vivre si loin des écoles, des églises, de leur famille et de leurs amis. Elles comprenaient fort bien que la décision ne leur appartenait pas. Leurs journaux intimes montrent leurs frustrations pendant les préparatifs et

leur chagrin au moment du départ. Arrachées à leur
« sphère » domestique, la première et peut-être la plus dure
épreuve fut sans doute pour elles le long voyage en convoi à
travers le continent américain. La *California Oregon Trail*
fut le voyage de noces d'un certain nombre de femmes et le
tombeau de beaucoup. Une femme sur cinq était enceinte ou
le devint au cours du voyage, et la plupart avaient avec elles
de jeunes enfants – ce qui rendit plus dramatique encore leur
migration. La peur ne les quittait pas. Pour un jeune enfant,
le danger était partout : il pouvait tomber du haut du chariot ; se noyer en passant une rivière ; se perdre au milieu des
centaines de familles, de chariots, de bêtes. Il subissait les
pluies torrentielles, les rayons ardents du soleil de l'été et les
maladies de l'enfance – rougeole, fièvre, maux de dents,
diarrhées. Pour les plus âgés, la tentation était grande
d'échapper à l'autorité des parents pour faire toutes sortes de
sottises. Les mères craignaient toujours qu'une bande
d'Indiens ne les enlevât [4].

Pour la femme enceinte, le voyage pouvait tourner au
cauchemar. Nul ne pouvait prévoir quand commenceraient
les premières douleurs. Peut-être serait-elle seule à ce
moment-là, sans une présence féminine à ses côtés ? Peut-être
les Indiens seraient-ils en train d'attaquer le convoi ? Peut-
être l'enfant se présenterait mal ? Peut-être se viderait-elle de
son sang, et la mort viendrait inexorablement ? La pudeur
empêchait nombre de femmes de mentionner dans leurs journaux intimes qu'elles étaient enceintes. Le lecteur le
découvre généralement au moment de l'accouchement. Ainsi
Carolyne Findley mit au monde un bébé trois mois après son
arrivée au fort Vancouver ; dans son journal, elle n'avait
jamais auparavant fait allusion à son état. Elle raconte en
revanche l'accouchement dramatique d'une femme alors
qu'un « orage terrifiant » s'était abattu sur le convoi. Si violemment tombait la pluie que les chariots étaient inondés. A
l'intérieur d'une tente, des « infirmières » pataugeaient
autour de la mère et du nouveau-né auxquels elles prodi-
guaient leurs soins. La malheureuse avait accouché sur un
matelas posé entre deux chaises, et elle pouvait sans doute

s'estimer heureuse d'avoir autour d'elle ce cercle d' « infirmières ». Pour d'autres, la mort était au rendez-vous. Avec une retenue toute victorienne, Catherine Haun, la jeune épouse d'un avocat atteint de la fièvre de l'or, narre la fin d'une certaine Mrs. Lamore et de son nouveau-né :

« La seule mort du voyage survint dans ce désert. La femme canadienne, Mrs. Lamore, est tombée soudainement malade et est morte en laissant deux petites filles et un mari affligé. Nous avons fait halte un jour pour l'enterrer avec le nouveau-né qui n'avait vécu qu'une heure... Les corps furent enveloppés dans un édredon et ficelés, tels des momies, avec quelques mètres de corde que nous avions fabriquée en attachant ensemble des bandes déchirées dans une jupe de coton. On lut un passage de la Bible (la mienne); on dit une prière et on chanta " Plus près de toi, mon Dieu... " Nous avions le cœur serré et les yeux pleins de larmes en descendant le corps dans la tombe, sans cercueil. On ne mit pas de pierre tombale. Pourquoi l'aurions-nous fait? Le pauvre époux et les orphelines ne pouvaient nourrir aucun espoir de retourner un jour sur la tombe. Ce n'était qu'une parmi les centaines qui jalonnaient la route des argonautes [5] *. »

En avant vers l'ouest !

Les principaux lieux de rendez-vous étaient St. Joseph et Independence, dans le Missouri, et Council Bluffs dans l'Iowa, où les immigrants, au sortir de l'hiver, se rassemblaient avec leurs chariots et leur bétail. D'Independence partait la vieille piste de Santa Fe, qui menait dans la Californie du Sud, tandis que du fort Kearny, dans le Nebraska, les immigrants empruntaient la *California-Oregon Trail*. Aux pionniers se mêlèrent à partir de 1849 les chercheurs d'or. L'or californien n'attira pas que des aventuriers et des fermiers habitués aux travaux en plein air mais quantité de

---

* Nom donné aux chercheurs d'or par analogie avec les compagnons de Jason qui, sur le navire *Argos*, s'en étaient allés conquérir la Toison d'or.

gens des villes – médecins, avocats, prédicateurs, ouvriers, artisans, commerçants –, des hommes qui avaient tout quitté et plus d'une fois leurs femmes et leurs enfants, pour tenter l'aventure. Certains convois comprenaient jusqu'à 130 chariots, de lourds *conestogas* auxquels fut donné le nom pittoresque de « goélettes des prairies », et des carrioles en tout genre. Dans la seule ville d'Independence, en avril 1849, un millier d'immigrants s'apprêtaient à partir [6].

Au cours des années suivantes, des familles au grand complet prirent la route de l'Ouest – parents, enfants, petits-enfants, oncles, tantes, cousins. Loin de former un groupe uni, ces familles, en chemin, se séparaient fréquemment. Les raisons en étaient variées : maladies, querelles, accidents de chariot. Les journaux des femmes relatent d'innombrables disputes entre les hommes, qu'ils fussent ou non de la famille. Le respect du sabbat fut l'un des grands sujets de discorde parmi les immigrants ; le choix de la route, et surtout des raccourcis à emprunter, en fut un autre. Les femmes s'en inquiétaient, car la décision d'un mari ou d'un père les séparerait du groupe avec lequel elles voyageaient. Toutes cherchaient à reconstruire une parcelle de la vie civilisée qu'elles avaient laissée derrière elles, et elles reformaient souvent sur la piste des cercles de tricot. Pour beaucoup de femmes, comme le dit fort justement Carl N. Degler, la civilisation était plus que la loi, les livres ou le gouvernement : « c'était aussi des pianos, des associations paroissiales, du linge, de la porcelaine, des miroirs ». Le voyage était long. Il se poursuivait sur près de 3 500 kilomètres et durait plusieurs mois. Comme elle passait la ligne de partage des eaux, à la *South Pass*, l'une d'elles notait : « Oh ! revivrons-nous un jours comme des êtres civilisés ? » Et cette autre écrit : « Chaque pas lent et pesant du bétail nous entraînait un peu plus loin de la civilisation, dans un pays barbare et désolé. » Seul l'espoir de s'établir durablement, de fonder un nouveau *home* maintenait son courage. C'était « comme un phare », dit-elle [7].

La présence des autres femmes était un tel réconfort, elles occupaient une si grande place dans leurs journaux qu'il est parfois ardu de savoir si leurs auteurs étaient mariées ou non. Bien que contraintes par la nécessité de pousser de temps à autre le chariot, de soigner le bétail, de chercher de l'eau, de ramasser du bois ou des bouses de bisons *, tâches essentiellement masculines, elles ne tentèrent presque jamais de profiter de l'occasion pour rompre avec les habitudes traditionnelles, sinon quelques toutes jeunes filles pour qui le long *trek* à travers les Grandes Plaines et l'établissement de leur famille en *terra incognita* avaient un goût d'aventure et même de « libération des contraintes », d'autant que les premiers jours la route était aisée, l'herbe grasse et la bonne humeur quasi générale : « Chaque jour présentait de nouvelles scènes, écrit une jeune immigrante; les bois regorgeaient de gibier... et de fraises, et chaque jour était comme un pique-nique. » Et Mollie Dorsey, en arrivant au Nebraska, confie à son journal : « Je crois que ce sera une bénédiction pour nous, les filles. » Elle emprunta une tenue de cheval, partit galoper dans les plaines et déclara qu'elle se sentait libre « comme un oiseau auquel on aurait ouvert la porte de la cage [8] ».

En vérité, un adage très en vogue recevait chaque jour confirmation : les Grandes Plaines étaient « un paradis pour les hommes et les chiens, mais un enfer pour les femmes et les bœufs ». Levées avant l'aube, les femmes allumaient les feux, mettaient l'eau à bouillir et préparaient le petit déjeuner. Aidées des plus grands enfants, elles trayaient ensuite les vaches, et quand les haricots étaient chauds, le pain cuit, le café bouillant, les hommes les rejoignaient. Le pain était parfois remplacé par des crêpes, le café par du thé et la viande accompagnait souvent les haricots, mais le menu ne variait pas.

Ces femmes, qui en majorité appartenaient à la petite bourgeoisie et à la paysannerie, avaient l'habitude de faire la cuisine. Mais faire la cuisine en plein air était chose nouvelle et pique-niquer tous les jours pendant cinq ou six mois, occa-

---

* La bouse de bison était le combustible le plus facile à se procurer dans les grandes plaines.

sionnellement sous des pluies torrentielles, pouvait devenir une épreuve redoutable. Elles n'avaient pas de table, et toute la préparation des repas se faisait à même le sol. « Sans tables, sans chaises, sans rien, c'est dur pour le dos », écrivait Lodisa Frizell ; et Esther Hanna, la toute jeune épouse d'un ministre du culte, raconte son tourment lorsque le vent soufflait : « J'ai dû aussi faire le pain cette nuit. La patience est mise à rude épreuve quand il faut le faire cuire sur un petit feu de bois vert, aveuglée par la fumée et frissonnante de froid au point que vos dents claquent [9]. »

Certains étés étaient particulièrement humides. Jour après jour, la pluie ruisselait dans les chariots, détrempant literies et vêtements. Velina Williams, en quelques mots, décrit la situation : « C'est un parfait bourbier, lits et enfants sont complètement trempés. » Lucy Rutledge Cook, une autre immigrante, note : « Aucun vêtement ne peut sécher. Pas plus que les bébés. » Les nuits où la pluie tombait trop fort, les femmes et les jeunes enfants dormaient sous le chariot ; mais il n'y avait en fait aucun moyen de se protéger des intempéries. Cuisiner sous la pluie augmentait leur peine et leur tourment. Mouillées, herbes et bouses de bisons ne brûlaient pas : « Il n'y a rien à manger que des crackers et du lard cru », écrivait une femme. Lorsqu'il pleuvait à torrents, les femmes creusaient généralement un trou dans le sol, enfonçaient dedans une baguette de fusil creuse, qui faisait office de cheminée d'appel, remplissaient le trou avec de petites pierres et cuisaient le pain dessus. La nourriture avait un goût âcre de cendre, d'armoise, de bouses de bisons et de fumée. Un immigrant parle d'une femme qui pendant plus de deux heures surveilla et attisa le feu, tenant d'une main un parapluie, de l'autre son poêlon, réussissant à cuire suffisamment de pain « pour nous donner un très bon souper [10] ».

La femme représentait le foyer, le *home* que tant d'hommes avaient laissé derrière eux, et bien des célibataires s'agglutinaient à une famille à laquelle ils proposaient leurs services. Durant la journée, les hommes se tenaient généralement d'un côté, les femmes de l'autre. Elles marchaient en petits groupes ou s'entassaient dans un chariot pour bavarder, ravauder ou tricoter. Les rencontres avec les Indiens, nombreuses, étaient rarement tragiques, du moins sur la *California-Oregon Trail*. Sur la vieille route de Santa Fe, c'était différent. Les Comanches et les Apaches représentaient un danger réel pour les voyageurs, surtout pour ceux qui avaient lâché le convoi. Souvent les Indiens se rendaient aux campements pour demander de la nourriture ou pour vendre au contraire les produits de leur chasse ou de leur pêche. La femme s'occupant du ravitaillement, c'était elle qui faisait affaire avec eux. Saisissant l'avantage qu'ils pourraient tirer du long *trek* des Blancs vers l'Ouest, d'autres Indiens, tels les Choctaw, les Creek, les Chickasaw exploitaient des bacs, fournissaient des provisions, des chevaux et des mules aux immigrants à un bon prix [11].

A la tombée du jour, lorsque le convoi s'arrêtait, les femmes se remettaient au travail, aménageant les tentes et la literie, préparant le repas, cueillant des baies jusqu'à ce qu'il fît noir, ou faisant la lessive. On voyait alors s'activer le long de la rivière une longue rangée de femmes avec leurs bouilloires, leurs bassines et leurs piles de vêtements sales. Quand elles avaient suffisamment de combustible, elles faisaient chauffer l'eau ; autrement, elles lavaient à l'eau froide.

Après le repas du soir, on se réunissait autour des feux pour chanter et jouer de la guitare ou du violon. Les jeunes filles goûtaient d'autant mieux ces soirées qu'elles leur permettaient de rencontrer des jeunes gens. Parfois, garçons et filles dansaient. Puis venait le moment de dormir. Et le silence, peu à peu, enveloppait le camp. Mais des sentinelles, postées alentour, veillaient [12].

Le bout de la route

Fort Laramie (Wyoming) et Santa Fe (Nouveau-Mexique) étaient deux haltes importantes sur le chemin du Far West. Fort Laramie, que les voyageurs atteignaient généralement au mois de juin, était devenu le rendez-vous général de ceux qui suivaient la *California-Oregon Trail*. Après ces deux haltes, et quelle que fût la route empruntée, les immigrants se heurtaient à de terribles difficultés, car il leur fallait traverser des déserts arides avant de s'attaquer aux hautes montagnes boisées : les cadavres et les squelettes d'animaux, les chariots brisés, abandonnés, témoignaient de l'âpreté du parcours. Dans les montagnes, il fallait souvent abandonner les chariots trop lourds, et les femmes poursuivaient le chemin à pied, portant dans les bras leurs plus jeunes enfants. Telle Amelia Steward Knight.

En 1853, Amelia quitta Monroe County, Iowa, pour le territoire de l'Oregon avec son mari, ses sept enfants et un grand troupeau. Pour franchir les *Blue Mountains* aux pentes trop verticales pour les grimper avec un chariot, elle dut porter son plus jeune fils, Chatfield. Quand on sait qu'elle était à ce moment-là à un stade très avancé de sa grossesse, on ne peut qu'admirer son courage. A la date du 5 septembre, elle notait : « Ai passé une nuit sans sommeil, car un grand nombre d'Indiens qui campaient alentour étaient ivres et bruyants... Ai monté ce matin une longue côte. Ce fut dur pour le bétail et aussi pour moi, et j'ai cru que je n'arriverais jamais au sommet malgré deux ou trois arrêts pour me reposer. » Douze jours plus tard, elle mettait son bébé au monde, au bord de la route, et c'est en canoë puis en bateau plat qu'elle traversa la Columbia River et pénétra dans le territoire de l'Oregon. Ses commentaires sur les Indiens indiquent que ceux-ci furent plus souvent des guides et des pourvoyeurs indispensables que des quémendeurs ou des chapardeurs [13].

Les journaux des femmes qui empruntèrent la *California-Oregon Trail* pendant les années 1860 montrent quelques changements notables. Salt Lake City était maintenant une ville prospère où les immigrants trouvaient tout ce dont ils avaient besoin, et des poteaux télégraphiques et des *trading posts* jalonnaient la piste. Mais la vie et la mort tenaient toujours en fragile équilibre, et un nouveau danger planait sur les convois. Menacés par la famine, la maladie, la déportation, les Indiens fondaient sporadiquement sur les immigrants. Imprévisibles, leurs attaques étaient devenues le cauchemar des voyageurs, particulièrement des femmes, et peu dormaient bien pendant la traversée des Grandes Plaines.

Mais ni la méconnaissance de la route, dans les années 1840, ni le choléra, dans les années 50, ni la guerre civile et les Indiens, au cours des années 60, n'arrêtèrent la migration de ce peuple obstiné, hardi, confiant dans le destin manifeste des États-Unis. Après la guerre civile, 25 000 voyageurs prirent la route de l'Ouest. Ils furent parmi les derniers Américains à traverser le continent en chariot [14].

Les femmes trouvèrent-elles le Paradis au bout de leur longue route? Il fallut trois jours à Amelia Steward Knight pour traverser la Columbia River. Sitôt arrivée, son mari échangea deux paires de bœufs contre un terrain dont un demi-acre était planté en pommes de terre et une petite cabane de rondins sans fenêtre. Lorsque Catherine Haun et son avocat de mari arrivèrent à Marysville, Californie, « il n'y avait qu'une demi-douzaine de maisons, toutes occupées à un prix exorbitant ». Quelqu'un demanda à Haun de rédiger un testament et le paya 150 dollars. « Après avoir vécu dans une tente pendant neuf mois, parcourant 2 400 milles, dit-elle, nous fûmes heureux de nous installer dans une cabane qui avait été bâtie en un jour avec du bois acheté avec les premiers honoraires. Le terrain nous avait été donné par des joueurs, car comme voisins nous avions un vrai saloon. » Et elle ajouta : « Jamais on ne m'avait montré une attitude aussi respectueuse [15]. »

Quand Mollie Dorsey Sanford, le 26 juin 1860, « à 10 heures du matin », entra dans Denver, elle constata que toutes les maisons étaient occupées et que des centaines de familles vivaient encore dans leurs chariots, leurs tentes ou des abris de fortune faits avec des tapis et des couvertures. Elle fut assez heureuse pour pouvoir emménager quinze jours plus tard dans sa « demeure ». Après avoir dormi sur le sol pendant si longtemps, écrit-elle, « c'est l'impression que nous avons ». En vérité, ce n'était qu'une cabane en planches de trois mètres sur six environ. Mais le 28 juillet, Mollie et By reprenaient la route. A Gold Hill, ville minière située près de Boulder, By devait travailler comme maréchal-ferrant pour la compagnie tandis que Mollie cuisinerait pour les hommes. On leur avait octroyé une cabine de rondins grossiers, sans plancher ni fenêtre. Une « couchette » avait été aménagée dans un coin; elle était couverte de branches de pin sur lesquelles Mollie jeta des édredons et des couvertures. Il lui fallait faire la cuisine en plein air, et bien qu'elle possédât un fourneau, il était si petit qu'elle ne pouvait cuire qu'une miche de pain ou une tourte à la fois. Une longue table avait été installée sous un auvent de branchages; seulement la compagnie ne lui fournit aucun linge de table, et les tasses et les assiettes étaient en fer-blanc : « J'ai peur de sombrer à la tâche, avoue Mollie. Ce n'est pas ce que j'avais imaginé. » Son seul « luxe » était le parfum des aiguilles de conifères sur lesquelles ils dormaient [16].

La solitude, et surtout le manque de compagnie féminine, dans bien des régions, accentuaient le regret du passé : « Je crois qu'une des raisons de ma nostalgie est que je n'ai pas de nouvelles de chez moi, note Mollie dans son journal. Ils doivent avoir écrit, mais nos courriers prennent n'importe quel chemin. » Et quelques jours plus tard : « Il faut que je pense et que je lise et que je fasse quelque chose pour ne pas au moins régresser. » Byron s'était fait prospecteur, et ils avaient emménagé dans une maison plus confortable au sommet d'une colline; néanmoins, l'abattement qui avait saisi la vaillante Mollie ne cédait pas. Le dimanche 14 octobre, elle écrivait : « C'est très dur de descendre du pays de féerie à la position *dégradante* de cuisinière, mais tel est mon destin [17]. »

Amelia Buss, comme tant d'autres, ne prit qu'à regret la route de l'ouest. Son mari faisait partie de ces pionniers assoiffés de terre qui voulaient profiter de l'*Homestead Act* de 1862 — loi conférant gratuitement la propriété de 160 acres du domaine public à qui les avaient occupés pendant cinq ans, moyennant un droit d'enregistrement allant de 26 à 34 dollars. Son journal, qu'elle tint durant la première année de son établissement à Fort Collins, Colorado, en 1866-1867, met en relief son isolement, sa solitude et son dur labeur. Typique est sa plainte : « George (son mari) est parti dans les montagnes hier matin et sera absent toute la semaine... Après son départ, j'ai laissé échapper mon chagrin et j'ai fondu en larmes. Ça paraît idiot à ceux qui ont des voisins et des amis autour d'eux. Dans la journée, tout va bien, mais les longues soirées et nuits sont *horribles*. » Le jour du sabbat, elle lisait la Bible avec sa petite fille. Elle vivait dans l'attente des lettres de sa famille ; son journal, que ses sœurs lui avaient offert avant le départ, devint le confident de ses pensées [18].

De Horse Shoe Bar, Californie, la pionnière Abby Mansur écrit à sa sœur le 12 septembre 1852 qu'elle donnerait tout l'or de la Californie pour se retrouver chez elle en Nouvelle-Angleterre : « J'ai tellement le mal du pays, je ne sais pas quoi faire, et j'ai peur de ne jamais revoir les rivages qui m'ont vu naître... Si je pouvais avoir ta minioture *(sic)* et celles d'Eds, de mère et de Phebe, je me sentirais bien mieux. » Deux ans plus tard, à sa mère et à ses sœurs, elle adressait une lettre joyeuse, leur annonçant qu'ils allaient quitter le camp minier, que son mari avait acheté une ferme aux environs, qu'elle aurait une jolie maison, qu'ils possédaient déjà dix vaches, plus encore de veaux, quelques soixante-quinze poules et sept dindons, que sa santé était excellente et que si ses amis et sa famille étaient auprès d'elle, elle souhaiterait ne jamais quitter la Californie [19].

On peut attribuer ce changement d'attitude à l'amélioration des conditions de vie en Californie, grâce à l'arrivée d'un grand nombre de familles respectables, gens nourris de la Bible, sérieux et laborieux, qui un peu partout construisirent des maisons confortables, ouvrirent des boutiques, des pharmacies, des cabinets médicaux, pratiquèrent leur métier d'avocat, s'adonnèrent à l'agriculture et à l'élevage, bâtirent des écoles et des églises.

Le vice et la vertu

Les femmes se trouvèrent néanmoins confrontées à des situations nouvelles, souvent embarrassantes, qu'elles n'auraient sans doute pas même imaginées « là-bas dans l'Est ». Les *rushes* miniers attirèrent en Californie et dans les territoires du Nevada, du Colorado, de l'Idaho ou du Dakota une population singulièrement diaprée. Fortes en couleur, les villes minières présentaient un aspect révoltant pour les pieuses familles. La violence, l'ivrognerie, le jeu et la débauche y régnaient en maîtres. Si les femmes vertueuses et les jeunes filles à marier faisaient défaut, les prostituées abondaient. La promiscuité autant que la solitude furent pour nos respectables pionnières source d'affliction.

Le culte de la Vraie Femme avait traversé les Grandes Plaines, et même si la nécessité contraignait souvent nos immigrantes à s'adonner à des labeurs masculins, peu furent celles qui transgressèrent le code moral victorien. Il y en eut pourtant. Plus d'un chercheur d'or venu prospecter en famille se fit enlever son épouse par plus riche, plus chanceux ou plus séduisant que lui – à moins que la femme ne profitât d'une occasion pour se libérer d'un mari tyrannique ou ivrogne. Mollie Dorsey découvrit ainsi qu'une femme qu'elle croyait « sage et pure » avait quitté son mari et ses deux jeunes enfants pour vivre avec un officier. « De telles choses, bien que courantes dans ce pays, me choquent terriblement, écrit-elle. J'entends de vagues rumeurs sur plusieurs autres femmes ici [20]. » D'autres journaux de femmes confirment ces manquements à l'ordre puritain. Les nouvelles que Abby Mansur donne à sa famille sur sa vie à Horse Shoe Bar font état d'une certaine Mrs. French qui avait quitté son mari pour vivre sa vie à San Francisco, avait eu un bébé et habitait maintenant avec le père « qui est marié et a une épouse et quatre enfants chez lui. C'est comme ça que les hommes font ici. Elle s'est installée d'abord avec un homme et puis avec un autre... Mais quand elle a attendu un enfant, elle s'est arrêtée et depuis qu'elle a son bébé elle vit avec cet homme [21] ».

Le manque de femmes au Far West faisait leur valeur. Les hommes se mettaient à leurs pieds et elles devenaient des objets de vénération. Dame Shirley, la charmante épouse d'un médecin venu chercher fortune en Californie, rapporte que lorsqu'elle arriva à Rich Bar, en 1851, elle rencontra un jeune Géorgien qui n'avait pas parlé à une femme depuis deux ans : « Le cœur grisé par ce joyeux événement, il courut investir des fonds dans un excellent champagne [22]. » Dans cette ambiance particulière, il n'était pas toujours facile de résister aux tentations. Sarah Royce, autre *Frontier Lady*, raconte que dans le cercle choisi qu'elle fréquentait à San Francisco, on parlait parfois de divorces provoqués par les manœuvres de jeunes gens qui « s'insinuaient dans l'affection des femmes mariées et, dans certains cas, supplantaient les maris [23] ».

Pour des femmes formées aux bonnes manières et habituées aux raffinements de la ville comme Sarah Royce ou dame Shirley, la vie au Far West présentait plus de difficultés encore, sans doute, que pour des filles ou des femmes de fermiers. Il n'y a « ni journaux, ni églises, ni conférences, ni théâtres, ni emplettes, ni visites, ni potins autour d'une tasse de thé; ni réunions, ni bals, ni pique-niques, ni tableaux vivants, ni charades, ni dernière mode, ni courrier quotidien », écrivait en 1851 dame Shirley. Elle déplorait par ailleurs le fait que les mineurs les mieux élevés, ceux qui jamais lorsqu'ils vivaient aux États-Unis n'auraient proféré un blasphème, « truffent maintenant leur langage de jurons [24] ».

Elles durent aussi apprendre à vivre dans le voisinage des saloons, antres de vice où plus d'un homme laissa son or, sa santé et sa vie. L'alcool échauffait les esprits; les bagarres étaient multiples et le revolver Colt comme le *Bowie knife* * réglaient souvent les différends. Dès qu'un saloon s'ouvrait dans un camp minier, c'en était fini de la tranquillité des nuits. Chaque week-end dans les villes, et même le dimanche, mineurs, rufians et joueurs professionnels se pressaient dans les saloons qui proliféraient comme des champignons après la pluie. Certains exhibaient sur leurs murs des tableaux de femmes nues, voire des scènes obscènes, et des femmes à demi nues dansaient sur les tables.

---

* *Bowie knife* : couteau de chasse inventé par le colonel James Bowie, qui trouva la mort à Alamo (Texas).

L'argonaute anglais Frank Marryat décrit la petite ville de Sonora, Californie, comme « un immense établissement de plaisir pour voyageurs *bona fide* ». La gent féminine n'y était représentée peu ou prou que par des filles de joie [25].

Il y avait toujours des prostituées dans le sillage des *gold diggers*. De la vallée du Sacramento aux Collines noires du Dakota du Sud, des femmes de petite vertu de toute nationalité poursuivirent pendant un demi-siècle leur quête de l'or qu'elles prenaient directement dans la poche des mineurs. Les dames respectables les qualifiaient de « créatures viles et dissolues ». Elles étaient au sens strict du terme des femmes publiques, étalant sans vergogne leurs turpitudes. Impies, impures et insoumises, n'ayant ni foyer ni famille, elles violaient les principes les plus sacrés de la morale victorienne.

En vérité, la « putain au grand cœur », compatissante et généreuse, chère aux cinéastes de western, est un mythe. Elles racolaient les hommes avec agressivité, se battaient, juraient, buvaient, jouaient et fumaient en public. Et si quelques filles particulièrement jolies et élégantes pouvaient prétendre opérer dans une maison de tolérance richement décorée, la plupart devaient se contenter d'abris sordides, meublés de paillasses ou de lits de camp décrépits sur lesquels elles accueillaient leurs clients. Il semble néanmoins qu'en Californie, selon quelques argonautes, les Mexicaines ne manquaient ni de beauté ni de « dignité », contrairement aux Américaines qu'on nous décrit comme des filles « vulgaires, viles et bestiales [26] ».

A San Francisco, au temps de la ruée vers l'or, elles avaient pignon sur rue et marchaient la tête haute. Certaines se marièrent et s'embourgeoisèrent. Beaucoup s'enrichirent, et on pouvait croiser dans les rues les pécheresses en grand équipage. D'où ce commentaire du révérend Taylor, dont le cœur saignait pour les respectables épouses californiennes : « Ainsi la vertu marchait pesamment dans les rues, ployant sous les fardeaux, tandis que les prostituées, louées et mignotées, dominaient la vie sociale, donnant à ses feux mourants un éclat éphémère par leur présence et leurs sourires trompeurs [27]. » A Butte, Montana, on les cantonna dans un *red light district* afin de les isoler de la société respectable. Dans ce quartier réservé vivaient à la fin du siècle des centaines de prostituées, *madams*, souteneurs, ivrognes, drogués et mécréants en tout genre. Leur vie ne valait pas cher : rivalités entre femmes, querelles avec leurs hommes, agressions d'un client, avortements, suicides, la mort violente et prématurée guettait les filles publiques [28].

Au milieu des joueurs professionnels, des mineurs et des *desperados* évoluaient un certain nombre de femmes qui, sans être des prostituées, ne brillaient pas par leur vertu, ni par leur féminité. La plus célèbre fut sans doute Martha Jane Canary Burke, surnommée Calamity Jane. Vulgaire, buvant sec, chiquant et jurant, elle s'habillait généralement de vêtements de peau, comme les coureurs de bois dont elle avait adopté les manières. Ses amours avec James Butler (Wild Bill) Hickock, auprès de qui elle fut enterrée, défrayèrent la chronique de Deadwood, la plus folle des cités minières, née de la dernière ruée vers l'or du XIXᵉ siècle, celle des Collines noires du Dakota du Sud [29].

Pour le meilleur et pour le pire, la conquête de l'Ouest permit également à des pionnières, presque toutes célibataires ou veuves, de s'évader des tâches attribuées à leur sexe. Conduisant des attelages, portant de lourds fardeaux, ouvrant dans les camps miniers des pensions, des restaurants, des blanchisseries, prospectant l'or à leur compte ou exploitant leur propre ferme, elles devinrent des entrepreneurs habiles. Ainsi Gusta Anderson Chapin, au Dakota, « transportait du foin... et gagnait la somme fabuleuse de 1 dollar par jour en défrichant les terrains pour d'autres immigrants, menant les bœufs et poussant la charrue ». Ainsi Clara Brown, une esclave affranchie, partit pour le Colorado, ouvrit une blanchisserie à Central City, puis à Mountain City, et gagna assez d'argent pour investir dans l'immobilier où elle fit fortune. Après la guerre de Sécession, elle rechercha sa famille, trouva 34 personnes qu'elle fit venir à ses frais dans le Colorado. A la fin du siècle, beaucoup de femmes seules, dans le Wyoming, demandèrent à bénéficier du *Homestead Act* [30].

Et il y eut bien sûr l'épopée des Mormons, qui après bien des tribulations s'établirent en 1847 près du Grand Lac Salé, puis essaimèrent sur tout le territoire de l'Utah et en Californie. Parce que leur doctrine formait un étrange pot-pourri et que, à l'instar des patriarches bibliques, ils pratiquaient la polygamie, ils passaient aux yeux des méthodistes, des baptistes, des presbytériens, des épiscopaliens et des catholiques pour des débauchés et des illuminés dangereux.

La secte avait été fondée en 1827 par un certain Joseph Smith du Vermont. L'homme prétendait avoir eu une vision de Dieu puis, trois ans plus tard, avoir reçu la visite d'un ange du nom de Moroni qui lui avait déclaré que le retour de Christ sur terre était proche et que lui, Smith, était appelé à assister Dieu dans sa tâche. L'ange lui révéla par ailleurs l'existence de plaquettes sacrées contenant l'histoire des Indiens d'Amérique qui descendraient de la tribu perdue d'Israël. Smith fit de nombreux adeptes. Les Saints du Dernier Jour furent bientôt 18 000. En Illinois, ils formaient une communauté prospère. Mais la population leur était hostile, et, en 1844, Smith fut abattu par une foule en colère. Un de ses douze disciples, Brigham Young, venu au mormonisme par sa sœur, mormone convaincue, reprit l'Église en main, et c'est lui qui conduisit sa communauté au bord du Lac Salé.

Honnêtes, sobres, rangés, laborieux, hommes et femmes furent des pionniers modèles. Ajoutons que seule l'élite, soit 2 % à 3 % de la communauté, pratiquait la polygamie et que l'Église mormone y mit un terme en 1890 afin que l'Utah pût être admis dans l'Union. Nous constatons d'autre part avec satisfaction que dès la fondation du mormonisme, les dames jouèrent un rôle dans les affaires de l'Église, que dès le mois de février 1870, elles obtinrent le droit de vote et que l'Utah fut admis dans l'Union avec une constitution prévoyant le suffrage des femmes [31].

3

Où l'on retrouve Elizabeth et Susan

Durant la guerre, Elizabeth Cady Stanton et Susan B. Anthony avaient été contraintes de mettre une sourdine à leurs revendications sur les droits de la femme, sous la pression de la « vieille garde » abolitionniste qui estimait qu'en ces temps troublés seule la cause du Noir devait être défendue. La proclamation d'émancipation de Lincoln ne leur suffisait pas. Ils voulaient un amendement de la Constitution. Elizabeth et Susan s'inclinèrent; mais elles enrageaient.

Elizabeth Cady Stanton habitait maintenant New York, où son mari avait réussi à obtenir un poste de collecteur adjoint aux douanes. Susan vint la rejoindre, et les deux amies lancèrent en 1863 un appel à toutes les femmes dont elles connaissaient le travail dans les mouvements abolitionnistes et féministes afin qu'elles se réunissent le 14 mai à New York pour décider en commun quel soutien apporter à la Nation en guerre. Elles se pressèrent en foule dans l'église des puritains du Dr Cheevers, sur Union Square. Mais il fallut toute l'éloquence de Susan et d'Elizabeth, assistées de Lucretia Mott, d'Ernestine Rose, de Lucy Stone et de Sarah Grimke Weld pour les convaincre de la nécessité d'apporter leur appui au gouvernement, tant que durerait la guerre, et de recueillir un million de signatures pour une pétition qui serait adressée au Congrès afin que le 13e amendement de la Constitution fût voté sans délai. Par ailleurs, une résolution fut adoptée préconisant l'octroi des droits civils et politiques aux femmes comme aux Noirs, dès que la guerre prendrait fin [1].

Avant de lever la séance, elles organisèrent la *National Women's Loyal League*. Elizabeth Cady Stanton fut nommée présidente et Susan secrétaire. Dès la fin du mois de mai, les deux amies ouvraient un petit bureau et se mettaient à l'ouvrage. Elles envoyèrent des lettres dans tous les coins des États-Unis, nouant ou resserrant des liens avec des femmes qui habitaient des régions aussi lointaines que le Michigan, le Wisconsin et la Californie. Quelque 2 000 hommes, femmes et enfants firent circuler les pétitions. Elles furent signées, raconte Mrs. Stanton, « par des femmes élégantes et par des ouvrières; dans les salons et les cuisines; par des hommes d'État, des professeurs de collège, des éditorialistes, des évêques; par des marins et des soldats, et par les travailleurs aux mains calleuses qui construisaient des chemins de fer et des ponts, creusaient des canaux ou besognaient dans les mines au plus profond de la terre ». Elle enrôla ses trois fils pour l'aider dans sa tâche. Miss Anthony avait pris pension chez les Stanton. La vigoureuse quakeresse n'avait pour vivre qu'une somme de 12 dollars par semaine que lui allouait l'aristocratique réformateur et abolitionniste Wendell Philipps. Elle déjeunait pour dix cents et devait parcourir à pied chaque jour de longues distances à travers New York [2].

Figures symboliques, deux grands Noirs, le 9 février 1864, apportèrent au Sénat d'énormes liasses de pétitions qu'ils placèrent sur le bureau du sénateur du Massachusetts, Charles Summer. En août, la *National Women's Loyal League* fut dissoute : elle avait réuni plus de 200 000 signatures, formidable réalisation même si l'objectif initial de un million de signatures n'avait pas été atteint. Le 1er février 1865, le 13e amendement était présenté; le 18 décembre, il fut ratifié. Les extrémistes républicains du Congrès n'étaient pas encore satisfaits. Lincoln aurait souhaité accorder le droit de vote aux Noirs sachant lire et écrire, ainsi qu'à ceux qui avaient combattu dans les armées fédérales, ce qui était sage; les radicaux réclamèrent le vote pour tous les Noirs, ce qui était absurde. Mais ils représentaient deux millions de voix potentielles. Johnson combattit ces mesures et leur opposa son veto. En 1866, l'agitation au Congrès était à son comble. La « vieille garde » abolitionniste, une fois encore, mobilisa les femmes pour la cause des Noirs, consciente de la valeur de leur organisation et de l'impact qu'elles pouvaient avoir sur le public [3].

Les leaders des mouvements féministes acceptèrent de bonne grâce de militer pour eux, d'autant qu'elles voyaient là une occasion de faire entendre leurs propres revendications : si le gouvernement donnait le droit de vote aux Noirs, il devait, en toute équité, l'accorder aussi aux femmes, ne serait-ce qu'en remerciement des services innombrables qu'elles avaient rendus pendant la guerre. Contraintes par la nécessité d'assumer des tâches généralement réservées aux hommes, elles avaient travaillé dans les usines, les champs, le négoce. Elles avaient vaillamment fait leur devoir sur le front et dans les hôpitaux, soignant les blessés et les malades. Elles avaient partout secouru les besoins et les misères, et dans quelques villes participé aux émeutes causées par la vie chère et la pénurie de pain. L'une d'elles avait même connu l'ivresse du combat politique.

Elle s'appelait Anna Dickinson. Née à Philadelphie de parents quakers, mais convertie au méthodisme, elle avait entrepris, dès l'âge de dix-neuf ans, des tournées en faveur de la cause des Noirs. La guerre, répétait-elle, devait être une croisade pour la délivrance des esclaves. La sympathie qu'elle rencontrait partout où elle passait n'échappa pas aux observateurs. Les élections approchant, les chefs du Parti républicain du New Hampshire lui demandèrent en 1863 de faire campagne pour eux. Sans doute ses discours manquaient-ils de cohérence, mais elle savait toucher, émouvoir, bouleverser. Les modérés lui pardonnaient même ses vues extrémistes. Sa voix vibrante, sa ferveur, sa jeunesse, sa beauté impressionnaient le public, et les républicains n'en demandaient pas plus. Elle était, remarquait Wendell Philipps, « le jeune éléphant qu'on envoie en avant pour essayer la solidité du pont avant de laisser les vieux le traverser ». En

1864, elle s'adressa à la Chambre des représentants en présence de tous les députés, des juges de la Cour suprême et du président Lincoln [4].

Noirs contre Blanches

Si les vieux éléphants gardèrent en mémoire les services rendus par les femmes à leur cause, ils ne s'en montrèrent nullement reconnaissants. Lorsqu'il fut question de modifier la Constitution pour accorder le droit de vote aux Noirs, ils abandonnèrent une fois de plus leurs fidèles alliées.

Au printemps de 1865, commencèrent au Congrès les débats sur le projet de loi garantissant les libertés civiles et politiques à « toute personne née ou naturalisée aux États-Unis », donc aux Noirs. Mais les législateurs, dans le deuxième paragraphe du 14e amendement, prirent soin de préciser que seuls les « mâles » seraient admis au suffrage. Nos féministes levèrent aussitôt la bannière de la révolte. Tandis que Miss Anthony faisait le tour de ses vieux amis et supporters, Mrs. Stanton rédigeait le texte d'un appel et d'une pétition demandant au Congrès que le mot « mâle » fût supprimé du projet de loi, ce qui les en excluait inexorablement. L'énergique quakeresse partit d'abord pour Concord, Massachusetts, où elle rencontra le célèbre poète et philosophe Emerson et quelques autres sages pour les prier de soutenir leur mouvement. « Demandez à ma femme, lui dit Emerson. Je peux philosopher, mais pour les questions d'ordre pratique, c'est toujours elle qui décide pour moi. » Mrs. Emerson répliqua sans hésitation qu'elle l'approuvait entièrement. Le temps était venu pour les femmes de réclamer le droit de vote, et même de le faire avant que la masse des Noirs ne l'obtînt [5].

Susan assista à une série de meetings et de réunions. Elle se rendit à Philadelphie, où elle retrouva James et Lucretia Mott ; et au New Jersey, pour conférer avec Lucy Stone et Antoinette Blackwell ; et à Worcester pour voir Abby Kelly Foster ; puis poussa jusqu'à Boston. Elle eut une interview avec Robert Dale Owen, dîna chez William Lloyd Garrison, rencontra le pasteur May, Wendell Philipps, Henry Ward Beecher et son protégé, Theodore Tilton, directeur d'un journal religieux et orateur de renom, tous abolitionnistes, tous amis de longue date [6].

Seul de la famille Beecher, Henry Ward, jeune frère de Harriet et de Catherine, joua un rôle dans les mouvements abolitionnistes. Ministre d'une nouvelle église à Brooklyn, il était le prédicateur le plus célèbre de la nation. Libéral, il insista toujours pour que les femmes pussent s'exprimer dans les réunions de prière de son église. Il promit de donner une conférence au bénéfice du « mouvement pour le suffrage universel ». Mais dans l'ensemble, les abolitionnistes se montrèrent farouchement opposés à leur projet et refusèrent de signer la pétition qu'elles présentèrent au Congrès en décembre, affirmant que c'était « l'heure du nègre » et qu'elles ne devaient pas mêler leurs revendications à celles des affranchis. Les Noirs eux-mêmes, pour qui elles avaient tant fait, refusèrent de les soutenir sous prétexte qu'en associant le Parti républicain au suffrage des femmes, on ruinerait leurs chances [7].

Indignées, irritées, nos deux amies l'étaient. Mais elles ne s'avouèrent pas vaincues. L'année suivante, Elizabeth Cady Stanton, audacieusement, se proposa comme candidate aux élections législatives, conformément à une pratique en usage dans certaines régions des États-Unis et surtout en Angleterre. Dans une lettre ouverte, elle proclama : « Appartenant à une classe privée du droit de vote, je n'ai pas d'antécédents politiques qui puissent vous inviter à me soutenir ; mais mon credo est *liberté de parole, liberté de la presse, liberté des hommes* et *libre-échange* [8]. »

Rejetées par les républicains, les deux femmes se tournèrent vers les démocrates. Lorsqu'il fut question d'accorder aux affranchis du district de Columbia le droit de vote, les sénateurs démocrates, sans enthousiasme, acceptèrent d'examiner la question du suffrage des femmes. Nombre d'entre eux profitèrent des débats pour affirmer que les femmes n'étaient nullement opprimées, et que seules celles qui avaient un penchant pour la notoriété réclamaient le suffrage. D'autres arguèrent que le monde corrompu de la politique ne saurait convenir à des femmes intelligentes et raffinées, ajoutant que le vote des femmes saperait les fondements de ces unions, sanctionnées par Dieu, dans lesquelles l'homme et la femme ne faisaient qu'un et d'où découlait « toute la conception du gouvernement et de la société ». Dernier argument de poids : le vote des femmes leur donnerait une indépendance porteuse de division qui transformerait chaque foyer en un « enfer sur la terre [9] ».

Avec une indomptable persévérance, les féministes poursuivirent seules le combat. Elles avaient conscience que si elles n'obtenaient pas le suffrage en même temps que les Noirs, il leur faudrait attendre des décennies pour que pareille occasion se représentât. En 1867, elles firent appel aux législateurs de l'État de New York, qui tenaient une convention; mais ceux-ci refusèrent de prendre leurs doléances en considération. Déjà douloureusement touchées par ce refus, elles durent subir un affront supplémentaire lorsque ces mêmes législateurs introduisirent un projet de loi sur la légalisation de la prostitution. Cette proposition pour légaliser l'amour vénal avait le soutien des édiles et des médecins, ces derniers souhaitant pouvoir régulièrement examiner les prostituées afin de lutter contre les maladies vénériennes qui s'étaient considérablement développées au cours de la guerre. Pour Elizabeth Cady Stanton, la prostitution disparaîtrait si les femmes obtenaient des salaires égaux à ceux des hommes, et si les femmes apprenaient à se respecter et les hommes à se contrôler. Elle ressentait la légalisation de la prostitution comme une insulte adressée aux femmes et aux réformateurs. Elle n'était pas la seule. Les féministes parvinrent par leurs efforts à couler le projet de loi [10].

En ce printemps de 1867, cependant, la législature du Kansas vota deux amendements – un pour le suffrage des femmes, l'autre pour celui des Noirs – et les présenta aux électeurs en vue de leur ratification. Satisfaction pour les féministes qu'elles devaient transformer en victoire. Elizabeth Cady Stanton et Susan Anthony étant retenues à New York, Lucy Stone et son mari Henry Blackwell furent dépêchées au Kansas pour organiser la campagne. Ils furent partout bien reçus ; on les écouta avec intérêt, et les journaux et les orateurs républicains les soutinrent. Ils quittèrent le Kansas en mai, envisageant la situation avec optimisme. Mais trois mois plus tard, les choses avaient changé. Quand Susan et Elizabeth arrivèrent au Kansas au mois d'août, elles découvrirent que les Républicains avaient décidé de s'opposer au suffrage des femmes afin de s'assurer de celui des Noirs [11].

L'affaire se présentait mal. Les deux amies firent campagne comme elles purent, parcourant l'État d'un bout à l'autre, endurant les routes abominables, l'inconfort des chariots sans ressort, le bacon nageant dans la graisse, l'omniprésence des punaises et des puces. Au Kansas, en ce temps-là, la vie était encore très primitive. Avec sa verve coutumière, Elizabeth Cady Stanton a décrit ainsi sa campagne :

« Jusqu'ici, j'imaginais la vie de pionnier comme une période de liberté romantique. En voyant passer les longs chariots couverts de toile blanche qui avançaient vers le Far West, je pensais à la nouveauté que représentait un voyage de six mois dans une maison sur roues, pendant les jours radieux du printemps et de l'été, prenant mes repas sous des arbres feuillus au bord de ruisseaux murmurants, dormant en plein air, et finalement trouvant un *home* là où la terre était bon marché, le sol riche et profond, où les céréales, les légumes, les fruits et les fleurs poussaient à profusion sans presque de soins. Mais quelques mois de vie pionnière assombrirent à jamais cette vision idyllique de chariots couverts de toile blanche, de pique-niques au bord du chemin et enfin du Paradis. J'ai trouvé nombre de ces aventureux pionniers dans des maisons inachevées, souffrant de la malaria ; et je vis une fois une famille de huit, tous fiévreux, ayant pris froid. La maison se trouvait à 800 mètres de la source où ils s'approvisionnaient en eau, et chaque jour, le moins malade d'entre eux rapportait aux autres le précieux élixir. »

Elle rencontra aussi des familles venues de Nouvelle-Angleterre qui vivaient dans des cabanes de rondins, à des kilomètres de tout voisin ; gens éduqués, ils avaient sur leurs étagères des ouvrages d'Emerson, de Parker, de Hawthorne, de Whittier, de Lowell [12].

Les deux amies firent campagne en vain. Non seulement la presse, les Noirs, le Parti républicain et les abolitionnistes s'opposaient au vote des femmes, mais encore certains groupes de pression. Les Allemands, nombreux au Kansas, leur étaient franchement hostiles, car ils craignaient (avec raison) que si les femmes obtenaient le suffrage, elles feraient voter des lois strictes contre la vente de boissons alcooliques le dimanche et même obtiendraient la suppression des *beer-gardens* [13]. Les femmes ne recueillirent que 9 000 voix sur 30 000 votants ; les Noirs ne firent guère mieux puisqu'ils n'obtinrent que 2 000 voix de plus [14].

A l'Est, abandonnées par leurs vieux amis et brouillées avec le tout-puissant Horace Greeley, propriétaire du *New York Tribune,* elles perdirent aussi la bataille. Le 14e amendement de la Constitution des États-Unis fut ratifié en juillet 1868 ; au deuxième paragraphe, le mot *male* y figurait par trois fois. Puis, dans la foulée, les Républicains firent adopter le 15e amendement, qui interdisait à tout État de « refuser le suffrage à un citoyen des États-Unis à cause de sa race, de sa couleur ou de servitude antérieure ». Le mot *sexe* n'y avait pas été ajouté.

Faux pas

Le renoncement leur étant étranger, Elizabeth Cady Stanton et Susan Anthony refourbirent leurs armes et repartirent au combat. Mais elles devaient reconnaître qu'il était impossible aux meilleurs des hommes de « comprendre ce que la situation de la femme avait d'humiliant [15] ». En vérité, les femmes elles-mêmes avaient sur la question des opinions partagées, et le plus grand nombre rejoignirent la longue cohorte des adversaires du suffrage dont la vue était brouillée par d'horribles images d'Amazones vociférantes aux prises avec le sexe opposé. Caractéristique de la mentalité du siècle fut le discours du sénateur Frelinghuysen, du New Jersey :

« Il me semble que le Dieu de notre race a donné aux (femmes d'Amérique) une nature plus douce, plus noble, qui non seulement les fait reculer devant l'agitation et le combat de la vie publique, mais les en exclut... Leur mission est au foyer, où par leurs cajoleries et leur amour, elles apaisent les passions des hommes quand ils reviennent du combat, et non de se joindre à la lutte pour l'existence, exacerbant les humeurs. Sombre sera le jour où ces feux sacrés de l'amour et de la piété seront éteints [16]. »

Grande prêtresse de la femme au foyer, Catherine Beecher aurait pu faire siennes ces paroles. Aussi bien, lorsque, au cours d'une tournée de conférences, Elizabeth Cady Stanton rencontra les sœurs Beecher, Catherine lui déclara-t-elle sans ambages que si elle pensait que l'amendement avait la moindre chance d'être voté, elle entrerait dans l'arène pour combattre. Mais comme la nation paraissait à l'abri d'une pareille calamité, elle laisserait les choses aller, d'autant que cette agitation servait ses propres visées. A quoi Elizabeth répondit : « Quand vous aurez réussi à donner une bonne éducation à toutes les femmes, elles feront un pas de plus vers les urnes et voteront, que vous le vouliez ou non [17]. » Même Lucy Stone adopta une position ambiguë qui mécontenta fort Mrs. Stanton et Susan B. Anthony.

Elles cherchèrent de nouveaux alliés. Mais ce faisant, elles semèrent le vent dans les mouvements féministes et récoltèrent la tempête. Leur brève association avec George Train provoqua les premiers remous. Financier, spéculateur, démocrate et même ancien *Copperhead,* c'est-à-dire pro-sudiste, Train possédait une fortune apparemment inépuisable, soutenait l'indépendance irlandaise et les droits de la femme, prônait l'inflation monétaire et la centralisation bancaire. Il était beau, charmant, excentrique, s'habillait comme un dandy, ne fumait ni ne buvait. C'était aussi un orateur brillant dont les idées sur la question du suffrage correspondaient à celles d'Elizabeth Cady Stanton : l'un et l'autre auraient voulu en fait que le droit de vote ne fût accordé qu'à ceux qui possédaient un certain bagage intellectuel. Les femmes « éclairées » auraient ainsi été qualifiées et les masses masculines, généralement antiféministes et prédisposées à la violence, éliminées.

Train finança un journal, *The Revolution*, que dirigèrent les deux amies, avec l'aide d'un vétéran réformateur, Parker Pillsbury. Le journal servit à propager leurs idées et leur programme. Il fut le reflet de la lutte des femmes sur tous les fronts : on y donnait des nouvelles des organisations ouvrières féminines, des premiers clubs de femmes, des pionnières dans les professions libérales, des femmes à l'étranger. On y attaquait les 14e et 15e amendements de la Constitution, la discrimination en matière d'emploi et de salaire, l'iniquité des procédures de divorce, le concept dégradant de la femme défini et entretenu par les Églises. On y exhortait les femmes à acquérir une formation afin de pouvoir gagner leur vie, à s'aérer, à faire de l'exercice, à porter des vêtements confortables. On y menait une lutte sans répit pour le suffrage des femmes. On y parlait sans détour de sujets scabreux comme le viol, l'infanticide, la prostitution, les femmes battues – maux qui frappaient des villes en plein développement comme New York[18].

Les premiers craquements dans les mouvements féministes se firent entendre en 1868. Au mois de mai de 1869, la rupture fut consommée. En janvier, les membres de l'*American Equal Right Association,* organisation fondée en 1864 par Mrs. Stanton et Miss Anthony pour promouvoir le vote de tous les Américains sans distinction de sexe ou de race, avaient été convoqués à une « convention » afin de discuter de la question du suffrage des femmes, et Mrs. Stanton avait insisté à cette occasion sur la nécessité de réclamer un 16e amendement de la Constitution en faveur des femmes au lieu de chercher à les inclure dans les 14e et 15e amendements. Sa proposition avait été vigoureusement contestée par Lucy Stone, Julia Ward Howe et quelques autres. Elizabeth mit son échec sur le compte des hommes, relativement nombreux dans l'*American Equal Right Association,* et se persuada qu'ils avaient influencé les membres conservateurs du mouvement. En fait, les points de divergence étaient multiples : une majorité de femmes pardonnait difficilement à Elizabeth Cady Stanton son association avec l'excentrique Train, et n'acceptait pas, il s'en faut, ses critiques acerbes contre les Églises ni ses vues radicales sur le mariage et le divorce; beaucoup, de plus, jugeaient préférable de faire pression sur la législature de chaque État plutôt que de réclamer un amendement de la Constitution fédérale.

Tenant les hommes pour responsables de son échec, Elizabeth Cady Stanton fonda une nouvelle organisation, la *National Woman Suffrage Association,* qui ne fut ouverte qu'aux femmes, et seules s'y affilièrent celles qui acceptaient sans réserve ses prises de position. L'affaire ayant été préparée dans le plus grand secret, elle fit l'effet d'un coup d'État. Susan Anthony l'avait suivie une fois encore dans cette aventure. Mais tout en lui conservant une amitié sans faille, elle commença à prendre une certaine distance dans son travail. Quittant le domicile des Stanton, elle s'installa à Washington pour mener campagne à sa façon. Plus clairvoyante que son amie et associée, elle comprit qu'en dispersant leurs efforts, elles s'affaiblissaient. Pour Susan B. Anthony, seul comptait le suffrage des femmes [19].

A Cleveland, Ohio, une deuxième organisation vit le jour en novembre 1869, l'*American Woman Suffrage Association,* dans laquelle se regroupèrent les éléments les plus conservateurs du mouvement féministe. Et alors même que *The Revolution* connaissait de graves difficultés financières dues à son faible tirage et surtout à la défection de Train, paraissait à Boston le premier numéro du *Women's Journal.* Financé par des groupes puissants, magnifiquement présenté, édité par Lucy Stone, Henry Blackwell et une nouvelle venue, Mary Livermore, qui avait abandonné sa propre publication, *The Agitator* de Chicago, pour se joindre à cette entreprise hasardeuse, le *Women's Journal* s'adressait aux *club women,* aux femmes des professions libérales, aux écrivains, des femmes fières de leur éducation et de leur nouvelle liberté d'action mais qui n'en demeuraient pas moins des bastions de l'ordre moral. Telles Julia Ward Howe ou Mary Livermore [20].

Durant la guerre, la sensible Julia avait défilé au côté des soldats de l'Union en chantant *John Brown's Body*, composé pour eux l'un des plus célèbres chants de la guerre de Sécession, *The Battle Hymn of the Republic*, puis milité en faveur du suffrage des Noirs. Dans la lutte pour la cause des Noirs, elle trouva un exutoire à ses peines et à ses frustrations. Après la guerre, son tyran de mari devenant plus accommodant avec l'âge, elle avait fondé un club de femmes à Boston. Mais elle s'était toujours tenue à l'écart des mouvements féministes. Elle avoue même que Lucy Stone avait été pendant longtemps pour elle un « objet d'aversion ». En tant que présidente du *New England Women's Club*, elle accepta néanmoins de participer à un meeting en faveur du suffrage des femmes après qu'on l'eut assurée « que les débats seraient menés dans un esprit très libéral et amical, sans agressivité ni extravagance ». Elle fit la connaissance de Lucy Stone et fut séduite : « En regardant son doux visage, si féminin, en entendant sa voix sincère, je compris que l'objet de mon aversion n'avait été qu'un fantôme de mon imagination, nourrie d'idées fausses et stupides. Devant moi se tenait une vraie femme, pure, noble, chaleureuse, dont la vie exemplaire rayonnait de tous les traits de son visage [21]. »

La guerre civile changea aussi le destin de Mary Livermore. Épouse heureuse d'un pasteur universaliste * et mère de trois filles, Mary, pendant la guerre, s'était mise au service de la commission sanitaire de Chicago. Son travail modifia son attitude envers les féministes. Elle avait certes toujours souhaité que plus de domaines s'ouvrissent aux femmes, mais elle s'était longtemps opposée à leur entrée dans l'arène politique. Peu à peu, elle comprit que la seule manière de combattre efficacement des maux de société comme la pauvreté, l'alcoolisme et la prostitution était que les femmes obtinssent le suffrage. A Chicago, en 1868, elle

---

* Dénomination proche des unitariens.

avait organisé la première convention sur le suffrage des femmes et accepté la présidence de l'*Illinois Woman Suffrage Association*. En janvier 1869, elle lançait *The Agitator*. En décembre de la même année, la famille Livermore quittait l'Illinois pour le Massachusetts. En 1870, elle créait avec Lucy Stone et quelques autres féministes la *Massachusetts Woman Suffrage Association*. Elle avait alors cinquante ans. Une vie nouvelle s'ouvrait devant elle [22].

Une tournée en Californie

Contre vents et marées, Susan Anthony essaya de sauver *The Revolution* du naufrage. A peine le journal lancé, Train était parti pour l'Angleterre, l'abandonnant à son sort. Les dettes s'accumulèrent et au mois de mai 1870 paraissait son dernier numéro. Le *Women's Journal* lui avait porté le coup de grâce. Malgré quelques tentatives de rapprochement, les deux associations en faveur du suffrage des femmes continuèrent leur route séparément. L'*American Woman Suffrage Association* estimait fort justement qu'une loi ne pourrait être obtenue qu'en évitant de s'aliéner les éléments les plus influents et généralement les plus conservateurs de la communauté, tandis qu'Elizabeth Cady Stanton et ses partisans croyaient arriver à leurs fins en brisant les tabous de la société victorienne et en portant leurs plus féroces attaques contre les hommes. Curieusement, à mesure qu'elle avançait en âge, Elizabeth Cady Stanton, au lieu de gagner en sagesse, semblait prendre plaisir à s'enfoncer dans un extrémisme juvénile. Entre elle et Susan Anthony, l'entente devint moins cordiale. En 1870, elle écrivit à une amie, Martha Wright, qu'elle ne supporterait plus qu'Anthony la forçât à faire quelque chose. En 1871, elle caractérisa leur amitié de « parfaite », pour autant qu'elles fussent sur un pied d'égalité, « aucune ne cherchant à dominer l'autre ». Elle ne fit pas un geste pour aider la courageuse quakeresse à rembourser les 10 000 dollars de dettes accumulées par *The Revolution*, alors même que celle-ci devait pendant cinq ans consacrer tout l'argent de ses conférences et de ses articles à payer les créanciers [23].

Dans un effort de réconciliation, les deux femmes, au printemps de 1871, partirent pour la Californie donner une série de conférences. Susan retrouva sa vieille alliée à Chicago, où une réception fut donnée en leur honneur par le club de suffrage local. Elles se mirent en route. A chaque halte, elles étaient accueillies chaleureusement. Un public nombreux et enthousiaste se pressait pour les entendre, et les journaux se montrèrent respectueux et généralement bienveillants. A Laramie City, Wyoming, une centaine de femmes les accompagnèrent jusqu'à la gare. Sur le quai, Elizabeth leur adressa un discours. Le Wyoming s'enorgueillissait d'avoir été le premier territoire des États-Unis où le droit de vote avait été accordé aux femmes. En septembre 1870, celles-ci avaient pour la première fois exercé leur droit. Un témoin raconte :

« Je vis les frustes montagnards observer la plus respectueuse attitude dès qu'une femme approchait du bureau de vote... Je suis obligé d'admettre que dans ce pays neuf dont on dit qu'il est infesté de hordes de coupe-jarrets, de joueurs, de gens dissolus, j'ai assisté à une élection plus tranquille que toutes celles qu'il m'a été donné de voir dans les villes paisibles du Vermont [24]. »

Du Wyoming, elles se rendirent à Salt Lake City, la ville des Mormons, où le maire les présenta à ses cinq épouses. Susan Anthony constata avec joie que les Mormons, en nombre croissant, envisageaient la monogamie; mais que de drames en perspective! « Pour illustrer : un homme, un esprit noble, affectionné, admirable – rien du tyran ni du jouisseur – avec quatre femmes exquises... et treize enfants aimés et adorables, s'éveille à cette idée nouvelle. Quatre cœurs de femmes brisées, trois nichées d'enfants qui doivent quitter leur père pour que le régime monogame puisse être appliqué! Je peux vous assurer que mon cœur souffre pour l'homme, les femmes et les enfants et crie : " Que Dieu les aide tous ! " [25]. »

Le 9 juillet, elles arrivaient à San Francisco. La presse

avait annoncé avec fracas la venue des deux célèbres militantes, et des fleurs, des fruits, des visiteurs et des invitations les attendaient à l'hôtel. Le soir, Elizabeth prit la parole devant 1 200 personnes, apparemment ravies. Le lendemain, les choses se gâtèrent.

Une affaire criminelle agitait les esprits : une jeune femme, Laura D. Fair, avait assassiné un certain A. P. Crittenden, et l'opinion tout entière s'était dressée contre elle, sans lui chercher la moindre excuse. Toujours prêtes à défendre leurs congénères, les deux amies décidèrent d'entendre les faits de la propre bouche de l'accusée et se rendirent à la prison pour la rencontrer. Les journaux de l'après-midi rapportèrent leur visite à Laura Fair en la critiquant vertement. Le soir, une salle comble les attendait. L'atmosphère était tendue. Susan devait parler sur le « pouvoir des urnes ». Sans être une brillante conférencière, elle parlait bien, et sa mise austère, son ton mesuré, rassuraient le public : elle donnait confiance et suscitait la sympathie. Ce soir-là, elle voulut démontrer que, contrairement aux affirmations des adversaires du suffrage, les femmes n'avaient pas toutes des hommes pour les protéger et qu'il venait un temps où celles-ci devaient se prendre en charge. Dans l'ensemble, ses propos furent bien reçus; seulement, quand elle arriva à la péroraison, elle s'engagea sur un terrain glissant. Pour donner un exemple, elle cita le cas de New York où, selon les chiffres communiqués par une religieuse, 1 300 bébés auraient été abandonnés en un an, ce qui montrait qu'il y avait au moins 1 300 femmes dans la ville qui ne jouissaient pas de la protection masculine. Et sur sa lancée, elle déclara : « Si tous les hommes avaient protégé toutes les femmes comme ils auraient protégé leurs propres épouses et filles, Laura Fair ne serait pas en prison ce soir. » C'était pour le moins un raccourci hardi et fâcheux.

La salle retentit de sifflets. Sans désarmer, Susan Anthony, par deux fois, répéta la phrase. Chaque fois, le concert de sifflets reprit, ponctué il est vrai de quelques applaudissements. Elle parvint non sans mal à terminer sa péroraison. Mais le lendemain, les journaux de San Francisco l'accusaient d'avoir fait l'apologie du meurtre et approuvé la vie qu'avait menée Laura Fair. Toute la presse californienne leur fit écho. Il n'était plus question pour nos deux amies de demeurer à San Francisco. Toutes les portes leur étaient désormais fermées [26].

En carriole et à cheval, elles partirent pour la vallée de Yosemite, voyage exténuant à l'époque. Puis, tandis qu'Elizabeth reprenait le chemin de la côte Est, Susan poursuivait sa route en Oregon, dans le territoire de Washington et même en Colombie britannique où elle donna quelques conférences. L'accueil ne fut pas toujours cordial.

Grâce au développement des services de chaises de poste et du chemin de fer, l'Ouest était maintenant relié à l'Est. Les nouvelles allaient vite. Les journaux de l'Est s'emparèrent du scandale Laura Fair, portant leurs attaques moins contre Susan Anthony que contre Elizabeth Cady Stanton. Il est vrai que celle-ci n'avait pas hésité, au cours d'interviews, à déclarer sa sympathie pour Mrs. Fair.

L'affaire Woodhull acheva de convaincre l'Amérique bien-pensante que les militantes du *National Women Suffrage Association*, comme l'avait écrit le *Territorial Dispatch* de Seattle à propos de Susan Anthony, était non des réformistes mais des révolutionnaires qui n'avaient d'autre but que de détruire les fondements de la société et de la famille. Au sein même de l'Association, il y eut des pleurs et des grincements de dents et cette fois, la quakeresse désavoua haut et clair sa vieille amie [27].

La scandaleuse Victoria Woodhull

Victoria Claffin Woodhull et sa sœur, Tennessee Celeste Claffin, étaient deux jeunes beautés de l'Ohio au passé trouble, dont le comportement et les propos allaient à l'encontre de tout ce que l'Amérique victorienne chérissait : elles ne prônaient pas seulement les droits de la femme mais encore le spiritisme, l'empirisme médical et l'amour libre, horreur suprême. Alors qu'elle se trouvait à Pittsburgh, Victoria avait eu une « vision » qui l'invitait à partir pour New York. A peine arrivées, les deux sœurs s'étaient arrangées pour rencontrer le vieux commodore Vanderbilt, magnat des chemins de fer et des transports maritimes. Avec son appui et sans aucun doute son argent, elles avaient ouvert à Wall Street un cabinet de courtage. Pour connaître les tendances du marché boursier, elles ne consultaient pas les experts mais les esprits. Vanderbilt s'en amusait. A une dame venue lui demander conseil, il aurait dit : « Faites comme moi, interrogez les esprits. » Et à une autre occasion, il aurait recommandé à une jeune femme de placer tout son argent dans *Central Common* : « Cela va monter de 22 %. Mrs. Woodhull l'a dit en transe [28]. »

Les sœurs fondèrent un hebdomadaire, le *Woodhull and Claffin Weekly*, dans lequel elles exposèrent leurs théories sur l'amour libre et les droits de la femme. Mais Victoria avait d'autres ambitions. Le 11 janvier 1871, elle prononça un discours brillant devant le *Judiciary Committee* de la Chambre des Représentants, exhortant le Congrès à modifier le 14e amendement pour y inclure les femmes. Quelques dirigeantes de la *National Woman Suffrage Association*, dont la convention annuelle avait lieu le même mois à Washington, allèrent l'écouter et furent impressionnées par ses propos. Faisant fi des histoires scandaleuses qui circulaient sur son compte, elles l'invitèrent à prendre la parole. Comme Mrs. Stanton, Victoria Woodhull liait l'injustice sociale à l'oppression sexuelle des femmes, mais contrairement à la vieille militante qui avait toujours soin, lorsqu'elle abordait la question, de choquer le moins possible, elle n'hésitait pas à proclamer que l'égalité des droits signifiait pour la femme la liberté sexuelle.

En s'associant à Victoria Woodhull, les dames de la N.W.S.A. commirent une lourde bévue, et les plus modérées d'entre elles ne tardèrent pas à voir qu'elles avaient laissé entrer le loup dans la bergerie. A l'occasion d'un meeting tenu par l'Association à New York au mois de mai, Victoria montra sa vraie nature. Ses propos n'avaient plus de mesure : « Nous voulons la trahison, déclara-t-elle, nous voulons la sécession... Nous préparons la révolution; nous... (renverserons) cette prétendue République et installerons à sa place un régime de justice [29]. » Les membres de l'*American Woman Suffrage Association*, qui s'étaient également réunies à New York au mois de mai, prononcèrent une condamnation sans équivoque de Mrs. Woodhull et de ses doctrines. La N.W.S.A. eut le grand tort de ne pas en faire autant.

La belle Victoria avait plu à Elizabeth Cady Stanton par l'intérêt qu'elle montrait envers les pauvres et les classes populaires, ses attaques incessantes contre le monde des affaires, son affiliation à l'Internationale ouvrière et son aversion pour les sœurs Beecher. Ses déboires californiens ne lui ayant pas servi de leçon, Mrs. Stanton, à son retour du Far West, reprit contact avec la sulfureuse jeune femme et profitant de l'absence de sa fidèle Susan, elle autorisa Victoria à publier un manifeste dans son *Weekly*, invitant les membres de la N.W.S.A. à former un nouveau parti du Peuple afin de présenter un candidat aux élections présidentielles de 1872. Dès que Susan Anthony en eut vent, elle dénonça le manifeste de Woodhull et se rendit à New York pour reprendre en main l'organisation, consciente que la jeune femme cherchait à « mener notre barque à son propre port, et à nul autre [30] ».

Non sans peine, Susan parvint à empêcher la N.W.S.A. de fusionner avec l'*Equal Right Party*, que venait de fonder Victoria Woodhull. Le 10 mai, celle-ci réunissait ses partisans et se faisait nommer candidate aux élections présidentielles. Le leader noir Frederick Douglass fut choisi comme vice-président – un honneur dont il se serait passé et qu'il ignora.

La campagne présidentielle de Victoria Woodhull fut un fiasco total. Rejetée par les mouvements féministes, chassée de l'Internationale ouvrière pour ses excentricités, abandonnée par Vanderbilt et ses puissants amis, elle fut acculée à la faillite et dut interrompre la publication de son *Weekly*. Au moment des élections présidentielles, la jeune femme se trouvait en prison, impliquée dans le scandale Tilton-Beecher qu'elle avait déclenché [31].

Un procès en adultère

Aucune affaire de mœurs ne fit plus de bruit au XIXᵉ siècle que le procès Tilton-Beecher. Cette cause célèbre rouvrit les débats sur l'amour libre et renforça le conservatisme social et religieux des mouvements féministes.

Animée d'un esprit de vengeance contre la famille Beecher qui la critiquait avec vigueur, Mrs. Woodhull, à l'automne de 1872, rendit publique, dans une édition spéciale du défunt *Weekly*, une prétendue liaison entre le révérend Henry Ward Beecher et la jeune Elizabeth Tilton. Elizabeth Cady Stanton et Susan Anthony, toutes deux liées d'amitié aux protagonistes, furent éclaboussées par le scandale, et avec elles les milieux féministes. L'affaire remontait à la fin des années 1860. Theodore Tilton voyageait souvent et Beecher, malheureux en ménage, rendait des visites de plus en plus fréquentes à la femme de son ami. Le célèbre prédicateur se débattait alors avec les premiers chapitres de son roman *Norwood*; auprès d'elle, rapporta-t-il à son procès, il cherchait aide et encouragements.

Elizabeth était une jeune femme de trente-trois ans, mère de cinq enfants dont trois seulement vivaient. Petite, menue, les yeux et les cheveux sombres, la bouche sensuelle, c'était une créature attirante et faible, facilement dominée, qui se gorgeait de poésie et de littérature populaire et mélangeait un romantisme fumeux avec une ferveur religieuse intense. Son admiration pour le brillant Henry Ward n'avait pas de bornes. Quand elle l'entendait prêcher, elle était parfois saisie d'une sensation proche de l'extase. Henry avait avoué un jour à Tilton : « Dieu pourrait me dépouiller de tous ses autres bienfaits si seulement il me donnait une épouse comme Elizabeth et un foyer comme le vôtre. » Flatté, Tilton encourageait les visites [32].

Dès la fin de l'année 1866, Elizabeth Tilton, candidement, confiait à son mari l'attachement qu'elle éprouvait pour Beecher : « Mon bien-aimé, j'ai beaucoup pensé ces temps-ci à mon amour pour Mr. B... Maintenant, je pense que je mène une vie plus riche, plus heureuse, depuis que je le connais. Et ne m'aimez-vous pas plus ardemment depuis que vous avez vu qu'une autre nature élevée m'appréciait ? » Quelques mois plus tard, elle faisait cette surprenante confidence : « Oh ! mon âme a soif de vous deux, mes chers hommes... Je l'aime tendrement et je vous aime suprêmement, totalement. Peut-être que si, grâce à Dieu, je garde ma pureté, je pourrai vous bénir tous les deux. Que Dieu bénisse cette trinité ! » Le fait qu'elle appliquât le mot « trinité » à une relation qui, si elle n'était pas encore coupable, allait probablement le devenir, montre la confusion de son esprit. En 1868, l'incongruité de la situation surgit enfin de son subconscient, et elle crut nécessaire de protester de sa conduite : « Aujourd'hui, vers 11 heures, Mr. B... est venu me voir, écrit-elle à son mari. Maintenant, mon bien-aimé, ne laissez pas l'ombre d'une *ombre* attrister votre cher cœur à cause de cela, maintenant, à l'avenir et à jamais... Vous m'avez dit un jour que vous ne pensiez pas que je vous faisais un compte rendu exact de ces visites et que vous aviez toujours l'impression que j'en dissimulais beaucoup. Chéri, le croyez-vous encore ?... Ce serait mon suprême désir... de vous avoir *toujours avec moi* [33]. »

Assurément, Tilton commençait à avoir des doutes, et dans les milieux féministes, on commençait à se poser des questions. Susan B. Anthony rapporta plus tard qu'Elizabeth Tilton, à la date du 10 octobre 1868, avait noté dans son journal intime : « Un Jour Mémorable. » Au procès qui eut lieu six ans plus tard, on apprit que ce jour-là, et à diverses occasions par la suite, l'accusé, Henry Ward Beecher, avait « injustement et perversement, et sans la connivence du plaignant, débauché et charnellement connu ladite Elizabeth... ».

Selon Tilton, la nuit du 3 juillet 1870, elle aurait avoué que son amitié avec Henry, « au cours des dernières années, avait été plus que de l'amitié »; qu'ils avaient eu des relations sexuelles; que tout était arrivé au moment de la mort de son fils Paul; qu'elle avait eu alors besoin de la consolation de son pasteur; qu'elle s'était rendue chez lui, « et que là, le 10 octobre 1868, elle s'était abandonnée à lui dans une étreinte sexuelle ».

Soi-disant abasourdi par la confession de sa femme, Tilton éprouva le besoin de se confier à Elizabeth Cady Stanton. Celle-ci s'était tue, comme se tut aussi la loyale Susan Antony qui seule sans doute connaissait la vérité. Mais quand Mrs. Stanton rencontra Victoria Woodhull, au printemps de 1871, elle commit la folie d'en discuter avec elle. Aussi longtemps que la jeune femme chercha l'appui des mouvements féministes, elle garda le silence. Seulement, à l'été de 1872, elle n'avait plus rien à perdre. Harriet Beecher Stowe venait de publier un nouveau roman, *My Wife and I*, œuvre mineure dans laquelle elle caricaturait Victoria ; sa sœur Catherine lui portait des attaques dévastatrices ; et Henry Ward Beecher s'était solidarisé avec les conservateurs pour condamner ses propos. La rage au cœur, Victoria Woodhull décidait de « jeter une bombe... dans le camp moraliste » en rapportant à sa manière l'histoire racontée par Elizabeth Cady Stanton. Cette dernière fut consternée. A Susan Anthony, elle écrivit : « Tout répugnant que soit le sujet, je l'avais au moins enrobé dans un langage élégant. » Pas Victoria. Elle en parla en termes si crus que quelques heures plus tard, sa sœur et elle étaient arrêtées et jetées en prison pour « obscénités » envoyées par la poste.

La presse tout entière s'empara de l'affaire. Le scandale fut énorme. Tandis que Beecher proclamait son innocence et traitait les sœurs de « prostituées », Tilton tentait d'amadouer la virulente Victoria en en faisant sa confidente. Bien décidée à ébranler le « camp moraliste », la jeune femme raconta à un reporter que Tilton avait été son « amant assidu pendant six mois ». A un autre, elle nia néanmoins cette liaison. Mais le ver était dans le fruit [34].

Tilton ayant d'évidence forcé sa femme à passer aux aveux, Henry Ward Beecher exigea d'elle une rétraction écrite. Des amis communs s'entremirent. Elizabeth se rétracta, puis revint à sa première déclaration, puis en écrivit une nouvelle. Beecher pensa au début que son innocence reposait sur celle de la jeune femme. Libby n'était qu'une pure et naïve « enfant », répétait-il à qui voulait l'entendre. Ensuite, il crut qu'il pouvait plus facilement s'innocenter en la condamnant, et il commença à parler de son « excessive affection ».

Finalement, Tilton, en 1874, poursuivit Beecher en justice pour adultère. La presse tenait là une affaire sensationnelle. A une époque où la nudité dans l'art était bannie, où les femmes n'osaient pas même montrer leurs chevilles, où les auteurs, dans leurs ouvrages, s'efforçaient d'ignorer les émois physiques, cette affaire de sexe entre un clergyman célèbre et une femme mariée dévote avait de quoi exciter l'intérêt du public. Le commentateur d'un magazine notait qu'il s'agissait là « du plus merveilleux des drames humains, plus fort, par l'intrigue, le dénouement et les effets, que *La Lettre écarlate* de Hawthorne, où la *Romola* d'Eliot ».

Au procès, Henry Ward s'exprima en termes si littéraires que ceux qui l'écoutaient se demandaient si, emporté par son sujet, il n'avait pas vécu son roman au lieu de se contenter de le lire. Tout au plus admit-il lui avoir fait des « avances impropres ». Les protagonistes donnaient l'impression d'avoir confondu le rêve et la réalité. Ainsi Beecher qualifia-t-il le baiser qu'une amie femme lui avait donné de « saint baiser, comme j'en ai vu parfois en poésie ». Le jury fut incapable de se prononcer. Quant à la propre Église de Beecher à Brooklyn, elle le mit hors de cause. Mais la pauvre Libby perdit dans l'affaire son mari, son amant, sa réputation et ses illusions [35].

4

Croisades pour de nobles causes

L'Amérique avait perdu son innocence. La civilisation pastorale chère à Thomas Jefferson était menacée de toutes parts. Les Américains avaient atteint les rives du Pacifique, creusé des canaux, établi un vaste réseau de chemin de fer et, au développement des richesses matérielles du pays, employaient toute leur énergie. A cette période fiévreuse, Mark Twain donna le nom de *Gilded Age*, l'Age doré. La vie du pays n'était plus dirigée par des idéalistes mais par des entrepreneurs. Les hommes de l'époque jacksonienne (1824-1840) rêvaient d'une Amérique plus libre, plus juste, plus généreuse; ceux des années 1870-1880 voulaient un monde où tout fût grand – maisons, villes, usines, banques, entreprises, églises.

Les industriels avaient de grands desseins et ne s'embarrassaient pas de scrupules pour les réaliser. Le monde des affaires grouillait de parvenus vulgaires, de rapaces insatiables, agressifs, audacieux et dominateurs. Parce qu'ils étaient maîtres des richesses du pays, ils exploitaient les ouvriers et les fermiers, corrompaient les législateurs, espionnaient leurs concurrents, utilisaient les menaces, l'intrigue et la force pour parvenir à leurs fins. Ce fut le temps des luttes sans merci entre le commodore Vanderbilt, Jay Gould, Daniel Drew, James Fisk et le banquier Morgan pour le contrôle des réseaux ferroviaires, le temps des luttes de tarifs, le temps où, né pauvre, un homme pouvait mourir millionnaire [1].

Des immigrants venus de l'Europe surpeuplée débarquaient en nombre croissant sur les rivages américains, Anglais et Écossais, bien sûr, mais aussi Irlandais, Allemands, Scandinaves. Ils formèrent la « vieille immigration ». Puis, à partir de 1880, arrivèrent des vagues successives d'immigrants de l'Europe du Sud et de l'Est [2]. Tous espéraient trouver en Amérique une vie meilleure. Ils avaient fui la misère, la famine, l'oppression. Ils trouvèrent souvent la pauvreté, la solitude, la discrimination. Les Irlandais participèrent à la construction des chemins de fer transcontinentaux; comme aussi les Chinois, main-d'œuvre bon marché importée à cet effet. Le *Central Pacific* en employa beaucoup. Parti de Sacramento, il s'avança vers l'Est, en direction du Grand Lac Salé, à la rencontre de l'*Union Pacific*. Les deux lignes se rejoignirent le 10 mai 1869 à Promontory Point. Néanmoins, entre l'Est et l'Ouest s'étendaient encore d'immenses territoires vierges où les Indiens livraient leurs derniers combats.

Aux nouveaux arrivés, ouvriers de la grande industrie, masses urbaines, le Parti démocrate faisait les yeux doux. La « Machine » électorale, combinaison de politiciens destinée à produire des votes favorables, prenait en main les immigrants, les assistait, les manipulait. Mais le Parti républicain semblait invulnérable. Sa collusion avec le monde des affaires lui permettait de se maintenir au pouvoir grâce à une presse complaisante et à une trésorerie inépuisable. Sorti exsangue de la guerre civile, le Sud demeurait en marge du développement économique de la nation et n'avait pas retrouvé d'influence politique. Depuis 1860, les Américains étaient de fait soumis au régime du parti unique. Le général Grant fut ainsi réélu en 1872 malgré les scandales qui avaient terni son premier mandat. L'argent corrompait tout. L'*Union Pacific* distribua 400 000 dollars de pots-de-vin entre 1866 et 1872, et le *Central Pacific* 500 000 dollars par an entre 1875 et 1885. Comment s'étonner qu'un homme politique honnête comme le sénateur Grime, de l'Iowa, pût dire du Parti républicain, en 1870, qu'il était « le parti politique le plus corrompu, le plus pourri qui ait jamais existé [3] ».

Parmi les immigrants, on comptait environ 3 hommes pour 2 femmes. Mais durant la grande famine irlandaise de 1846-1848, un nombre égal de femmes et d'hommes avaient quitté leur pays ravagé. Les femmes trouvaient du travail dans les usines ou se plaçaient comme domestiques. Celles qui étaient mariées restaient le plus souvent au foyer. Les unes et les autres cherchaient à garder les liens avec leurs familles demeurées au pays. Mieux, il semble qu'un certain nombre d'entre elles voulurent faire participer les êtres chers qu'elles avaient laissés derrière elles au rêve américain. Selon le révérend John Francis Maguire, les Irlandaises se montraient particulièrement dévouées et généreuses :

« La grande ambition de la jeune fille irlandaise, écrit-il est d'envoyer " quelque chose " aux siens le plus vite possible après qu'elle a débarqué en Amérique ; et dans d'innombrables cas, les premières nouvelles de son arrivée au Nouveau Monde sont accompagnées d'un envoi d'argent, fruit de ses premiers gages dans son premier emploi. Bien qu'aimant la parure, elle détournera ses yeux des articles de toilette pour montrer aux siens qu'elle ne les a pas oubliés. Elle prendra le risque d'être insuffisamment vêtue, ou de porter des bottes qui ne sont point faites pour la pluie et la neige, plutôt que de diminuer le montant du petit trésor qu'elle grossit chaque semaine, et dont elle a l'intention de faire la délicieuse surprise à ses parents qui, peut-être, n'ont pas approuvé entièrement son entreprise hasardeuse. Pour envoyer de l'argent à sa famille, elle se privera des plaisirs innocents, des petites faiblesses féminines et des satisfactions d'une vanité légitime [4]. »

Aucun mot n'est assez sublime, sous sa plume, pour décrire la piété et la vertu de la jeune fille irlandaise, son dur sacrifice et son stoïcisme lorsqu'elle devait subir sans broncher, de peur de perdre son emploi, les moqueries sur sa foi, sa nationalité, ses particularités. Économisant sou par sou, dit encore le prêtre irlandais, elle s'efforçait de faire venir l'un après l'autre les membres de sa famille. C'était là sa raison d'exister : « Mais qui peut raconter sa douleur lorsque l'un des êtres qui lui sont chers fait une bêtise ou quitte le droit chemin! Qui peut imaginer sa joie lorsque le succès couronne ses efforts et qu'elle est récompensée par la constance du frère pour lequel elle a craint et espéré, ou par les progrès de la sœur à qui elle a servi de mère [5]. »

Les grandes villes avaient néanmoins leurs lots de filles mères et de prostituées. La pauvreté, la solitude, l'ignorance, ajoutées à un besoin affectif fort naturel, rendaient les immigrantes particulièrement vulnérables à l'exploitation sexuelle. Toutes ne jouissaient pas de la protection d'un père, d'un frère ou d'un mari. Ces jeunes femmes isolées, perdues dans l'anonymat de la grande ville, devenaient des proies faciles pour des hommes sans scrupules.

Mouvement pour la Pureté sociale

La prostitution, comme aussi l'ivrognerie, n'était pas un mal nouveau, mais, avec la guerre et le gonflement des villes, il tournait au fléau social. Durant la guerre civile, on avait vu les prostituées se presser autour des camps militaires et même au bord des champs de bataille, en quête de clients, tandis que dans les villes de l'arrière, partout où l'armée établissait son quartier général, proliféraient les bordels. De temps à autre, l'armée ou la police locale chassaient les pécheresses; mais elles avaient vite fait de revenir. La crainte des maladies incita les médecins, on l'a vu, à faire pression sur les législateurs pour que la prostitution fût réglementée. Seulement, pour la plupart des Américains, réglementer la prostitution équivalait à l'encourager.

La femme la plus naïve et la plus vertueuse ne pouvait plus ignorer que certaines de ses sœurs « erraient ». Scandalisées par ce relâchement des mœurs, des Américaines de bonne volonté, en grand nombre, partirent en croisade pour réformer le monde dans lequel elles vivaient. A ce mouvement fut donné le nom de Pureté sociale, charmant euphémisme pour parler de pureté sexuelle. La prostitution ne fut assurément qu'un des maux qu'elles combattirent. Elles lancèrent des campagnes contre l'alcoolisme et les saloons, et pour l'établissement de critères moraux identiques pour les hommes et pour les femmes. Toute la littérature du mouvement pour la Pureté sociale montre le souhait des femmes d'avoir un contrôle sur la sexualité masculine. Leur but était certes d'empêcher les hommes de fréquenter des femmes hors du foyer conjugal, et donc de décourager la prostitution, mais encore de diminuer le nombre de leurs grossesses en réduisant la fréquence des rapports sexuels : « Si les femmes avaient sur ce sujet leur mot à dire, écrivait en 1875 Elizabeth Evans dans un ouvrage intitulé *Abuse of Maternity*, ces rapports sexuels auraient lieu à intervalles relativement éloignés et seulement sous les auspices les plus favorables. Un tel arrangement serait d'un grand bénéfice pour la race : les hommes préserveraient leur vigueur et les femmes leur beauté et leur bonne humeur, et bien que moins d'enfants peut-être naîtraient, ils seraient de plus forte constitution [6]. »

Des hommes prirent part également au mouvement pour la Pureté sociale; mais, on s'en doute, ils représentaient la minorité. Puisqu'il s'agissait là d'une croisade morale, nul ne contesta le rôle fondamental qu'y joua la femme. Aussi bien les éléments les plus conservateurs y participèrent-ils. Celles qu'effrayait le radicalisme des associations en faveur du suffrage trouvèrent dans les activités de ce mouvement l'occasion d'exercer leur esprit d'initiative et leurs talents sans déroger à leur féminité ni sortir de la « sphère » qui leur avait été assignée par « décret divin ». En tant que gardiennes du foyer et défenseurs de sa moralité, c'était leur devoir d'agir dans le monde pour combattre les vices qui justement menaçaient ce foyer. Carrie Nation, Pierre l'Ermite de la croisade antisaloon, s'est là-dessus fort bien exprimée :

« Nous entendons dire : " La place d'une femme est au foyer. " C'est vrai. Mais qu'est-ce que le foyer, et où est-il? Pas dans les murs d'une maison. Ni dans les meubles, la nourriture ou les vêtements. Le foyer est là où est le cœur, là où sont les êtres chers. Si mon fils se trouve dans un débit de boisson, ma place est là. Si ma fille ou la fille de quelqu'un d'autre, ma famille ou une autre famille, est dans les ennuis, ma place est là. » Et elle dit encore : « Une femme qui refuserait de quitter son foyer pour secourir ceux qui sont dans la peine ou les ennuis serait une égoïste ou une lâche [7]. »

Dès l'année 1834, en vérité, une petite organisation féminine avait été créée à New York pour lutter contre la prostitution. La *New York Female Reform Society*, dont les ramifications s'étendirent à toutes les villes de la Nouvelle-Angleterre, mena pendant plus de vingt ans un combat qui préfigurait la grande croisade pour la Pureté sociale de l'après-guerre. Une de ses méthodes était de poster des « agents » devant les maisons closes pour prendre le nom des clients. Les dames espéraient ainsi les plonger dans l'embarras et ruiner ce faisant le commerce. L'organisation encourageait aussi les lectrices de son journal, *The Advocate*, à communiquer le nom des hommes qui, dans leurs villes, fréquentaient les maisons de prostitution. Quelques femmes particulièrement audacieuses se faisaient même engager comme domestiques dans ces lieux de perdition afin d'y rechercher des jeunes filles fugueuses, persuadées qu'elles devaient s'y trouver cachées ou retenues contre leur gré. La *New York Female Reforme Society* tenta aussi de maintenir une maison d'accueil pour les prostituées désireuses d'abandonner le métier. Mais l'aventure n'eut qu'un temps, car bien peu acceptèrent d'être réhabilitées [8].

Deux thèmes revenaient constamment dans *The Advocate*, thèmes chers à la femme américaine du XIXe siècle. Le premier était que les hommes, par nature lascifs, étaient en grande partie responsables de la chute des femmes; le second que les femmes, en tant que mères de famille, avaient besoin de travailler ensemble pour refréner le tempérament lascif des hommes. Sans rejoindre pour autant les rangs de la *Female Reform Society*, la mère de famille pouvait faire œuvre utile en apprenant à ses fils à observer une morale scrupuleuse et à maîtriser leur sexualité [9].

Ces thèmes furent repris par les *Social Purists* des années 1870-1890 et développés avec succès, car, entre-temps, les femmes avaient appris à se regrouper, à s'organiser, à parler en public, à se battre pour leurs idées. La middle class tout entière participa à la croisade, et les membres des mouvements féministes, Susan B. Anthony en tête, ne furent pas les dernières à prêcher une morale qui fût la même pour l'homme que pour la femme. En exigeant des hommes ces mêmes vertus de chasteté, d'abnégation et d'austérité que l'on avait imposées aux femmes, on ferait un monde meilleur. Assurément, toutes ces militantes de l'ordre terrestre n'étaient pas parfaites. Il y avait parmi elles des esprits chagrins qui assouvissaient ainsi leur besoin de jouer les censeurs et les rabat-joie; d'autres, telle Carrie Nation, étaient des exaltées religieuses et des excentriques; d'autres encore, déçues par la vie, réglaient leurs comptes avec les hommes. La majorité, néanmoins, n'était motivée que par le seul désir de défendre la femme, d'améliorer ses conditions sociales et économiques, de lui apporter fierté et dignité. Et un certain nombre de réformes qu'elles préconisèrent, d'organisations qu'elles fondèrent, ont cours encore aujourd'hui.

Ainsi fut créée à Boston en 1865 la *Young Women's Christian Association*. (Association chrétienne pour jeunes femmes), afin d'aider les jeunes filles à trouver du travail et surtout à protéger des vices de la grande ville, en leur procurant un foyer chrétien, celles qui, pour la première fois, se trouvaient seules loin de leurs familles. Dix ans plus tard, 35 villes des États-Unis pouvaient s'enorgueillir de posséder une Y.W.C.A. Des établissements semblables furent également fondés pour y accueillir les jeunes gens [10].

Non moins remarquables furent les œuvres sociales implantées au cœur même des quartiers pauvres des grandes villes, que l'arrivée massive d'immigrants avaient transformés en tours de Babel. Les établissements les plus célèbres furent *Hull-House*, à Chicago, et *Henry Street Settlement*, à New York, dirigés et animés presque exclusivement par des femmes dont la plupart sortaient de l'université [11]. Imprégnées, en bonnes protestantes qu'elles étaient, de la notion de progrès individuel et collectif, ces femmes dévouées s'étaient mises au service des déshérités, veillant à leur encadrement moral tout en leur apportant une aide matérielle. Aux immigrantes elles apprenaient à soigner les bébés, à coudre, à se nourrir sainement, et leur offraient un

programme de plaisirs sages, d'activités récréatives et
sérieuses. Repaires de vieilles filles en mal de mari ? Certes
pas. Plus de la moitié d'entre elles se marièrent et le plus
grand nombre resta d'ailleurs moins de cinq ans dans ces établissements de charité. Jane Addams, fondatrice de *Hull-
House*, fut une exception. Elle renonça au mariage et passa
le plus clair de sa vie active au milieu des pauvres.

Son principal souci, comme aussi celui de ses consœurs,
était l'amélioration des conditions morales et matérielles de
l'existence des femmes pauvres et de leurs enfants. Vivant
parmi les immigrantes, les encadrant, ces jeunes femmes
trouvaient là l'occasion d'exercer les qualités de compassion
et de charité que l'on attendait d'elles dans leur foyer. Tout
en offrant aux femmes éduquées une carrière, le travail
social pratiqué dans les taudis et les logements ouvriers les
éloignait d'autant moins de leur rôle traditionnel qu'elles
étaient généralement confrontées à des problèmes spéci-
fiques de leur sexe. Ainsi ne venait-il pas en contradiction
avec la théorie chère aux Américains des « sphères » séparées
pour l'homme et la femme [12].

Un même esprit animait celles qui militèrent pour que les
condamnées fussent incarcérées dans des lieux différents de
ceux des hommes. Bien avant la guerre civile, des petits
groupes de femmes tentèrent de régénérer les « filles perdues » en leur rendant visite dans les prisons ou en créant des
foyers pour les accueillir à leur sortie. Elles découvrirent
ainsi l'horreur des quartiers de femmes surpeuplés, leur insa-
lubrité, la promiscuité qui y régnait, l'indifférence du personnel masculin à leur sort. Quand, au cours des années 1860, le
nombre de femmes prisonnières s'éleva de façon sensible, les
agressions sexuelles dont elles étaient l'objet furent portées à
l'attention du public. Un peu partout, des réformatrices
commencèrent à réclamer des prisons séparées pour les
femmes qui seraient administrées uniquement par des
femmes. Dans plusieurs États du Nord, quakers, philanthropes et féministes se regroupèrent pour mener campagne.
Elles ne réclamèrent pas seulement des prisons séparées,
mais dénoncèrent l'hostilité des juges et des gardiens de pri-

son vis-à-vis des « femmes déchues », ainsi que la vulnérabilité sexuelle des prisonnières, laissées à la merci de la concupiscence masculine [13].

D'évidence, aux yeux des réformatrices des années 1870-1880, les prisonnières apparaissaient comme des victimes de l'exploitation masculine, surtout à l'intérieur du système judiciaire. Les femmes, écrivit Susan Hammon Barney, étaient « arrêtées par des hommes, remises aux mains des hommes pour être fouillées et prises en charge, jugées par des hommes, condamnées par des hommes et enfermées pendant des mois, voire des années, dans nos institutions où seul un personnel masculin les approchait ; et lorsqu'elles étaient malades ou dans une détresse extrême, elles ne pouvaient espérer recevoir d'aide ou de visites féminines puisque celles-ci étaient interdites [14] ».

Seules des femmes pourraient apprécier les problèmes propres aux détenues, affirmaient les réformatrices. Dans des prisons séparées, elles pourraient « relever » les pécheresses en remplaçant par un message amical et moralisateur la négligence coupable à leur égard ou les traitements brutaux qui caractérisaient les prisons d'hommes. « Une prison de femmes, déclarait la quakeresse Rhoda Coffin, devait être entièrement placée sous l'autorité de femmes, du conseil d'administration à l'employé subalterne. » Des philanthropes comme Josephine Shaw Lowell de New York et Ellen Cheney Johnson du Massachusetts firent campagne auprès de leurs législatures respectives pour que fussent établies des prisons qui seraient dirigées par des femmes. Dans trois États – l'Indiana, le Massachusetts et New York – les réformatrices obtinrent gain de cause. A la *Massachusetts Reformary Prison for Women* (Centre pénitentiaire de femmes du Massachusetts), non seulement la direction et les membres du personnel étaient des femmes, mais encore les médecins et les chapelains [15].

Mais, disons-le vite, ces nouveaux centres pénitentiaires n'accueillirent qu'un faible nombre de prisonnières et furent principalement réservés aux femmes jeunes, de race blanche et nées aux États-Unis ; les autres continuèrent à purger leur

peine dans des prisons mixtes. Ces centres servirent néanmoins de modèle pour le traitement des détenues. Au cours
de la première moitié du xxᵉ siècle, la plupart des États en
adoptèrent les principes [16].

Les dames de Hillsboro

Que la misère fût source de délinquance et de déchéance
morale, toutes nos réformatrices et nos philanthropes en
étaient conscientes ; mais il aurait été vain de chercher à
améliorer les conditions de vie des masses, de freiner le flot
montant de l'« immoralité populaire » sans s'attaquer au
grand coupable : le saloon. L'alcoolisme, le jeu, la prostitution avaient pour lieu commun cet estaminet made in U.S.A.
que le cinéma nous a rendu familier. Aussi bien, aucun mouvement ne mobilisa-t-il autant les esprits et les énergies que
la croisade pour la Tempérance, et il n'en fut aucun auquel
les femmes adhérèrent avec autant d'enthousiasme, car elles
en étaient les principales victimes : l'homme dépensait ses
gains dans les saloons, y ruinait sa santé, rentrait ivre, battait
à l'occasion sa femme, terrorisait ses enfants, en un mot faisait du foyer conjugal un enfer.

Les premières sociétés féminines de tempérance avaient
été créées au cours des années 1840, mais, depuis fort longtemps déjà, beaucoup de familles pratiquaient l'abstinence,
bannissant de leur table jusqu'au vin et à la bière. Chez les
parents de Susan Anthony, curieusement, les seules personnes autorisées à fumer et à boire des boissons intoxicantes
étaient les prédicateurs quakers [17]. On aurait pourtant pu
croire qu'ils seraient les premiers à montrer l'exemple. Malgré la faiblesse de leurs moyens financiers, qui les empêchaient de monter des campagnes d'envergure, les partisans
de la Tempérance étaient parvenus à faire voter des lois pro-
hibitives, et la consommation de boissons enivrantes aux
États-Unis avait diminué sensiblement. Durant la guerre,
bien que la cause fût rejetée dans l'ombre, un nombre croissant d'hommes et de femmes rejoignirent l'ordre du Bon

Templier. Cette organisation antialcoolique regroupait 50 000 membres en 1849 et 400 000 en 1869. Dans le seul État de l'Ohio, l'ordre, en moins de trois ans, passa de 3 755 membres à près de 28 000, et les femmes y jouèrent un rôle de plus en plus marquant. En 1872, en vérité, le grand maître était une femme, Martha McLelland [18].

Les éléments masculins ne restèrent pas inactifs non plus. Ils fondèrent même un parti politique, le *Prohibition party*, et invitèrent les dames à s'y inscrire. Quand, au mois de février 1872, le parti tint sa première convention nationale à Columbus (Ohio), trente femmes y furent déléguées. James Black, de Pennsylvanie, fut le candidat désigné pour la présidence des États-Unis. Lors des élections, il n'obtint que 5 608 voix.

Assurément, la cause n'avait guère d'écho sur le plan politique. Pourtant, le problème de l'alcoolisme prenait une tournure alarmante, d'autant que les autorités ne s'appliquaient nullement à faire respecter la législation prohibitive en vigueur et que, dans les quartiers pauvres des villes, les saloons proliféraient au point qu'on en comptait dans certaines zones urbaines un pour cinquante habitants de sexe masculin. Révoltées, exaspérées, les femmes allaient un beau jour descendre dans la rue pour se faire entendre et organiser la plus formidable croisade du xixe siècle. Épopée grandiose, touchante, un peu ridicule, que la presse d'alors qualifia de « Guerre des femmes », et dont le bruit résonne encore familièrement aujourd'hui dans quelques régions des États-Unis comme le Sud et le Middle West.

Tout commença à Hillsboro, Ohio, le 23 décembre 1873, lorsqu'un médecin conférencier de Boston, Dio Lewis, vint parler aux dames des bienfaits de la culture physique et du port de vêtements confortables. A la demande d'un notable, Lewis accepta gracieusement de donner le lendemain une conférence sur la Tempérance devant un parterre choisi de femmes et d'hommes tout dévoués à la cause. Sa conférence, bien rodée, recueillait toujours l'approbation du public, mais ses effets ne duraient généralement que le temps d'une soirée. Or, ce soir-là, ses paroles touchèrent une corde particulièrement sensible. A l'issue de la réunion, une cinquantaine de dames et quelque soixante hommes décidaient de lancer une campagne de prières aux portes des saloons et autres estaminets.

Le lendemain matin, à 9 heures, les dames se retrouvèrent à l'église presbytérienne afin de mettre leur stratégie au point. Les Américains ne pouvant rien faire sans former une association, les dames commencèrent par élire une présidente, une vice-présidente et une secrétaire. Elles en vinrent ensuite à la grande question : qui aurait assez de courage pour se présenter devant les saloons et affronter les quolibets des buveurs impénitents, voire leurs injures? La grandeur de la cause fit taire les hésitations et les pudeurs. La présidente, Eliza Thompson, était une femme timide à l'extrême. Fille d'un gouverneur, épouse d'un avocat, elle avait toujours vécu dans une atmosphère raffinée et conventionnelle qui la préparait mal au rôle qu'on lui demandait de jouer. La veille, elle n'avait obtenu de son époux pour tout encouragement qu'un : « Qu'est-ce que c'est que cette stupidité? » Le genou flageolant, la voix tremblante, elle proposa d'y aller en chantant un cantique que toutes connaissaient bien : « Abandonne ta peur aux vents. » En rang par deux, les plus petites devant, les plus grandes derrière, elles se mirent en route « vers notre mission sacrée, rapporte la présidente à une cousine, mettant notre confiance dans le Dieu de Jacob [19] ».

Il y avait quatre drugstores dans la Grand-Rue. Elles rendirent visite aux quatre pour demander à leurs propriétaires de signer l'engagement de ne plus vendre de boissons alcooliques. Trois d'entre eux acceptèrent. Toujours marchant deux par deux, les dames s'approchèrent ensuite « lentement et timidement » de l'élégant saloon de Robert Ward, un Anglais très populaire à Hillsboro. Celui-ci, sans nul doute, avait été prévenu de leur arrivée, car, en les entendant approcher, il ouvrit grande la porte du saloon et la tint ouverte jusqu'à ce que les 70 dames fussent entrées. Puis il la referma et retourna se poster derrière son bar.

Mrs. Thompson se tourna vers lui : « Eh bien, Mr. Ward,

vous devez trouver bien curieuse notre présence ici ? Je suppose néanmoins que vous connaissez l'objet de notre visite. » Plutôt rouge et transpirant, Ward répliqua qu'il aimerait voir Dio Lewis. « Le Dr. Lewis n'a rien à voir avec l'objet de notre mission, lui dit Mrs. Thompson. En regardant quelques-uns des visages qui sont devant vous, en observant les sillons que le chagrin causé par votre commerce impie a creusés, vous comprendrez que notre présence ici n'a rien de surprenant. Nous ne sommes pas venues pour menacer, ni même pour faire des reproches, mais, au nom de notre Ami et Seigneur qui est aux Cieux, pour pardonner, selon Ses enseignements, et vous recommander à Son pardon si vous abandonnez un commerce si préjudiciable à nos cœurs et à nos foyers. »

Et, sans laisser le temps au tenancier de répondre, elle se tourna vers sa petite troupe et déclara : « Prions. » En un instant, toutes les personnes présentes se mirent à genoux, même Ward, paraît-il. Quand les dames se relevèrent, elles entonnèrent un nouveau cantique. Mrs. Thompson, qui rapporte la scène, écrit qu'elle était « digne d'un peintre ou d'un poète ». Dans le langage boursouflé du temps, elle ajoute : « Ces pauvres épouses et mères qui, un jour plus tôt, auraient traversé la rue plutôt que de passer près d'un lieu si intimement lié aux maux et aux chagrins de leur " Paradis perdu ", étaient maintenant en pleurs, suppliant ce " frère " égaré d'accepter le monde du Rédempteur comme le sien [20]. »

La croisade s'amplifie

Deux jours plus tard, c'était au tour des dames de Washington Court House, petite bourgade de l'Ohio, d'aller porter la bonne parole dans les lieux de perdition. Elles avaient fort à faire, car il y avait onze saloons et trois drugstores dans Washington C.H., comme disaient ses habitants, et tous étaient très florissants. Pour ajouter une certaine solennité à l'entreprise, les cloches de l'église méthodiste-épiscopalienne ne cessèrent de sonner durant la marche des pèlerins à travers la petite ville. Bien que les dames fussent accueillies partout avec une grande politesse, aucun tenancier n'accepta de signer l'engagement d'abandonner son « trafic abêtissant ». Les dames revinrent le lendemain, et le surlendemain, et le jour suivant, toujours plus nombreuses, et l'un des propriétaires enfin se rendit : tout son stock de bière, de vin et d'alcool fut déversé dans les ruisseaux devant un public composé d'hommes, de femmes et d'enfants, les uns poussant des cris de victoire, les autres chantant et priant. Le quatrième jour, la ville s'emplit de visiteurs venus de toute la région pour assister à une nouvelle reddition publique. De larges quantités de boissons enivrantes, une fois encore, furent versées dans la rue, et le 2 janvier 1874, tous les tenanciers de Washington C.H. renonçaient à vendre de l'alcool tandis que les propriétaires des drugstores s'engageaient à ne vendre de boissons alcooliques que sur ordonnance [21]. On cria victoire.

Hélas, trois semaines plus tard, les dames de Washington C.H. apprenaient qu'un homme d'origine hollandaise, un certain Mr. Beck, avait obtenu une licence pour vendre de l'alcool et comptait rouvrir l'un des saloons désertés. Une distillerie de whisky de Cincinnati le soutenait. Les dames reformèrent les rangs et décidèrent de construire, face au saloon, un « tabernacle » pour y monter la garde. Nuit et jour, on y tenait des services religieux. Un journaliste du *Cincinnati Commercial*, dépêché pour « couvrir » l'affaire, trouva Beck dans un « terrible état de nervosité ». L'homme avait consulté un avocat et cherchait des témoins pour montrer que la présence des dames et du « tabernacle » ruinait son commerce. Le journaliste tenait là une affaire pittoresque à souhait :

« D'un côté, une vingtaine de dames élégantes qui chantaient avec toute la sincérité de natures exaltées, écrit-il ; à quelques mètres de là, un groupe de bambocheurs troublés qui ne savaient trop s'ils devaient rester ou filer ; entre les deux, le nerveux Beck, agité comme une puce gonflée à la bière ; et sur la barrière, près des dames, un avocat impassible et un reporter excité qui griffonnaient du papier comme si leur vie en dépendait. »

Les dames se mirent à chanter :

> Oh, comme j'aime Jésus
> Parce qu'il m'a aimé le premier...

L'avocat se décida enfin à interrompre les dames. Il fit un pas en avant : « Mr. Beck m'a pris pour avocat. Son anglais n'est pas bon, aussi je parle ici en son nom. Ses activités sont légales et vous êtes en train de violer sa propriété et ses droits. Si les choses vont plus loin, vous serez traduites devant les tribunaux, et je peux vous assurer que la Cour donnera raison à l'homme. »

Imperturbables, les dames reprirent leur cantique :

> Mon âme, sois sur tes gardes
> Dix mille ennemis se lèvent... [22].

En moins de deux semaines, le mouvement avait fait tache d'huile dans plusieurs comtés de l'Ohio, et, des villages voisins, de larges délégations d'hommes et de femmes se rendirent aux réunions de prière organisées les dimanche et lundi 8 et 9 février à Washington C.H. Mais comme pour narguer les pèlerins, un autre vendeur de bière ouvrit un établissement dans la petite ville.

A Hillsboro, cependant, Mrs. Thompson continuait à mener sa cohorte chaque jour devant les saloons ainsi que devant le « Palace drugstore », dont le propriétaire se montrait toujours aussi récalcitrant. L'hiver était rude. Un matin de janvier, lorsque les femmes arrivèrent devant le drugstore, un vent perçant soufflait. Les passants « se découvraient en voyant dans le froid glacé ces pauvres femmes à genoux » et leurs yeux parfois s'emplissaient de larmes, raconte Mrs. Thompson. Certains même se détournaient en disant qu'ils ne pouvaient supporter pareil spectacle. Un autre jour, les dames mirent le siège devant le « saloon de Mr. Uhrig ». Des femmes du voisinage leur envoyèrent des paillassons pour qu'elles pussent s'agenouiller dans un confort relatif. A l'intérieur du saloon, bien évidemment, l'atmosphère n'était pas à la détente. Hillsboro tout entière s'était mobilisée. Les méthodistes avaient rejoint la croisade, et les dames avait invité le père Donahue, de l'Église catholique, à prendre également son bâton de pèlerin. Avec les épouses et les filles des notables de la ville agenouillées dans le froid jusque sur les marches des saloons, il était difficile de savourer sa bière ou son whisky. Les plus éméchés ricanaient; les plus sobres avaient mauvaise conscience [23].

La presse ayant longuement relaté les événements, l'Ohio brilla quelque temps sous les feux de l'actualité, et le mouvement devint national. Les scènes dramatiques ou cocasses ne manquèrent pas à la croisade, mais ses effets furent éphémères. Si des milliers de saloons et de *beer-gardens* fermèrent leurs portes, la plupart les rouvrirent rapidement, d'autant qu'ils avaient généralement la loi pour eux et que la politique s'en mêla. Gros buveurs devant l'Éternel, les Irlandais formaient une masse électorale non négligeable, de même que les Allemands, bien plus nombreux, et que l'idée d'être privés de leur bière rendait furieux.

Les plus lucides parmi les militantes se rendaient compte que seule une organisation permanente permettrait d'obtenir des résultats durables. A l'automne, elles organisèrent une convention à Cleveland. Du Maine à l'Oregon, de l'Alabama à l'Iowa, du Massachusetts au Colorado, des déléguées s'acheminèrent vers l'Ohio. A l'issue de la convention fut créée la *Women's Christian Temperance Union* (W.C.T.U.). Les déléguées choisirent pour présidente Annie Wittenmeyer, de Philadelphie, qui avait rempli des fonctions importantes au sein de la Commission sanitaire pendant la guerre, et pour secrétaire chargée de l'organisation Frances Willard, cousine lointaine de la fondatrice du *Troy Seminary* [24]. Celle-ci allait devenir l'âme du mouvement.

Frances Willard : tempérance et politique

Comme tant de militantes de l'après-guerre, Frances Willard avait grandi dans le Middle West. Ses parents avaient quitté l'État de New York pour Oberlin, dans l'Ohio, lorsque Frances avait deux ans; puis ils s'établirent dans le Wisconsin. Son père, Josiah Willard, descendait d'une vieille famille puritaine de la Nouvelle-Angleterre. Dans son journal intime, la jeune fille parle de lui comme d'un tyranneau domestique. Il prenait toutes les décisions, dit-elle, faisait tous les achats de la famille et avait l'œil sur toutes les dépenses de la maison. Il achetait à ses filles leurs vêtements, leurs fournitures scolaires, leurs jouets ainsi que les robes de leur mère. Josiah Willard interprétait toute démonstration d'affection comme un signe de faiblesse. A ses petites filles âgées de six ans et de deux ans et demi, il déclara un jour qu'elles étaient maintenant trop grandes pour être embrassées au lit avant de dormir. Son épouse, en revanche, le décrivit comme un excellent père qui partageait avec elle la lourde tâche d'élever les bébés, et, contrairement à la coutume, n'hésitait pas à mettre la main à la pâte dans la cuisine pour la soulager.

A Oberlin, Josiah Willard et sa femme Mary entrèrent au collège pour y parfaire leur éducation. Josiah aurait souhaité devenir pasteur. Atteint par la tuberculose, il dut y renoncer et en 1846, alors que Frances avait sept ans, il emmena sa famille dans le Wisconsin où il acquit une ferme de 360 acres. Au cours des années suivantes, il la développa considérablement puisqu'en 1858, leur domaine se montait à 1 000 acres [25]. Frances passa dans le Wisconsin des années heureuses, parcourant à cheval en compagnie de ses frères aînés les bois et les prairies, galopant à bride abattue, toujours en tête. « Quel bon temps nous avions! écrivit-elle plus tard. Le souvenir même en est enchanteur et j'aime à l'évoquer. Si sublime, avec le vent léger et frais de la prairie qui nous caressait; les rayons dorés du soleil posés sur nous; la douce rosée qui tombait, si rafraîchissante. Temps si beau, si pur, sans un souci, sans une crainte, sans une peine, sans une douleur [26]. »

A dix-sept ans, elle quitta *Forest Home*, la ferme du Wisconsin, pour la *Normal Institute* de Milwaukee, une des écoles fondées par Catherine Beecher, dont Mrs. Willard était une grande admiratrice, et termina ses études au *Northwestern Female College* d'Evanston, dans l'Illinois, où la famille Willard s'installa en 1858, Josiah ayant décidé de se lancer dans les affaires. A dix-neuf ans, Frances était une belle jeune fille, intelligente, vive, fantasque, volontaire et très ambitieuse. Par deux fois, elle envisagea le mariage. Chez des amis, à Evanston, elle fit la connaissance d'un brillant étudiant en théologie, Charles Fowler. Elle le trouva « merveilleux causeur ». Il la raccompagna chez elle ; elle prit son bras. Ils se revirent et se fiancèrent mais, quelques mois plus tard, Frances rompait son engagement parce que, dit-elle, elle ne pensait pas l'aimer assez pour lui sacrifier son indépendance.

Qu'il y eût entre eux un conflit de personnalités est évident. L'un et l'autre étaient de fortes têtes. On peut toutefois se demander si la jeune fille n'avait pas un problème avec les hommes. Son amie de collège Mary Bannister rapporta que Frances ne soulevait aucun intérêt « romantique » chez les étudiants de la toute proche *Northwestern University* mais que, par contre, elle exerçait une véritable fascination sur les jeunes étudiantes. Plus symptomatique fut sa réaction à l'annonce des fiançailles de son amie Mary Bannister avec son frère Oliver. Au lieu de ressentir de la joie, elle éprouva un sentiment de jalousie déchirant et prit mauvaise conscience vis-à-vis de Charles Fowler, car toutes ses pensées tendaient vers Mary. Elle avoua à sa mère qu'elle se sentait « trahie ». Quand elle rompit ses fiançailles avec le beau Fowler, elle fut soulagée ; « et si je vais seule et misérable à ma sépulture, et que les mots " vieille fille " sont écrits sur la pierre tombale, je pourrai au moins me tenir devant Dieu dans l'autre vie et lui dire que je ne suis pas coupable du crime de mariage de raison [27] ». Fiancée une nouvelle fois quelques années plus tard, elle ne put se résoudre à se marier bien que l'homme, dit-elle, fût « **très** proche de mon idéal ». Dans son autobiographie, elle écrivit quelques lignes étranges : « De la vraie histoire d'amour de ma vie, que nul ne connaît à l'exception d'un trio d'amies intimes, ces pages ne diront peut-être rien. Quand j'aurai disparu, je serai heureuse qu'on la connût, car je crois qu'elle pourrait contribuer à une meilleure compréhension entre les hommes et les femmes. » L'énigme demeure [28].

Tout en poursuivant une carrière d'enseignante, Frances s'intéressa à la condition féminine, au suffrage des femmes, à la tempérance. A *Forest Home*, les Willard pratiquaient déjà l'abstinence, et Frances, à seize ans, avait signé un engagement de s'abstenir d'alcool qu'elle avait collé dans la Bible familiale. La croisade lancée par les dames de Hillsboro ne toucha guère Evanston, car depuis longtemps ses habitants avaient banni les boissons enivrantes de leurs tables et fermé les saloons. Mais à Chicago, toutes les Églises prêchèrent la croisade et les femmes descendirent dans la rue.

Pour l'Église méthodiste, que Frances rejoignit lorsqu'elle eut vingt ans, la tempérance avait toujours été un cheval de bataille. Dès 1790, elle encouragea ses fidèles à la modération; dès 1832, elle prêcha l'abstinence totale. Dans les milieux méthodistes que fréquentait la jeune fille, nul ne buvait. Pourtant, Frances se tint à l'écart du mouvement antisaloon lorsqu'il embrasa l'Illinois, trop occupée par les conflits qui agitaient son existence.

Après avoir enseigné avec succès dans différents collèges de jeunes filles, elle s'était vu offrir la présidence de l'*Evanston College for Ladies*, qui venait d'ouvrir ses portes. Lorsque le collège fut absorbé par la *Northwestern University*, elle fut nommée doyen de la faculté des femmes. Elle se trouva alors confrontée à un conseil de gestion constitué uniquement d'hommes et à un président qui n'était autre que son ex-fiancé, Charles Fowler. Situation délicate qui ne la satisfit en rien. Pendant trois ans ils travaillèrent en mésintelligence, chacun essayant d'imposer sa volonté à l'autre. Fowler eut le dernier mot, et Frances Willard, à bout de nerfs, donna sa démission [29].

A l'été de 1874, elle était à un tournant de sa vie, meurtrie par des mois de luttes intestines au sein de l'université, incertaine sur la voie à suivre. Poursuivrait-elle ailleurs qu'à Evanston son métier d'enseignante? Ou choisirait-elle une carrière moins conventionnelle dans laquelle elle pourrait donner plus libre cours à son esprit d'indépendance? La lutte contre l'alcoolisme apportait une réponse, d'autant mieux qu'elle entrevoyait la possibilité de lier la cause de la tempérance à celle des femmes. La tempérance fut toujours pour elle un moyen d'atteindre d'autres buts. Tout en partageant avec ses contemporains l'idéal de la femme au foyer, tout en célébrant ses vertus, elle estimait que celle-ci devait utiliser ses qualités particulières pour élever moralement la société en pénétrant, s'il le fallait, dans l'arène politique. Une idée qui n'était pas nouvelle dans cette seconde moitié du siècle, mais que Frances Willard sut exploiter mieux que d'autres. Son dévouement à la cause de la tempérance, son utilisation habile de la doctrine de la Vraie Femme, sa féminité prudente qu'elle entretenait avec soin, se vêtant toujours avec élégance, lui valurent la sympathie et l'admiration de tous. Même dans les États du Sud, elle réussit à captiver les esprits les plus conservateurs.

Dans un premier temps, elle prit la tête du mouvement pour la Tempérance de l'Illinois; dans un deuxième, celle de l'Organisation nationale. Son style de vie changea complètement. Frances n'avait connu jusqu'ici que la verte campagne et les petites villes du Middle West; maintenant, elle travaillait au cœur même de Chicago, ville champignon durement touchée par la crise économique de 1873 et gonflée par les flots d'immigrants sans ressources ni éducation. « Au lieu de vivre dans la paix, écrivit-elle plus tard, je devais participer à la guerre; au lieu de connaître la douceur du foyer, je devins une vagabonde à la face du globe; au lieu de courir les bibliothèques, je hantais les salles publiques et les wagons de chemin de fer; au lieu de voir des hommes cultivés, je fréquentais la lie des saloons, des maisons de jeux, des lieux de perdition. » Evanston était toujours, théoriquement, son *home*; mais son quartier général étant situé à Chicago, elle y séjournait de plus en plus fréquemment. Elle habitait alors chez des amis ou des collègues [30].

Elle donna de nombreuses conférences et prit plaisir à parler en public. Son travail la mit en contact avec les leaders des mouvements pour le suffrage des femmes, et en particulier avec Mary Livermore et Susan B. Anthony, dont elle épousait les vues. Seulement, la prudence la contraignait à faire taire ses sentiments. Contrairement à Mrs. Stanton,

Frances Willard était une remarquable tacticienne. Plutôt que de prendre les obstacles de front, elle louvoyait. Ce ne fut qu'à l'été de 1876, au cours d'un rassemblement organisé à Old Orchard, dans le Maine, qu'elle prit ouvertement parti pour le suffrage des femmes, faisant appel aux sentiments « nativistes » de la population américaine. Dans un discours qui fit grand bruit, elle déclara qu'après avoir longuement hésité, elle estimait le moment venu pour la femme, « qui est, par instinct et éducation, la plus fidèle à Dieu et à notre pays, d'avoir accès au scrutin où le Sabbat et la Bible sont maintenant attaqués par la population étrangère incroyante de notre pays [31] ». Curieuse approche pour une femme qui toute sa vie montra une grande tolérance en matière de race et de religion. Mais la fin justifiait sans doute les moyens.

A l'automne, lors de la convention annuelle de la W.C.T.U., Frances entra en conflit avec Mrs. Wittenmeyer, car la très conservatrice présidente s'opposait farouchement à toute association au vote des femmes. Pourtant, on ne peut qu'admirer l'habileté avec laquelle Frances s'adressa à son auditoire : elle ne réclama pas le suffrage comme un droit mais comme un devoir, « afin de protéger le foyer ». Qui aurait résisté à cet appel? La « protection du foyer » devint le thème favori de ses discours. Son message était net et clair : « Année après année, nous avons appelé les hommes à voter; mais nous avons décidé qu'il était tout aussi facile de voter nous-mêmes [32]. »

La doctrine de la protection du foyer comprenait l'éducation attentive des enfants, la vertu, la piété, l'amour de la famille – qualités propres à la femme. En votant pour les conserver, elle ne dérogerait pas à sa féminité. Elle ne ferait que transférer dans le monde cette idyllique atmosphère domestique dont le XIXe siècle était si friand. Sur ce thème, Frances pouvait broder des variations infinies.

Au cri de « Pour Dieu, pour le foyer et la terre natale », elle lança en 1878 sa première campagne auprès de la législature de l'Illinois. La population répondit avec enthousiasme à son appel puisqu'elle recueillit 110 000 noms sur la pétition adressée à la Chambre des représentants, et que

70 000 signatures de plus y figuraient quand celle-ci arriva au Sénat. Bien qu'elle n'obtînt pas gain de cause, ce succès encouragea Frances Willard à poursuivre son effort en direction de l'Union nationale, dont elle voulait prendre la tête. En 1879, elle parvint à ravir à Mrs. Wittenmeyer son siège de présidente de la W.C.T.U. Dorénavant, l'Union nationale non seulement soutiendrait le suffrage des femmes, mais encore ferait campagne en sa faveur.

A quarante ans, la nouvelle présidente n'avait rien perdu de sa beauté. Si quelques cheveux blancs striaient sa chevelure châtain, elle avait gardé son teint éclatant, ses yeux bleus brillants, son élégance. Le bleu était sa couleur favorite. Bleues étaient les robes qu'elle revêtait pour recevoir ses amies ; mais, pour paraître en public, elle se contentait de porter une écharpe bleu ciel sur une robe noire ou marron, comme le voulait alors l'usage, et Frances prit toujours grand soin de se conformer aux règles et convenances [33].

5

Solidarité féminine

A mesure que l'on avançait dans le siècle, le conformisme et le conservatisme chez les féministes gagnaient du terrain. Elizabeth Cady Stanton avait vieilli et ne prenait plus qu'occasionnellement part aux débats et aux manifestations en faveur du suffrage des femmes. Elle demeurait la plupart du temps dans sa maison du New Jersey, rédigeant en compagnie de Mathilda Joslyn Gage, vétéran des campagnes pour l'abolitionnisme, et de la toujours fidèle Susan B. Anthony, une monumentale « Histoire du suffrage des femmes ». Mrs. Livermore et Julia Ward Howe, maintenant, donnaient le ton. Julia apportait à la cause des femmes une aura de prestige et de respectabilité. Dans l'*American Woman Suffrage Association*, dont elle était l'un des leaders, la middle class américaine se reconnaissait mieux que dans l'organisation rivale, la *National Woman Suffrage Association*.

Une succession de grèves, pendant la dépression de 1873-1878, avait semé l'épouvante dans les rangs conservateurs. Aussi Julia Ward Howe et ses consœurs prenaient-elles soin de ne pas mêler les revendications des ouvrières aux leurs. Leurs convictions morales et religieuses les éloignaient des idéologies révolutionnaires. Leurs activités en faveur des pauvres ne devaient en aucun cas bouleverser la société. Assurément, une rancœur certaine à l'égard des immigrants se faisait jour. Les femmes de la middle class avaient toutes reçu une éducation très supérieure à celle de leurs mères et elles acceptaient de plus en plus difficilement d'être écartées des urnes alors que le droit de vote était donné à des hommes de tous pays, généralement illettrés, qui souvent parlaient à peine trois mots d'anglais, étaient manipulés par les « Machines » des partis politiques et se montraient farouchement opposés au suffrage des femmes et à la prohibition des alcools, car l'un et l'autre allaient à l'encontre de leurs coutumes.

En 1871 et 1872, 150 femmes audacieuses avaient tenté de voter dans dix États, ainsi que dans le district de Columbia. Quelques-unes avaient obtenu que leur bulletin de vote fût compté; plus souvent, elles échouèrent dans leur tentative. A Rochester, dans l'État de New York, Susan Anthony conduisit elle-même un groupe de femmes aux urnes à l'occasion des élections présidentielles de 1872, bien qu'elle eût été avertie par la presse locale que les « électeurs illégaux » seraient passibles d'une amende pouvant aller jusqu'à 500 dollars et même d'une peine de prison. Susan s'était d'abord présentée avec ses sœurs au huitième bureau (le salon d'un barbier) pour se faire enregistrer. Le lendemain, elle se rendit chez Henry R. Selden, éminent membre du barreau et juge à la cour d'appel, pour connaître ses droits. Celui-ci l'assura qu'aucun passage du 14e amendement n'interdisait expressément à la femme de voter, et lui conseilla d'exercer son droit de « citoyen des États-Unis ».

Fortes de cet avis éclairé, Susan, ses sœurs et une douzaine de dames respectables, le 5 novembre, allèrent tranquillement voter. A Elizabeth Cady Stanton, elle écrivit le soir, radieuse : « Nous n'avons subi ni insultes, ni paroles grossières, ni regards irrespectueux. Maintenant, si toutes nos militantes voulaient travailler pour que la suprématie constitutionnelle de la loi fédérale fût respectée, quel pas de géant nous ferions. Mais que je suis fatiguée! J'ai été constamment sur la brèche depuis cinq jours; mais à bon escient, aussi tout va bien [1]. »

Non, tout n'allait pas bien. L'État de New York entendait qu'on respectât ses lois. Les femmes furent arrêtées et libérées sous caution. Le procès de Susan B. Anthony, qui avait refusé de payer sa caution, commença le 17 juin 1873. Selden prit sa défense et plaida brillamment sa cause. Seulement, comme l'écrivit miss Anthony, le procès « fut une simple farce ». Redevable de sa fonction à ses appuis politiques, le juge Hunt déclara la quakeresse coupable, sans laisser au jury la possibilité de s'exprimer, et la condamna à 100 dollars d'amende et à payer les frais de procédure. Celle-ci rétorqua calmement qu'elle ne les paierait pas : « Tout ce que je possède est une dette de 10 000 dollars que j'ai contractée en publiant mon journal *(The Revolution)* dans l'intention d'apprendre aux femmes à faire précisément ce que j'ai fait, me rebeller contre des lois iniques et inconstitutionnelles faites par l'homme qui taxent, pénalisent, emprisonnent et pendent les femmes tout en leur déniant le droit de représentation dans le gouvernement ; et je travaillerai de toutes mes forces pour payer chaque dollar de cette honnête dette, mais pas un sou n'ira à cette créance injuste ; et je persisterai à exhorter les femmes à reconnaître pour leur la vieille maxime de la Révolution : Résister à la tyrannie, c'est obéir à Dieu [2]. »

Craignant que l'affaire ne vînt jusqu'à la Cour suprême des États-Unis, le juge Hunt se garda de l'envoyer en prison jusqu'à ce que l'amende fût payée, comme le requérait la loi. Dans l'ensemble, la presse se porta du côté de la vieille quakeresse qui repartit aussitôt au combat. Cette fois, ce fut pour brandir comme tant d'autres femmes l'étendard de la Pureté sociale. Au printemps de 1876, elle partit en tournée dans le Middle West où elle fit sensation. L'audace de son discours provoqua l'admiration des uns et horrifia les autres. Les journaux des petites villes où elle se produisit lui furent particulièrement hostiles, et on associa son nom à celui de la flamboyante Anna Dickinson, qui poursuivait en solitaire sa carrière de conférencière. C'était moins leurs propos qui choquaient que le fait qu'ils fussent tenus par des « demoiselles ». « Ce serait déjà grossier pour une femme mariée de choisir délibérément des sujets de conférence aussi scabreux ; mais ces deux dames ne sont pas encore mariées, et les dames non mariées sont supposées tout ignorer de ces choses – sont supposées, en vérité, avoir l'esprit trop pur pour contempler le vice dans sa forme la plus détestable, sans parler de l'analyser publiquement et de s'appesantir avec emphase sur ses détails répugnants [3]. »

Ambiguïté

Si Anna Dickinson et Susan Anthony avaient été de toutes jeunes filles, ce jugement sévère se justifierait. Mais notre brave quakeresse avait alors cinquante-huit ans et Anna trente-quatre. Selon les critères du temps, l'une était déjà vieille et l'autre avait atteint l'âge mûr. On peut d'ailleurs se demander jusqu'à quel point elles étaient innocentes. Les deux femmes se connaissaient bien. Susan s'était prise d'une grande tendresse pour la brillante Anna. Leur correspondance montre leur intimité. Ceux qui ne sont pas familiers avec l'exaltation, l'émotivité des dames américaines du XIXᵉ siècle et leur penchant pour un langage extravagant (rappelons-nous les lettres d'Angelica Grimke à son pasteur) verront sans doute là une preuve d'homosexualité. Rien n'est moins sûr. La complexité des relations amoureuses à l'ère victorienne est difficile à saisir pour notre société post-freudienne. A cette époque, il était courant pour une femme d'entretenir des relations affectives étroites, voire passionnées, avec une autre femme qui pouvait être une sœur, une belle-sœur, une cousine ou une amie dont elle chérissait l'intimité. Ces amitiés féminines se conservaient souvent même après le mariage, et certaines duraient toute une vie. L'historienne Caroll Smith-Rosenberg parle fort justement de relations « homosociales ». Quelques correspondances sont néanmoins tellement teintées d'érotisme qu'il nous est difficile de ne pas y voir la marque de relations homosexuelles. D'évidence, la société victorienne, pourtant si répressive dans le domaine sexuel, ne s'en préoccupait pas. Certes, tous les États possédaient des lois contre la « sodomie » ou homosexualité, mais elles avaient été passées dans le dessein de refréner les instincts des hommes, non ceux des femmes [4].

Si la frontière entre les notions d'amour et d'amitié apparaît souvent floue, les allusions au contact physique sont parfois claires, même s'il ne s'agit que d'actes de tendresse et non charnels. La belle Anna Dickinson fut une de ces femmes qui inspira des passions féminines. Ainsi son amie Louise Brackett lui écrivait en 1863 : « Ma douce Raphael Dickinson! Comme je voudrais te voir! Ta lettre m'a causé tant de plaisirs exquis! Je t'épouserai – je fuirai n'importe où avec toi, car tu es un tel amour! Je peux sentir ton âme – sinon ton corps, douce Anna. Est-ce que j'offense ta pudeur!... Au revoir, petite fille aux joues lisses – j'aimerais t'embrasser, aime-moi et pense toujours à moi. »

Neuf ans plus tard, une autre amie mariée, Laura C. Bullard, lui faisait savoir combien elle regrettait que la jeune fille ne lui eût rendu visite pendant que son mari était absent, car « tu aurais eu ta place dans mon lit... Douce Anna, j'espère te voir bientôt et embrasser tes douces et tendres lèvres, soit ici, soit à Long Branch [5] ».

Susan B. Anthony employa également un langage passionné dans ses lettres à Anna Dickinson que n'explique pas complètement le fait qu'elle avait peut-être reporté sur la jeune femme la tendresse qu'elle n'avait pu donner à un enfant. « Anna, je ne peux supporter de partir sans jeter une fois encore un précieux regard sur ton visage [...], lui écrit-elle. Chérie, tu sais que tout cela vient de l'anxiété causée par mon amour maternel pour toi. » Dans une autre lettre, Susan demandait à Anna de la rejoindre au plus vite à New York : « J'ai un *logement très simple*... un lit à deux places – et suffisamment grand et confortable pour t'y inviter. J'ai tellement envie de me faire gronder et tirer les oreilles, et de toutes les autres choses qui, je le sais, m'attendent. Que d'aventures depuis que j'ai pour la dernière fois serré le petit enfant dans mes longs bras! » Des divergences politiques mirent fin à leurs relations que Susan n'évoqua jamais sans une grande émotion [6].

Avec Frances Willard, que la vieille quakeresse aimait et admirait, le ton est autre : amical sans plus. Par contre, la correspondance échangée entre Frances Willard et Anna

Dickinson nous entraîne une fois encore dans les méandres des relations passionnelles où l'amour et l'amitié se confondent. Frances avait entendu Anna Dickinson pour la première fois à Chicago en 1866. « C'est une femme splendide qui peut parler sans se préoccuper de plaire ou de déplaire, nota-t-elle; mais elle est trop extrémiste. » Les deux femmes se revirent en 1875. A la fin de l'hiver, Anna Dickinson était venue à Evanston donner une conférence; puis elle passa quelques mois à Chicago. Par son charme et sa vitalité, Anna avait séduit Frances Willard. Celle-ci ne tarit pas sur ses « cheveux bruns bouclés » rejetés en arrière, qui dégageaient son « beau front »; sur ses « yeux gris », sa « démarche souple et élégante ». Anna Dickinson avait à peu près l'âge qu'aurait eu Mary, la jeune sœur de Frances, morte de la tuberculose à l'âge de dix-neuf ans, et elle avait sa beauté. Mais à la différence de la douce et pieuse Mary, Anna Dickinson était une matérialiste et une rebelle. Jamais en fait elle ne partagea l'enthousiasme de Frances pour la tempérance, ni son engagement religieux. Frances aurait voulu que ceux ou celles qui lui étaient chers épousassent ses causes et ses passions. On lui résistait difficilement. Elle n'en échoua pas moins auprès d'Anna Dickinson. Non seulement celle-ci refusa toujours de prendre la parole en faveur de la tempérance, mais encore, malgré les exhortations de Frances qui désapprouvait sa décision, elle se lança dans la carrière théâtrale en tant qu'actrice et auteur [7].

Lorsque Frances Willard, à l'été de 1876, se rendit sur la côte Est en compagnie de son amie et secrétaire Kate Jackson, pour assister à un *camp meeting* organisé par l'Église méthodiste en faveur de la tempérance, elle tenta en vain de persuader Anna de les rejoindre : « Cher cœur, lui répondit celle-ci, je suis sûre que vous êtes tous trop sérieux pour moi dans cette assemblée méthodiste. » Elle avait néanmoins lu sa lettre avec joie « quoique *je ne sois pas* d'accord avec toi. Tu dois m'aimer comme je suis, car je n'ai pas l'intention de changer — et tu dois m'aimer même si je deviens plus mauvaise (car) je t'aime — quoique tu sois si bien ». Quinze jours plus tard, Anna la morigénait encore : « Si tu t'intéresses tant aux rassemblements pour la tempérance et à la religion, laisse quelqu'un d'autre m'en parler... Je veux que tu t'intéresses seulement aux choses qui semblent vitales pour moi, et si tu n'es pas intéressée, j'aimerais autant l'ignorer. » 1876 marqua un tournant dans leurs relations. Elles restèrent amies, mais ne se virent plus que de loin en loin, et tandis que Frances devenait une héroïne nationale, Anna sombrait dans l'oubli [8].

Les militantes de la Tempérance devaient se réjouir que Frances Willard ne réussît pas à convaincre Anna Dickinson de rejoindre leurs rangs. En 1876, son étoile déjà pâlissait. Son langage, son comportement, ne pouvaient que choquer l'Amérique profonde. Elle aurait été pour la W.C.T.U. un embarras plus qu'un atout. Flanquée de la flamboyante Anna Dickinson, Frances Willard n'aurait jamais conquis le Sud.

Renouveau sudiste

Avec quelques années de retard, les femmes du Sud allaient prendre part à la croisade pour la Tempérance, puis s'engager dans la conquête des droits de la femme afin de défendre le « foyer chrétien ». En 1881, lorsque Frances Willard s'y rendit pour la première fois, le Sud se relevait lentement de ses ruines. Les ex-États confédérés avaient peu à peu recouvré leur indépendance. La volonté de représailles des Yankees s'étant émoussée, aux ex-rebelles furent rendus en 1872 leurs droits politiques. Ils réussirent à tenir les Noirs écartés des urnes, et les démocrates reprirent progressivement le pouvoir. Mais le Sud n'oubliait pas, n'oublia jamais, et ses trois traits les plus typiques – monopole du Parti démocrate, suprématie de la race blanche et pauvreté – mirent plus d'un siècle à s'estomper. La défaite avait cristallisé chez les hommes l'amour de leur civilisation et la Reconstruction renforcé leur patriotisme régional. Leur histoire était celle des temps défunts, l'*antebellum South*. Pourtant, le Sud bougeait. Un nouveau Sud était en train de naître sous leurs yeux, et les femmes, incarnation de la civilisation disparue, participaient à sa transformation. Les grands domaines avaient été divisés en petits lots sur lesquels les affranchis vivaient en famille, et une cohorte de planteurs dépouillés était venue grossir les rangs des pauvres Blancs des collines sablonneuses de l'Alabama ou des sapinières de Géorgie ou du Mississippi. Pour donner du travail aux pauvres Blancs et faire pièce au Nord, les Sudistes avaient développé leurs industries. Celle du tabac était florissante et les ouvrières étaient bien payées. Les femmes blanches les plus pauvres affluaient dans les usines tandis que les Noires se consacraient aux travaux domestiques ou agricoles.

Résistant aux pressions familiales, des jeunes filles de bonne famille s'efforçaient de faire craquer les structures sociales traditionnelles en quittant le domicile paternel pour prendre un travail, afin d'assurer leur indépendance financière. En milieu urbain, beaucoup de femmes au foyer voyaient leurs tâches domestiques diminuer : famille moins nombreuse, vêtements de confection, aliments en conserve, maison plus confortable, domesticité abondante et bon marché. Un grand nombre de Noires se plaçaient dans les familles blanches pour des gages très bas. Les femmes de la middle class, comme celles de l'élite, avaient du temps libre et la volonté d'acquérir de nouvelles connaissances pour elles-mêmes, et d'améliorer la société dans laquelle elles vivaient. Les plus croyantes avaient la ferme conviction que si Dieu leur avait donné plus de loisirs, ce n'était pas pour sombrer dans l'oisiveté, mère de tous les vices, mais pour se mettre à Son service. Aussi bien, chez presque toutes les femmes du Sud, la démarche fut-elle la même : elles fondèrent d'abord des sociétés missionnaires, adhérèrent ensuite à des organisations pour la tempérance puis se réunirent dans des clubs.

Du côté des Églises, elles rencontrèrent souvent une vive opposition, surtout du côté de l'Église baptiste, encore que la plupart des pasteurs encourageassent leurs ouailles à participer à la croisade pour la Tempérance pour autant que « cette activité ne fût en rien associée à l'agitation féministe ».

Quelles que fussent leur confession, les femmes se regroupèrent dans des organisations religieuses. Beaucoup trouvèrent là un moyen de s'évader de la « sphère domestique » où la société les avait jusqu'ici cantonnées. Le travail missionnaire ne consistait pas seulement à apporter la Bonne Parole aux païens, mais ausssi aux couches les plus démunies de la population locale. Ce faisant, les femmes furent confrontées, comme leurs sœurs du Nord, à de multiples problèmes sociaux – logements misérables, mauvaise nourriture, analphabétisme, chômage, délinquance juvénile [9].

La *Women's Christian Temperance Union* trouva dans le Sud un climat de sympathie. Le problème de l'alcoolisme ne touchait pas que les pauvres. Dans la préface de son journal de la guerre civile, Eliza Frances Andrews, de Géorgie, rapporta combien elle avait été choquée de découvrir que dans le passé, « l'usage du vin et autres boissons alcooliques » prévalait partout, et qu'un excès occasionnel était considéré avec une grande indulgence : « Quand des gentlemen... nous rendaient visite, il était courtois de placer dans la chambre de chaque invité une bouteille de vin ou de brandy, ou les deux, avec leurs accessoires, afin qu'il pût se servir tout seul un dernier verre avant de se mettre au lit, ou un premier verre le matin avant de se lever [10]. »

Dans les milieux moins relevés que celui dans lequel évoluaient les Andrews, l'intempérance prenait parfois une tournure tragique. Mariniers, coureurs de bois et *frontiersmen* avaient de tout temps trouvé la détente et le plaisir dans l'alcool. Des villes portuaires comme La Nouvelle-Orléans ou Natchez, sur le Mississippi, regorgeaient de bouges où le mauvais rhum et le mauvais whisky coulaient à flots. Bien avant la guerre de Sécession, les Églises prêchèrent la tempérance comme une nécessité pour faire son salut. Durant les années dramatiques de la Reconstruction, le mal se répandit partout. La multiplication des magasins dans les campagnes rendit l'alcool plus accessible, et les hommes se mirent à boire pour oublier la défaite et la misère. Les Noirs eux-mêmes participèrent à des orgies du samedi soir. L'alcool engendrait la violence et la violence le crime [11].

Les femmes avaient conscience qu'il leur fallait agir. Après avoir prôné la modération, elles en étaient arrivées à souhaiter l'abstinence totale. Mais de là à s'affilier à une organisation nationale comme la W.C.T.U., il y avait un pas que beaucoup n'étaient pas prêtes à faire. Un mur de convenances se dressait devant elles, et ce n'est pas l'un des moindres mérites de Frances Willard de leur avoir permis de le franchir.

Conquérir le Sud était un peu pour Frances une gageure. Jamais auparavant des femmes n'y avaient pris publiquement la parole. Elle séduisit et fut séduite. Lors de son séjour à Charleston, en 1881, elle découvrit que « tout ce qui a été dit sur l'hospitalité sudiste est vrai [12] ». On la fêta partout. A Mobile, Alabama, elle prit la parole neuf fois en trois jours et à l'Opéra s'adressa à un public de 1 500 personnes. La Nouvelle-Orléans lui fit un accueil chaleureux. Elle y revint l'année suivante au mois de mars. Le pasteur méthodiste Felix R. Hill lui avait ouvert les portes de son église de la rue Carondelet et Caroline Merrick celles de sa maison. Frances voyageait avec une amie, Anna Gordon, qui l'assistait en tout. Les deux femmes arrivèrent harassées par un voyage de plusieurs milliers de kilomètres qui comptaient des arrêts dans d'innombrables villes. Caroline avait battu le ban et l'arrière-ban de ses relations. Sa maison fut envahie par les membres les plus distingués du tribunal, du barreau, des Églises, de la presse, du monde littéraire, ainsi que par beaucoup de jeunes gens et de jeunes femmes avides de connaître la célèbre Miss Willard. « A chaque personne qui lui était présentée, rapporta Caroline Merrick, elle disait le mot qu'il fallait, quand il fallait. »

Mrs. Merrick se souvenait aussi que lorsque Frances avait ôté sa capote et était restée tête nue, elle lui en avait fait reproche. « Mais je ne pouvais trouver aucun défaut dans la noble expression de tristesse sereine de son visage délicat, dans l'humilité et la douceur distinguée qui émanaient de toute sa personne [13]. »

De son côté, Frances Willard se rendit compte très vite que Caroline Merrick, par son intelligence, son énergie, ses relations, serait un formidable atout pour la W.C.T.U; mais consciente que la « source du pouvoir » dans la famille se trouvait chez le juge Merrick, non chez Caroline, elle plaida habilement sa cause et c'est lui qui incita sa femme à accepter la nomination de présidente de la W.C.T.U. à La Nouvelle-Orléans, poste qu'elle occupa pendant dix ans. Profonde et durable fut leur amitié. Et une lettre que Frances adressa plus tard à Caroline Merrick nous aide sans doute à mieux saisir sa personnalité complexe : « Il faut que vous sachiez que je crois – et crus toujours – que le *phénomène* de la vie annonce le phénomène de l'immortalité. On se sentirait bien seul dans l'Au-delà, en vérité, si les arbres, les fleurs et les oiseaux que nous aimons n'y revivaient aussi pour donner au Ciel l'aspect familier cher à nos tendres cœurs. Que la vie est riche en amitiés, opportunités, loyautés, tendresses [14] ! » Il n'est pas vain de penser que la raison majeure de son célibat tenait à l'impossibilité dans laquelle elle se trouva de rencontrer un homme qui pût partager son idéal et s'accorder à sa sensibilité ardente.

Le temps des libérations

En 1883, cependant, « quelques âmes intrépides » organisèrent une convention des femmes chrétiennes de la Caroline du Nord et lancèrent l'Union pour la tempérance dans l'État. D'autres femmes leur emboîtèrent le pas. Nul ne pouvait s'opposer à un mouvement qui favorisait la tempérance et le christianisme. Comme l'écrit Belle Kearney, la W.C.T.U. fut la « clé d'or » qui libéra le potentiel jusqu'alors refoulé des femmes. « Elle fut le généreux libérateur, le joyeux iconoclaste, le révélateur, le promoteur des femmes du Sud [15]. »

C'est à Jackson, Mississippi, que Frances Willard recruta Belle Kearney. Belle représentait le Nouveau Sud. Lorsqu'elle eut seize ans, elle fit ses débuts dans la société, assistant à son premier bal à l'occasion de la remise des diplômes de l'université de l'État du Mississippi à Oxford. Mais rapidement, elle se lassa de cette ronde de plaisirs mondains. Elle désirait autre chose. Un jour, elle alla trouver son père et lui annonça son intention de gagner sa vie comme « maîtresse d'école ». Mr. Kearney fut horrifié. Devant la détermination de sa fille, il céda néanmoins et même, par la suite, approuva sa décision. Comme tant d'autres jeunes femmes, elle commença par ouvrir une petite école dans une pièce inoccupée de la maison familiale, puis enseigna dans une école publique. Curieuse classe qui réunissait des élèves de tous âges – des enfants qui marchaient à peine aussi bien que des jeunes gens barbus : « Les garçons chiquaient durant la classe et crachaient sur le plancher. De temps à autre, un jeune homme particulièrement bien élevé se levait, allait à la fenêtre la plus proche et crachait dehors. Sages comme des images quand je les regardais, les filles, sitôt que je détournais les yeux, lançaient des boulettes de papier mâché aux tout-petits et des billets doux aux rustres géants qui se battaient avec leurs chiques et leurs ardoises [16]. »

Si la cause de la tempérance ne suscita que tardivement son intérêt, Belle Kearney s'enthousiasma très tôt pour les mouvements en faveur des droits de la femme. En 1884, elle se rendit à La Nouvelle-Orléans pour écouter Julia Ward Howe parler du travail féminin. Elle fut éblouie par la personnalité de l'illustre Julia, sa culture, ses dons d'orateur : « Pendant des années, écrivit-elle dans ses mémoires, j'ai été la proie d'un désir ardent de rencontrer une femme vraiment résolue, une de ces femmes véritablement en avance sur leur temps. Quelle joie de voir qu'elle se trouvait là, devant moi, et dans une situation qui représentait le comble de l'indépendance – sur une estrade, prononçant un discours [17] ! »

Tout conservateurs qu'ils fussent en d'autres domaines, les parents de Belle étaient partisans de donner le droit de vote aux femmes. Mr. Kearney, un juriste, trouvait humiliant que sa femme et sa fille ne fussent pas ses égales devant la loi – une position que d'autres gentlemen partageaient. Belle affirma même qu'au nom de l'idéal chevaleresque qui animait toujours les hommes du Sud, ceux-ci se montraient en fait moins hostiles au suffrage des femmes que ceux du Nord. Si le mouvement en faveur du vote des femmes avait été lent à se développer en *Dixieland,* c'était parce que les femmes elles-mêmes ne s'en étaient guère souciées : « Pendant des années, dans différents États du Sud, j'ai entendu des hommes éminents dire : " Si les femmes veulent voter, nous sommes d'accord. Nous n'y faisons aucune objection. En tant qu'êtres humains, elles ont le droit à la même protection légale que nous. Nous ne leur accordons pas le droit de vote uniquement parce qu'elles ne semblent pas le désirer. Dès qu'elles en feront la demande, nous le leur donnerons " [18]. »

C'est un fait, un peu partout des lois avaient été votées pour que la femme mariée eût la complète jouissance de ses biens propres. Les lois du Texas à cet égard étaient particulièrement avantageuses pour la femme. Dès 1869, le *Republican* de La Nouvelle-Orléans, dans un éditorial qui fit grand bruit, défendait chaleureusement la cause du suffrage des femmes. Le *North Carolinian* de janvier 1870 en faisait autant : « Donnez-lui le droit de vote, clamait son éditorialiste, afin qu'elle puisse se protéger et réformer les hommes, et avant qu'un quart de siècle ne s'écoule, un grand nombre de maux qui, aujourd'hui, souillent notre civilisation auront disparu [19]. »

Étaient-ils sincères? Ou cette ferveur soudaine leur était-elle inspirée par l'inquiétude et la fureur suscitées par l'octroi des droits civiques aux Noirs? Assurément, les voix des femmes auraient pu contrebalancer celles des affranchis. Durant la Reconstruction, alors que son mari mettait sur pied l'organisation locale du Ku Klux Klan, Elizabeth Avery Meriwether, du Tennessee, avait d'ailleurs fait entendre clairement qu'il serait préférable d'accorder le droit de vote aux femmes plutôt que de terroriser les Noirs pour les empêcher de voter. Le Ku Klux Klan n'eut qu'un temps. Devant les excès commis par certains de ses membres, son fondateur, le général Forrest, décida de dissoudre le mouvement. Au terrorisme succédèrent les pressions et les menaces secrètes, puis, au cours des années 1890, les ex-États confédérés, fort légalement, réussirent à écarter définitivement des urnes les affranchis.

Les femmes attendaient toujours. Mais leurs forces gros-
sissaient et leur détermination croissait. Grâce à Frances
Willard et à la W.C.T.U., elles avaient appris à penser par
elles-mêmes, à prendre des décisions, à créer, à diriger :
« Les femmes du Sud font merveille comme conférencières
et organisatrices dans les mouvements philanthropiques »,
écrit Belle Kearney. Elle-même servit de modèle à d'autres.
La première année de son engagement dans la cause de la
tempérance, elle voyagea à travers tout le Mississippi pour
organiser parmi les jeunes femmes des branches locales de la
W.C.T.U. A la demande de Caroline Merrick, elle créa également en Louisiane une *Young Woman's Temperance
Union.* En 1889, elle assista à une convention nationale à
Chicago et en retira, dit-elle, « une nouvelle vision de la vie
de la femme [20] ».

Tant que la femme sudiste faisait œuvre philanthropique,
le mari, le père ou le frère la soutenaient, voire l'encoura-
geaient. Parlait-elle de travailler pour gagner sa vie qu'aussitôt l'homme dressait devant elle les barrières de la chevalerie. Dans une lettre adressée en 1885 au *Boston Index,* la
vénérable Elizabeth Oakes Smith, vétéran des combats pour
les droits de la femme, écrivait :

« Les femmes du Nord ne peuvent avoir qu'une faible idée
des difficultés que leurs sœurs du Sud rencontrent pour faire
accepter des idées nouvelles et avancées. L'autre sexe, avec
un certain aveuglement, se cramponne à une image de la
chevalerie semblable à celle du célèbre Don Quichotte et, ce
faisant, essaie de maintenir les femmes à l'arrière-plan,
comme s'il s'agissait de porcelaines susceptibles de se fêler
ou de se briser si elles ne sont pas maniées avec délicatesse.
Les femmes, ici, saisissent mieux que les hommes l'esprit du
siècle et le besoin de changement... [21]. »

Assurément, si l'homme sudiste ressentait terriblement
l'idée que les femmes de sa maison pussent travailler au-
dehors, ce n'était point en raison d'une quelconque rivalité
entre les sexes, mais parce qu'il estimait de son devoir de
pourvoir à leurs besoins. Dans ce Sud meurtri, l'homme
continuait à cultiver ses clichés avec une insatiabilité surpre-

nante : le thème du chevalier et de sa dame avait toujours pour lui les mêmes résonances. Abandonner le mythe aurait été trahir la civilisation que les « barbares yankees » avaient voulu détruire. Alors que la femme se tournait vers l'avenir, l'homme s'efforçait de sauvegarder l'essentiel de l'ancien Sud.

Naissance des clubs

Encouragées par les visites des conférencières venues du Nord, stimulées par leurs occupations dans les sociétés missionnaires ou dans la W.C.T.U., les plus audacieuses parmi les femmes sudistes se regroupèrent dans des clubs pour parfaire leur éducation : « Le club fut l'université dans laquelle elles apprirent à se connaître, à connaître d'autres femmes et à voir les hommes non plus comme des maris ou des pères mais comme une des espèces (de l'humanité) », écrivit quarante ans plus tard une de ces pionnières [22].

Le mouvement était national. Il avait pris naissance à New York de façon fortuite, à la suite de la visite aux États-Unis de Charles Dickens, et s'était répandu dans le pays comme un feu de prairie.

En mars 1868, le *Press Club* de New York voulut offrir au célèbre écrivain anglais, avant son départ, un dîner de gala au Delmonico's, temple de la gastronomie et de l'élégance. Pour y assister, il fallait montrer patte blanche et payer 15 dollars. Bien que beaucoup de femmes fussent des journalistes de renom, le Press Club leur était fermé. On pouvait toutefois penser qu'en pareille occasion, leur présence serait tolérée. Quelques dames réclamèrent des tickets d'admission. Malgré l'intervention énergique d'un des membres du comité, dont l'épouse écrivait sous le nom de « Fanny Fern », leur demande fut repoussée. Furieuses, les dames l'étaient toutes. Jennie C. Croly, journaliste très populaire, ne se contenta pas de ruminer sa déception, elle chercha une parade et la trouva. A quelques amies réunies chez elle, elle déclara que le temps était venu de former leur propre club, car, comme elle, beaucoup de femmes recherchaient la société des femmes, « du moins de celles que leur nature profonde poussait vers la vie active », qui s'intéressaient aux idées nouvelles et au progrès et se préoccupaient « de ce que pensaient et voulaient les autres femmes ».

Son projet rencontra l'adhésion de toutes, tant était grande l'aspiration des femmes à se réunir pour réfléchir, dialoguer, s'épauler. Leur solidarité leur donnerait une force énorme. Unies, elles seraient capables de vivre activement leurs idées au lieu de se contenter de les retourner dans leurs têtes. Comme on était entre intellectuelles, l'une des dames présentes proposa d'appeler leur association le « Club des Bas-Bleus ». Le nom fut jugé trop « littéraire ». Une autre proposa le « Sphinx » ; on l'estima trop mystérieux. Une autre encore, la « Ligue des Femmes » ; on le trouva trop politique. Dans un dictionnaire de botanique, Jennie Croly découvrit le mot *Sorosis*. Il plut à toutes et fut adopté.

Le but du club, ainsi qu'on peut le voir dans les articles de sa « constitution », était « d'établir une sorte de franc-maçonnerie entre les femmes ayant des aspirations semblables afin qu'elles puissent s'entraider et franchir la barrière des coutumes et des convenances qui se dresse sur le chemin des relations amicales ». Le club donnerait également aux femmes l'occasion de « débattre de faits et de sujets nouveaux », et de tirer de ces discussions des enseignements qui influeraient sur leur avenir et sur le « bien-être de la société [23] ».

Leur première réunion eut lieu au Delmonico's le lundi 20 avril. La gent masculine, sitôt qu'elle apprit la nouvelle, ricana. Le club devint objet de risées, et l'éditeur en chef d'un quotidien new-yorkais prédit sa fin prochaine. Il n'en fut rien. Sorosis comptait près de cent membres à la fin de l'année 1869, et, à la fin du siècle, New York pouvait se flatter d'avoir 96 clubs de femmes. Les dames de Sorosis se retrouvaient les premier et troisième lundis de chaque mois. Le premier lundi, elles discutaient musique, art et littérature après le déjeuner ; le troisième, elles parlaient « affaires » avant le déjeuner [24].

On voit clairement se dessiner une nouvelle forme de l'émancipation féminine. Grâce aux clubs, les femmes pouvaient non seulement exercer avec talent leurs capacités en faveur de la société, redresser les maux et combattre les multiples aspects de l'immoralité, mais encore affirmer avec éclat leur identité de femmes et cultiver leur goût pour les divertissements intellectuels. Parallèlement à la fondation de Sorosis à New York, Julia Ward Howe, Caroline M. Severance et quelques autres dames de Boston créaient le *New England Woman's Club*. Il devait être un cercle actif pour le travail social autant qu'un lieu de rencontres « tranquille et confortable pour ses membres ». Après Boston, ce fut au tour de Chicago et de San Francisco de créer des clubs de femmes ; puis des centaines de villes, grandes et petites, en firent autant, si bien qu'en 1890 put être organisé un Congrès national des clubs. Beaucoup étaient très florissants et en leur sein les femmes prenaient conscience qu'elles avaient désormais la libre possession d'elles-mêmes. Une soif de culture les habitait. Celles qui, jeunes, n'avaient pas eu la possibilité de faire des études dans un collège trouvaient là l'occasion de développer leurs connaissances.

Le *New England Woman's Club* offrait à ses membres des cours de botanique, de français, d'italien, de littérature anglaise, d'économie politique. Il organisait des conférences sur l'art, la littérature, l'histoire. On y célébrait l'anniversaire de la naissance d'illustres personnages – Michel-Ange en 1875. On y recevait des gens de renom – Harriet Beecher Stowe, sa sœur Catherine et le prédicateur protestant français Athanase Coquerel en 1871. On y traitait de l'éducation des enfants, de l'utilité d'hôpitaux pour femmes dirigés par des femmes, de l'enfance malheureuse, de l'éducation dans le nouveau Sud, du bienfait de la culture physique pour les femmes, du remplacement des saloons par des *coffee-houses*, etc.

On y donnait occasionnellement des déjeuners et régulièrement des thés. Les thés étaient connus pour leur extrême frugalité : pain et beurre, poisson salé ou bœuf séché, thé. Quand, d'aventure, un mets un peu plus raffiné était servi, les dames, n'ayant pas peur des mots, parlaient de « thé somptueux ». Ils réunissaient un petit groupe seulement de membres, et c'était pour eux des moments de franche gaieté : on y faisait assaut d'esprit ; on y jouait aux charades, aux tableaux vivants ; on s'y régalait de ballades, de scènes de Dickens, de pièces françaises, de courtes farces. Cette ambiance détendue et joyeuse n'était pas du goût de toutes ; les plus austères s'en offusquèrent. A partir de 1870, les dames organisèrent aussi des « piques-niques poétiques » : chaque membre pouvait apporter une offrande en vers [25].

Pas question de passer en revue tous les clubs de femmes. Ils proliférèrent à la fin du siècle. Si tous étaient des lieux de sociabilité, chacun exploitait un domaine particulier. Car si l'esprit des femmes soufflait dans la même direction, leurs besoins et leurs intérêts, assurément, variaient d'un État à l'autre. Dans tous les clubs, néanmoins, le beau langage et les belles-lettres étaient à l'honneur.

« Elle vole de ses propres ailes »

Les dames du *Chicago Woman's Club*, qui avaient choisi pour devise *Humani nihil a me alienum puto*, mirent l'accent, comme il se doit, sur les études littéraires. Celles du *Civic Club* de Philadelphie étaient plus concernées par l'art, l'éducation, les sciences sociales... et la plantation des arbres dans leur bonne ville. Le club d'Oakland, en Californie, offrait à ses membres des cours d'économie, de langues étrangères, de littérature orientale et de peinture chinoise classique. Au Colorado, la plupart des clubs littéraires ajoutèrent à leurs activités habituelles l'étude des sciences économiques, sociales et politiques. Au Dakota du Nord, qui comptait à la fin du siècle une centaine de clubs éparpillés sur son vaste territoire faiblement peuplé, les dames, outre la littérature, étudiaient l'histoire, la musique, l'art, la sociologie, l'économie domestique, le théâtre. Au Dakota du Sud était fondé à Sioux Falls en 1879 un *Ladies' History Club* dont la devise était « Elle vole de ses propres ailes », tandis qu'en 1887, un *Club de la Table ronde* féminin voyait le jour à Deadwood, la turbulente petite ville minière.

Les dames de Washington D.C. se montrèrent particulièrement ambitieuses, fondant une *Woman's National Press Association*, puis une société anthropologique qui se voulait scientifique, bien qu'un seul membre eût une formation scientifique. Washington était fière de son *Business Woman's Club,* le premier du genre aux États-Unis. Le club fut créé le 7 novembre 1893 par cinq femmes aux professions diverses – docteur en médecine, avocate, compositrice, agent immobilier, manucure. Elles furent bientôt rejointes par des commerçantes, des comptables, des modistes, des couturières, des reporters, des institutrices, des professeurs de musique et d'éducation physique, des sténographes, des vendeuses, des journalistes, des photographes, des dentistes, etc. La devise du club était : « Dans les grandes choses, la brièveté ; dans les petites choses, la liberté ; en toutes choses, la charité. » Toute différente était l'*Académie des Quarante,* fondée en 1895 dans la seule intention de « préserver la langue anglaise ». Club très fermé, il va de soi. Les membres, tous triés sur le volet, se réunissaient une fois par mois, et la discussion portait sur un sujet préalablement choisi. Malheur à celle qui ne s'exprimait pas tout à fait correctement ! « S'érigeant en censeur, la présidente de séance se faisait fort de corriger immédiatement la fautive [26]. »

La fièvre associative gagna tous les milieux. C'est ainsi que des jeunes ouvrières de New York adaptèrent à leurs besoins les principes du club. Sous la férule de Grace Dodge, jeune philanthrope dont le père avait fait fortune dans les mines de cuivre, une douzaine d'ouvrières fondèrent en 1883 le *Thirty-eighth Street Club of Working Girls* (Club d'ouvrières de la Trente-huitième Rue). L'objectif était de fournir des locaux agréables où les jeunes filles pourraient passer leurs soirées, d'organiser des cours pour développer leur savoir tout en les distrayant et de mettre une bibliothèque tournante à leur disposition. Idéaliste autant que pragmatique, Miss Dodge était convaincue que les ouvrières avaient droit, elles aussi, à l'instruction, à la beauté, à la

créativité. Elle n'en oublia pas pour autant le discours moralisateur et à leur intention rédigea un guide :

Ne laissez pas les jeunes gens se montrer trop familiers en
paroles et en action.

Ne faites pas savoir à un jeune homme que vous **avez** une trop
haute opinion de lui.

Ne laissez pas un jeune homme rester trop tard chez vous.

N'acceptez pas un cadeau d'un jeune homme si vous n'êtes pas
fiancée à lui.

Ne rendez pas visite à un jeune homme à son lieu de travail.

N'oubliez pas que vous méritez le respect, alors exigez-le.

Ne vous commettez pas avec un jeune homme qui se moque de
la religion.

Ne vous attendez pas à réformer un jeune homme en l'épousant.

N'épousez pas un homme qui boit.

Par la suite, des associations semblables furent crées ici et
là, et dès l'année 1890, les jeunes ouvrières organisaient leur
première convention nationale sur le thème Éducation et
Coopération [27].

Dans le Sud plus qu'ailleurs, les clubs de femmes eurent
vocation éducative; l'*Atlanta History Club* s'efforça ainsi
d'offrir à ses membres un programme d'histoire de la qualité
de celui d'une université, tandis que les dames du *Quid Nunc
Club* de Little Rock, Arkansas, passaient quatre ans à étudier l'histoire grecque et romaine et qu'un petit club de la
Caroline du Sud se consacrait à Shakespeare, chaque
membre s'engageant à lire à haute voix, à tour de rôle, quelques pages du maître. Il serait faux pourtant d'affirmer que
les dames sudistes, en adhérant à des clubs, n'avaient
d'autres soucis en tête que de devenir des femmes savantes.
Rapidement, elles déployèrent leur zèle en direction
d'œuvres sociales ou philanthropiques : éducation, hygiène
populaire, urbanisme. Leur volonté d'aménagement et
d'amélioration de la qualité de vie amena nombre d'entre
elles à s'occuper de l'embellissement de leurs villes. Leur
horizon ainsi s'élargit. Plus encore sans doute que leurs
sœurs de Boston ou de San Francisco, les dames de Mobile,
de Little Rock ou d'Atlanta trouvèrent dans la chaude atmosphère des clubs la possibilité de se réaliser pleinement [28].

Un rapport adressé par une dame de l'Arkansas à Jennie C. Croly montre leur enthousiasme : « Les membres sont de tous âges, jeunes, moins jeunes, âgés, et un délicieux esprit de fraternité règne parmi eux. Les plus âgées apportent leur expérience ; les plus jeunes leur jeunesse et leur soif de connaissances. Le résultat est un mélange de vie sociale et intellectuelle presque idéal... » Et cet autre écrit qu'en pensant aux femmes et à leurs clubs, il lui venait un écho du passé, « ce passé sans club de nos grand-mères. Avez-vous déjà réfléchi à leur situation silencieuse, et n'êtes-vous pas bien contente d'appartenir à votre époque et à votre génération [29] ? »

6

Les portes s'ouvrent

Les unes après les autres, les portes s'ouvraient devant la femme. Mais non sans craquement, grincement et résistance. Les hommes lui tenaient toujours la bride haute. L'idée qu'elle pût voler de ses propres ailes et surtout qu'elle pût exercer ses facultés intellectuelles pour s'évader de sa « sphère » faisait frémir d'horreur les meilleurs d'entre eux. Même ceux qui pensaient aux femmes, comme le dit si joliment l'historienne Anne Firor Scott, se croyaient obligés aussi de « penser pour elles [1] ». Le combat qu'elles livrèrent dans la seconde moitié du siècle pour accéder aux études universitaires montre leur force de caractère et leur détermination. Ajoutons pour être honnête qu'un certain nombre d'hommes éclairés luttèrent à leur côté.

Volant à leur secours, Thomas Wentworth Higginson, membre éminent du mouvement en faveur du suffrage des femmes, avait posé la question, en 1859, de façon provocante : « Les femmes doivent-elles apprendre l'alphabet ? » Oui, bien sûr.

« Quelle sorte de philosophie est celle qui affirme : John est idiot ; Jane est un génie. Néanmoins, John étant un homme apprendra, commandera, fera des lois, gagnera de l'argent ; Jane étant une femme sera ignorante, dépendante, privée du droit de vote, sous-payée. Certes, le temps n'est plus où les choses étaient dites aussi franchement, encore que Comte n'est pas loin de le faire, sans parler des Mormons ; mais on retrouve cette formule à la base du raisonnement que l'on entend chaque jour. La réponse est l'Ame avant le sexe. Donnez l'égalité des chances et que le génie et l'industrie fassent le reste. *La carrière est ouverte aux talents* *. Chaque homme pour soi, chaque femme pour soi, et l'alphabet pour tous [2]. »

Il s'agit, bien entendu, d'un écrit polémique. Les statistiques montrent en vérité que l'analphabétisme était déjà à cette époque en voie de disparition, chez les filles comme chez les garçons, même dans les régions les plus reculées. Les écoles publiques accueillaient filles et garçons sans discrimination et tentaient de leur donner une instruction aussi solide qu'elles en étaient capables. Dans les régions rurales de l'Ouest et du Nord, 82 % des filles et 84 % des garçons entre dix et quatorze ans allaient en classe en 1860, tandis qu'au Massachusetts, entre 1860 et 1880, plus de filles que de garçons fréquentaient l'école.

L'enseignement secondaire public se développa plus tard. On comptait seulement 160 lycées aux États-Unis en 1870. Ce chiffre très modeste passa à près de 800 en dix ans, et à la fin du siècle à plus de 6 000, essentiellement mixtes. Une étude faite au début des années 1890, portant sur 628 villes, indique que 15 seulement avaient des lycées séparés pour les garçons et les filles. Le recensement de 1880 montre par ailleurs que le degré d'instruction des jeunes filles était plus élevé que celui des jeunes gens de race blanche. Le mouvement pour l'égalité en matière d'éducation secondaire, on le voit, progressa après la guerre rapidement et sans rencontrer d'opposition ou presque, car il s'harmonisait en fin de compte avec l'idéologie victorienne de la Vraie Femme, qui avait pour vocation d'élever les enfants, de préparer leur avenir et d'être le gardien moral du foyer. Comme le dit si bien un éducateur de la Caroline du Nord, Charles McIver : « Éduquez un homme, et vous avez éduqué une personne ; éduquez une mère, et vous avez éduqué toute la famille [3]. » Néanmoins, dès qu'il s'agissait pour la femme de faire des

---

* En français dans le texte.

études supérieures, d'aller à l'université ou d'embrasser une carrière traditionnellement réservée aux hommes, on voyait aussitôt les boucliers se lever.

L'Ouest montra la voie en matière d'éducation supérieure comme il le fit dans le domaine des droits civiques. En 1852, s'inspirant d'Oberlin, *Antioch College*, dans l'Ohio, ouvrait ses portes aux jeunes filles aussi bien qu'aux jeunes gens. A cette date, Oberlin avait décerné le diplôme de *Bachelor of Arts* ou licence à 79 femmes qui avaient terminé les quatre années d'études, tandis que 290 avaient passé avec succès leur « cursus littéraire ». La première université d'État à accepter des femmes fut celle de l'Iowa ; la seconde, celle du Wisconsin [4].

Quand la guerre civile éclata, un nombre assez important de collèges, à l'Est comme à l'Ouest, étaient devenus mixtes. Mais ne nous leurrons pas. La route du savoir fut semée d'embûches et d'avanies. Le programme offert aux jeunes filles était souvent différent et généralement moins étendu. Un peu partout, les régents s'interrogeaient sur le bien-fondé de faire apprendre à des femmes le latin et le grec, ou les mathématiques. Les fondateurs d'*Oberlin College* avouèrent assez cyniquement qu'ils comptaient avant tout sur la présence des femmes pour « civiliser » et « humaniser » les jeunes gens. Il n'était pas rare d'ailleurs qu'en parlant des étudiants ils employassent les mots « sexe dominant », et en mentionnant les étudiantes, ceux d'« annexe féminine », ce qui en disait long sur leurs intentions réelles. Jusqu'en 1870, l'université du Michigan refusa d'admettre à ses cours des jeunes filles, bien que la législature de l'État n'eût voté la fondation de l'établissement, en 1837, que sous la condition expresse que des places y seraient réservées aux femmes. Les régents donnèrent pour prétexte que l'éducation mixte était « contre nature » : les jeunes gens en perdraient la « juste notion de dignité de leurs efforts » et la « sensibilité du caractère féminin » se trouverait ruinée [5].

Les femmes contre-attaquèrent en créant des collèges de femmes qui dispenseraient un enseignement digne des meilleures universités de l'époque. Tels furent *Mary Sharp Col-*

lege, fondé en 1851 dans le Tennessee, et *Elmira College*, établi quatre ans plus tard dans l'État de New York. Loin de moi l'idée de dénigrer l'éducation supérieure américaine, mais il faut reconnaître que le niveau des plus prestigieux établissements n'était alors en rien comparable à ce qu'il est aujourd'hui. En 1870, Harvard luttait pour sa survie, et certains de ses cours ne dépassaient pas le niveau d'un lycée actuel. Le programme d'études de Yale était totalement dépassé et celui de Princeton ne valait guère mieux. Il était de plus courant pour les professeurs d'occuper une demi-douzaine de chaires à la fois. Ainsi, à Columbia, un « Hercule intellectuel », nous dit-on, dispensait des cours de philosophie morale et mentale, de littérature anglaise, d'histoire, d'économie politique et de logique [6].

Le ciel s'éclaircit

Elmira et Mary Sharp, malgré leurs faiblesses, apportèrent beaucoup aux femmes et frayèrent la voie à d'autres établissements du même genre dont *Vassar*, collège de filles bien doté et bien équipé qui combla les ambitions intellectuelles de milliers de jeunes filles. Son fondateur, Matthew Vassar, était un notable de Poughkeepsie, dans l'État de New York. Il avait fait sa fortune dans la bière, la banque et l'immobilier et devait son intérêt pour l'éducation des femmes à sa nièce, Lydia Booth. A l'origine, l'établissement devait s'appeler *Vassar Female College*; mais l'énergique éditeur en chef de *Godey's Lady's Book*, Sarah Josepha Hale, l'une des grandes prêtresses du culte de la Vraie Femme, réussit à convaincre le mécène que le mot *female* avait une connotation péjorative inacceptable pour un collège qui se voulait l'égal des plus grands. L'adjectif insultant fut donc supprimé. Son fondateur avait vu grand : l'établissement dépassait de loin en splendeur tout ce qui avait été construit jusqu'ici pour abriter des étudiantes. De plus, le collège se flattait de posséder un « musée » et une « galerie d'art ». La première année, 1865, 300 jeunes filles s'y inscrivirent [7].

Angelina et Sarah Grimke, de Caroline du Sud, se rebellèrent contre la société esclavagiste, se convertirent au quakerisme et devinrent d'ardentes abolitionnistes et réformatrices.

Le Sud

Le fouet, considéré alors comme une punition « paternelle », était généralement appliqué pour maintenir la discipline. Mais nombre de maîtres s'y opposaient.

Convoi de chariots en route pour la Californie. La migration vers l'Ouest fut pour les femmes une redoutable épreuve.

Calamity Jane. Elle aimait à s'habiller en homme et jurait, buvait et tirait comme un homme.

L'Ouest

Image plus conforme à la vie dans l'Ouest, une jeune femme ramasse des bouses de bison pour alimenter son feu.

Familles de fermiers en Oregon et dans le Nebraska à la fin du XIXᵉ siècle.

La tempérance
et les sectes

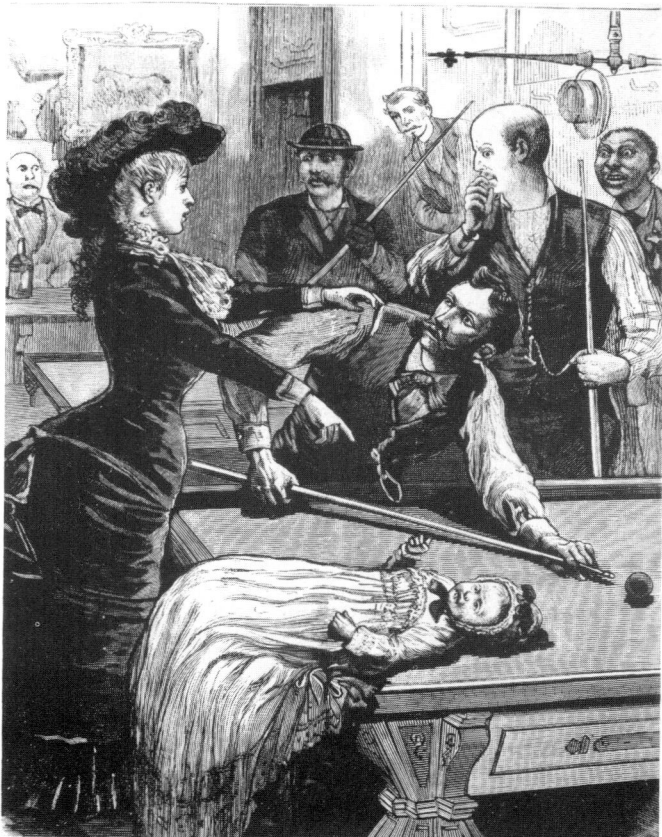

« Voici ton enfant, misérable ! » Contre l'alcoolisme et la débauche, les femmes allaient mobiliser leur énergie et déclarer la guerre aux saloons.

Patriarche mormon, ses femmes et ses enfants. L'église, fondée en 1830 par John Smith, du Vermont, encourageait la polygamie.

37

38

9

Les shakers, par contre, s'imposaient la chasteté. La fondatrice de la secte, Ann Lee, avait eu la révélation de ce que la source du mal se trouvait dans les rapports charnels.

Pour les quakers, très nombreux en Pennsylvanie, l'âme, ou « lumière intérieure », est le seul guide et autorité en matière de religion. Comme ils refusaient d'avoir des ministres consacrés, ils acceptèrent la présence de femmes prédicatrices et missionnaires.

Susan B. Anthony (1820-1906) et Elisabeth Cady Stanton (1815-1902) menèrent pendant plus d'un demi-siècle le combat pour les droits de la femme (41).

Les militantes

La presse représentait ainsi la femme libérée, et particulièrement l'extravagante et dynamique Victoria C. Woodhull (42) : « Mrs. Satan ». En avril 1870, Victoria annonça qu'elle se présenterait à la présidence des États-Unis.

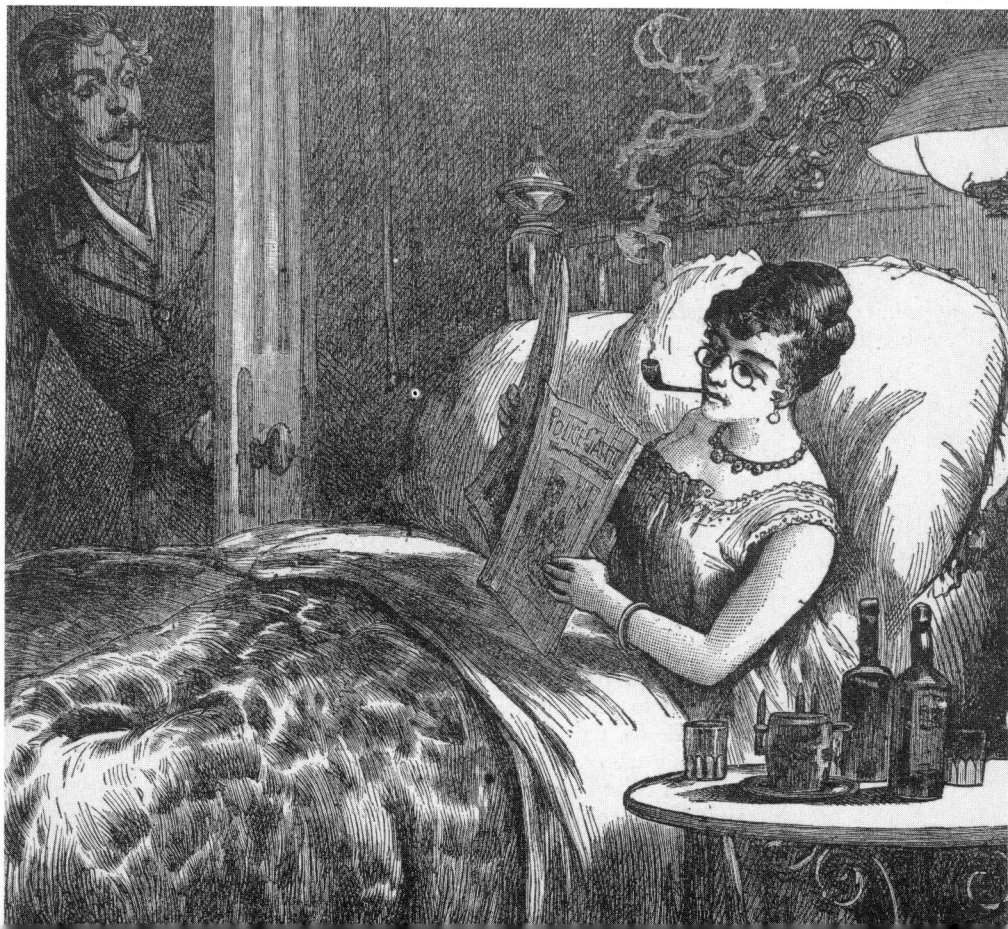

Edith Wharton (1862-1932), talentueuse romancière qui décrivit à la perfection l'existence raffinée et étouffante de la *upperclass* new-yorkaise (44).

Margaret Fuller (1810-1850), critique littéraire et réformatrice, auteur en 1845 d'un livre qui fit grand bruit, *Women in the Nineteenth Century* (46).

135,000 SETS, 270,000 VOLUMES SOLD.

UNCLE TOM'S CABIN

FOR SALE HERE.

AN EDITION FOR THE MILLION, COMPLETE IN 1 Vol., PRICE 37 1-2 CENTS.
"   "   IN GERMAN, IN 1 Vol., PRICE 50 CENTS.
"   "   IN 2 Vols., CLOTH, 6 PLATES, PRICE $1.50.
SUPERB ILLUSTRATED EDITION, IN 1 Vol., WITH 153 ENGRAVINGS,
PRICES FROM $2.50 TO $5.00.

The Greatest Book of the Age.

Frances E. Willard (1839-1898) milita pour la tempérance et pour les droits de la femme (48).

Harriet Beecher Stowe (1811-1896). Son livre, *La Case de l'Oncle Tom,* lui apporta la célébrité et fit plus pour la cause des Noirs que les pamphlets violents des abolitionnistes (45 et 47).

49

51

Emily Dickinson (1830-1886), la poétesse d'Amherst, Massachusetts. Son œuvre témoigne du conflit entre son éducation puritaine et le transcendantalisme à la mode chez les intellectuels du XIXe siècle (49).

Harriet Tubman (1821-1913). Au péril de sa vie, elle aida les esclaves en fuite à gagner les territoires du Nord (50).

Lucy Larcom (1824-1893), poétesse et éducatrice. Enfant, elle travailla dans les filatures de coton de Lowell (51).

52

Lucy Stone (1818-1893) combattit pour l'abolition de l'esclavage et le suffrage des femmes, et s'éleva contre la position inférieure donnée à la femme dans les églises (52).

53

54

La haute société du Nord

Le Metropolitan Opera de New York, rendez-vous de l'élite (53).

The Breakers, résidence d'été de Cornelius Vanderbilt II, à Newport, Rhode Island (54).

C'était le temps où, à New York, les riches devaient avoir l'air riche. Ainsi apparut à un bal, costumée en princesse vénitienne, Mrs William K. Vanderblit. L'or de la robe et l'éclat des bijoux montrent l'étendue de sa fortune (55).

L'hiver, le beau monde se promenait dans les rues de New York en traîneau (56).

57

Pour ces deux immigrantes, le rêve américain prend la forme de la 5ᵉ Avenue où se dressent les maisons somptueuses des Astor et des Vanderbilt, dont l'opulence fait oublier l'origine pauvre.

De nombreuses mères souhaitaient pour leurs filles l'éducation qu'elles-mêmes n'avaient pu acquérir. L'une d'elles, qui cherchait à faire admettre sa fille, âgée de quatorze ans seulement, écrivait : « Quand je me rappelle les maigres opportunités qui s'offraient à moi, je me félicite que des temps meilleurs soient venus. » Une autre rapportait que depuis longtemps, elle « attendait Vassar avec impatience » et se réjouissait que ses trois filles pussent profiter d'avantages qui lui avaient été refusés. Mary Jones, de Georgia, dans une lettre adressée à sa fille en 1862, disait son admiration pour deux jeunes femmes qui, bien que mariées, avaient décidé de poursuivre leurs études, et avouait son regret d'avoir tant négligé son esprit : « Tout ce que je peux faire aujourd'hui, c'est de mettre en garde ma fille et mes petites-filles pour qu'elles ne deviennent pas comme moi. Pendant des années et des années, j'ai eu une fringale intellectuelle qui m'a rendue presque misérable ; mais la privation a fini par calmer les tourments de la faim et maintenant, je suis satisfaite avec le Livre des livres (la Bible) et la lutte quotidienne pour remplir les devoirs habituels de l'existence. J'espère qu'aucune de vous ne suivra mon exemple [8]. »

Fort bien. Seulement, le désir d'apprendre était une chose et le bagage intellectuel des jeunes filles une autre. D'évidence, un grand nombre d'entre elles n'étaient pas préparées, ou avaient été mal préparées par les écoles du pays pour suivre les cours dispensés à Vassar. Aussi bien fallut-il créer une section préparatoire qui absorba une partie du temps et de l'énergie des professeurs, au détriment du prestige académique du collège. Vassar néanmoins ouvrit un champ nouveau, ne serait-ce que par l'attention portée par les administrateurs à la santé des étudiantes. Ils auraient pu faire leur l'adage latin : *Mens sana in corpore sano.* Gymnastique, exercices physiques, sports étaient au programme. Une étudiante rapporte : « Pour nous distraire, nous avions des clubs de base-ball, des clubs de croquet et un club d'échecs. Dans le sous-sol du musée, il y avait une piste de bowling ; on faisait du cheval..., des exercices légers..., des excursions dans les Catskills et au lac Mohonk..., et pendant les vacances de

Pâques, de longues randonnées géologiques étaient organisées en divers endroits. » Le port du corset était par ailleurs déconseillé. Une jeune fille écrivait à sa mère, en 1870 : « Veillez, s'il vous plaît, à ce que le tour de taille de ma nouvelle veste d'équitation soit de 22 inches et demi. Il me faudra rentrer à la maison dans un sac, si je continue à m'élargir... Le Dr Avery nous a reproché, mardi matin, de serrer trop fort nos corsets. Elle-même ne porte jamais de corset et ne veut pas que nous en portions [9]. »

Vassar servit de modèle à deux autres collèges de femmes qui ouvrirent leurs portes un peu plus tard dans le Massachusetts, *Wellesley* et *Smith*.

Smith fut fondé avec l'argent d'une vieille demoiselle de Hatfield, Sophia Smith, héritière à soixante-huit ans d'une grosse fortune. *Smith College* plaça la barre d'entrée plus haut encore que Vassar et Wellesley, exigeant des étudiantes, comme à Harvard, des connaissances en grec et en mathématiques. Il n'est donc pas surprenant que le jour de l'ouverture, 14 jeunes filles seulement aient pris place dans l'auditorium conçu pour accueillir 400 personnes. Miss Smith avait heureusement eu l'idée de stipuler dans son testament que la moitié de sa donation – quelque 350 000 dollars – devrait être placée et que les revenus serviraient à entretenir les professeurs, à payer les équipements, à constituer et développer la bibliothèque. Cette sage disposition permit au collège de maintenir un haut niveau d'études et de fonctionner normalement avec peu d'élèves. Comme à Vassar, l'accent fut mis sur le sport et le développement harmonieux des étudiantes. Smith possédait un gymnase fort bien équipé, et le premier soin de l'Association des anciennes élèves, fondée en 1881, fut de réunir des fonds pour acheter de nouveaux appareils.

Selon la volonté de Miss Smith, le collège put ainsi apporter aux femmes une éducation « conforme à leurs besoins intellectuels et physiques. » « Mon intention, avait-elle écrit dans son testament, n'est pas de faire perdre à mon sexe sa féminité, mais au contraire de développer autant que faire se peut les capacités de la femme et lui fournir les moyens pour acquérir la compétence, le bonheur et l'estime qui lui sont maintenant refusés [10]. »

Le mouvement en faveur de l'éducation supérieure des femmes était irrésistible. Dans le sillage de Wellesley et de Smith furent fondés *Bryn Mawr College*, en Pennsylvanie, *Mills College* en Californie, *Randolph-Macon* en Virginie, tandis que Harvard et Columbia se dotaient chacun d'un collège réservé aux femmes et que *Mount Holyoke*, le séminaire modèle établi en 1837 par Mary Lyon, passait au rang de collège. Au tournant du siècle, il existait plus de 100 collèges de femmes aux États-Unis [11].

Le combat commencé par Mary Lyon était gagné; son grand rêve d'un enseignement identique pour les deux sexes s'était réalisé, et les femmes avaient réussi à montrer aux hommes qu'elles avaient un cerveau qui fonctionnait aussi bien que le leur. Ni l'étude du grec, ni celle des mathématiques enfin n'avaient ruiné leur santé comme l'avait proclamé en 1873 un alarmiste, le Dr Edward H. Clarke, de l'école de médecine de Harvard.

Sexe et éducation

Dans un livre intitulé *Sex in Education*, le Dr Clarke soutint que si les femmes jouissaient en effet de facultés mentales qui les autorisaient à faire des études supérieures, leur constitution ne le supportait pas. Et il régala ses lecteurs d'histoires sinistres sur les ravages occasionnés par le travail intellectuel chez de brillantes jeunes ladies. On ne peut nourrir le cerveau d'une femme sans affamer son corps, affirmait-il curieusement. La minceur des femmes américaines, leur poitrine peu développée, leur santé fragile et leur nervosité n'avaient d'autre cause que les études supérieures. Avec insistance, et sans faire grâce aux lecteurs du moindre détail, il s'étendait sur les troubles mensuels particuliers aux femmes. Le peu de soins que les étudiantes prenaient d'elles-mêmes pendant cette période ne pouvait amener que la maladie, la stérilité et la mort. Ouvrir la porte des collèges aux femmes, c'était ni plus ni moins accomplir la ruine de la République, car les femmes ne pourraient plus procréer et, de toute façon, quel homme voudrait d'un monstre stérile et asexué !

Outrée, Julia Ward Howe saisit sa plume et, dans un petit opuscule appelé *Sex and Education*, répliqua vertement au Dr Clarke, réfutant un par un ses arguments fallacieux. Contrairement à ses assertions, dit-elle, le manque de poitrine des femmes américaines n'était pas dû au développement de leur cerveau, mais au climat, et il y avait d'ailleurs longtemps que les « hommes de science » s'étaient penchés sur ce problème : « C'était et c'est encore une évidence constatée surtout dans les États du Nord et de l'Est. Dès que vous allez dans le Sud, vous trouvez des formes plus pleines. Les effets du climat sur le physique des hommes, dans cette partie du pays, sont tout aussi perceptibles... Les hommes, par ici, sont pour la plupart secs, musclés, nerveux et vifs d'esprit. » Si d'aventure certaines d'entre elles, mettant en pratique les théories du Dr Clarke, voulaient épouser des hommes bien en chair, il leur faudrait également « traverser les frontières et ramener les géniteurs de la race future de pays où le vent d'est ne souffle pas [12] ».

Des personnalités éminentes de collèges de femmes ou d'établissements mixtes vinrent appuyer les propos de Julia Ward Howe. Protestant « respectueusement mais fermement », Alida C. Avery, médecin attachée au collège de Vassar, dans une lettre ouverte adressée à Clarke, affirma que dans son établissement on prenait grand soin des étudiantes, leur interdisant la gymnastique pendant les deux premiers jours de leur menstruation, et que, si on décelait chez elles la moindre anomalie dans leur cycle, on la leur supprimait définitivement. On leur interdisait également ces jours-là de monter à cheval et on leur déconseillait fortement de danser ou de courir dans les escaliers ou de faire quoi que ce soit qui pût « ébranler le tronc ». On les encourageait en revanche à faire de la marche à pied, des promenades en voiture, du bateau, enfin tout ce qui pouvait « calmer l'irritation de leurs nerfs... ».

Le professeur Fairchild, d'Oberlin, renchérit : « Une altération de la santé n'est pas observée plus souvent chez les étudiantes que chez les étudiants. Elles n'interrompent pas plus fréquemment leurs études, et nos statistiques ne révèlent pas une diminution plus grande des forces vitales chez celles qui ont terminé le cycle complet des études. Des 84 étudiantes qui ont été diplômées depuis 1841, 7 sont mortes, soit une sur douze. Des 368 étudiants qui ont obtenu leurs diplômes durant la même période, 34 sont morts, soit un peu plus de un sur onze. De ces 34 jeunes gens, 6 sont morts à la guerre; en ne les comptant pas, nous arrivons à une proportion de un mort sur treize. Si l'on prend tous les diplômés, en omettant ceux du département de théologie, nous trouvons une proportion de un mort sur neuf et demi, et de un sur douze chez les femmes, bien que leur espérance de vie soit plus courte, ainsi que le montre les statistiques des compagnies d'assurances [13]. »

Seulement, le petit livre du Dr Clarke remporta plus qu'un succès d'estime. Il fit l'objet de plusieurs éditions et perturba de nombreuses jeunes femmes. M. Carey Thomas, future présidente de Bryn Mawr College, se souvenait qu'à l'époque les jeunes filles étaient « hantées par le cliquetis des chaînes du sinistre petit spectre, *Sex in Education*, du Dr Edward H. Clarke » :

« Le désir passionné de faire des études que celles de ma génération éprouvaient s'accompagna d'un doute affreux que certaines ressentaient avec autant de force que les hommes : la femme était-elle faite, physiquement et intellectuellement, pour les études supérieures? » Pendant un temps, elle se demanda s'il était exact, comme les gens le prétendaient, que les garçons fussent plus intelligents que les filles : « Cela m'importait tant que je n'osais poser directement la question à un adulte, pas même à mon père et à ma mère, tant je craignais d'entendre la réponse. » Elle priait, et un jour, dit-elle, « je suppliai Dieu de me tuer sur-le-champ s'il était vrai que je ne pourrais jamais apprendre correctement le grec et aller au collège, et comprendre les choses parce que j'étais une femme ». Quand elle lisait la Bible, elle pleurait sur la malé diction **prononcée** contre Ève parce qu'elle avait peur que celle-ci **ne** s'étendît jusque sur l'éducation des filles [14].

Bien qu'elles eussent fait leurs preuves, sans pour autant, dans l'ensemble, renier leur statut de Vraie Femme, il se trouvait encore des esprits chagrins, au début du xxe siècle, pour poser la question : Est-il dangereux d'envoyer des filles au collège ? Dans un ouvrage volumineux, *Adolescence*, un éminent psychologue, Stanley Hall, affirmait en 1904 que la femme, à cause de sa constitution **particulière**, devait être traitée au collège avec le plus grand **soin si** on ne voulait pas que sa capacité de reproductrice en souffrît [15]. Les mythes ont la vie dure.

Une nouvelle génération

L'enseignement universitaire apporta beaucoup aux femmes, et pas seulement du point de vue culturel. Il leur donna confiance en elles. Résumant l'opinion d'un grand nombre, une jeune étudiante de Vassar écrivait à sa mère, le 24 février 1870, combien elle avait gagné d'assurance : « De se sentir armée pour l'avenir, et non handicapée, est une sensation plaisante... » A Vassar comme à Smith, la discipline était stricte, l'encadrement « maternel » étroit ; mais si la décence et la vertu étaient exaltées, la pudibonderie n'y était pas de mise. Décrivant une classe de dessin, une étudiante de Vassar rapportait qu'une des filles, alors qu'elle était en train d'essayer de reproduire le « cher petit ange de Raphaël », s'arrêta soudain, toute gênée d'avoir à terminer le corps nu de l'enfant. Son professeur s'exclama : « Que vous arrive-t-il, finissez-le. Mettez tout ce que vous voyez. Nous ne devons pas avoir honte de ce que le Seigneur a créé. » Ce fut, conclut la jeune fille, « une leçon pour toutes ».

Toute violation de l'ordre victorien était néanmoins sanctionné. Nous apprenons qu'en 1871, « cinq étudiantes ont fumé des cigarettes, trois bu du vin, trois correspondu avec les étudiants de Bisbee et deux avec des étrangers ». Elles furent « placées sous surveillance », consignées, privées du droit de recevoir des visites de gentlemen, et leurs noms et leurs sanctions furent proclamés à la chapelle « devant toutes les étudiantes ». La politique y fut en revanche tolérée et nul ne s'étonnera que la fille d'Elizabeth Cady Stanton, Harriot Stanton Blatch, promotion 78, organisât à Vassar en 1876 le *Democratic club*, premier du genre [16].

Bien que Matthew Vassar eût songé à donner à des jeunes filles pauvres et intelligentes la possibilité d'avoir accès à l'enseignement supérieur, la réalité fut autre. D'entrée de jeu, les administrateurs recherchèrent le « patronage de parents intelligents et distingués » afin que le collège devînt si attrayant pour les jeunes filles douées et ambitieuses que « nos familles les plus influentes et les plus aristocratiques se disputeront l'honneur d'y envoyer leurs filles [17] ». Ne les blâmons pas. L'enjeu était formidable. Pour tenir leur pari, montrer à l'adversaire la réussite d'un collège de femmes, les administrateurs avaient besoin d'avoir tous les atouts en main. C'était assurément dans les classes privilégiées qu'ils trouveraient les femmes les mieux préparées, physiquement et intellectuellement, pour les études supérieures.

La multiplication des collèges, dans tous les États, allait quand même permettre à des jeunes filles moins favorisées d'obtenir des diplômes universitaires, et certaines allèrent bien au-delà de la licence. Telle Rosa Wiss, du Mississippi. Rosa était la fille d'un petit fermier de Meridian. Ses parents étant très pauvres et peu instruits, son avenir semblait peu prometteur : c'était l'usine ou le travail à la ferme, ou le mariage avec quelque rustaud. Mais Rosa était supérieurement intelligente et dévorée d'ambition. Elle persuada d'abord son frère de lui donner 5 cents. Avec les 5 cents, elle acheta un petit métrage de calicot et en fit une capote qu'elle vendit 25 cents. Avec cet argent, elle acheta plus de calicot et fit une robe qu'elle vendit. Elle réinvestit l'argent jusqu'à ce qu'elle eût amassé un pécule de 12 dollars. Elle demanda alors à son père de lui laisser un acre de terre à cultiver pendant une année et y planta des patates douces. La récolte lui rapporta 40 dollars. Cette somme lui permit de s'inscrire à l'*Industrial Institute and College* de Columbus,

Mississippi. En 1891, elle recevait son diplôme de *Bachelor of Arts*.

Ce n'était qu'un premier pas. Elle passa l'année suivante à étudier la médecine auprès d'un docteur de Meridian réputé pour son art, et à l'automne de 1892, entra à l'École de médecine de femmes de Pennsylvanie. Pour payer ses études, elle donnait des leçons particulières de physiologie et de chimie à des étudiants et, parfois, servait dans un restaurant. Pendant l'été, elle demeurait à Philadelphie, travaillant à l'hôpital comme infirmière. En 1895, elle obtenait son diplôme et retournait aussitôt à Meridian. Une société missionnaire lui offrit de partir pour la Chine, mais elle refusa. C'était chez elle, au Mississippi, qu'elle voulait faire carrière. Elle passa avec succès l'examen de l'État et fut ainsi la première femme du Mississippi à se voir octroyer une licence pour exercer la médecine. Belle Kearney, qui raconte l'histoire édifiante de Rosa Wiss, ajoutait que la jeune femme était un médecin fort apprécié dans la région [18].

On mesure par cet exemple le chemin parcouru par les femmes depuis qu'Elizabeth Blackwell, belle-sœur de Lucy Stone et d'Antoinette Brown Blackwell, s'était vu refuser l'entrée de 29 écoles de médecine à travers le pays avant d'être acceptée, sans enthousiasme, au *Geneva College* de Syracuse, dans l'État de New York. La décision finale avait été en fait laissée aux étudiants. En médecine, les situations embarrassantes abondent, et sa pudeur fut mise plus d'une fois à rude épreuve – lors des leçons d'anatomie, par exemple, ou devant la table de dissection. La dignité qu'elle montra en toute circonstance, son ardeur au travail lui valurent le respect de tous. Néanmoins, bien qu'elle eût terminé ses études à la tête de sa classe, en 1849, elle ne put défiler avec ses camarades lors de la cérémonie de la remise des diplômes parce que les régents estimaient que cela n'était pas « digne d'une dame ». Elizabeth Blackwell compléta ses études en France, en Angleterre et en Allemagne, puis revint aux États-Unis en 1851.

A New York, elle se heurta à un mur de pierre : aucun patient ne vint à elle, aucun hôpital ni dispensaire ne voulut d'elle. Une fois encore, les quakers révélèrent leur largeur d'esprit. Ils furent les premiers à lui venir en aide en lui donnant les moyens d'ouvrir un dispensaire. Plus tard, tant auprès de la Société des Amis que d'un certain nombre de personnes éclairées, elle trouva suffisamment d'argent pour fonder un véritable hôpital. Son établissement, réservé aux femmes, fut entièrement dirigé par des femmes. Seulement, dans l'esprit du public, le doute sur les capacités d'une femme médecin demeurait. Aussi bien, après le décès d'une patiente, vit-on une foule en colère attaquer l'hôpital, persuadée que la malheureuse avait été tuée par les « dames docteurs [19] ».

Les college-women

Au cours de l'année 1889-1890, plus de 2 500 femmes obtenaient leur licence dans des institutions de qualité, il est vrai, fort inégale ; et comme Catherine Beecher la visionnaire l'avait prévu, l'enseignement était devenu une spécialité féminine. De 90 000 en 1870, le nombre d'enseignantes passa à près de 250 000 en 1890. A la fin du siècle, les trois quarts du corps enseignant étaient constitués par des femmes. Née avec le siècle, Catherine Beecher mourut au mois de mai de 1878, la tête encore pleine de projets et de rêves. Eût-elle vécu plus longtemps, aurait-elle vraiment chanté victoire ? Si les femmes avaient pu conquérir aussi aisément le domaine de l'enseignement, c'est parce qu'elles acceptaient des salaires plus bas que ceux des hommes pour un même travail. Seulement la profession était bien vue socialement, même dans le Sud depuis la fin de la guerre, et permettait à des jeunes filles de gagner leur vie en attendant le prince charmant et de faire carrière si celui-ci ne se présentait pas.

Pour Catherine Beecher, l'enseignement fut toujours un moyen de préparer les jeunes filles « au grand dessein de leur vie de femme, l'heureuse supervision d'une famille [20] », et l'éducation n'eut d'autre but que d'en faire de meilleures épouses et de meilleures mères – credo que partageaient la plupart de ses contemporains. En vérité, l'éducation fit prendre aux jeunes filles, à l'occasion, d'autres chemins que celui du mariage, ou les y conduisit plus tard. Lorsqu'un jeune homme se mariait sur le tard parce qu'il lui fallait d'abord terminer ses études universitaires, nul ne l'en blâmait ; mais de lui, on n'attendait pas qu'il mît des enfants au monde. Or, les statistiques révélaient que les femmes ayant eu accès aux études supérieures avaient moins d'enfants que les autres, et le mariage tardif n'était pas seul en cause. La *college-woman* en savait bien plus que ses sœurs sur les moyens de contraception et de limitation des naissances et ne se faisait pas faute de les employer. Étant donné que les immigrantes et les femmes des classes sociales les plus basses s'avéraient toujours aussi prolifiques, les détracteurs de l'éducation supérieure féminine avaient beau jeu de parler de la ruine de la famille et de la société : le problème n'était plus seulement moral mais social. La middle class, encore essentiellement anglo-saxonne et protestante, incarnation même des valeurs et des traditions chères aux pères fondateurs, apparaissait menacée.

Les cris d'alarme jetés par les pessimistes étaient prématurés. La plupart des jeunes femmes diplômées des universités se marièrent, même si ce fut effectivement plus tardivement. Et si elles prirent part à de nombreuses activités hors du foyer, ce fut généralement bénévolement et pour le bien de la société. Le premier président de Vassar, John Raymond, tout en encourageant les femmes à embrasser la carrière d'enseignante ou de médecin, n'en proclamait pas moins haut et clair que les collèges de femmes devaient perpétuer l'image de la femme vertueuse et pure : « Personne ne doit craindre qu'elle ne devienne moins *féminine* à cause de la formation (reçue à Vassar) ; mais nous espérons (comme nous l'espérons pour l'homme) qu'elle gagnera en magnanimité et en efficacité [21]. »

Dans l'esprit de la plupart des éducateurs, la femme influerait sur la société à travers l'éducation des enfants. D'où l'importance donnée, à l'ère Progressiste, à la « mère

instruite ». Rien donc ne justifiait les craintes des conservateurs : loin de violer les canons de la morale et des traditions
protestantes, les femmes luttèrent pour qu'ils fussent respec-
tés; un petit nombre seulement embrassèrent une carrière
professionnelle qui les écarta en effet du mariage, et une poignée à peine se révolta contre l'ordre établi. Néanmoins,
ainsi que le fait remarquer l'historien Keith Melder, si « les
femmes instruites ne furent pas toutes des rebelles, presque
toutes les rebelles furent des femmes instruites [22] ».

En 1895, une journaliste, Frances Abbot, tenta de retracer
le chemin parcouru par les 1 082 femmes qui avaient obtenu
leur licence à Vassar entre 1867 et 1894. 409 s'étaient
mariées. C'était peu, mais Miss Abbot reconnaissait que ses
renseignements étaient incomplets en ce domaine. 408 ensei-
gnaient, encore que la moitié au moins provisoirement, sans
doute en attendant un mari. Les autres étaient engagées dans
des carrières professionnelles, ou poursuivaient leurs études,
parfois jusqu'au doctorat, dans les meilleures universités du
pays ou à l'étranger. 25 étaient docteurs en médecine. Une
cinquantaine travaillaient pour des journaux ou des magazines, une douzaine collaboraient à des publications scientifiques, 6 écrivaient des romans, des livres pour enfants ou
autres. Miss Abbot recensa aussi quelques professeurs de
musique, de peinture et de culture physique, une astronome
et une chimiste « dont les travaux avaient été publiés par
l'Académie des sciences en France [23] ».

Miss Abbot déplorait qu'il y eût si peu de femmes à Vassar qui se fussent engagées dans la carrière médicale. Il n'y
avait pourtant pas de profession qui attirât autant les
femmes après l'enseignement. Mais il y avait tant de barrières à faire tomber avant d'arriver au but! Si l'homme victorien ne trouvait rien de choquant à l'idée qu'une femme
songeât à soigner son prochain, il était parfaitement offusqué
qu'elle pût faire des études médicales et surtout travailler
dans un hôpital, hormis ceux, bien entendu, strictement
réservés aux femmes. Bien que la plupart des facultés de
médecine leur fussent encore fermées au tournant du siècle,
le recensement de 1890 en dénombrait tout de même 2 500,

et certaines jouissaient auprès de leurs confrères de sexe masculin d'une excellente renommée.

Il fut plus difficile encore aux hommes d'admettre des femmes dans les facultés de droit. La première femme autorisée à exercer une profession juridique s'appelait Arabelle Mansfield. Elle avait été formée par son mari, lui-même avocat, et fut admise au barreau de l'Iowa en 1869, grâce à la complaisance d'un juge libéral qui décida d'ignorer une loi prévoyant que « seuls les citoyens de race blanche et du sexe masculin » pouvaient exercer une profession juridique. Cette loi existait dans de nombreux États, en particulier dans le Sud. On comptait néanmoins 200 femmes avocates en 1891 [24].

Malgré les embûches et les restrictions, les femmes éprouvaient la sensation de toucher au but. Dans les années 1880, Elizabeth Lyle Saxon, participante active de mouvements réformateurs à La Nouvelle-Orléans, rapportait la présence à Memphis, Tennessee, de jeunes femmes architectes et ingénieurs et se réjouissait un peu prématurément : « Quel pas de géant en vingt ans !... Plus besoin maintenant de se marier pour avoir un chez-soi... (La femme) n'est plus un parasite chez elle et dans le monde, plus une bavarde mondaine, mais un être humain instruit et formé [25]. »

Mue par un même enthousiasme excessif, Charlotte Perkins Gilman, petite-nièce de Harriet Beecher Stowe, écrivait plus tard : « Jamais une classe de la société n'a progressé autant en si peu de temps. Du harem au Forum, il y a un long pas à faire, mais elle l'a fait... Elle qui savait si peu est maintenant celle qui enseigne ; elle qui ne pouvait pas faire grand-chose est maintenant une entrepreneuse efficace... Elle qui était confinée dans sa maison voyage maintenant librement, la sotte est devenue intelligente et la timide brave [26]. »

Les travailleuses

Ne nous laissons pas éblouir par la réussite exemplaire de ces femmes : elles ne représentaient qu'une infime partie de la population féminine active. Si en effet beaucoup de femmes travaillaient, c'était surtout comme ouvrières, fermières, vendeuses, couturières, blanchisseuses, employées de bureau ou domestiques, et moins par goût que par nécessité. Sitôt mariées, d'ailleurs, elles restaient au foyer. D'après le recensement de 1900, 4 % seulement de femmes mariées de race blanche, américaines de souches ou immigrantes, gagnaient leur vie contre 32,5 % de Noires. Cette différence énorme peut s'expliquer par les bas salaires touchés par les hommes de couleur. Pour vivre et élever des enfants, une famille noire pouvait difficilement se suffire d'un salaire. Mais on peut penser aussi que la femme noire, habituée au temps de l'esclavage à travailler pour son maître tout en s'occupant de ses enfants, de sa case et de son compagnon, et considérée souvent par le maître comme le « chef de famille », ne voyait, contrairement à la femme blanche, aucune incompatibilité entre la vie de famille et le travail. Il est un fait que même lorsque le mari gagnait suffisamment sa vie, dans bien des cas la femme continuait à travailler [27].

Dans les familles blanches, les traditions étaient différentes et les salaires des hommes généralement plus élevés. Il semblerait que ce fût dans les familles d'origine allemande que l'homme se montrât le plus opposé au travail de la femme hors du foyer [28]. Il faut dire que les conditions de travail n'incitaient pas les femmes à continuer à travailler après leur mariage : dans les manufactures, où elles exécutaient les travaux les plus humbles, elles touchaient de 5 à 6 dollars pour une semaine de 60 heures. Comme domestique, elles gagnaient entre 2 et 5 dollars pour une semaine de 72 heures. Et si d'aventure elles occupaient un poste égal à celui d'un homme, elles étaient payées deux fois moins. Dans les manufactures de textile de Lowell, les immigrantes ou les Américaines de la première génération avaient remplacé les filles de fermiers de la Nouvelle-Angleterre. A Lowell comme ailleurs, l'ouvrière était devenue un individu sans identité, plus ou moins prolétarisé, et c'est avec nostalgie que d'aucuns évoquaient les *Lowell girls* du temps jadis. Celles-ci appartenaient maintenant à la légende.

Salaires insuffisants, environnement dangereux, hygiène déficiente, lumière défectueuse, travail harassant, tous les témoignages soulignent ces faits. Déjà pénible pour la jeune ouvrière célibataire, le travail dans les filatures ruinait la santé des mères de famille; Rheta Childe Dorr, une femme du Nebraska qui quitta son mari pour devenir journaliste, laissa un récit poignant des méfaits de la Révolution industrielle sur les femmes : « Dans les filatures de coton (de Fall River, Massachusetts), des familles entières travaillaient ensemble... Tous travaillaient, mais lorsque la sirène retentissait et que les ouvriers sortaient en foule et se précipitaient chez eux, que se passait-il? Les femmes de la filature continuaient à travailler. Elles cuisinaient, servaient le repas, lavaient la vaisselle, nettoyaient la maison, mettaient les enfants au lit, et après cela cousaient, raccommodaient ou faisaient la lessive. » Elles n'avaient jamais terminé avant 11 heures. Quand elles allaient enfin se coucher, le mari dormait déjà, dit-elle encore. Il avait passé la soirée à fumer, boire, discuter politique avec ses copains dans un bar ou à l'épicerie du coin, ou était resté tranquillement chez lui à lire le journal, en chaussettes, les pieds posés sur une chaise ou sur la balustrade de la véranda. Entre la filature et la maison, une femme travaillait en moyenne quatorze heures par jour et en plus mettait des enfants au monde. L'impression que Mrs. Dorr retira de la vie de ces femmes était « que la race humaine avait pris le chemin de l'abîme [29] ».

L'itinéraire féminin passait aussi par le grand magasin, une création nouvelle, travail assez mal rémunéré sans doute, mais infiniment plus plaisant que celui de l'usine. Seulement toutes les femmes n'y avaient pas accès. Étant donné que les propriétaires visaient la clientèle de la middle class, les grands magasins étaient toujours propres, clairs, agréablement, voire luxueusement décorés, et le personnel trié sur le volet : point d'immigrantes chez Macy's à New York, Wanamaker à Philadelphie ou Marshall Field à Chicago, mais des Américaines bon teint. Par leurs manières, vendeuses et caissières devaient pouvoir satisfaire une clientèle difficile. Comme à des sténographes et à des dactylographes, on leur demandait d'être intelligentes, robustes, instruites, bien mises et de parler un excellent anglais. Macy's n'embaucha jusqu'en 1900 que des Américaines de souche ou des Irlandaises de la deuxième ou troisième génération, elles seules étant en mesure de connaître les goûts de la clientèle. Les grands magasins préféraient également embaucher des jeunes filles vivant chez leurs parents. Le risque d'un scandale était ainsi considérablement réduit, et du fait que la jeune fille n'avait qu'à participer au budget familial, et non à vivre sur son salaire, elle pouvait dépenser plus d'argent pour s'habiller.

Les femmes, qui représentaient les trois quarts du personnel des grands magasins, donnaient entière satisfaction, et leur honnêteté était incontestée. A une inspectrice du travail féminin, Helen Campbell, un directeur rapportait que depuis treize ans qu'il occupait son poste, il n'avait connu que quatre jeunes filles malhonnêtes alors que durant ce temps, il avait renvoyé quarante garçons. Malheureusement, dans les grands magasins comme ailleurs, l'avenir d'une femme était bouché. Tout au plus pouvait-elle espérer passer caissière. Jamais chef de rayon, ni acheteuse, ni assistante d'un directeur [30].

7

Femmes de plume

S'il était une profession pour une femme que l'homme du
XIXe siècle acceptait volontiers, ce fut celle d'écrivain, et il n'y
en eut aucune qui lui valut autant de renommée auprès du
public, au point que Nathaniel Hawthorne, exaspéré, écrivit
un jour de 1855 à son éditeur : « L'Amérique est complètement entichée d'une maudite foule d'écrivassières, et je
n'aurai aucune chance de succès tant que le public trouvera
son goût dans cette littérature de pacotille – et j'en aurais
honte si je remportais du succès. Comment expliquer le mystère des innombrables éditions de *L'Allumeur de Réverbères
(The Lamplighter)* et autres livres qui ne sont ni meilleurs ni
pires – pires, ils ne pourraient l'être, et meilleurs ils n'en ont
nul besoin puisqu'ils se vendent par 100 000 exemplaires [1]. »

Hawthorne reconnaissait toutefois du talent à certaines
femmes de plume. Il ne cacha pas à son éditeur le plaisir que
lui avait procuré la lecture de *Ruth Hall* de Fanny Fern,
nom sous lequel se cachait Sara Parton Willis, et traduisit
son plaisir par ce curieux compliment : « Cette femme écrit
comme si elle était possédée par le Diable, et c'est la seule
condition qui puisse permettre à une femme d'écrire quelque
chose qui vaille la peine d'être lu... Quand elles se dégagent
des entraves de la décence et se mettent nues devant le
public – alors leurs livres sont sûrs d'avoir du caractère et de
la valeur [2]. »

On peut comprendre l'irritation de Hawthorne, quand on

sait que *L'Allumeur de Réverbères*, de Maria Susanna Cummins, fit pleurer plusieurs générations de cœurs sensibles et occupa la première place sur la liste des best-sellers en 1854, tandis que lui-même et Herman Melville, écrivains de génie qui inaugurèrent dans la littérature américaine le « symbolisme », furent boudés leur vie durant par le public.

Les romanciers sérieux comme Nathaniel Hawthorne n'étaient pas les seuls à dénoncer les romans sentimentaux et leurs auteurs. Une femme lettrée, érudite et compétente comme Constance Fenimore Woolson, se demandait, à propos du roman d'Augusta Jane Evans, *Infelice* : « Qu'est-ce qu'un lecteur cultivé peut voir dans cette masse de mots, de mots, de mots [3] ? »

Au cœur du problème se trouvait la mentalité du temps. La prude république avait condamné tous les récits débordants de passion, rejeté pour **lascifs**, licencieux, obscènes ou immoraux quantité d'ouvrages provenant de l'Ancien Continent, et les plus patriotes des Américains avaient accusé même les romans anglais d'infecter l'esprit de la jeunesse américaine. Pour plaire au public et ne pas être mis au ban de la société, le romancier devait écrire des histoires édifiantes dont le ton moralisateur convenait bien à la pensée puritaine. Déjà, pour un homme, écrire comme s'il était possédé par le Diable ou se mettre métaphoriquement nu eût été mal vu ; pour une femme, c'eût été ni plus ni moins inconcevable. Modèle de piété et de pureté, gardienne des bonnes mœurs, son rôle était de combattre le Diable, non de se laisser séduire par lui, et de montrer le monde, c'est-à-dire l'Amérique, paré de vertus.

Les femmes lisaient plus que les hommes – d'où le succès fabuleux de ces romans à l'eau de rose. Écrits par des femmes pour des femmes, ils racontaient des histoires de femmes, insistant sur les épreuves d'une héroïne, ses tourments et son triomphe final sur l'adversité grâce à son courage, son intelligence, sa force, sa volonté. Ces romans sont-ils encore lisibles aujourd'hui ? Quelques-uns, sûrement, ne serait-ce que par le témoignage précieux qu'ils apportent sur la pensée et le mode de vie dans l'Amérique victorienne. Le succès de ces auteurs de romans populaires était dû aussi au fait qu'elles affirmaient clairement que leurs devoirs domestiques passaient avant leur métier de romancière. Elles étaient avant tout des mères et des épouses, et cela plaisait à leur public.

Étaient-elles sincères? Ou travestissaient-elles leurs pensées intimes pour réussir? Un grand nombre de ces romancières étaient assurément des professionnelles de la plume qui n'avaient d'autre but que de gagner de l'argent, beaucoup d'argent, et qui par conséquent prenaient grand soin d'écrire ce que le public voulait lire. On peut néanmoins déceler dans cette littérature, sous le masque des conventions, un certain féminisme, une critique parfois à peine voilée de la société, une hostilité latente vis-à-vis de l'homme.

La « *Corinne américaine* »

Il n'était pas toujours facile pour une femme de concilier ses dons avec le rôle que la société attendait d'elle. Les romans de Mme de Staël rencontraient un écho puissant auprès des intellectuelles américaines, car beaucoup ressentaient les tensions internes de ses héroïnes – des femmes supérieures déchirées entre leur destin exceptionnel qu'elles tentaient d'assumer et la loi de la conformité en vigueur. Aussi bien, le pseudonyme de « Corinne » était-il très en vogue parmi les femmes de plume. D'aucunes s'identifiaient au personnage : « Corinne » avait fui une vie conventionnelle en Angleterre pour la liberté en Italie; elle y connut la célébrité, mais mourut de n'avoir trouvé pour amant qu'un fantoche soumis à la contrainte sociale.

Comme « Corinne », Emma C. Embury et Margaret Fuller se trouvèrent confrontées à un dilemme : comment remplir au mieux leur devoir de femmes et développer leurs talents? Auteur à succès de romans populaires pour magazines féminins, Emma C. Embury, dans un essai intitulé *Corinna*, expliqua qu'elle vécut enfant dans une ambiance semblable à celle de l'héroïne de Mme de Staël, mal aimée et entourée de parents et d'amis qui ne se souciaient nullement de ses dons et de sa sensibilité poétiques. Et comme Corinne, Emma craignait que ses dons littéraires ne fussent « dangereux » parce qu'ils l'éloignaient des autres femmes et pouvaient contrecarrer la réalisation de son désir suprême qui était « le contentement d'un cœur de femme ». Elle avait compris qu'aucun accomplissement personnel ne pourrait apporter à une femme le bonheur « à moins qu'il ne s'accompagnât d'une affection pure et sincère [4] ».

Comme on pouvait s'y attendre, Emma Embury fit passer son cœur avant son esprit. Dans la dédicace d'un volume manuscrit de ses poèmes qu'elle offrit à son futur mari, elle écrivit ces lignes assez pathétiques : « Plût à Dieu qu'ils fussent meilleurs ; mais, hélas ! mon pouvoir n'est que le pouvoir d'une femme, et étant donné que je ne peux apporter devant vous les glorieuses visions de l'âme d'un poète, laissez-moi espérer qu'ainsi offerts par la plus pure amitié d'un cœur de femme, mes plus humbles présents ne seront pas rejetés [5]. » Un biographe contemporain, John S. Hart, souligna avec l'emphase propre au siècle la réussite professionnelle et familiale d'Emma : « La beauté de sa vie domestique égalait la beauté et la pureté de ses écrits [6]. »

Margaret Fuller ne résolut pas aussi facilement ses conflits et connut un destin conforme à celui d'une héroïne de roman : elle risqua sa réputation par un mariage imprudent et une maternité précipitée, et subit le « châtiment de sa faute » par une mort tragique et prématurée. Née à Cambridge, Massachusetts, en 1810, Margaret était l'aînée des neuf enfants de Timothy Fuller, avocat renommé et politicien malchanceux. A la naissance de sa fille, il planta deux ormes devant la maison. Mais il était déçu, car il aurait voulu un fils. Quand naquit une deuxième fille, il décida de donner à Margaret l'enseignement classique et rigoureux que recevaient en son temps les garçons. Il la prit en main, comme il l'aurait fait d'un fils, s'occupant de ses vêtements, de ses manières, de son travail, de ses rares distractions. Il la gava de connaissances au point d'en faire une sorte de monstre intellectuel, un insupportable bas-bleu. Elle échappa à la littérature populaire, aux récits d'enfants pieux qui mouraient pour tenir ouvertes aux parents les portes du Ciel, aux histoires de jeunes filles pures qui réformaient leurs amoureux. Elle lisait Shakespeare et les auteurs grecs et latins dans le texte et se gonfla de son savoir.

En se regardant dans les miroirs, elle découvrit vite qu'elle avait un visage ingrat et qu'elle ne pourrait rien y changer; alors elle résolut qu'elle serait « très intelligente ». Elle pensait que l'érudition était un moyen de se faire admirer et le talent la clé de la célébrité. A dix-neuf ans, elle rejeta la religion qui ne lui semblait rien de plus qu'un « besoin de jeunesse » pour natures sentimentales ou faibles. Elle n'avait en ce temps-là que deux articles de foi : une croyance en la « progression éternelle » et dans un Dieu – « une beauté et une perfection que je ne pourrai assimiler sans lutter ma vie durant [7] ».

« Je crois que je suis née pour être une princesse », écrivit-elle. Mais le prince charmant, Samuel Gray Ward, fils d'un banquier de Boston, vers qui allaient toutes ses pensées, épousa son amie Anna Barker, une jeune fille de New York qui évoluait dans son petit cercle de lettrés de Cambridge. Anna éblouissait les hommes par sa beauté, sa grâce, son esprit. Emerson disait d'elle qu'elle était une « parcelle de divinité ». Margaret en vérité aimait Anna avec au moins autant de passion qu'elle aimait Samuel. D'où l'ambivalence de ses relations avec le couple. Margaret s'exaltait volontiers sur l'amour platonique, surtout depuis qu'elle avait lu Goethe. Mais il y a fort à penser qu'elle n'était pas différente dans sa jeunesse des autres filles et que chaque nouvel ami « platonique » était dans son esprit un amoureux en puissance. Margaret, lorsqu'elle était à Cambridge, accumula les « compagnons fraternels » avec lesquels elle faisait de longues marches, discutant de la connaissance de soi, de la réalisation de soi. Elle ne trouvait aucune réponse auprès d'eux : « Je suis une nature trop ardente..., je suis trop facilement blessée... Je suis trop étrange pour la multitude [8] », disait-elle.

Déçu dans ses espérances politiques, Timothy Fuller, en

1833, quittait Cambridge pour Groton, où il avait acheté une ferme. Margaret détesta Groton et sa population dont les préoccupations lui étaient étrangères. Elle servit de gouvernante aux plus jeunes enfants tandis que sa mère, dont la santé chancelait, tenait la maison. Pour survivre à cette ambiance débilitante, elle se nourrit de Goethe, de Cervantes, de Schiller. Elle tomba malade. A peine rétablie, son père disparut, emporté par le choléra, et Margaret se retrouva virtuellement à la tête de la famille. Elle demeura une année encore à Groton. Son avenir lui paraissait sombre : elle dut renoncer à un voyage en Europe avec ses amis de Cambridge. « Comment pourrais-je acquérir les connaissances dont j'ai besoin si je ne vais en Europe », disait-elle. Comme ceux de liberté, de bonheur, de princes et de génies, ce rêve se fondit dans les hauteurs inaccessibles de son imagination [9].

A l'été de 1836, elle fit un séjour à Concord chez Ralph Waldo Emerson, qu'elle avait connu par l'Anglaise Harriet Martineau. Puis elle partit pour Boston où elle commença une carrière d'enseignante qu'elle poursuivit pendant deux ans à Providence, dans le Rhode Island. Mais l'enseignement de jeunes enfants lui semblait une tâche indigne d'elle. A l'école, elle faisait « son temps de purgatoire ». Elle revint à Boston, y fit venir sa famille, et gagna sa vie en organisant ces fameuses *Conversations* (on dirait aujourd'hui « groupe de discussions »), où se retrouvait le Tout-Boston intellectuel. Brillante causeuse, Margaret menait les débats. Parmi les dames qui participèrent à la première séance figuraient les sœurs Peabody, dont l'une épousa Horace Mann et l'autre Nathaniel Hawthorne, Maria White, la fiancée du poète James Russel Lowell, la romancière Lydia Maria Child, les épouses d'Emerson, de l'historien George Bancroft, du théologien Theodore Parker [10].

La mode chez les intellectuels de la Nouvelle-Angleterre était au transcendantalisme. Plus qu'une contribution à la philosophie, les transcendantalistes apportèrent une renaissance littéraire en rompant avec les traditions imposées par le puritanisme et les principes de la jeune République. Les transcendantalistes formèrent de petites communautés dont la plus célèbre fut *Farm Brook*, à West Roxbury. Mais ni Emerson ni Miss Fuller n'y vécurent, contrairement à Hawthorne, car leur individualisme s'opposait à la vie communautaire. Afin de diffuser leurs idées, les chefs de file du mouvement fondèrent un magazine trimestriel, *The Dial*, dont Margaret fut pendant deux ans le rédacteur en chef.

Elle écrivait sur l'art et la littérature. Ses relations avec Emerson étaient ambiguës. Il était à la fois fasciné par son intelligence et sa personnalité et rebuté par la violence de son tempérament, ses « préoccupations païennes » et la présence irritante chez elle de ce qu'il appelait son « MOI haut comme une montagne ». En 1839, elle publia une traduction des *Conversations d'Eckermann avec Goethe*; puis, en 1842, une traduction de la *Correspondance de Fräulein Günderode et Bettina von Arnim*; en 1844, *Summer on the Lakes*, à la suite d'un voyage dans l'Ouest; en 1845, son fameux *Woman in the Nineteenth Century*, dans lequel elle reprenait le thème qu'elle avait abordé auparavant dans un essai paru dans *The Dial*, intitulé : *Le Grand Procès : l'Homme contre l'Homme. La Femme contre la Femme* [11].

Au lecteur moderne, l'ouvrage paraît verbeux, mal organisé et, défaut fâcheux, Margaret Fuller y fait étalage de son immense érudition. Ce n'en est pas moins une étude remarquable sur la place de la femme dans la société et les remèdes à apporter pour remédier aux imperfections de la condition féminine. Elle démontra que la femme, et non l'homme, était l'ennemi, et elle invita ses sœurs à secouer les chaînes qu'elles avaient elles-mêmes forgées en acceptant la dichotomie des valeurs et des rôles et le principe de la supériorité intellectuelle de l'homme. Elle s'y raconta beaucoup, utilisant, pour illustrer son propos, des incidents qui avaient émaillé sa vie, et défendit avec une certaine passion les vieilles filles. N'étant pas encombrée d'un mari, la « vierge sage » pouvait passer le temps à contempler les mystères de la vérité et de l'amour, et utiliser ses connaissances « pour le bien de tous » et non plus seulement pour celui de la famille [12].

Horace Greeley, le puissant propriétaire du *New York Tribune*, en avait écrit la préface. Margaret Fuller travaillait maintenant pour lui. Elle faisait la critique littéraire du *Tribune*. Elle devint le mentor de la littérature américaine. Sa plume acérée lui valut des inimitiés et même des brouilles. Au doux William Channing, qui lui reprochait son excessive sévérité, elle répondit qu'une prêtresse devait réserver ses louanges pour Apollon. Si on donnait à un homme le rôle de génie, elle ne lui accorderait son titre que s'il le méritait vraiment [13]. Greeley et sa femme s'étaient entichés d'elle. Elle vivait chez eux, dans la magnifique propriété qu'ils possédaient sur les bords de l'East River. Mrs. Greeley, selon les propres paroles de Margaret, était la « maîtresse d'école yankee type, folle de culture [14] ». Bien que son travail au *Tribune* et ses propres activités littéraires lui prissent beaucoup de temps, Margaret fréquentait de loin en loin les cercles de la « bonne société » new-yorkaise. Sa réputation d'écrivain et de brillante causeuse lui ouvrait toutes les portes.

A l'automne de 1844, au cours d'une soirée mondaine, elle rencontra James Nathan, un juif allemand qui avait débarqué en Amérique en 1830, la bourse plate, et réussi à monter une affaire assez prospère. Son tempérament un peu féminin, ses yeux bleus, son amour de la musique la séduisirent. Peu impressionné par l'érudition immense de Margaret, il la traita de « folle petite fille », ce qui est bien le plus étrange qualificatif que l'on puisse trouver pour cette sibylle de la Nouvelle-Angleterre. Personne n'avait encore parlé ainsi à Margaret. Ils échangèrent d'innombrables lettres d'amour, et comme les Greeley désapprouvaient leurs relations, ils se rencontraient en cachette. Aux beaux jours, ils passèrent leurs journées dans les bois à discuter des problèmes de la vie et de l'amour, et il lui chanta des chansons en s'accompagnant à la guitare.

En communion avec la nature, elle sentait monter en elle la sève du printemps. Après une journée de vibrantes discussions, elle lui écrivit :

« Je me sens choisie entre les femmes. Je sens en moi des sentiments mystiques profonds, et aussi des menaces venues d'ailleurs. Je me livre à vous comme cet oiseau qui chante dehors se livre à moi. Vous comprendrez ma chanson, mais vous ne la traduirez pas dans un langage trop humain. Je souhaite, je désire ardemment être humaine, mais divinement humaine... Êtes-vous mon gardien pour apprivoiser mon corps et l'attacher plus fermement à la terre ? Voici longtemps, me semble-t-il, je n'avais d'autre destinée que de dire quelques mots aux compagnons de ma jeunesse, puis de partir. Je m'accroche légèrement, comme une plante aérienne. Dois-je être enracinée ? Ah ! choisissez pour moi une bonne terre et une place au soleil afin que je puisse devenir un abri de verdure pour l'homme avisé et porter assez de fruits pour compenser mon enracinement [15]. »

D'évidence, Nathan crut déceler dans cette allégorie champêtre une invitation à pousser plus avant sa cour. Il passa à l'action. Mais Margaret le repoussa avec une rigueur qui le laissa pantois. Elle lui écrivit le soir même pour lui dire combien elle avait été choquée de découvrir sa « nature basse » et lui demanda de lui promettre de ne plus jamais « mal interpréter » les impulsions de son âme. Il lui présenta ses excuses et lui offrit en cadeau de réconciliation un chiot à aimer : Josey. Ils reprirent leurs promenades furtives et leur correspondance. Ils échangèrent des livres et de petits cadeaux, mais les choses ne furent plus jamais pareilles entre eux. Si Margaret se consumait d'amour pour Nathan, celui-ci sentait sa flamme s'éteindre. Il décida de partir pour l'Europe. Quand elle apprit la nouvelle, Margaret tomba malade. Depuis toujours elle souffrait de migraines affreuses – problème psychique autant que physique, n'en doutons pas. Tout porte à croire que son corps réclamait ce que son esprit refusait : l'amour charnel. Elle envoya à Nathan missive sur missive, pour chercher à le retenir, puis lui demanda de brûler ses lettres et quelques « vers trop intimes » qu'elle lui avait envoyés. Ce qu'il ne fit pas.

Nathan parti, elle se remit au travail, qu'elle avait délaissé. Ses relations avec Greeley commençaient à s'aigrir. Il était agacé par ses fréquentes indispositions, ses sautes d'humeur, son usage excessif du thé et du café, son féminisme, qu'il jugeait en désaccord avec son insistance à garder tous les privilèges de courtoisie que l'homme accorde à la femme. Aussi, lorsqu'elle attendait avec ostentation qu'il lui ouvrît une porte, répétait-il invariablement une des phrases retentissantes de *Woman in the Nineteenth Century* : « Qu'elles deviennent capitaines au long cours, si elles le veulent [16] ! »

Des admirateurs proposèrent à Margaret de l'emmener faire un long voyage en Europe. Elle accepta joyeusement. Elle s'embarqua à bord du vapeur *Cambria* le 1er août 1846; ses pérégrinations la menèrent en Angleterre et en Écosse, où elle apprit le mariage de James Nathan avec une jeune fille allemande, puis en France où elle rencontra George Sand et Chopin, en Italie enfin. Le thème de la vieille fille anglo-saxonne qui trouve l'amour dans les ruines italiennes fut exploité par maintes romancières. Telle une héroïne de roman, Margaret trouva l'amour en Italie, mais dans la basilique Saint-Pierre de Rome, où le dimanche de Pâques de 1847 elle rencontra le jeune marquis d'Ossoli, de dix ans son cadet. Ils se revirent, se plurent, s'aimèrent. Elle devint sa maîtresse et assez rapidement attendit un enfant. Peu de temps avant la naissance du bébé, ils se marièrent. L'amour lui avait infusé une vie nouvelle. A sa mère elle écrivit qu'elle n'avait jamais été aussi heureuse. Elle adressait régulièrement des articles pour le *Tribune*. Elle se passionna pour les événements politiques qui secouaient l'Italie, faisant sienne la lutte engagée par les Italiens patriotes et libéraux pour préserver leur république.

Les bouleversements de 1850 contraignirent Ossoli à fuir son pays avec Margaret et le bébé. Ils embarquèrent à Livourne le 17 mai. Le 18 juillet, le navire passait au large des côtes du New Jersey. Il n'atteignit jamais New York. Pris dans une tourmente, il heurta un banc de sable et coula. Les corps de Margaret et d'Ossoli ne furent jamais retrouvés. A sa mémoire, une stèle fut érigée au cimetière de Mount Auburn, à Cambridge. L'inscription porte ces mots :

A la mémoire de Margaret Fuller Ossoli,
Née à Cambridge, Mass., le 23 mai 1810,
Par sa naissance, enfant de la Nouvelle-Angleterre,
Par adoption, citoyenne de Rome,
Par son génie, appartenant au monde... [17].

La célèbre Mrs. Stowe

Lorsque Margaret Fuller mourut, Harriet Beecher Stowe, sa contemporaine, rédigeait *La Case de l'oncle Tom*. Elle avait l'année précédente perdu un fils de dix-huit mois, emporté par le choléra. A une amie, elle écrivit plus tard : « C'est au pied du lit où il agonisait, c'est devant sa tombe que j'ai compris ce qu'une pauvre mère esclave pouvait éprouver quand on la séparait de son enfant... Les circonstances de sa mort furent si pénibles, ses souffrances parurent si cruelles que j'ai senti que je ne pourrais jamais m'en consoler, à moins que de mon cœur brisé ne jaillisse une force qui me permettrait de faire quelque chose de bon pour les autres. Si j'évoque cela, c'est parce que j'ai souvent pensé que bien des choses que j'ai écrites dans ce livre plongeaient leurs racines dans les scènes affreuses et les chagrins cruels de cet été-là [18]. »

Publié d'abord en « feuilleton » dans un journal anti-esclavagiste, *La Case de l'oncle Tom* sortit en livre en 1852. En quelques semaines, Harriet Beecher Stowe devint célèbre. Le livre fut bientôt traduit en 22 langues. Henri Heine en Allemagne et George Sand en France en firent la critique – cette dernière en termes aigres-doux : « Mrs. Stowe écrit d'instinct. C'est pourquoi il semble à certains qu'elle n'a pas de talent. A-t-elle du talent ? Qu'est-ce que le talent ? Rien, sans doute, comparé au génie ; mais a-t-elle du génie ? Elle a du génie dans la mesure où l'humanité ressent le besoin de génie – le génie du bien, pas celui de l'homme de lettres, mais du saint [19]. »

Si elle avait eu plus de confiance dans ses dons, elle aurait pu devenir immensément riche, le tirage de son livre atteignant rapidement le million. Son éditeur lui avait offert soit 10 % sur chaque exemplaire vendu, soit de partager avec elle les pertes et les profits. Elle choisit la première option. Les bénéfices qu'elle tira de son roman la mirent néanmoins à l'abri des misères matérielles. Son succès est mérité. Harriet Beecher Stowe avait du talent, des idées et des préoccupations qui l'élevaient bien au-delà de la littérature féminine conventionnelle de l'époque. Aussi bien, avec Emily Dickinson, Kate Chopin et, plus près de nous, Edith Wharton, Willy Cather et Ellen Glasgow, peut-elle figurer sur la liste des grands auteurs américains du sexe féminin.

Trois thèmes majeurs occupent son œuvre : l'abolition de l'esclavage, le calvinisme et les problèmes de la foi, la vie dans la Nouvelle-Angleterre du temps passé. Après avoir combattu l'esclavage dans *La Case de l'oncle Tom* et dans *Dred* et dénoncé la dureté du calvinisme dans *The Minister's Wooing* (La Fiancée du pasteur), elle employa tout son talent pour décrire dans *The Pearl of Orr's Island* (La Perle de l'île d'Orr) les côtes boisées et déchiquetées du Maine qu'elle aimait tant et la vie d'une petite communauté tout imprégnée de la Bible et des embruns apportés par le vent du large. Beaucoup plus tard, elle écrivit *Oldtown Folks, Oldtown Fireside stories* et *Poganuc People*, sans doute ses trois meilleurs ouvrages, dans lesquels elle évoque une fois encore la Nouvelle-Angleterre et ses traditions puritaines.

Au début des années 1870, elle écrivit deux ouvrages mineurs, *My Wife and I* (Ma femme et moi) et *We and our Neighbours* (Nous et nos voisins), dans lesquels elle chercha à régler ses problèmes de femme, de romancière et de croyante, mais ne se montra guère convaincante. Ainsi que le fait remarquer l'historienne Ann Douglas, les derniers romans de Harriet Beecher Stowe laissent entrevoir la fin tragique de la culture victorienne américaine : hargne entre les sexes et glissement vers la société de consommation et les mass media. Non moins importants dans ces romans de vieillesse sont les éléments manquants : la théologie, le féminisme, le romantisme [20].

Malgré son formidable succès professionnel, qui fit d'elle, à cinquante ans, l'un des auteurs les plus lus du monde, Harriet ne réussit pas complètement sa vie. La mort de deux de ses fils peut expliquer un vide affectif que rien ne viendra jamais combler, mais point l'amertume qui perce dans ses derniers ouvrages. Elle n'y décrit pas la perte déchirante d'un être cher mais traite des problèmes du couple : « De nos jours, dit-elle dans *My Wife and I*, nous avons beaucoup entendu parler de l'importance d'éduquer les femmes à devenir des épouses. N'y a-t-il rien à dire sur l'importance qu'il y aurait à éduquer les hommes à devenir des maris ? »

Assurément, la vie avec Calvin Stowe ne répondit pas à son attente. Le foyer idéal tel que son imagination de romancière et son éducation de femme du XIXᵉ siècle le concevait, avec ses images paisibles et sereines d'enfants endormis, de soirées conjugales au coin du feu dans une maison douillette aux meubles reluisants et aux fenêtres drapées de soie, fut un rêve qui ne se réalisa pas. Des difficultés financières permanentes s'ajoutaient aux problèmes causés par le tempérament ardent de Calvin et son incapacité à la soulager du poids des responsabilités familiales. Ses lettres aux différents membres de sa famille révèlent sa lutte continuelle pour mener de front ses activités littéraires et ses occupations familiales, toujours attentive à ne jamais laisser les premières empiéter sur les secondes : « Vous ne devez pas vous attendre à ce que je vous écrive souvent, annonçait-elle à Calvin, parce que je dépense toute mon énergie à m'occuper de la famille et à subvenir à ses besoins – à essayer de corriger les défauts de tous – à tout harmoniser [21]. »

Calvin Stowe avait même abandonné aux main d'Harriet la gestion du budget familial, estimant qu'elle se débrouillerait mieux que lui et que cela lui éviterait « énormément de tracas et d'anxiété ». Tout au long des années 1850, il lui répéta : « Pensez à vos responsabilités – un vieil homme et six enfants. » Pauvre Harriet dont les enfants, à l'exception de sa fille Georgiana, continuèrent, adultes, à rester financièrement dépendants et qui devait encore faire vivre en partie son vieux père et sa troisième épouse [22].

Elle goûta néanmoins les joies de la réussite et de la célébrité. Par trois fois, elle se rendit en Europe où elle fut partout reçue et fêtée. En 1853, elle fit en Grande-Bretagne une tournée triomphale. A Glasgow, une foule s'amassa le long des rues tandis qu'elle traversait la ville pour se rendre à la cathédrale dans le carrosse du lord-maire. Toutes les portes de l'aristocratie écossaise et anglaise s'ouvrirent devant la romancière yankee. Elle déjeuna avec Charles Dickens et rencontra Lady Byron, avec qui elle noua des liens d'amitié solides. En 1856, les Stowe partirent pour l'Italie, où ils passèrent l'hiver. Puis, en 1859, Harriet retourna encore une fois en Europe où elle resta près d'un an. Elle y trouva l'inspiration pour un nouveau livre, *Agnes of Sorrente*, romance italienne issue de l'imagination d'une puritaine de la Nouvelle-Angleterre. Bien que la critique l'accueillît comme une œuvre mineure, il s'en vendit, aux États-Unis seulement, 400 000 exemplaires. Elle engloutit son argent dans une maison.

Calvin ayant donné sa démission du collège théologique de Andover, où il enseignait depuis quelques années, Harriet en 1862 décida de s'installer définitivement à Hartford où trente-cinq ans plus tôt, en compagnie de son amie Georgiana May, elle avait construit en imagination, dans une chênaie des bords de la Park River, la maison de ses rêves. Elle voua à sa réalisation toute son énergie. Comme tous les Beecher, elle croyait aux vertus d'un corps sain et propre. Elle voulut donc doter sa maison de tout le confort moderne. A une amie, elle écrivait : « Je ne m'occupe que de conduites, d'égouts, d'éviers, de tranchées et de fumier. J'aimerais que vous voyiez avec quelle joie je regarde les tas de fumier. J'y vois avec les yeux de la foi des raisins du Delaware et des poires d'Angoulême et toutes sortes de roses et de fleurs des champs... » Plus tard, elle acheta un cottage en Floride, sur la St. John River, attirée par le soleil du Sud. Les Stowe y passèrent désormais tous les hivers. Harriet était devenue un monument historique, une attraction. Une compagnie de bateau à roues de Jacksonville avait organisé une série d'excursions sur le fleuve avec, en prime, une « vue » de la propriété de Harriet Beecher Stowe à Mandarin[23].

Vie enfin sereine auprès d'un Calvin vieux et apaisé et de ses deux jumelles qui lui servaient de secrétaires et qui, curieusement, ne s'étaient pas mariées bien que jolies et intelligentes. Elle avait connu l'épreuve cruelle de la mort de deux enfants, surmonté le drame d'un fils alcoolique, qu'elle entoura de tout son amour, et survécu à un scandale retentissant qui avait un moment terni sa réputation.

Lorsqu'en 1856, au cours de son deuxième voyage en Europe, Harriet Beecher Stowe avait revu Lady Byron, celle-ci lui avait confié les raisons qui l'avaient poussée à se séparer de son mari : Lord Byron, le poète génial, le héros romantique de la famille Beecher, avait eu des relations incestueuses avec sa demi-sœur Augusta avant et même après son mariage. Lady Byron songeait à divulguer l'affaire, car elle avait appris qu'à l'occasion d'une nouvelle édition des œuvres de son mari, on porterait atteinte à sa réputation en racontant des histoires sur les malheurs conjugaux du poète. Après en avoir discuté avec sa sœur Mary, qui l'accompagnait, Harriet conseilla à Lady Byron de garder le silence. Et pendant treize ans, elle-même aussi se tut. Quand Lady Byron mourut, aucune voix ne s'éleva pour défendre sa mémoire, et Harriet n'osa rompre le silence. Seulement, en 1869, une des maîtresses du poète, la comtesse Guiccioli, fit paraître un livre de souvenirs dans lequel elle présentait la malheureuse Lady Byron sous un jour très défavorable. C'était plus que n'en pouvait supporter Harriet Beecher Stowe. Dès le mois de septembre, elle publiait dans l'*Atlantic Monthly* un essai, l'*Histoire véritable de la vie de Lady Byron*, et l'année suivante, son fameux livre, *Lady Byron Vindicated*.

L'Angleterre victorienne, autant que l'Amérique, frémit d'indignation. La pauvre Harriet devint la cible de toutes les attaques. Les innombrables admirateurs du poète anglais cherchèrent à la discréditer en attribuant à son action les motifs les plus vils. Les amis de la romancière furent effondrés et certains se détournèrent d'elle : il y avait des choses dont une lady ne parlait pas. Pendant huit ans un périodique pour lequel elle écrivait refusa de la publier [24].

En courant le risque de déplaire à des centaines de milliers de lecteurs pour venger la mémoire d'une amie et défendre une cause juste, Harriet Beecher Stowe avait fait preuve non seulement de courage mais d'une indépendance d'esprit que la vie chaotique et hasardeuse qu'elle avait menée jusqu'ici ne lui avait sans doute pas permis de manifester. On peut penser aussi qu'à travers le panégyrique de Lady Byron, elle réglait d'une certaine manière ses comptes avec le poète, brûlant ce qu'elle avait adoré pour effacer la honte d'avoir eu dans sa jeunesse pour auteur favori un libertin. En militante de l'ordre moral qu'elle était, elle fut en tout cas convaincue d'avoir fait ce qu'elle estimait « juste aux yeux de Dieu », et jusqu'à la fin de sa vie affirma qu'elle ne regrettait pas un mot de *Lady Byron Vindicated*.

Les Sudistes : passion et patriotisme

En tant qu'écrivains, les femmes jouèrent un grand rôle dans le Sud depuis l'époque coloniale, au point qu'avant la guerre civile, elles dépassaient même les hommes par le nombre. Après la guerre, elles contribuèrent largement au développement d'une littérature régionale haute en couleur : engagement total et sans nuance pour la civilisation du Sud, ses valeurs et ses traditions. Ainsi Augusta Jane Evans, de Géorgie, l'une des romancières les plus populaires du XIXᵉ siècle, montra dans sa vie et dans son œuvre un attachement passionné pour le Sud, s'identifiant à la cause confédérée jusqu'à rompre ses fiançailles avec un « jeune et pieux journaliste » parce qu'il était du Nord. En 1861, elle écrivait à une amie qu'elle était une « sécessionniste convaincue et inflexible... ». Après la guerre, elle dit : « Je crois que j'aimais notre cause *comme un jésuite son ordre*; et sa ruine totale m'a affligée et brisée comme aucun autre événement de ma vie n'a pu le faire[25]. »

Dans son premier roman, *Inez*, publié en 1855 lorsqu'elle avait vingt ans, elle attaquait férocement le catholicisme. Dans le deuxième, *Beulah*, elle remettait en question sa propre foi protestante. Son héroïne, Beulah, traverse une crise spirituelle qui, contrairement au thème classique des romans du temps, ne se guérit pas à la suite de tribulations et d'épreuves. Beulah s'interroge aussi sur la place de la femme dans la société, hésitant longuement à donner sa main à l'homme qu'elle aimait, Guy Hartwell, afin de ne pas aliéner son indépendance, confrontée, dit-elle, à deux « tyrans » entre lesquels il lui fallait choisir : l'ambition et lui. Une note d'érotisme discret acheva de faire du livre un best-seller. On compara Miss Evans à George Elliot. Elle écrivit *Macaria* durant la guerre, assise auprès de soldats blessés, et le dédia à l' « Armée de la Confédération ». Quelques exemplaires furent introduits dans le Nord par des briseurs de blocus et le roman réédité à New York. Bien que l'auteur présentât la Sécession comme un acte de résistance à la tyrannie yankee et exprimât sa confiance totale dans la victoire du Sud, le livre connut un tel succès dans le Nord que les autorités fédérales estimèrent qu'il devrait être brûlé. Après la guerre, ironie de l'histoire, Miss Evans reçut une somme considérable d'argent yankee pour son roman à la gloire de la Confédération [26].

La guerre modifia le comportement d'Augusta Jane, sinon son tempérament. Dans *St. Elmo*, roman populaire dont le tirage fut « limité » à 100 000 exemplaires, elle reprit le thème déjà exploité dans *Beulah*, mais, consciente de son identité sudiste, elle insista sur le rôle spécifique de la femme, prenant soin de placer sur la tête de son héroïne la « couronne de Dixie ». A celle-ci elle fit dire : « L'Amérique n'a ni Bentham, ni Bailey, ni Hare, ni Mill * pour accréditer ou renforcer les clameurs ridicules poussées par quelques épouses acariâtres et malheureuses et autant de vieilles filles aigries et déçues de la Nouvelle-Angleterre... Je pense, monsieur, que la noble et vraie femme de ce continent croit sincèrement que le jour où on leur accordera la franchise électorale sera le plus sombre dans les annales de l'humanité ; il sonnera le glas de la civilisation moderne, de la prospérité nationale, de la moralité de la société, du bonheur domestique [27]. »

---

* Jeremy Bentham, philosophe anglais (1748-1832) ; Bailey (Samuel), philosophe anglais ; Hare (Thomas), réformateur politique anglais ; Mill (James), philosophe et économiste anglais (1773-1836) ou son fils John.

A trente-trois ans, Augusta Jane Evans convola et passa dorénavant plus de temps à gérer le domaine de son époux « avec ses servantes, ses jardins, ses cinq serres » et à veiller sur une belle-fille adolescente qu'à écrire. On peut penser que l'auteur à succès Evans, avant de prendre la décision d'épouser un homme de vingt-sept ans son aîné, paternaliste à l'ancienne mode, avait dû, comme Beulah, connaître les déchirements d'un conflit intérieur entre deux « tyrans ».

La flamme régionale brûla avec plus d'intensité encore chez Grace King. Chantre de la société créole de La Nouvelle-Orléans, catholique et aristocratique, Grace King est encore couramment lue aujourd'hui en Louisiane. Son talent de romancière est faible, mais ses livres apportent le reflet chatoyant d'une société disparue qui mit toute sa gloire à ne point se laisser prendre dans le bain de culture anglo-saxon et protestant – ce qui n'empêcha pas les créoles de s'unir aux Sudistes américains chaque fois qu'il fut question de défendre leur pays **bien-aimé** contre les « Yankees barbares ». Civilisation **décadente**, disaient les Anglo-Saxons, l'écrivain new-orlea**nian** George W. Cable en tête. Raffinée, répliqua Grace King, Louisianaise d'adoption. Chez les créoles, elle ne trouvait pas seulement des manières plus aristocratiques mais un comportement plus individualiste et un « charme plus sensuel ».

La Nouvelle-Orléans avait été l'une des premières villes de la Confédération à tomber aux mains des troupes fédérales. Grace n'oublia pas, n'oublia jamais. Pour survivre, sa mère dut transformer leur belle demeure en une « pension de famille pour officiers fédéraux ». Puis elle quitta la ville avec ses enfants et gagna la plantation familiale située près de New Iberia. Quand les King regagnèrent La Nouvelle-Orléans, ils se retrouvèrent dépossédés de leurs biens et furent contraints de vivre dans un quartier populaire, entassés dans un petit logement. La pauvreté désormais les poursuivit, et les déplacements, les déménagements d'un logement à l'autre firent d'eux des errants. Il leur fallut attendre 1904 pour enfin jeter l'ancre. Les enfants avaient acheté une maison sur Coliseum Place, où Grace vécut jusqu'à la fin de ses jours avec deux de ses sœurs et un frère demeurés célibataires. L'achat de cette maison eut pour elle une signification particulière :

« Ce fut, dit-elle, l'événement marquant de notre vie..., une maison permanente pour la famille. Quel chemin nous avons parcouru depuis le jour où, pour obéir aux ordres de Butler, la famille dut quitter sa maison, laissant derrière elle les meubles – tableaux... souvenirs... Comme nous avons dû lutter et travailler – tombant, nous relevant – nous débattant contre les autres, affrontant la mauvaise humeur des uns ou des autres..., l'esprit et le cœur torturés, la nuit, dans les moments d'éveil. D'où l'importance de la maison. Nous sommes revenus au point où nous étions voici quarante ans ! Au point d'où la guerre nous avait chassés [28]. »

Ses romans ne furent que des prétextes à parler de la Louisiane créole. Aussi bien abandonna-t-elle rapidement la fiction pour se consacrer à des ouvrages à caractère historique. Dans les encyclopédies de la littérature, on classe généralement Grace King avec Cable et Kate Chopin parmi les *local colorists*, c'est-à-dire les auteurs qui ont usé (ou abusé) du pittoresque et de la couleur locale. Pourtant Kate Chopin est une authentique romancière, et il est justice que son œuvre et sa vie fassent l'objet aujourd'hui d'études critiques sérieuses.

Née Kate O'Flaherty à St. Louis, Missouri, elle n'était sudiste que par sa mère, descendante d'une vieille famille créole. Quand la guerre civile éclata, Kate n'avait que dix ans. Le Missouri fut déchiré dans ses allégeances : 100 000 Missouriens rejoignirent les armées de l'Union et 30 000 se battirent aux côtés des Confédérés. La famille O'Flaherty prit parti pour la Confédération, et lorsque les soldats yankees accrochèrent le drapeau de l'Union à la véranda de leur maison, la petite Kate l'arracha. Après la guerre, Kate joua le rôle de « belle » que l'on attendait d'elle, mais sans grand enthousiasme. A lire son journal intime, on devine le conflit qui la déchirait, conflit entre ce qu'elle rêvait d'être et ce qu'elle devait être pour se conformer aux usages. Ainsi écrit-elle qu'elle pratiquait « l'art de se rendre

agréable dans la conversation en ne disant absolument rien
ou en se contentant de répondre de manière pertinente aux
sujets abordés par mon adversaire ».

A dix-neuf ans, Kate O'Flaherty épousa Oscar Chopin,
homme d'affaires prospère de La Nouvelle-Orléans. Mariage
apparemment très heureux; seulement Chopin mourut
quand Kate avait trente et un ans, la laissant avec six
enfants, éplorée sans doute, mais fort capable de se débrouil-
ler seule. En prenant époux, elle ne s'était pas engagée à rester confinée dans la sphère domestique. Durant son bref
mariage, elle fit preuve en fait d'une surprenante indépendance d'esprit. Au cours de leur lune de miel, elle se pro-
mena seule en Allemagne et entra même dans un *beer gar-
den* pour boire une bière. De retour à La Nouvelle-Orléans,
elle poursuivit ses marches solitaires dans la ville, en explo-
rant les trésors, tout en menant la vie bien remplie d'une
dame de la haute société et d'une mère de famille nombreuse. Tous les contemporains s'accordent à dire que Kate
Chopin fut « une épouse et une mère parfaites ». A La Nouvelle-Orléans comme à St. Louis, où elle vécut après son veu-
vage, elle participa pleinement à la vie sociale et son « jour »,
le jeudi, était paraît-il très couru. Le faisait-elle par plaisir ou
par devoir, pour se conformer à l'image de la dame du Sud
accomplie? En vérité, la vie mondaine lui pesait tout autant
que pendant ses jeunes années : « Ces choses qui m'ennuient
et que je dois faire avec effort me sont insupportables »,
écrit-elle. Et encore : « Je me désintéresse des êtres humains,
du sens de leurs vies et de leurs actes... Je ne veux ni livres,
ni hommes. Ils me font souffrir. Est-ce que l'un d'eux peut
me parler comme le ferait la nuit – la nuit d'été? »

Kate savait combien il était difficile pour une femme de
s'émanciper; mais tout en craignant que la femme ne pût
jamais devenir complètement autonome, elle percevait l'horreur d'une liberté solitaire. Redoutant l'ostracisme de la
société dans laquelle elle vivait, elle employait toujours un
ton de modestie exagéré quand elle parlait de son art, affirmant par exemple qu'écrire était pour elle à peu près comme
coudre ou cirer un meuble : une occupation domestique

qu'une *Southern lady* pouvait avoir sans tomber du piédestal où on l'avait placée.

Ses romans, ses nouvelles, ont tous pour cadre la Louisiane, et ses personnages sont empruntés à la société colorée si particulière de l'ancienne colonie française. Créoles, Acadiens, mulâtres et *neg' creoles* au savoureux dialecte apportent leur joie de vivre et leur sensualité à son œuvre. Mais son désir était de dramatiser des situations « universelles » et non régionales. Elle s'intéressa avant tout aux conflits qui agitaient l'âme féminine, aux difficultés rencontrées par la femme pour développer sa personnalité sans heurter le mur des convenances. Ayant été élevée dans la religion catholique, Kate Chopin ne fut pas obsédée par les problèmes du Bien et du Mal, du Salut et de la Damnation, mais par les contradictions existant entre l'art, l'amour et l'accomplissement de soi. Dans *The Awakening*, son meilleur roman, dont l'action se situe à Grand Isle, station à la mode sur le golfe du Mexique, Edna, jeune femme mariée, mère de deux enfants, s'éveille à l'amour physique à la suite d'une rencontre avec Robert Lebrun, et en même temps fait l'apprentissage de ses dons artistiques. Elle quitte son mari et son foyer pour se « réaliser », mais découvre que la liberté s'oppose à la sexualité puisque celle-ci la fait retomber sous la coupe d'un homme – amant ou mari. Incapable de résoudre ses conflits intérieurs, Edna met fin à ses jours en s'enfonçant dans la mer [29].

Le sujet choisi par Kate Chopin autant que sa prose sensuelle choquèrent profondément ses contemporains, public et critiques confondus. La morale victorienne était par trop bouleversée. Des amis se détournèrent de Kate, son roman fut mis à l'index dans les bibliothèques locales et elle se vit refuser l'entrée du *St. Louis Arts Club*. Fut-ce l'échec de *The Awakening*? Elle n'écrivit ensuite que peu de choses, comme si elle avait perdu confiance en son talent. Elle mourut tragiquement à cinquante-trois ans d'une tumeur au cerveau. C'était en 1904 [30].

8

New York, New York

« La publication de *The Greater Inclination* * brisa la chaîne qui m'avait retenue si longtemps dans une sorte de torpeur. Pendant près de douze ans, j'avais essayé de m'adapter à la vie que j'avais menée depuis mon mariage; mais maintenant, le désir de rencontrer des gens qui partageaient mes goûts me possédait... Ce que je voulais par-dessus tout, c'était connaître d'autres écrivains, être accueillie parmi des gens qui vivaient pour les choses auxquelles je m'étais toujours secrètement consacrée [1]. » Ainsi écrivait Edith Wharton en 1920.

Edith Wharton, dont l'œuvre appartient au XXe siècle, est un pur produit de l'aristocratie new-yorkaise, et c'est à ce titre qu'elle nous intéresse. Le « grand monde » qu'elle décrit, dans lequel elle situe ses personnages, est celui dans lequel elle vécut depuis sa plus tendre enfance et dont elle n'est jamais sortie, société qui, de prime abord, ne semble préoccupée que par « ce qui se fait ». Ses personnages donnent des dîners, vont au bal, font des visites, et leurs aventures sentimentales ont un parfum de fleur fanée. Ses héroïnes sont riches, s'ennuient et, comme elle, attendent l'homme qui leur apportera autre chose qu'une maison sur la Cinquième Avenue, un cottage à Newport (Rhode Island), un voyage en Europe, une broche en diamants ou un collier

* En 1899.

de perles. Admirablement construits, écrits dans une belle langue, les romans d'Edith Wharton révèlent à la fois sa révolte contre les conventions étouffantes de sa caste et la crainte de voir cette caste raffinée, distinguée, disparaître sous le flot des nouveaux riches.

Par son père, elle descendait des Schermerhorn, des Jones, des Pendleton; par sa mère des Stevens, des Ledyard, des Rhinelander, marchands, banquiers et juristes prospères qui avaient fait souche près de trois siècles plus tôt. Contrairement à leurs voisins de la Nouvelle-Angleterre, les New-Yorkais furent toujours plus concernés par les affaires que par les discussions théologiques. Gagner de l'argent, acquérir des biens mobiliers avaient plus d'attrait à leurs yeux que la « prédestination et la chasse aux sorcières », écrit Mrs. Wharton. Et elle ajoutait : « Je me suis toujours demandé si ces vieux New-Yorkais ne devaient pas leur plus grande affabilité et tolérance au fait que l'Église d'Angleterre (légèrement modifiée plus tard sous le nom d'Église épiscopalienne d'Amérique) fut dès le début l'Église dominante. La beauté sans rivale d'un ancien rite avait-elle protégé nos ancêtres de ce que Huxley appela " la tendance scissipare des sectes protestantes ", en nous épargnant leurs querelles sanguinaires sur des points de doctrine incompréhensibles et toutes les extravagances de ces soi-disant prophètes et évangélistes qui déchirèrent et affligèrent la Nouvelle-Angleterre [2] ? »

Si l'on exceptait quelques vieilles familles d'origine hollandaise, restées attachées au culte réformé, l'élite new-yorkaise était en effet épiscopalienne à une écrasante majorité. Être vu chez les méthodistes aurait été du dernier vulgaire. Quant à l'Église presbytérienne, elle sentait la middle class et surtout le puritanisme. L'Église épiscopalienne était en Amérique intimement liée à l'élite sociale. Aussi bien, en cette fin de siècle, n'était-il pas rare qu'une ascension sociale se traduisît sur le plan religieux par l'entrée dans cette Église prestigieuse. Ainsi William Henry Vanderbilt, l'un des fils du commodore, abandonna-t-il la communauté des Frères moraves à laquelle appartenait son père pour l'Église épiscopalienne qui lui semblait plus en accord avec sa situation [3].

Grace Church, l'église des millionnaires new-yorkais, était célèbre pour ses arrangements floraux pendant le carême : « Saison affreusement morne, disait Isaac Brown, son très snob sacristain, mais nous faisions en sorte que nos funérailles fussent aussi agréables que possible [4]. » Noblesse oblige.

La conscience de classe n'était pas en Amérique l'affaire des seuls New-Yorkais. Un peu partout, mais surtout dans l'Est et le Sud, des clivages sociaux existaient, fondés en ce temps-là plus sur la naissance et la profession que sur la fortune. Dans les treize États formant l'ancienne Amérique coloniale, raconte Edith Wharton, celui qui « tenait boutique » n'était pas reçu par l'élite. Le distingué émigré français Moreau de Saint-Méry fit les frais de cet ostracisme lorsqu'il arriva à Philadelphie, fuyant la Terreur. Pour survivre, il devint libraire, et sa boutique fut le rendez-vous de la noblesse émigrée. « Bien que Talleyrand et le marquis de La Tour du Pin fissent partie de ses intimes, il ne put être invité au bal donné en l'honneur de Washington le jour de son installation [5]. »

Le *clergyman*, surtout lorsqu'il était brillant prédicateur ou théologien distingué, se voyait au contraire ouvrir toutes les portes, et les familles les plus huppées ne dédaignaient pas d'en prendre un pour gendre. Fraîchement sorti de la faculté de théologie de Yale, Lyman Beecher, bien que fils de maréchal-ferrant, n'eut aucun mal à se faire accepter dans la famille Foote, qui appartenait à l'élite de la Nouvelle-Angleterre.

Outre la passion des affaires et un goût prononcé pour une vie d'aisance, voire de luxe, les vieux New-Yorkais avaient une particularité qu'ils partageaient avec les vieux New Orleanians : ils gardaient un contact permanent avec l'Europe. Edith Wharton raconte qu'autour d'elle, les gens venaient toujours de « rentrer de l'étranger » ou s'apprêtaient à « embarquer pour l'Europe ». Autre point commun avec La Nouvelle-Orléans, les traditions d'élégance. Toutes les familles attendaient dans l'excitation l'arrivée annuelle de la « malle de Paris ». Il eût été inconcevable qu'une dame de la bonne société se fût rendue à un bal ou à l'Opéra avec une robe qui ne venait pas de Paris.

Lorsque Edith Wharton eut dix-sept ans, ses parents décidèrent que le temps était venu pour elle de faire son entrée dans le monde. Les débuts d'une jeune fille étaient marqués par un immense thé suivi d'un bal très élaboré et coûteux. Comme la plupart des vieilles familles new-yorkaises ne possédaient pas de salle de bal dans leurs confortables maisons de pierre brune, à l'exception des Astor, des Morton, des Belmont et des Schermerhorn, les mères se voyaient contraintes de louer la salle de bal du restaurant Delmonico's. Mais la mère d'Edith refusa que sa fille fît ses débuts dans un lieu public. Aussi, contrairement à la coutume, Edith se rendit à son premier bal chez ses amis Morton. Son frère Harry étant la coqueluche des mères, les invitations arrivèrent par la suite de toutes parts [6].

Les vieux New-Yorkais formaient une petite élite et entre les générations les compartiments n'existaient pas. Les gens qui la composaient avaient de dix-huit à cinquante ans. Tous se connaissaient et se rencontraient chaque jour : promenades, dîners, déjeuners intimes le dimanche, soupers après le théâtre, Opéra, où chacune des dix-huit loges s'arrachaient à 30 000 dollars.

L'été, ce beau monde allait à Newport, Rhode Island, station balnéaire déjà en vogue avant la guerre civile. Les jeunes y jouaient au tennis – un jeu nouveau –, tiraient à l'arc ou se baignaient. Les dames, l'après-midi, faisaient atteler. Élégamment vêtues, une petite capote bordée de fleurs sur la tête, le teint protégé par une voilette de tulle et une ombrelle de soie, elles se promenaient en grand équipage le long de Bellevue Avenue, où les familles les plus huppées avaient leur « cottage », et sur Ocean Drive, route nouvelle longeant la côte rocheuse et sauvage entre la baie de Narragansett et l'Atlantique. Précisons qu'à Newport, le « cottage » était une demeure aux mutiples pignons qui tenait plus du manoir que de la chaumière [7].

La *Mrs. Astor*

Caroline Astor, née Schermerhorn, orchestrait les plaisirs de la bonne société, avec l'aide d'un distingué Sudiste, Ward McAllister, fils d'un avocat désargenté de Savannah et cousin de l'érudit et délicieux causeur Sam Ward, frère aîné de Julia Ward Howe, brièvement marié à l'une des petites-filles du vieux John Jacob Astor. McAllister était lui-même juriste. Mais aux prétoires poussiéreux et à la pauvreté, il préférait les salons dorés de l'élite new-yorkaise, la seule qui, à ses yeux, avait suffisamment de moyens pour réaliser ses rêves de grandeur : créer en Amérique une société au protocole aussi strict que celui d'une cour européenne. Son accent sudiste, ses manières raffinées, son rire chaleureux en avaient fait un arbitre des élégances, et il évita à bien des millionnaires les faux pas qu'une ascension sociale trop rapide rendaient inévitables [8].

Sans Ward McAllister, Caroline Astor ne serait jamais devenue la reine incontestée de la haute société new-yorkaise. Elle n'était ni belle ni brillante ; ses manières manquaient de charme et sa conversation d'esprit. Son mariage avec William Backhouse Astor jr., petit-fils de John Jacob I, avait surpris tous leurs amis : Caroline aimait le monde et William le détestait ; elle ne pensait qu'à recevoir et à être reçue, et il n'était heureux qu'à la campagne au milieu de ses chevaux, ou sur son yacht. Il était intelligent, charmant et totalement inefficace ; elle avait des idées arrêtées sur tout, et particulièrement sur la manière dont la vie devait être organisée. D'évidence, elle l'épousa pour son argent et non par amour, car jamais elle ne se plaignit lorsqu'il se retira dans son domaine de Rhinebeck, sur la Hudson, prétextant qu'il ne supportait pas les difficultés de la vie urbaine. Le couple se voyait néanmoins de temps à autre, et Caroline mit au monde quatre filles, puis enfin, en 1864, un garçon, John Jacob IV [9].

Si les Schermerhorn appartenaient à la vieille aristocratie new-yorkaise, les Astor étaient de nouveaux venus. Mais ils avaient pris si grand soin à faire oublier l'ancêtre boucher en Allemagne qu'ils étaient les premiers à diriger le combat contre les « Envahisseurs », les Stewart, Vanderbilt et autres « parvenus ». John Jacob Astor I devait au commerce des peaux le début de sa fortune, qu'il consolida en investissant en immeubles et en terrains. La grande dépression de 1837, qui ruina tant de gens, le rendit plus riche, car il fut l'un des rares hommes de New York à posséder de l'argent liquide en quantité. Aux propriétaires acculés à la faillite, il racheta leurs biens pour une bouchée de pain. A sa mort, en 1848, il laissa une fortune de plus de 20 millions de dollars. Son fils William Backhouse doubla sa fortune. Très pieux, celui-ci lisait chaque jour la Bible, et le dimanche se rendait à l'église le matin et l'après-midi. Il était aussi extrêmement regardant. Bien qu'il fût l'homme le plus riche d'Amérique, il estimait qu'un sou était un sou et vivait simplement. Ce fut seulement aux mains de la troisième génération d'Astor que les millions du fils du boucher allemand de Waldorf prirent de l'élégance [10].

A mesure que New York se transformait, se développait, les Astor s'enrichissaient. D'Italie, de Bohême, de Pologne, de Russie, des Balkans, des immigrants débarquaient en masse. La population passa de 123 700 en 1820 à 1 080 330 en 1860 et à 3 437 202 en 1900 [11]. Propriétaires de la plupart des taudis de la ville, les Astor se frottaient les mains. Pour 7 à 10 dollars par mois, les immigrants trouvaient refuge dans des immeubles sordides qui souvent abritaient l'atelier où ils étaient employés, ou plutôt exploités. Les conditions sanitaires étaient abominables : certaines familles, déjà entassées, sous-louaient à d'autres immigrants un coin pour dormir. Quelques citoyens éclairés s'émurent et décidèrent de former un comité afin d'améliorer les conditions de vie des pauvres. John Jacob Astor III, le frère de William Backhouse jr., comprenant qu'il était lui-même un citoyen éclairé, en fit partie. Le comité dépêcha un groupe de médecins pour inspecter les habitations ouvrières. Ils découvrirent des logements que cinq familles partageaient, occupant à tour de rôle les deux lits. Partout régnaient la saleté et la vermine.

En prenant connaissance du rapport de la commission, les New-Yorkais furent horrifiés, y compris les propriétaires des taudis. Mais les Astor, pas plus que les autres propriétaires, ne voulurent admettre qu'ils étaient responsables des conditions sanitaires épouvantables dans lesquelles vivaient les immigrants. Ils blâmèrent la saleté des occupants, leur paresse, leur négligence, leur intempérance. Des mesures furent prises, néanmoins, pour améliorer la qualité des logements ouvriers [12].

Les dames Astor avaient leurs pauvres et leurs bonnes œuvres, mais leurs largesses n'étaient nullement proportionnées à leur fortune. Ainsi la très bonne et très pieuse Margaret Rebecca, l'épouse de William Backhouse I, ne donna jamais que parcimonieusement aux œuvres dont elle s'occupait, sa plus grosse donation se montant à 1000 dollars. L'heureux bénéficiaire, l'hôpital de femmes de New York, reçut ensuite une somme annuelle de 100 dollars. Une dame riche, en ce temps-là, estimait encore qu'en apportant à une famille nécessiteuse un bol de soupe ou un pot de confiture, elle avait fait son devoir de chrétienne [13].

Sa belle-fille Caroline, que bientôt New York ne connut que sous le nom de *la* Mrs. Astor, comme si les autres ne comptaient pas, était moins préoccupée par le sort des immigrants que par le nombre croissant de millionnaires à New York depuis la fin de la guerre civile. L'accroissement des fortunes s'accompagnait souvent d'un abaissement des valeurs morales. Elle s'inquiétait pour ses filles : dans quel monde allaient-elles évoluer ? Ward McAllister lui apporta la réponse. Il créa une association, *les Patriarches*, dont le nombre fut limité à vingt-cinq membres. Chaque Patriarche était autorisé à inviter aux bals organisés par l'association quatre dames et cinq gentlemen de son choix. Des personnes étrangères à l'association pouvaient également y assister, à condition qu'elles appartinssent à l'élite sociale et que leur nombre ne dépassât pas cinquante. Outre les deux frères Astor, John Jacob III et William Backhouse jr., figuraient parmi les Patriarches deux Livingston, un Jones, un Phelps, un Van Rensselaer, un Schermerhorn, un Rutherfurd, un

King, un d'Hauteville et bien entendu Ward McAllister. La
« reine » Caroline et son « premier ministre » voulaient que le
bal des Patriarches symbolisât le New York colonial. Ils pratiquèrent une sélection redoutable, écartant la horde de nouveaux riches, les juifs et les catholiques.

« Nous voulons le pouvoir de l'argent, expliqua McAllister, mais nous ne voulons en aucune façon qu'il nous
contrôle. » Il affirmait qu'il fallait quatre générations pour
faire un gentleman mais fit exception pour les Astor :
l'argent en grande quantité, d'évidence, permettait de sauter
une génération. Il disait aussi volontiers qu'une « fortune
d'un million seulement était une pauvreté respectable ». New
York s'amusait de ses bons mots [14].

Les élus et les réprouvés

Plus recherché encore du beau monde était le bal donné
chaque année au mois de janvier par *la* Mrs. Astor. Elizabeth Drexel Lehr, qui faisait partie des *happy few*, écrit : « Il
n'y avait pas de situation plus humiliante que de ne pas recevoir le fameux carton : " Mrs. Astor vous prie de ... " Il ne
restait aux exclus qu'une solution : cacher leur honte à leurs
amis. » Aussi, la semaine où avait lieu le bal, les médecins se
voyaient-ils contraints de prescrire à des gens en parfaite
santé un séjour précipité dans les Adirondacks, tandis que de
vieilles tantes et des grands-mères lointaines étaient priées de
fournir des alibis : « Tous les prétextes étaient bons [15] », rapporte Elizabeth Drexel Lehr.

Le bal se déroulait dans la superbe demeure de Caroline
Astor sur la Cinquième Avenue. La grande salle de bal ne
pouvant contenir plus de 400 personnes, la liste des invités ne
dépassait pas ce nombre. Par la volonté de Mrs. Astor, la
société new-yorkaise se coupa entre élus et réprouvés :
« Régnant en souveraine absolue, écrivit Lloyd Morris, elle
devint la Rose mystique autour de laquelle les grands et les
petits saints tournaient sur leurs orbites fixes. Elle transforma la société en une religion séculaire. Vous auriez pu

dire d'elle, comme Henry Adams le fit plus tard à propos de la Vierge de Chartres, que sans la force de sa présence, les hommes n'auraient pas été inspirés... [16] »

Recevant généralement seule, elle se tenait sous son portrait peint par Carolus Duran. Bien que forte et sans beauté, son allure était si digne et ses bijoux si fabuleux qu'il se dégageait de sa personne une impression de grandeur. Vêtue de robes splendides venues de Paris, portant un diadème de diamants sur sa perruque noire (elle détestait ses propres cheveux), le cou orné d'un triple rang de diamants, la poitrine piquée d'une broche en diamants ayant appartenu à la reine Marie-Antoinette, elle jetait des feux de toutes parts [17]. C'était l'époque où, lorsque l'on était riche, il fallait avoir l'air riche. On comprend que la bonne société bostonienne contemplât avec dédain l'élite new-yorkaise. Pétris et repétris par plusieurs générations de théologiens calvinistes, les Bostoniens préférèrent toujours l'être au paraître.

A l'ère des millionnaires avait succédé celle des milliardaires. New York incarnait l'Age doré. L'or y brillait partout. Il décorait les maisons des hommes qui avaient fait fortune en quelques saisons et cherchaient à faire oublier leur naissance pauvre ; il flamboyait sur leurs tables, où les mets les plus rares étaient servis ; il rehaussait le bois précieux des voitures ou des traîneaux dans lesquels leurs épouses et leurs filles se promenaient. On aurait dit qu'ils voulaient montrer au monde que le pouvoir du roi Midas leur avait été donné. Ils envoyaient des experts en Europe pour rechercher des objets d'art et des tableaux. Les tapisseries et les panneaux de bois sculptés des châteaux de la Touraine, les fresques des palais florentins ou vénitiens ornaient maintenant leurs murs, tandis que de vieilles armures venues d'Écosse apportaient à leurs demeures princières une touche médiévale. Les maisons de brique ou de pierre brune, simples et pratiques, étaient passées de mode et Bond Street abandonné pour la Cinquième Avenue. La demeure des Astor était de style Renaissance française. Celle de William Henri Vanderbilt tenait du château de Blois et de la maison de Jacques Coeur à Bourges. A.T. Stewart, propriétaire du plus grand magasin de Manhattan et, pour cette raison, rejeté par les Patriarches, vivait dans un palais de marbre, et le richissime Harry O. Havemeyer dans un imposant château féodal de granit [18].

Seules les roses et les orchidées étaient assez délicates pour garnir leurs tables; seule la cuisine française assez raffinée pour satisfaire leur goût. En matière d'habillement, la simplicité passait pour de la pauvreté. Aussi les robes des dames et des jeunes filles de la haute société devaient-elles refléter la splendeur de leurs comptes en banque. Un père de famille reconnut avoir dépensé 20 000 dollars pour habiller sa fille pour une saison à New York : 45 robes, 7 manteaux et sorties de bal, 48 chemises brodées et 20 résilles incrustées de perles [19].

Le passage du temps changea aussi Newport. Pour tenir leur rang, les familles dilapidaient chaque été des fortunes. Lorsque le « haut monde » paradait sur Ocean Drive, l'après-midi, les habitants effarés regardaient comme un spectacle cet étalage de soie, de plumes, de bijoux : « Des robes différentes pour chaque occasion, rapporte Elizabeth Drexel Lehr, quatre-vingts ou quatre-vingt-dix par saison, portées une fois ou deux puis rangées... Des ombrelles allant avec chaque robe, des chapeaux énormes, surmontés de plumes, assortis à chaque costume. Des gants blancs montant jusqu'au coude, trois ou quatre paires utilisées chaque jour; des ruches de dentelles coûteuses autour du cou et des poignets; des mètres de dentelle garnissant le bas des jupons, des milliers de dollars traînés sur la terrasse du Casino [20]. »

Comme à New York, *la* Mrs. Astor y faisait la pluie et le beau temps. La ségrégation en vérité y était plus sévère encore. Caroline et son clan repoussaient impitoyablement les Envahisseurs. Ils n'avaient pas le droit de se baigner à Bailey's Beach, exclusivement réservée aux membres de la Vieille Garde, ni de mouiller leurs yachts à Hasards, ni d'entrer dans la salle de lecture du club du Casino. Les chevaux des Envahisseurs pouvaient remporter le concours hippique mais pas un membre de la Vieille Garde ne recevait leurs épouses. Après les bals donnés par Mrs. Astor dans son

« cottage » de marbre blanc, les événements mondains les plus courus de Newport étaient les fêtes champêtres organisées par Ward McAllister dans sa « ferme » dont il avait fait sa résidence principale. Un jour qu'il regardait par la fenêtre, il vit les champs vides autour de lui et leur trouva l'aspect lugubre. Une fantaisie lui vint : pour apporter à sa fête champêtre la note pastorale qui lui manquait, il loua à une ferme voisine un troupeau de moutons, deux paires de bœufs et quelques vaches. Le dandy se vantait d'organiser ses réceptions avec la minutie « d'un général préparant son plan de bataille [21] ».

Alva Vanderbilt entre en scène

William Backhouse Astor venait encore moins à Newport qu'à New York, le style de vie lui paraissant plus exécrable. Il gardait néanmoins le sens de la famille – une caractéristique Astor –, et pour peu qu'un événement important nécessitât sa présence, il n'hésitait pas à rentrer au foyer et à « prendre les affaires en main ». Caroline disait à ces moments-là à ses amis : « Ce cher William est si bon pour moi. J'ai eu bien de la chance dans mon mariage [22]. »

Les fiançailles de leur fille Emily avec James Van Alen, fils d'un général de cavalerie de la guerre de Sécession et gros actionnaire du *New York Central Railroad*, provoquèrent à l'hiver de 1875-1876 le retour au bercail de William Backhouse et un embarras pour toute la famille. Astor détestait la personnalité « exquise » du général Van Alen, vieux beau qui embrassait la main des dames et ne sortait jamais sans un gardénia à la boutonnière : « Que je sois damné si j'accepte que ma famille s'allie aux Van Alen », proclama-t-il. Ses propos furent malencontreusement ou malicieusement répétés au vieux soldat qui s'empressa de lui demander réparation. Astor fut naturellement horrifié à l'idée de risquer sa vie à cause d'un Van Alen. Il dut tout de même envoyer ses témoins pour discuter avec ceux du général des modalités du duel. Un compromis fut finalement trouvé. William B. Astor accepta d'envoyer une lettre au général pour présenter ses excuses et convint de donner à sa fille, en dot, 400 000 dollars. Il s'engagea même à assister au mariage. Mais à peine la cérémonie terminée, il quittait New York pour la Floride afin de respirer sur son yacht l'air du large. Deux ans plus tard, les Astor mariaient leur fille Helen avec James Roosevelt Roosevelt, ce qui les remplit d'aise; puis l'année suivante, leur troisième fille, Charlotte Augusta, convolait avec James Coleman Drayton de Philadelphie [23].

Satisfaite, Caroline Astor ne l'était qu'à moitié. Elle sentait la résistance de la Vieille Garde faiblir. Déjà, quelques membres distingués avaient ouvert leurs portes aux Envahisseurs; d'autres la critiquaient derrière son dos. Sans doute, par mesure de représailles, avait-elle la possibilité de les « oublier » lorsqu'elle lançait ses invitations; mais il lui fallait constater que sa suprématie était menacée et qu'elle menait maintenant un combat d'arrière-garde. McAllister lui-même insistait auprès d'elle pour qu'elle reconnût « l'importance des nouveaux éléments » et les « accueillît avec générosité ». Le danger venait avant tout des Vanderbilt abhorrés.

A la mort du vieux commodore, son fils William Henry avait hérité de la coquette somme de 90 000 000 de dollars. Contrairement à son père, il avait reçu une bonne éducation et ses manières étaient excellentes. Seulement, il n'avait pas son esprit d'entreprise. Il aimait tant les chiffres que le commodore craignait qu'il ne demeurât perché sur un tabouret toute sa vie à faire des comptes. N'ayant point encore succombé à la folie des grandeurs, il prit pour épouse Maria Louisa Kissam, la fille d'un clergyman de Brooklyn. Il abandonna peu après la comptabilité et demanda à son père de lui offrir une ferme sur Staten Island où il fit pousser pommes de terre, maïs et avoine. Débuts modestes qui, ajoutés aux fautes d'anglais et aux excentricités de son père, ainsi qu'à la mauvaise réputation de son jeune frère Cornelius Jeremiah, épileptique et joueur impénitent, n'incitaient pas les vieux New-Yorkais à accueillir les Vanderbilt en leur sein. Le commodore et William Henry prirent la chose avec philosophie, et ce dernier ne chercha jamais à forcer la porte de *la* Mrs. Astor.

Il avait quitté l'agriculture pour le monde des affaires, où il se révéla excellent gestionnaire, et abandonné la vie simple de ses débuts. Il menait maintenant grand train, fier d'être, disait-il, « l'homme le plus riche du monde ». Apre au gain, toujours comptant ses sous, il n'en dépensait pas moins avec ostentation pour affirmer sa position économique et sociale : demeure somptueuse, élégants équipages, serviteurs en livrée, chevaux de course, yacht et même wagon de chemin de fer personnel pour voyager à travers le pays. Sa femme et ses filles passaient l'été à Saratoga Spring, autre station à la mode, et portaient de riches toilettes. Qu'importait l'ostracisme de Caroline Astor! Les milliardaires ne manquaient pas à New York.

Mais les deux fils de William Henry, William Kissam, dit Willie K., et Cornelius Vanderbilt II ne l'entendaient pas ainsi. Poussés par Alva, la jeune épouse de Willie K., les Vanderbilt allaient entreprendre la conquête de New York et saper en ses fondements la citadelle tenue par la Vieille Garde. Fille d'un planteur de coton de Mobile, Alva Forbes Smith avait épousé William Kissam Vanderbilt en avril 1875. La jeune femme était intelligente, volontaire, ambitieuse. Willie K. mit son énorme fortune à sa disposition. Alva commença par convoquer Richard Hunt, l'architecte le plus en vogue, et lui demanda de lui bâtir un palais qui ferait pâlir d'envie le Tout-New York. Le style lui importait peu. Elle lui ouvrit un crédit de 3 000 000 de dollars, et c'est ainsi qu'au 660 Fifth Avenue s'éleva, face à la demeure de son beau-père, un palais rose qui ressemblait à un château de la Loire. Hunt pensait avoir créé là son chef-d'œuvre. Ses confrères s'extasièrent, à l'exception de Louis H. Sullivan. L'architecte de Chicago estima que Willie K. ne pourrait vivre « moralement, mentalement et spirituellement » dans sa nouvelle demeure — « lui et sa maison sont un paradoxe, une contradiction, une absurdité, une caractéristique de l'absurdité new-yorkaise [24] ».

La Mrs. Astor partageait son avis. Mais le château, avec son hall et son escalier de pierre de Caen, son billard mauresque, son énorme salle à manger lambrissée, impressionna

Ward McAllister. Dès 1881, en vérité, il avait permis la présence des Vanderbilt au bal des Patriarches. La « reine » Caroline était présente mais refusa que son premier ministre les lui présentât. Alva néanmoins souriait : elle foulait en pleine félicité le même parquet que Mrs. Astor et sa fille Carrie, buvait le même champagne, dansait au son du même orchestre. Une brèche énorme avait été ouverte dans la citadelle. La reddition était proche.

En février de 1883, Alva annonça qu'elle inaugurerait sa nouvelle demeure le 26 mars par un bal costumé. Le Tout-New York comprit que le bal des Vanderbilt serait l'événement le plus marquant de la décennie. Pendant des semaines, il n'y eut d'autres sujets de conversation dans les clubs et les salons. Même les hommes d'affaires, rapportait le *New York Times*, se laissaient distraire de leurs occupations par des pensées frivoles : devaient-ils apparaître en Robert le Diable, en cardinal de Richelieu, en Othon le Barbare ou en comte de Monte-Cristo [25] ?

Dans les palais de la Cinquième Avenue, on répétait des quadrilles. Persuadée qu'elle était sur la liste des invités, Caroline Astor avait incité sa fille à former avec quelques amies le Quadrille étoilé. Sur leur front, les jeunes filles porteraient une volumineuse étoile éclairée électriquement. C'est alors qu'Alva fit savoir que Mrs. Astor n'ayant jamais déposé sa carte sur le plateau d'argent du 660 Fifth Avenue, elle ne pouvait décemment inviter la jeune Miss Carrie, ni sa mère, au bal costumé. Situation humiliante pour Caroline Astor. Mais elle aimait sa fille plus que son rôle de *social leader*. Sans un moment d'hésitation, elle se fit conduire chez les Vanderbilt. Son valet de pied en livrée bleue sauta de la voiture et remit au valet de pied en livrée marron de la Maison des Vanderbilt la carte de Mrs. William B. Astor. Une heure plus tard, le valet de pied des Vanderbilt se présentait au 340 Fifth Avenue et tendait au valet de pied de la Maison des Astor la dernière des douze cents invitations.

Le bal répondit à l'attente des invités, et si les costumes manquaient d'originalité, du moins étaient-ils somptueux. Alva était costumée en princesse vénitienne, Willie K. en duc de Guise. Au côté du couple, Lady Mandeville, née Consuelo Yznagua, une héritière cubaine dont le frère avait épousé une sœur d'Alva, jouait auprès des Vanderbilt le rôle de conseillère.

Quelques mois plus tard, les Vanderbilt inauguraient le nouveau Metropolitan Opera House. Consciente que malgré son argent, elle ne parviendrait jamais à acquérir une des dix-huit loges de l'ancien Opéra, Alva s'était elle-même occupée de réunir les fonds pour la construction du « Met » et en avait commandé les travaux. Le nouveau temple de la musique, que ses détracteurs appelèrent la « nouvelle fabrique de bière de Broadway », avait suffisamment de loges pour accommoder tous ceux qui pouvaient payer [26]. Elles furent prises d'assaut par des Envahisseurs tels que George F. Baker, William Rockefeller, Jay Gould, J. Pierpont Morgan, Ogden Goelet et même par de rudes Californiens que l'or ou les chemins de fer avaient rendus riches. On expliqua à la Vieille Garde que le patronage de ces parvenus avait été indispensable pour combler le déficit de l'entreprise. Les Vanderbilt, comme il se doit, détenaient plus de parts que quiconque dans le « Met ».

Au premier rang de loges fut donné le nom de « fer à cheval en diamants », parce qu'elles avaient été attribuées aux dames les plus riches et que celles-ci se paraient toujours d'une profusion de bijoux qui les faisaient ressembler à des arbres de Noël. Entre Alva et Caroline, la hache de guerre avait été enterrée, et les observateurs, en se tournant vers les loges 6 et 7, purent constater de visu que *la* Mrs. Astor souriait à la jeune Mrs. Vanderbilt. Mais le critique du *Dramatic Mirror* de New York eut ce commentaire désabusé : « Tous les *nouveaux riches* * étaient là. Les Gould, Vanderbilt et autres gens de cet acabit parfumaient l'air de l'odeur caractéristique du billet vert. »

Le 21 janvier 1884, Mr. et Mrs. W. K. Vanderbilt assistaient au bal annuel de *la* Mrs. Astor au 340 Fifth Avenue. La bataille était gagnée [27].

---

* En français dans le texte.

Les éléphants blancs

Pour consolider leur position, les Vanderbilt firent une descente sur Newport. Alva reçut comme cadeau d'anniversaire une « villa » en marbre blanc de 2 millions de dollars de style *Greek Revival*, avec colonnades et chapiteaux corinthiens. Cornelius II fit construire non loin un palais rival, *The Breakers*. Newport ne s'en remit pas. Le romancier Henry James, observateur critique de la société américaine riche et désœuvrée, compara ces palais à des éléphants blancs. « Quelle idée, écrivit-il, d'avoir choisi comme lieu de reproduction pour des éléphants blancs ce minuscule coin de terre où, au pire, les nymphes sur le sable pourraient avoir répondu au chant des bergers. Ils paraissent étranges et patauds ; certains même, parfaitement grotesques, ont l'air de brandir leur trompe. Quant à leurs propriétaires, arrachés à un rêve stupide, ils se demandent ce que l'on peut bien en faire. La seule réponse, je crois, est qu'il n'y a absolument rien à en faire ; rien qu'à les laisser là pour toujours, énormes et sans vie, pour rappeler à ceux que cela concerne que la stupidité a des degrés qu'il ne faut pas dépasser... [28]. »

A la pointe orientale de la côte, Edith Wharton et son mari avaient acheté une « affreuse maison de bois » et un acre de rocher d'où elle contemplait l'océan : « Nos fenêtres donnaient tout droit sur la côte occidentale de l'Irlande. » Comme James, dont elle fut le disciple, elle ressentait douloureusement la bêtise et la vacuité intellectuelle du monde qui l'entourait et les excès somptuaires des nouveaux riches. Elle ne se sentait pas des leurs. Mais lorsqu'elle se rendait à Boston, dans la famille de son mari, elle éprouvait là encore la sensation d'être une étrangère : « Je me souviens avoir dit une fois que j'étais une ratée à Boston..., parce que l'on disait que j'étais trop mondaine pour être intelligente, et une ratée à New York, parce que l'on disait que j'étais trop intelligente pour être une mondaine [29]. »

Assurément, l'élite sociale new-yorkaise semblait fermée aux belles-lettres. Un jour, Edith rencontra une amie qui lui raconta que l' « une des plus célèbres hôtesses de New York » l'avait conviée à dîner « avec quelques personnes qui écrivent » et avait ajouté, comme en s'excusant : « Ce sera assez bohème, mais on dit qu'il faut un peu fréquenter ces gens-là. J'espère que vous ne voyez pas d'inconvénient à venir m'aider à les recevoir. » Ayant reçu une invitation pour ce fameux dîner, Edith Wharton se réjouit. Enfin, elle allait rencontrer des gens de lettres. Le soir venu, elle découvrit que les gens de lettres en question, au nombre de trois, étaient « Eliot Gregory, le convive le plus populaire des dîners new-yorkais (mais qui avait eu l'audace d'écrire quelques articles pour des journaux), George Smalley, le correspondant à New York du *London Times* », et elle-même. En ce temps-là, Edith Wharton n'avait encore écrit que quelques nouvelles et un livre sur la décoration des maisons, dans un effort louable de montrer aux gens riches que le bon goût et la simplicité allaient de pair.

« Pour souligner notre particularité commune, dit-elle, on nous avait assis ensemble, un peu en dessous du sel, tandis que tout autour de la grande table, les diadèmes et les gilets blancs protubérants de la plupart des milliardaires accrédités brillaient entre la vaisselle d'or et les orchidées. Tel fut, sur la Cinquième Avenue, le premier aperçu de la bohème, personnifié par moi-même et deux vieux amis [30]. »

On comprend que Henry James s'exilât en Angleterre et que Edith Wharton vendît sa maison de Newport pour s'installer dans le Massachusetts, sur les rives boisées du lac Laurel : « J'ose dire que si j'avais effectué ce changement plus tôt, écrivit-elle dans *A Backward Glance*, je n'aurais jamais songé aux délices littéraires de Paris et de Londres ; car la vie à la campagne est la seule qui m'ait toujours pleinement satisfaite. » La maison était vaste et majestueuse ; et il y avait un grand potager, une petite ferme et un jardin d'agrément plein de fleurs. Pendant plus de dix ans, Edith Wharton y vécut heureuse, jardinant, écrivant. « Si la charge de la propriété n'était pas devenue trop lourde pour mon mari, dont la santé s'était gravement altérée, j'y aurais sans aucun doute fini mes jours [31]. »

9

Le temps du changement

Le siècle s'achevait sur une note nostalgique. Le développement rapide de la société industrielle, l'accroissement plus rapide encore de la population, par suite d'une immigration massive, avaient provoqué à la fois un appauvrissement à la base et un enrichissement au sommet. Selon le *New York Tribune,* alors même que les taudis et les *sweatshops* * rongeaient les villes industrielles, il y aurait eu en 1892 aux États-Unis 4 047 millionnaires (en dollars) [1]. La guerre civile avait réglé une fois pour toutes le problème de l'esclavage, mais celui des Noirs restait entier et sera toujours, un siècle plus tard, une des questions vitales du devenir du Sud. Les territoires vierges avaient tous été conquis, mais au prix de la disparition des nations indiennes qui les occupaient. Après de sanglants combats, Nez-Percé, Apaches et Sioux-Teton furent successivement vaincus, déportés, parqués.

Soumis aux aléas de la conjoncture mondiale, les fermiers connaissaient des jours difficiles. La baisse des prix agricoles et l'augmentation des charges affectaient les régions rurales. Criblés de dettes, bien des fermiers furent contraints de quitter leur exploitation pour tenter leur chance à la ville. Le temps où le fermier se contentait de faire pousser ce dont il avait besoin pour lui et les siens et vendait le surplus au mar-

---

* Atelier où la main-d'œuvre était exploitée – d'où son nom. *Sweatshop* veut dire « atelier où l'on sue ».

ché était passé. Comme le reste de la nation, il voulait « faire de l'argent ». Le travail de la terre n'en demeurait pas moins la principale activité de l'économie américaine. Malgré les efforts du gouvernement fédéral pour encourager l'appropriation individuelle, on assista au cours des deux dernières décennies du siècle à un regroupement des terres. Si le nombre d'exploitations diminua, celles-ci s'agrandirent considérablement et se mécanisèrent. Terre de prédilection des céréales, la Prairie se couvrit peu à peu de tracteurs, de moissonneuses, de lieuses, de batteuses à vapeur. Dans le Sud, néanmoins, la culture du coton se pratiquait toujours à la main. Ainsi la vie du Noir émancipé, comme celle naguère du Noir esclave, restait liée au coton.

Le développement urbain donnait à l'Amérique un visage nouveau. Partout les villes grandissaient. La population de Birmingham (Alabama) passa de 3 000 à 26 000 entre 1870 et 1880; celle de Minneapolis, de 47 000 à 164 000; celle d'Omaha (Nebraska), de 30 500 à 140 000. Dans le même temps, El Paso (Texas) multipliait sa population par treize et Kansas City par dix [2]. Fabuleux accroissement lorsque l'on songe qu'en 1850, 13 % seulement des Américains vivaient en milieu urbain et que neuf villes seulement possédaient plus de 50 000 habitants. Grandies trop vite et de façon souvent anarchique, les villes américaines souffraient incontestablement du manque de plan d'urbanisme. Le recensement de 1880 montre que le tout-à-l'égout était encore à l'état embryonnaire, que les « privés » se trouvaient toujours dans le fond des cours et des jardins, que les écoulements des eaux usées souillaient les rues et que celles-ci n'étaient encore que partiellement pavées. Quelques architectes, faisant preuve d'audace, construisirent dans les grandes villes les premières maisons à appartements pour classes moyennes et supérieures, appartements très confortables, dotés d'eau chaude et froide, de w.-c., de salles de bains et, bien entendu, de l'électricité. L'élite néanmoins les bouda, à New York comme à Boston, estimant qu'ils avaient un relent d' « immoralité française ». Le célèbre architecte Richard Hunt, apprend-on, eut un mal fou à persuader les respectables New-Yorkais de leurs avantages. Leur réaction fut celle de l'Amérique provinciale : eux aussi étaient convaincus que l' « appartement à la française », du fait de la promiscuité régnant dans un immeuble, amènerait la « ruine de la famille américaine [3] ».

La vieille Amérique, celle de Jefferson et de Jackson, s'inquiétait de l'essor des grandes villes, de l'accumulation des richesses en quelques mains, de l'immigration massive d'éléments non protestants, des nouvelles mœurs. Lyman Abbot, le nouveau pasteur de Plymouth Church à New York, se demandait quel serait le devenir de l'Amérique urbaine : « Chaque ville a été une Babylone, écrivit-il, et chaque ville a été une nouvelle Jérusalem, et la question a toujours été de savoir si la Babylone extirperait la nouvelle Jérusalem ou si la nouvelle Jérusalem extirperait la Babylone. » Il semblait au plus grand nombre qu'en cette fin de siècle, la Babylone avait gagné. Le révérend Josiah Strong, pasteur militant des années 1890, voyait « la civilisation chrétienne menacée par de grands périls tels que la richesse, son culte et son accumulation, l'anarchisme et la licence, l'intempérance et le pouvoir des fabricants de boissons alcooliques, l'immigration et un christianisme superstitieux » – c'est-à-dire catholique. Et ces périls, ajoutait-il, « sont... massés dans les grandes villes [4] ».

Dans les quartiers populaires, les églises protestantes se vidaient, ou même étaient abandonnées. A New York, entre 1868 et 1888, bien que près de 200 000 personnes se fussent établies dans le quartier situé au-dessous de la 14e Rue, dix-sept églises protestantes fermèrent leurs portes, remplacées seulement par deux églises catholiques romaines et une synagogue. Un pasteur gémissait : « Pour la masse des ouvriers, le dimanche... est un jour consacré aux réunions de travail, aux excursions, aux *saloons,* aux *beer-gardens,* aux parties de base-ball et aux beuveries » plus qu'à l'église [5]. Outre le fait qu'une grande partie des ouvriers des grandes villes étaient des immigrants catholiques, il est indiscutable que la religion protestante, tout imprégnée de l'éthique calvinienne de l'accomplissement de l'individu, de sa responsabilité morale, de frugalité et d'application au travail, était difficilement accessible au peuple à une époque caractérisée par la montée du syndicalisme, le développement des *trusts* et du *big business,* l'expansion des ghettos.

Pour retrouver le contact avec les pauvres, il fallait leur venir en aide sans leur prêcher d'entrée de jeu la Bonne Parole. C'est ce que fit l'Armée du Salut. Importée d'Angleterre avec ses tambours et ses roulantes, elle allait s'implanter avec succès dans les quartiers ouvriers. Avant de diffuser le message évangélique, les « anges des taudis », comme on les appela, nourrissaient ceux qui avaient faim et revêtaient ceux qui étaient nus. Dans le sillage de l'Armée du Salut, un certain nombre d'Églises, à leur tour, dénoncèrent les inégalités sociales et se penchèrent sur la misère des ouvriers.

Pour la première fois de leur histoire, les Américains s'interrogèrent sur la nature de leur société et son évolution. Le nouveau monde de la ville et de l'industrie jetait un défi au Rêve américain : que restait-il de l'idéal jeffersonien au pays des trusts et des taudis ? L'individualisme agressif qui avait dominé l'industrie avait eu son utilité ; mais si toutes les entreprises étaient concentrées dans quelques mains, l'esprit d'initiative, la hardiesse qui avaient fait l'Amérique seraient appelés à disparaître. Un autre peuple que les Américains aurait pu sombrer dans le chaos et le socialisme. Leurs convictions morales et religieuses les en empêchèrent. Sans bouleverser les structures socio-économiques et en restant fidèles à leurs vieilles traditions d'égalité, d'humanitarisme, d'individualisme et de justice sociale, les Américains relevèrent le défi. « Comme la révolution politique de 1776, écrit fort justement Carl N. Degler, le mouvement progressiste du début du XXᵉ siècle se distingua autant par ce qu'il conserva que par ce qu'il introduisit [6]. »

Une force dans l'Histoire

La femme joua un grand rôle dans l'évolution de la société américaine. Elle fut, pour reprendre l'expression de Mary Beard, une « force dans l'Histoire » trop souvent oubliée. Les femmes participèrent à l'Histoire non seulement en tant que mères au foyer ou rouages de la machine industrielle, mais aussi par les campagnes qu'elles menèrent, regroupées en organisations de plus en plus puissantes.

Fondées dans les années 1890, les Filles de la Révolution américaine, les Filles unies de la Confédération, les *Colonial Dames of America,* les *United States Daughters of 1812,* montraient un renouveau nationaliste, voire nativiste, et la nostalgie de l'Amérique du passé. D'autres, telles l'Association américaine des femmes universitaires ou l'Association nationale des doyennes d'étudiantes, révélaient l'accès croissant des femmes des classes moyennes aux études universitaires. D'autres encore, comme la Ligue nationale des consommateurs, créée en 1900, la *Junior League* (1901) et la *National Women's Trade Union League of America* (1903), attestaient de leur intérêt pour les problèmes socio-économiques.

Les clubs de femmes, dont tant d'hommes sourirent à leurs débuts, et grâce auxquels tant de villes, grandes et petites, acquirent leurs bibliothèques, leurs parcs et leurs terrains de jeu pour enfants, se regroupèrent en une Fédération nationale en 1901 et, à partir de 1904, sous l'impulsion de la présidente, Mrs. Sarah Decker, consacrèrent leurs efforts aux problèmes sociaux : « Mesdames, avait-elle proclamé, Dante est mort..., et je crois qu'il est temps que nous laissions tomber l'étude de son enfer et tournions notre attention vers le nôtre [7]. » Bien décidées à transformer les vertus féminines en préceptes réformateurs, les « mères instruites » créèrent un réseau de clubs, le *National Congress of Mothers,* au sein desquels les femmes abordèrent les questions vitales du développement harmonieux de l'enfant et de l'élévation de l'humanité en général. Leur but, affirmèrent-elles lors du premier congrès, tenu en 1892, était « d'inculquer l'amour de l'humanité et l'amour de notre pays, d'encourager les relations étroites entre la maison et l'école, de promouvoir les principes du *kindergarten* * du berceau au collège, de chercher à susciter en tout ces caractéristiques qui élèveront et ennobliront [8] ».

* Une création allemande. Dans ces jardins d'enfants, on apprenait aux tout-petits à devenir de vrais Américains.

Avec ses 250 000 membres, la *Women's Christian Temperance Union* (W.C.T.U.), était devenue une sorte d'école
nationale où les femmes s'initiaient aux affaires sociales. Dès
le milieu des années 1880, la W.C.T.U. commença à s'intéresser à des réformes qui n'avaient qu'un rapport lointain avec les
maux de l'alcoolisme. Ses membres prirent part à la lutte
contre la prostitution, organisèrent des écoles du dimanche, se
préoccupèrent de « relever » les filles perdues et de réformer
les institutions pénitentiaires [9]. On retrouva la puissante
Union derrière les mouvements pour la protection des
ouvrières, les lois relevant l'âge nubile, le développement des
kindergarten, la formation des jeunes filles pour le service
domestique, la réalisation de la paix internationale par un
arbitrage [10].

Sa présidente, enfin, amena l'*Union* à faire campagne pour
le vote des femmes. « Dans un gouvernement populaire, disait
Frances Willard, le suffrage est le moyen le plus efficace pour
amener des réformes morales et sociales [11]. » Pour mieux faire
passer son message, elle avait au début, on l'a vu, exploité les
sentiments anticatholiques des militantes qu'inquiétait la
forte immigration irlandaise. Mais dans les années 1880, elle
chercha la coopération des catholiques et des juifs pour faire
avancer la cause de la tempérance. A Philadelphie, en février
1887, elle assista un dimanche à une réunion de la *Catholic
Total Abstinence Society,* dont les effectifs se montaient à
13 000 membres, dont 2 000 femmes. Elle y prit même la
parole.

Elle souleva ce faisant le mécontentement de sa cohorte protestante et la colère de l'Église méthodiste, dont elle était une
illustre représentante. Il est vrai qu'en cette fin de siècle, le
sentiment anticatholique était d'autant plus vif que les Irlandais devenaient une force dans les « Machines » corrompues
des grandes villes. Même la tolérante Mary Livermore estimait souhaitable l'agitation anticatholique : « Je ne m'élève
pas contre les catholiques pour des motifs religieux – mais je
suis fondamentalement opposée à (l'Église catholique) en tant
qu'organisation politique et j'espère que (l'agitation anticatholique) continuera [12]. » Frances Willard nageait contre le

courant : même les éléments les plus libéraux de la middle class ne voyaient pas sans effroi croître le pouvoir politique des catholiques en Amérique.

En 1895, lors de la convention annuelle de la W.C.T.U., qui se tint à Baltimore, Frances Willard parvint à faire accepter une résolution invitant les femmes catholiques et juives à s'y affilier. Seulement, lorsqu'un soir un prêtre catholique voulut prononcer la bénédiction, une vague de protestations s'éleva. Dans une lettre ouverte à la presse, les dames de Boston manifestèrent leur indignation, dénonçant « les invasions des papistes dans nos rangs » qui empêchaient « la liberté de paroles et d'action [13] ».

Si l'immigration catholique faisait peur, on ne saurait accuser les Irlandais de déroger aux vertus chères à la middle class. L'Église catholique irlandaise se montra aussi rigoriste que les Églises protestantes américaines, du moins en matière de sexe. Il en fut de même des différentes Églises luthériennes. Prises dans l'ambiance victorienne, elles tentèrent, elles aussi, de réglementer la vie de leurs ouailles sur le mode puritain. C'est ainsi que dans les années 1850, des Scandinaves du Wisconsin furent vigoureusement attaqués par la presse locale pour avoir, un dimanche, pique-niqué, bu et dansé. Déjà interloqués par cette attaque, car ces plaisirs étaient autorisés en Norvège, ils furent plus surpris encore par la réaction de leurs propres pasteurs qui firent chorus avec les censeurs : l'Église, leur dirent-ils, devait désapprouver leur comportement, car, en ne se conformant pas aux coutumes de leur nouveau pays, ils s'étaient attiré l'hostilité de leurs voisins américains [14].

Les cas semblables furent multiples. Beaucoup d'Églises d'immigrants se puritanisèrent. « La discipline devint de plus en plus stricte, rapporte l'historien Marcus Hensen. Les plaisirs de société importés de l'Ancien Monde furent bannis les uns après les autres. La tempérance et l'observance du sabbat furent très tôt imposées; puis les jeux de cartes et la danse furent interdits. La simplicité de la mise et des manières devinrent des vertus fondamentales [15]. »

Il n'en demeurait pas moins que les Irlandais et les Allemands buvaient, et que derrière les premiers et même une partie des seconds se profilait l'ombre menaçante du pape. La crainte d'une conspiration fomentée par Rome contre les protestants remontait au temps du fameux complot des Poudres (1605) et resurgissait en Amérique chaque fois qu'une vague d'immigration catholique se faisait trop forte. Déjà, au cours des années 1840, le pays, avec l'organisation des *Know-Nothing* *, avait connu une poussée nativiste. Parce que les nouveaux venus s'agglutinaient dans les grandes villes, formant des blocs raciaux compacts, ils avaient moins de chance de s'assimiler que leurs prédécesseurs et représentaient par conséquent un péril plus grand pour la civilisation américaine. Le pape, l'alcool, la grande ville, les trois furies de l'Amérique profonde, s'incarnaient dans la nouvelle immigration.

Les vertus de la middle class

Les dames veillaient. Un moyen de sauver l'Amérique était d'inculquer les valeurs de la middle class au peuple, de l'élever à son niveau moral. Seulement, par excès de zèle, elles manquèrent parfois le but qu'elles s'étaient fixé. Ainsi les clubs d'ouvrières lancés par Grace Dodge n'attirèrent finalement qu'une fraction de la population féminine active, peut-être parce qu'il y était plus question de l'élévation morale de l'ouvrière et de la protection de sa vertu que de l'amélioration de ses conditions de travail ou de l'augmentation de son salaire, mais surtout parce que la main de leurs mentors pesait trop lourdement sur les jeunes filles [16].

Les Y.W.C.A. **, créées dans l'intention de protéger les jeunes filles de la campagne contre les risques de la grande ville, insistèrent plus encore sur l'importance des « vertus chrétiennes ». La Y.W.C.A. de New York, fondée en 1870, s'était donné pour objectif « d'étendre la bonté chrétienne à la multitude de jeunes femmes qui viennent de leurs campagnes

---

* Ainsi nommée parce qu'au cours des cérémonies rituelles de l'organisation les membres devaient répondre, lorsqu'ils étaient interrogés, « *I know nothing* », Je ne sais rien.
** Young Womens' Christian Association.

paisibles pour chercher du travail ou acquérir une formation dans cette cité... ». L'Association redoutait tellement l'influence corruptrice et les tentations de la grande ville qu'elle dépêchait des responsables dans les gares pour y accueillir la jeune fille de la campagne à son arrivée. Dans toutes les Y.W.C.A., les services religieux du dimanche comprenaient un sermon sur la nécessité de conserver sa pureté dans l'adversité, et les conférences du soir exaltaient les valeurs de la chasteté féminine. Typique de l'enseignement protestant était également l'exhortation au travail et à l'économie. Pour encourager les jeunes filles à l'épargne, les Y.W.C.A. établirent une *Provident Saving Bank.* La Y.W.C.A. de New York, par ailleurs, faisait office de bureau de placement et offrait une formation professionnelle. Dans les années 1880, les jeunes filles pouvaient y prendre des cours de sténographie, de dactylographie et de comptabilité.

Le succès des Y.W.C.A. est indéniable et leur utilité incomparable. Seulement les responsables n'y prêchèrent jamais qu'à des converties. Ils devinrent des clubs pour jeunes filles de la middle class déjà acquises à l'ordre victorien plutôt que des refuges pour des femmes venues de milieux défavorisés et donc « plus aptes à succomber aux tentations de la ville [17] » – lisez, succomber aux passions bestiales des hommes.

Mues par un même souci de préserver l'innocence des jeunes filles, les sociétés philanthropiques envoyaient dans les usines des dames visiteuses pour y vanter les charmes du travail domestique « dans un foyer chrétien », et mettre en garde les ouvrières contre les périls de leur situation actuelle, dénonçant en premier lieu l'influence néfaste des ateliers où jeunes filles et jeunes gens travaillaient côte à côte. Mais la plupart des filles préféraient travailler en usine plutôt que de se mettre au service de la bourgeoisie moyenne ou petite : « Plutôt une maigre pitance, un lit dur et la liberté que le confort matériel et seulement un dimanche de congé sur deux », telle était l'opinion du plus grand nombre [18].

Un nouveau style de philanthropie se fit jour dont les femmes furent les inspiratrices. Elles ne se contentèrent plus de visiter des familles pauvres en distribuant des confitures et de bonnes paroles. La philanthropie devint méthodique et efficace. La *Charity Organization Society,* au sein de laquelle la réformatrice Josephine Shaw Lowell joua un grand rôle, reflétait cette nouvelle orientation. Mrs. Lowell, dont le mari, neveu du poète James Russel Lowell, avait été tué à la guerre, consacra sa vie aux déshérités. Elle estimait que la charité ne devait en aucun cas corrompre celui ou celle à qui on la faisait. « Il a été prouvé, affirma-t-elle..., qu'aucune somme d'argent distribuée à des gens qui n'ont ni force de caractère ni vertu ne leur assurera le moindre soulagement, même physique. C'est pourquoi rien ne doit être fait, sous l'apparence de la charité, qui tende à briser le caractère. » La plus grande injure qu'on pourrait faire à un pauvre homme serait de « détruire son intégrité en lui faisant la charité [19] ».

La charité devant élever le caractère et la nature de l'homme, on en revenait à pourfendre l'alcoolisme et la débauche sexuelle. Mais conscientes des multiples formes d'immoralité qui pouvaient se propager à partir d'un contexte socio-économique, Mrs. Lowell et les autres réformatrices se penchèrent sur les conditions matérielles de l'existence des ouvriers : « Si les ouvriers avaient tout ce qu'ils devraient avoir, écrivait Mrs. Lowell à sa sœur, nous n'aurions ni paupérisme ni délinquance. Il vaut mieux les sauver avant qu'ils ne coulent plutôt que de passer sa vie à les repêcher lorsqu'ils sont à moitié noyés et prendre soin d'eux ensuite [20]. »

Ce courant généreux traversa même les classes les plus élevées de la société. Selon le *New York World,* un certain nombre de dames, parmi les « Quatre Cents de Mr. McAllister », s'occupaient de charité, « travaillant à l'amélioration des conditions matérielles et à l'élévation de la moralité dans les quartiers pauvres de la ville. Elles ont pris conscience de l'existence de l'autre moitié et découvert comment cette autre moitié vivait, et elles ont exprimé leur indignation devant les maigres salaires payés aux femmes pour faire le travail d'un homme, devant la malhonnêteté des politiciens nommés à des postes uniquement parce qu'ils peuvent voter et contrôler le vote de beaucoup de tenanciers de saloons, devant le sort misérable des enseignantes, mal payées et négligées parce qu'elles n'ont aucune influence sur les élections [21] ».

De la philanthropie au suffrage, il n'y avait qu'un pas que certaines d'entre elles franchirent allégrement, et dans les salons de la Cinquième Avenue et autres artères élégantes de New York, les dames commencèrent à tenir des meetings.

Conflits d'intérêts

Dans le Sud, également, des femmes s'éveillaient à la nécessité d'acquérir le suffrage. Elles acceptaient de plus en plus difficilement de se voir priver d'un droit qui avait été accordé aux Noirs. Leur témoignage n'était pas même valable alors que celui de n'importe quel *darkie,* comme le dit Caroline Merrick, l'était, même s'il signait un document d'une croix. Outrée, Mrs. Merrick l'était et son mari lui donnait raison. Aussi bien ne s'opposa-t-il nullement à ce qu'elle prît la parole en public pour obtenir une modification de la Constitution de la Louisiane. Caroline Merrick estimait également que c'était faire injure aux femmes seules, célibataires ou veuves, de les imposer alors qu'elles n'avaient pas le droit de vote. Ce fut d'ailleurs en reprenant la célèbre devise de la Révolution, « Pas de taxation sans représentation », que Mrs. Merrick et Mrs. Lyle Saxon firent campagne [22]. Seulement, pour les adversaires du suffrage, accorder le droit de vote aux femmes, c'était aussi l'accorder aux femmes noires, et cela, nul dans le Sud ne le voulait. En vérité, c'était un mauvais prétexte, car dans tous les ex-États confédérés, les législateurs avaient réussi à écarter les Noirs des urnes en imposant des clauses restrictives telles que l'obligation de savoir lire et comprendre la Constitution des États-Unis, ou le paiement d'une taxe d'électeur, ou la nécessité d'avoir eu un grand-père électeur — clauses qui privaient aussi, disons-le, une partie des pauvres Blancs de leur droit.

En 1890, les deux mouvements pour le suffrage des femmes fusionnèrent. Peu de chose maintenant les séparait. Un même conservatisme, un même attachement aux valeurs victoriennes imprégnaient non seulement les militantes de la nouvelle génération mais encore les vétérans. Lucretia Mott, morte en 1880, avait œuvré sans relâche à la réconciliation, comme aussi Susan B. Anthony et la remarquable Alice Stone Blackwell, la fille de Lucy Stone. Miss Anthony n'avait rien perdu de son énergie. Inlassablement, elle poursuivait son action, sillonnant les États-Unis d'est en ouest, du nord au sud, tant en train qu'en voiture ou en steamboat, sa haute silhouette anguleuse connue de tous. En route pour la Californie, en 1895, alors qu'elle avait soixante-quinze ans, elle eut une syncope en arrivant à Chicago et dut interrompre son voyage. Apprenant la nouvelle, un journal télégraphia à son correspondant : « 5 000 mots si elle vit encore ; aucune limite si elle est morte [23]. »

Sa vieille alliée, Elizabeth Cady Stanton, n'appréciait guère la nouvelle orientation du mouvement : « Pour Lucy (Stone) et pour Susan (Anthony), avait-elle écrit en 1888, seul compte le suffrage. Elles ne voient pas l'asservissement religieux et social des femmes, pas plus d'ailleurs que les jeunes femmes de l'une ou l'autre organisation. » Elle s'irritait que tant de femmes fussent heureuses de leur sort et ne cherchassent nullement à sortir de leur « sphère » et, plus encore, s'emportait contre leur enthousiasme religieux. « Pendant douze années de suite, j'ai voyagé du Maine au Texas, essayant par des conférences et des conversations privées d'apprendre aux femmes à penser. Je trouvais toujours devant moi, comme principal obstacle, leur fausse théologie, leurs superstitions religieuses », disait-elle. Elle se plaignait que dans n'importe quelle petite ville de province où elle allait, les femmes n'eussent plus grande distraction que « les fêtes paroissiales et la décoration des églises [24] ».

Elle avait tenté en vain d'entraîner la *National Woman Suffrage Association* (N.W.S.A.) dans une campagne contre la religion organisée, puis cherché à créer un comité d'intellectuelles et d'activistes pour entreprendre une version féminine de la Bible. Elle n'avait pas rejeté les Écritures, mais les avait « réinterprétées ». Dissertant sur l'essence de Dieu, au lieu de le concevoir comme le Tout Autre, elle lui attribua une nature à la fois masculine et féminine. Il était le Père et la Mère. Elle avait composé une prière féministe qu'elle ne manquait jamais de réciter lorsque, au cours de ses tournées, ses hôtes la priaient de dire les grâces avant le repas : « Notre Père et Mère qui es aux cieux, fais que nous te soyons reconnaissants pour tous les bienfaits de cette vie, et que nous n'oubliions jamais les mains patientes qui, maintes fois dans la lassitude, ont mis notre table et préparé notre nourriture. Amen [25]. » Pas un mot sur l'homme, soutien de famille, comme le voulait l'usage.

En 1895, elle fit paraître une critique virulente de l'Ancien Testament, *The Woman's Bible,* jetant la consternation dans les rangs des militantes de la *National American Woman Suffrage Association* qui, lors de leur convention de 1896, s'empressèrent de voter une motion désavouant haut et clair toute responsabilité dans la parution de l'ouvrage. Mrs. Stanton fut ulcérée. Avec un entêtement caractéristique, elle refusait de voir qu'une croisade anticléricale, même lancée dans le but fort louable de dénoncer l'antiféminisme des églises chrétiennes en général, ne pouvait qu'être mal reçue en un temps où les pasteurs et les femmes travaillaient côte à côte dans les mouvements pour la Tempérance et la Pureté sociale; un temps où les femmes, de quelle dénomination qu'elles fussent, dominaient de plus en plus les activités missionnaires, contrôlant même parfois les nouveaux conseils d'administration des sociétés, malgré d'ailleurs souvent l'opposition des hommes; un temps où, dans les églises baptistes et presbytériennes, elles prenaient de plus en plus fréquemment la parole aux réunions de prière et autres assemblées.

Certaines femmes étudiaient la théologie et en nombre croissant demandaient à être admises dans les églises en tant que prédicateurs, anciens ou diacres. Certes, en 1881, les méthodistes, qui avaient été parmi les premiers à permettre aux femmes de devenir ministres du culte, avaient révisé leur position et s'étaient rangés à l'avis d'autres Églises plus conservatrices en leur refusant l'accès au ministère pastoral; mais des ouvrages comme *The Woman's Bible* ne pouvaient que conforter les clergymen dans le sentiment que les femmes n'avaient pas à se mêler de théologie.

Lorsque Susan B. Anthony se rendit chez sa vieille amie

pour tenter de l'amadouer, elle était accompagnée du nouveau porte-drapeau du mouvement, la brillante Mrs. Carrie Chapman Catt. Celle-ci lui expliqua que la motion avait été votée par des femmes qui se trouvaient au cœur de la bataille et devaient constamment repousser les attaques de ceux qui accusaient l'organisation d'irréligion. Mrs. Stanton pouvait écrire ce qu'elle voulait à titre personnel, mais il importait que la N.A.W.S.A. fît clairement connaître sa désapprobation. La réunion fut un échec. Oubliant le travail accompli dans le passé par Mrs. Stanton, Carrie Chapman Catt repartit convaincue que la vieille militante était une femme égoïste qui n'en avait jamais fait qu'à sa tête et ne pouvait accepter une défaite ou un compromis. Mais la vraie difficulté était ailleurs. Il s'agissait en réalité d'un conflit de générations : les militantes de la nouvelle génération se voulaient modérées, exemplaires, rassurantes ; elles n'avaient que faire du radicalisme d'Elizabeth Cady Stanton. Elles ne réclamaient pas le droit de vote parce qu'elles s'estimaient semblables aux hommes mais parce que, précisément, elles étaient différentes. Leur rhétorique n'était plus la même [26].

En 1884, une militante déclara ainsi devant un comité du Congrès des États-Unis : « Quand vous excluez les femmes des assemblées où l'on débat et légifère sur la pureté de la femme, sa spiritualité et son amour, celles-ci ont tendance à devenir vulgaires et violentes. Dieu nous a données à vous pour vous assister au cours de ce petit voyage vers une terre meilleure et, par notre amour et notre intelligence, vous aider à rendre notre pays plus pur et plus noble. » Et Julia Ward Howe, pour convaincre des femmes réticentes, posa la question : « Comment allez-vous réconcilier cette supériorité morale qui vous est reconnue avec cette infériorité politique que vous êtes tenues d'accepter ? » Carrie Chapman Catt, de son côté, agita bien haut l'épouvantail de l'immigration : « Le gouvernement est menacé d'un grand danger, affirmait-elle en 1894... Ce danger tient dans le droit de vote que possèdent les hommes des quartiers pauvres des grandes villes et l'étranger ignorant dont la voix est recherchée par chaque parti politique afin de s'assurer la victoire [27]. »

La campagne pour le suffrage des femmes et celle pour la tempérance faisaient maintenant partie d'un même combat, celui de la middle class américaine en guerre contre une immigration qui, assurément, risquait de ruiner les valeurs auxquelles elle tenait tant. Les femmes n'eurent pas de pires ennemis dans leur lutte, il faut bien le dire, que les classes populaires et les « nouveaux Américains ». Aussi bien les ouvrières ne commencèrent-elles à s'intéresser à la question du suffrage que vers les années 1905-1910, lorsque celle-ci devint partie intégrante du mouvement progressiste.

De 1870 à 1910, les militantes de la N.A.W.S.A. lancèrent 480 campagnes dans les trente-trois États qui composaient alors la nation pour que la question du suffrage des femmes fût soumise aux électeurs. Dix-sept seulement aboutirent à des référendums, et deux référendums leur donnèrent la victoire : au Colorado en 1893 et dans l'Idaho en 1896, cependant qu'en 1890 et en 1896, les territoires du Wyoming et de l'Utah étaient admis dans l'Union avec des Constitutions prévoyant le suffrage des femmes. Précisons que la victoire dans le Colorado fut obtenue parce que les « Machines » et les adversaires de la Tempérance, propriétaires de saloons en tête, avaient été pris au dépourvu, persuadés que jamais le suffrage des femmes ne serait approuvé [28].

Ce ne fut pas le cas de la Californie, où les adversaires de la Tempérance mobilisèrent toutes leurs forces pour combattre les femmes. La campagne californienne de 1896 fut la plus formidable jamais organisée par la N.A.W.S.A. L'Association avait réussi à obtenir le soutien d'un grand nombre de journaux et même des Partis républicain et populiste, et de riches Californiennes comme Mrs. Leland Stanford et Mrs. William Randolph Hearst avaient donné de grosses sommes d'argent pour la cause [29].

Malgré l'âge et la fatigue, Susan Anthony, accompagnée de Carrie Chapman Catt, se rendit très tôt en Californie pour faire campagne. Les élections devaient avoir lieu le 3 novembre. A peine arrivée, Susan apprit par les journaux que la W.C.T.U., bête noire du *wine business,* avait eu la malencontreuse idée de choisir San Francisco pour tenir à l'automne sa convention annuelle. Elle écrivit aussitôt à Frances Willard pour lui demander de la tenir dans un autre État, car déjà les journaux sonnaient l'alarme : les femmes utiliseraient certainement leur nouveau droit de vote pour faire passer une loi interdisant la vente de boissons alcooliques, feraient fermer les saloons, ruinant ainsi les viticulteurs. Il ne fallait en aucun cas, ainsi qu'elle l'expliqua à la présidence de la *California W.C.T.U.*, que « l'amendement fût réclamé comme une mesure en faveur de la tempérance, de la pureté sociale ou autre réforme, mais simplement comme une mesure prise pour donner aux femmes le droit de voter oui ou non sur toutes ces questions ».

A la fin de l'été, la vieille quakeresse put croire que la bataille était gagnée, d'autant que les Églises avaient apporté à la N.A.W.S.A. un soutien enthousiaste, comme aussi le corps enseignant et de nombreuses autres institutions, et que la question de le tempérance n'avait été abordée par aucun orateur. Mais les politiciens s'étaient étrangement tus, sans doute sous la pression du *Liquor Business*. Fin octobre, la toute-puissante Ligue des négociants en boissons alcooliques réunit ses adhérents à San Francisco, et peu après tous les revendeurs, propriétaires d'hôtels, droguistes, épiciers, *saloon keepers* de la ville recevaient une lettre de mise en garde : « Votre intérêt et le nôtre est de voter contre cet amendement. Nous vous exhortons à voter contre, et vous demandons de faire tout votre possible pour qu'il soit rejeté. »

Le jour de l'élection, les hommes des taudis de San Francisco furent amenés en cohortes sur les lieux de vote, et on leur expliqua où ils devaient mettre une croix, sur le bulletin, pour que l'amendement fût rejeté ; sinon, ils ne boiraient plus un verre de bière dans la ville. Oakland et surtout San Francisco votèrent massivement contre cet amendement. Mais il serait vain de croire que les pauvres immigrants furent seuls responsables de l'échec. Dans les beaux quartiers on repoussa également l'amendement [30]. Le pays n'était pas encore prêt pour la prohibition.

Miss Anthony donna sa démission en 1900, laissant la place de présidente de la N.A.W.S.A. à Mrs. Catt. Mais elle continua à prendre part aux activités du mouvement. Ainsi assista-t-elle en 1903 à la convention annuelle de la N.A.W.S.A., qui se tint à La Nouvelle-Orléans. Puis, en 1904, elle se rendit à Berlin à un congrès organisé par l'*International Council of Women,* qui regroupait huit nations : Australie, Danemark, Allemagne, Grande-Bretagne, Hollande, Norvège, Suède et États-Unis. En 1905, elle prit la route de Portland, Oregon, pour assister à la convention annuelle de la N.A.W.S.A. Le 13 mars de l'année suivante, la vieille lionne, à bout de forces, rendait l'âme. Elle avait quatre-vingt-six ans [31].

Avec elle s'éteignit la forte génération qui commença le siècle. Catherine et Harriet Beecher, Elizabeth Cady Stanton, Lucy Stone, Lucretia Mott, les sœurs Grimke, Mary Lyon, Narcissa Whitman, Mary Walker, toutes étaient mortes. Des femmes très remarquables remplissaient la scène, mais elles étaient moins hautes en couleur. Elles n'avaient ni leur hardiesse, ni leur esprit d'entreprise, ni leur personnalité. Il est vrai que les temps étaient différents, et les problèmes aussi.

Au cours du siècle, le puritanisme s'était effacé devant le victorianisme. Les âmes n'avaient plus besoin d'être secouées mais charmées. L'heure n'était plus aux grands débats théologiques ni aux préoccupations eschatologiques. Les cimetières-jardins témoignaient de la « féminisation » de la religion aux États-Unis, de même que les lieux de culte : la vieille église dépouillée des puritains s'était transformée en un édifice élégant où les dames organisaient des ventes de charité et des conférences littéraires. A Hartford, bastion du puritanisme, le célèbre théologien Horace Bushnell, dès 1847, s'était écrié : « la prospérité est notre devoir »; et si plaisante en était la société que Mark Twain l'iconoclaste en avait fait son lieu de résidence.

Les États-Unis n'étaient plus guidés par une élite mais par la middle class. Au monde qui l'entourait, celle-ci transféra les vertus qui lui étaient propres : respectabilité, religiosité, service de l'autre. La femme, qui en était l'incarnation, ne veilla plus seulement sur son époux, ses enfants, ses voisins mais sur la société tout entière. C'est d'ailleurs en levant l'étendard sacré de la Mère que les femmes américaines, dans la deuxième moitié du siècle, entreprirent leur mission salvatrice. L'Amérique se transforma ainsi en un vaste foyer victorien un peu étouffant, sans doute, mais infiniment moins hypocrite qu'on s'est plu à le dire. La femme demeura dans l'ensemble fidèle aux idéaux qu'elle prônait et l'homme, avec plus ou moins de succès, s'efforça d'en faire autant.

Les maisons reflétaient l'atmosphère vertueuse, douillette, de l'Amérique victorienne : les intérieurs se couvrirent de meubles en bois sculpté, de bibelots, de tapis, de portraits, de tentures, de glands et de pompons. Les habitudes d'austérité et d'économie étaient tombées en désuétude et de productrice, la femme devint consommatrice. Les techniques du froid, l'apparition de soupes en boîte et la présence dans les villes de boulangers changèrent les habitudes des Américains. Au tournant du xxe siècle, 90 % des femmes, en milieu urbain, achetaient leur pain. Seules quelques nostalgiques s'en plaignirent et probablement quelques maris. Les grands magasins ouvrirent des restaurants où les femmes se retrouvaient pour déjeuner. Le cercle de couture, comme le « pain maison », appartenait au passé.

En 1906, la vieille *common law* anglaise tant vilipendée par les féministes gisait depuis longtemps aux oubliettes de l'histoire, et la question n'était plus de savoir si les femmes auraient un jour le suffrage, mais quand. Quand ? Elles attendirent encore douze ans. Le 10 janvier 1918, après que le président Wilson se fut prononcé ouvertement en faveur du suffrage des femmes, la Chambre des représentants votait enfin un amendement de la Constitution des États-Unis. Il fallut dix-huit mois pour que l'amendement fût accepté par le Sénat et quatorze mois encore pour qu'il fût ratifié. C'est alors que, brutalement, l'Amérique passa de l'ère victorienne aux Années folles.

Petit glossaire de théologie

BAPTISTES. Apparurent pour la première fois en Angleterre en 1612. Ils lient le baptême à une démarche consciente et explicite de la conversion. C'est à leur conception du baptême d'adulte qu'ils doivent cette appellation de baptistes. En Amérique, Roger Williams (1600-1684) fonda de nombreuses églises baptistes dans le Rhode Island. Les baptistes furent les premiers à former des pasteurs noirs et des diacres qui pouvaient présider au culte sur les plantations.

MÉTHODISTES. Fondé par John Wesley (1738-1791), le méthodisme représente une branche dissidente de l'Église anglicane. S'opposant à la prédestination calvinienne, Wesley affirmait que le salut était accessible à tous par la foi, mais, comme les presbytériens, il insistait sur la nécessité de passer par l'expérience violente de la conversion. A la fin du XVIIIe siècle, les prédicateurs méthodistes se lancèrent à la conquête des âmes, organisant des *camps-meetings*, rassemblements où les foules venaient tout à la fois écouter des pasteurs et exprimer collectivement leur ferveur religieuse.

PRESBYTÉRIENS et CONGRÉGATIONALISTES. Tous relèvent de la foi calviniste. Les presbytérianisme a trouvé son origine en Écosse où il fut introduit par John Knox (1513-1572). De tendances rigoristes, les presbytériens prônent le dépouillement du culte et un grand moralisme. Une aile radicale prit le nom de congrégationalisme. Contrairement

aux presbytériens, les congrégationalistes sont partisans de
l'autonomie ou de l'indépendance de chaque congrégation
ou de chaque paroisse.

ARMINIANISME. Doctrine de Jacobus Arminius (1560-
1609), théologien hollandais, dirigée contre un calvinisme
trop strict. Les arminiens rejettent le concept de la prédestination et, à côté de la grâce divine, font une place au
libre arbitre humain.

MILLENIUM. Période transitoire de 1 000 ans précédant le
Jugement dernier, qui verra la défaite de Satan et le
triomphe de la « vraie Église ». Cette doctrine repose sur
Apocalypse 20, 1-5.

PRÉDESTINATION. Une façon, pour Calvin, d'insister sur la
toute-puissance de Dieu : avant même la création du
monde, Dieu aurait décidé du sort du genre humain,
vouant les uns au salut éternel et destinant les autres à la
mort éternelle. Ce dogme façonna la mentalité du protestant puritain.

PURITANISME. Le mouvement se développa sous Elizabeth Iʳᵉ. Il relève d'une attitude d'esprit qui conduit les
hommes à rechercher une manière de vivre plus simple,
meilleure, à l'opposé des « conventions mensongères et des
vices du monde ». Conçu comme état d'esprit, le puritanisme est marqué par trois composants : distinction du pur
et de l'impur, simplicité et liberté à l'égard de l'Église et
de l'État.

UNITARIENS. L'Église unitarienne représente un courant
libéral extrême. Elle refuse le dogme trinitaire tout en suivant l'enseignement du Christ dont elle nie la divinité. Les
unitariens étaient fort nombreux à Boston au début du
XIXᵉ siècle.

ÉPISCOPALIENS. Membres de l'*Épiscopal Church*, dont
l'implantation en Amérique remonte au début du
XVIIᵉ siècle. Tout en ayant les mêmes bases doctrinales que
l'Église d'Angleterre, on rencontre aussi dans l'*Épiscopal
Church* des tendances *High Church* et *Low Church*, et les
laïcs y jouent un grand rôle.

ÉCOLE DU DIMANCHE. École biblique pour les petits.

SABBAT. Nom donné au dimanche par la plupart des Églises protestantes.

RÉVEILS. Une série de Réveils marquèrent l'histoire religieuse américaine. Le premier, dit le *Great Awakening*, enflamma les populations, de la Nouvelle-Angleterre à la Géorgie, au cours des années 1740 et 1750. Par leurs sermons, dans lesquels la description des supplices réservés en Enfer aux pécheurs endurcis tenait une grande place, des prédicateurs comme Jonathan Edward, George Whitefield, Theodore Frelinghuysen provoquèrent des mouvements spectaculaires de conversions individuelles et collectives. D'autres Réveils eurent lieu à la fin du XVIIIe siècle et dans la première moitié du XIXe siècle. C'est au cours du deuxième Réveil que furent inaugurés les camps-meetings.

Notes

Introduction

1. DEGLER (Carl N.), *Out of the Past*, New York, 1984, p. 177-178.
2. *Encyclopedia of American History*, ed. by Richard B. Morris, New York, 1982, p. 649.
3. DEGLER (Carl N.), *op. cit.*, p. 318.
4. *Ibid.*, p. 60.
5. TOCQUEVILLE (Alexis de), *De la démocratie en Amérique*, Paris, 1961, 2 vol., II, p. 295-296.

Première Partie : Les piliers de la République

1. « L'amour est éternel »

1. MERRICK (Caroline E.), *Old Times in Dixieland*, New York, 1901, p. 7.
2. JAMES (Janet Wilson), *Changing Ideas about Women in the United States 1776-1825*, New York, 1981, p. 41.
3. *Ibid.*, p. 42.
4. BENNET (Rev. John), *Letters to a Young Lady on a Variey of Subjects...*, 2 vol. in one, Hartford (Conn.), 1798, I, p. 125.
5. Cité dans *Changing Ideas about Women in the United States 1776-1825, op. cit.*, p. 43-46.
6. BENNET (Rev. John), *op. cit.*, vol. II, p. 37.
7. Cité dans *Changing Ideas about Women in the United States 1776-1825, op. cit.*, p. 46.
8. BENNET (Rev. John), *op. cit.*, vol. Ier, p. 12.

9. TOCQUEVILLE (Alexis de), *De la démocratie en Amérique*, Paris, 1961, 2 vol., II, p. 294.

10. *Ibid.*, p. 279.

11. *Anonymous diary of a young woman living near Natchez*, cité dans SCOTT (Anne Firor), *The Southern Lady : from Pedestal to Politics, 1830-1930*, Chicago, 1970, p. 7.

12. *Ibid.*, *Sarah Morgan's Diary*, 6 mai 1862, p. 23.

13. CHESNUT (Mary Boykin), *A Diary from Dixie*, ed. Ben Ames William, Boston, 1949, p. 463.

14. MUHLENFELD (Elizabeth), *Mary Boykin Chesnut : a Biography*, Baton Rouge (La.), 1981, p. 30-38.

15. SCOTT (Anne Firor), *op. cit.*, p. 26-27; C.C. *Jones papers*, Manuscript division, Howard Tilton Memorial Library, Tulane University, New Orleans, 172, Box 2, Folder 20, 22, 25.

16. LINCOLN (Mary Todd), *Her Life and Letters*, ed. by Justin G. Turner and Linda Levitt Turner, New York, 1972, p. 2-12 et 19-22.

17. *Ibid.*, p. 23-30.

18. DANKER (Donald F.), *Mollie : The Journal of Mollie Dorsey Sanford in Nebraska and Colorado Territories*, Lincoln (Nebraska), 1976, p. 61, 65, 103, 114.

19. RUGOFF (Milton), *The Beechers, an American Family in the Nineteenth Century*, New York, 1981, p. 26-27.

20. DANKER (Donald F.), *op. cit.*, p. 47.

21. GAY (Peter), *The Bourgeois Experience, Victoria to Freud*, vol. Ier : *Education of the Senses*, Oxford, 1985, p. 72-79.

22. Cité dans DEGLER (Carl N.), *At Odds*, New York, 1980, p. 21-23.

23. RYAN (Mary P.), *Womanhood in America, from Colonial Times to the Present*, New York, 1975, p. 54.

24. HOWE (Julia Ward), *Reminiscences*, Boston, 1899, p. 18.

25. GRANT (Mary), *Domestic Experience and Feminist Theory : the Case of Julia Ward Howe*, in *Woman's Being, Woman's Place, Female Identity and Vocation in American History*, ed. by Mary Kelley, Boston, 1979, p. 221.

26. HOWE (Julia Ward), *op. cit.*, p. 48-49; GRANT (Mary), *op. cit.*, p. 221.

27. CASKEY (Mary), *Chariot of Fire*, New Haven (Conn.), 1978, p. 17-33.

28. RUGOFF (Milton), *op. cit.*, p. 44.

29. *Ibid.*, p. 19.

30. SKLAR (Kathryn Kish), *Catherine Beecher : A Study of Domesticity*, New Hawen (Conn.), 1973, p. 36.

2. L'Ange du foyer

1. Cité dans GROSSBERG (Michael), *Governing the Hearth. Law and Family in Nineteenth Century America*, Chapel Hill (N.C.), 1986, p. 3.

2. CORBETT (Katharine T.), *Louisa Catherine Adams : The anguished « adventures of a Nobody »*, in KELLEY (Mary), ed. *Woman's Being, Woman's Place*, Boston (Mass.), 1979, p. 72.

3. *Ibid.*, p. 73.

4. WORTMAN (Marlene Stein), ed. *Women in American Law*, vol. Ier : *From colonial time to the New Deal*, New York, 1985, document 35, p. 74.

5. *Letters of John Adams to his wife*, Boston, 1841, 2 vol., vol. Ier, p. 94-97.

6. WORTMAN (Marlene Stein), ed. *op. cit.*, document 36, p. 76-77.

7. SPETH (Linda E.), *The Married Women's property Act, 1839-1865 : Reform, Reaction or Revolution*, in *Women and the Law. A Social Historical Perspective*, ed. by Kelly Weisberg, Cambridge, 1982, 2 vol., vol. II, p. 70.

8. TOCQUEVILLE (Alexis de), *De la démocratie en Amérique*, Paris, 1961, 2 vol., II, p. 293-295.

9. BAYLEY (Rev. John), *Marriage as it is and as it should be*, New York, 1857, p. 130-131.

10. CRÉTÉ (Liliane), *La Vie quotidienne en Louisiane, 1815-1830*, Paris, 1978, p. 124, 150-151, 163.

11. WORTMAN (Marlene Stein), ed. *op. cit.*, vol. Ier, document 57, p. 124; BAYLEY (Rev. John), *op. cit.*, p. 41.

12. WILLARD (Frances E.) et Mary A. LIVERMORE, ed., *A Woman of the Century*, Buffalo (N.Y.), 1893, p. 693, 694; WORTMAN (Marlene Stein), ed. *op. cit.*, vol. Ier, document 58, p. 125-127.

13. SCOTT (Anne Firor), *The American Woman, who was she?*, Englewood Cliffs (N.J.), 1971, p. 132-133.

14. Cité dans SCOTT (Anne Firor), *ibid.*, p. 134-135.

15. BREMER (Frederika), *La Vie de famille dans le Nouveau Monde*, Paris, 1854, 3 vol., I, p. 202-204.

16. DEGLER (Carl N.), *At Odds*, New York, 1980, p. 27; BEECHER (Catherine Esther) et Harriet BEECHER STOWE, *The American Woman's Home*, New York, 1872, p. 14-21.

17. Cité dans COTT (Nancy F.), *The Bonds of Womanhood, « Woman's Sphere » in New England, 1780-1835*, New Haven (Conn.), 1977, p. 100.

18. *Ibid.*, p. 127.

19. WELTER (Barbara), *Dimity Convictions : The American Woman in the Nineteenth Century*, Ohio University Press, 1976, p. 21.

20. Cité dans SCOTT (Anne Firor), *The Southern Lady, from Pedestal to Politics*, Chicago, 1970, p. 4.

21. *Ibid.*, p. 221-222.

22. *Ibid.*, p. 9.

23. MARTINEAU (Harriet), *Voyage aux États-Unis ou Tableau de la société américaine*, Paris, 1839, 2 vol., II, p. 122.

24. CHESNUT (Mary Boykin), *A Diary from Dixie*, ed. Ben Ames William, Boston, 1949, p. 21.

25. FOX-GENOVESE (Elizabeth), *Within the Plantation Household*, Chapel Hill (N.C.), 1988, p. 9.

26.. Cité dans SCOTT (Anne Firor), *The Southern Lady, from Pedestal to Politics*, *op. cit.*, p. 10-11.

27. FOX-GENOVESE (Elizabeth), *op. cit.*, p. 18.

28. KEARNEY (Belle), *A Slaveholder's Daughter*, New York, 1900, p. 46-47.

29. Rugoff (Milton), *The Beechers, an American Family in the Nineteenth Century*, New York, 1981, p. 242-243.

30. *Ibid.*, p. 244; Degler (Carl N.), *At Odds*, *op. cit.*, p. 31-32.

31. Kelley (Mary), *At War with Herself: Harriet Beecher Stowe as Woman in Conflict within the Home*, in *Woman's Being, Woman's Place*, *op. cit.*, p. 203.

32. Rugoff (Milton), *op. cit.*, p. 221-225; Stowe (Charles Edward), *The Life of Harriet Beecher Stowe*, London, 1889, p. 198.

33. Rugoff (Milton), *op. cit.*, p. 226.

3. Home, sweet home

1. Sedgwick (Catherine Maria), *Foyer*, scènes de la vie de famille aux États-Unis, imité de l'anglais par Mme A. Gael, Paris, 1875, p. 13-22.

2. Cott (Nancy F.), *The Bonds of Womanhood, « Woman's sphere » in New England, 1780-1835*, Yale University Press, New Haven, 1977, p. 74-75.

3. Harper (Ida Husted), *The Life and Work of Susan B. Anthony*, Indianapolis, 1898-1908, 3 vol., I, p. 10-13.

4. Cott (Nancy F.), *op. cit.*, p. 75.

5. Cité dans Degler (Carl N.), *At Odds*, Oxford, 1980, p. 53.

6. Cité dans Rugoff (Milton), *The Beechers, an American Family in the Nineteenth Century*, New York, 1981, p. 245.

7. *Ibid.*, p. 246.

8. *Ibid.*, p. 189.

9. *Ibid.*, p. 246.

10. *Ibid.*, p. 247.

11. Grant (Mary H.), *Domestic Experience and Feminist Theory: The case of Julia Ward Howe*, in *Woman's Being, Woman's Place, Female Identity and Vocation in American History*, ed. by Mary Kelley, Boston, 1979, p. 223-224.

12. *Ibid.*, p. 223-226.

13. Howe (Julia Ward), *Reminiscences*, Boston, 1899, p. 216-217.

14. Burwell (Letitia M.), *A Girl's Life in Virginia Before the War*, New York, 1895, p. 22-23.

15. Martineau (Harriet), *Voyage aux États-Unis ou Tableau de la société américaine*, Paris, 1839, 2 vol., I, p. 238.

16. Scott (Anne Firor), *The Southern Lady, from Pedestal to Politics*, Chicago, 1970, p. 31-32.

17. Muhlenfeld (Elisabeth), *Mary Boykin Chesnut: a Biography*, Baton Rouge (La.), 1981, p. 44-54.

18. *Ibid.*, p. 44-54, 109.

19. Kemble (Frances Ann), *Journal of a Residence on a Georgian Plantation*, New York, 1861, p. 41.

20. Martineau (Harriet), *op. cit.*, II, p. 110.

21. Merrick (Caroline), *Old Times in Dixieland*, New York, 1901, p. 17-19.

22. Fox-Genovese (Elizabeth), *Within the Plantation Household*, Chapell Hill, N.C., 1988, p. 22-24.

23. *Ibid.*, p. 142 et 366.

24. BREMER (Frederika), *La Vie de famille dans le Nouveau Monde*, Paris, 1854, 3 vol., I, p. 306; CRÉTÉ (Liliane), *La Vie quotidienne en Louisiane, 1815-1830*, Paris, 1978, p. 137.

25. *Week (David and Family) papers*, Louisiana State University Library, Baton Rouge (La.), Manuscripts Department.

26. COLOMBU-CHABOT (Nicole), *La Famille noire sous l'esclavage aux États-Unis*, thèse pour le doctorat du III° cycle, université de Paris-Sorbonne, printemps 1982, p. 52.

27. FOX-GENOVESE (Elizabeth), *op. cit.*, p. 26.

28. BREMER (Frederika), *op. cit.*, I, p. 287.

29. STOWE (Charles E.), *The Life of Harriet Beecher Stowe*, London, 1889, p. 92-93 et 106; RUGOFF (Milton), *op. cit.*, p. 237.

30. KELLEY (Mary), *At War with Herself : Harriet Beecher Stowe as Woman in Conflict within the Home*, in *Woman's Being, Woman's Place, Female identity and vocation in American History, op. cit.*, p. 208-209.

31. GRANT (Mary H.), *op. cit.*, p. 226.

32. SCOTT (Anne Firor), *op. cit.*, p. 37-40.

33. *Ibid.*, p. 40-41.

34. DEGLER (Carl N.), *op. cit.*, p. 35-36.

35. MYERS (Robert Manson), ed. *The Children of Pride : a True Story of Georgia and the Civil War*, New Haven, 1983, Aug. 15, Sept. 2, Sept. 14, 1862, p. 949, 956-957, 958.

36. BREMER (Frederika), *op. cit.*, I, p. 203.

4. Les chemins du savoir

1. COTT (Nancy F.), *The Bonds of Womanhood, « Woman's Sphere » in New England, 1780-1835*, Yale University Press, New Haven, 1977, p. 101.

2. *Ibid.*, p. 106.

3. *Ibid.*, p. 106.

4. ROUSSEAU (Jean-Jacques), *Émile ou de l'Éducation*, Paris, 1966, p. 475-479.

5. GOODSELL (Willystine), ed. *Pioneers of Women's Education in the United States*, New York, 1931, p. 6-10.

6. *Ibid.*, p. 6-10.

7. FLEXNER (Eleanor), *Century of Struggle*, Cambridge (Mass.), 1975, p. 29-30.

8. *Ibid.*, p. 24.

9. WILSON jr. (Vincent), *The Book of Distinguished American Women*, Maryland, 1983, p. 104; COTT (Nancy F.), *op. cit.*, p. 119.

10. FLEXNER (Eleanor), *op. cit.*, p. 25-26; GOODSELL (Willystine), ed. *op. cit.*, p. 24-25.

11. *Ibid.*, p. 25-26.

12. *Ibid.*, p. 27-28.

13. STANTON (Theodore) and Harriot STANTON, *Elizabeth Cady Stan-*

ton as Revealed in her Letters, Diary and Reminiscences, New York, 1922, 2 vol., I, p. 37-38.

14. *Ibid.*, p. 39.

15. FLEXNER (Eleanor), *op. cit.*, p. 26.

16. CASKEY (Marie), *Chariot of Fire*, Yale University Press, New Haven, 1978, p. 17-18; SKLAR (Kathryn Kish), *Catherine Beecher: a Story of Domesticity*, New Haven, 1973, p. 74-75.

17. *Ibid.*, p. 75.

18. *Ibid.*, p. 78-79.

19. *Ibid.*, p. 95-97.

20. GOODSELL (Willystine), ed. *op. cit.*, p. 130.

21. *Ibid.*, p. 126-127; RUGOFF (Milton), *The Beechers, an American Family in the Nineteenth Century*, New York, 1981, p. 172.

22. GOODSELL (Willystine), ed. *op. cit.*, p. 127-128.

23. RUGOFF (Milton), *op. cit.*, p. 173.

24. *Ibid.*, p. 308 et 309.

25. FLEXNER (Eleanor), *op. cit.*, p. 32-33; GOODSELL (Willystine), ed. *op. cit.*, p. 229.

26. FLEXNER (Eleanor), *op. cit.*, p. 33-34.

27. McCALLUM (Jane Y.), *Women Pioneers*, Richmond (Va.), 1929, p. 84; GOODSELL (Willystine), ed. *op. cit.*, p. 240-242.

28. *Ibid.*, p. 244-245; FLEXNER (Eleanor), *op. cit.*, p. 36.

29. WELTER (Barbara), *The Cult of Womanhood, 1820-1860*, in *American Quarterly*, vol. XVIII, Summer 1966, p. 153.

30. McCALLUM (Jane Y.), *op. cit.*, p. 89-90.

31. FLEXNER (Eleanor), *op. cit.*, p. 34.

32. WILLARD (Frances) and Mary A. LIVERMORE, *A Woman of the Century*, Buffalo (N.Y.), 1893, p. 693.

33. SCOTT (Anne Firor), ed. *The American Woman, Who Was She?* Englewood Cliffs, 1971, (N.J.), p. 60-61.

34. FLEXNER (Eleanor), *op. cit.*, p. 69.

35. DEGLER (Carl N.), *At Odds*, Oxford Univerity Press, New York, 1980, p. 367-369.

36. *Ibid.*, p. 370.

37. MARCOM (Lucy), *A New England Girlhood*, Boston, 1889, p. 92-112, 146-147, 152-155; WILLARD (Frances E.) and Mary A. LIVERMORE, *op. cit.*, p. 448-449.

38. SKLAR (Kathryn Kish), *op. cit.*, p. 172.

39. LARCOM (Lucy), *op. cit.*, p. 175-176, 180-181, 222-225.

40. *Ibid.*, p. 256.

41. *Ibid.*, p. 257.

42. *Ibid.*, p. 266-267, 269-270.

5. Narcissa et ses sœurs

1. TOCQUEVILLE (Alexis de), *De la démocratie en Amérique*, Paris, 1961, 2 vol., II, p. 199.

2. COTT (Nancy F.), *The Bonds of Womanhood, « Woman's Sphere » in New England, 1780-1835*, New Haven (Conn.), 1977, p. 134-135.

3. *Ibid.*, p. 138-139.

4. *Notable American Women, 1607-1950 : A Biographical Dictionary,* ed. Edward T. James, Janet Wilson James and Paul S. Boyer, Cambridge (Mass.), 1971, 3 vol., III, p. 595 ; DRURY (Clifford Merril), *First White Women over the Rockies, Diaries, Letters and Biographical Sketches of the Six Women of the Oregon Mission,* Glendale (Cal.), 1963-1966, 3 vol., I, Mrs. Narcissa Whitman, p. 25-31.

5. *Ibid.*, p. 31-33.

6. *Ibid.*, p. 34-35.

7. *Ibid.*, p. 35-36.

« Oui, ma terre natale, je t'aime ;
Toutes tes scènes, je les aime ;
Amis, famille, pays heureux,
Puis-je vous dire adieu ?
Puis-je vous laisser ?
Pour aller au loin en terre païenne.

« Dans les solitudes, laisse-moi œuvrer
Dans les montagnes, laisse-moi raconter
Comme il est mort – le Rédempteur adoré –
Pour sauver un monde de l'Enfer !
Laisse-moi me hâter
Pour aller au loin en terre païenne. »

8. *Ibid.*, p. 48-53.

9. *Notable American Women, op. cit.,* III, p. 595.

10. DRURY (Clifford Merril), *op. cit.,* I, Mrs. Narcissa Whitman, p. 67-69.

11. *Ibid.*, I, p. 104 et 105 (note 47).

12. *Ibid.*, I, p. 124.

13. *Ibid.*, I, p. 124-127, 131, 143.

14. *Ibid.*, I, Mrs. Eliza Hart Spalding, p. 204-205.

15. *Ibid.*, II, Mrs. Elkanah Walker, p. 131 et 135-136.

16. *Ibid.*, II, p. 22.

17. *Ibid.*, I, Mrs. Narcissa Whitman, p. 134.

18. *Ibid.*, II, Mrs. Elkanah Walker, p. 129-130.

19. *Ibid.*, II, p. 133.

20. *Ibid.*, I, Mrs. Eliza Hart Spalding, p. 209 ; III, Mrs. Sarah White Smith, p. 109 (note 96).

21. *Ibid.*, I, Mrs. Narcissa Whitman, p. 135, 145-146.

22. *Ibid.*, II, Mrs. Elkanah Walker, p. 154-155.

23. *Ibid.*, II, p. 191.

24. *Ibid.*, II, p. 298 et 301.

25. *Ibid.*, I, Mrs. Eliza Hart Spalding, p. 217.

26. *Ibid.*, I, Mrs. Narcissa Whitman, p. 157.

27. *Ibid.*, I, p. 158.

28. *Ibid.*, I, p. 159-160.

29. KANE (Paul), *Wanderings of an Artist,* Rutland (Vt.), 1868, p. 194-195 ; DRURY (Clifford Merril), I, Mrs. Narcissa Whitman, p. 160.

30. KANE (Paul), *op. cit.*, p. 196-198.
31. DRURY (Clifford Merril), *op. cit.*, I, Mrs. Narcissa Whitman, p. 162-170; KANE (Paul), *op. cit.*, p. 222.
32. DRURY (Clifford Merril), *op. cit.*, I, Mrs. Narcissa Whitman, p. 154-155.

6. Heureux les affligés!

1. DOUGLAS (Ann), *The Feminization of American Culture*, New York, 1977, p. 200.
2. HALTTUNEN (Karen), *Confidence Men, Painted Women : a Study of Middle Class Culture in America, 1830-1870*, New Haven (Conn.), 1982, p. 126.
3. *U.S. Colonial History, Readings and Documents*, coll. and ed. by David Hawke, Indianapolis, 1966, p. 316-318.
4. HALTTUNEN (Karen), *op. cit.*, p. 126.
5. DOUGLAS (Ann), *op. cit.*, p. 202.
6. *Notable American Women, 1607-1950 : A Biographical Dictionary*, ed. by Edward T. James, Janet Wilson James and Paul S. Boyer, Cambridge (Mass.), 1971, 3 vol., III, p. 288-289; DOUGLAS (Ann), *op. cit.*, p. 206.
7. HALTTUNEN (Karen), *op. cit.*, p. 134.
8. *Ibid.*, p. 128.
9. DOUGLAS (Ann), *op. cit.*, p. 220.
10. PRENTISS (George C.), *The Life and Letters of Elizabeth Prentiss*, New York, 1882, p. 132, 133, 138, 143.
11. DANKER (Donald F.), ed. *Mollie : The Journal of Mollie Dorsey Sanford in Nebraska and Colorado Territories*, Lincoln (Nebraska), 1976, p. 102.
12. MYERS (Robert Manson), ed. *The Children of Pride : A True Story of Georgia and the Civil War*, New Haven (Conn.), 1972, p. 706-711, 715-716.
13. DOUGLAS (Ann), *op. cit.*, p. 223.
14. *Ibid.*, p. 223-226.
15. PHELPS (Elizabeth Stuart), *Au-delà des portes*, trad. par Charles Grolleau, Paris, 1903.
16. PHELPS (Elizabeth Stuart), *Entre Ciel et Terre*, trad. par Mme Dussau Roman, Paris, 1889.
17. STOWE (Lyman Beecher), *Saints, Sinners and Beechers*, Indianapolis, 1934, p. 51.
18. RUGOFF (Milton), *The Beechers*, New York, 1981, p. 47.
19. *Ibid.*, 47.
20. *Ibid.*, p. 48-52; STOWE (Lyman Beecher), *op. cit.*, p. 86-95.
21. STOWE (Lyman Beecher), *op. cit.*, p. 96-97.
22. *Ibid.*, p. 200-201.
23. RUGOFF (Milton), *op. cit.*, p. 343.
24. *Ibid.*, p. 344.
25. PRENTISS (George C.), *op. cit.*, p. 295.

26. *Ibid.*, p. 409.

27. *Notable American Women, 1607-1950 : A Biographical Dictionary*, *op. cit.*, III, p. 95-96.

28. FORD (Thomas W.), *Heaven Beguiles the Tired*, University of Alabama Press, Alabama, 1966, p. 28-29.

29. POLLAK (Vivian R.), *Dickinson, The Anxiety of Gender*, Ithaca, N. Y., 1984, p. 33-36.

30. *Ibid.*, p. 37-39.

31. *Ibid.*, p. 51.

32. FORD (Thomas W.), *op cit.*, p. 22, 99.

33. *Ibid.*, p. 178.

34. *Ibid.*, p. 180.

35. *Ibid.*, p. 20.

36. POLLAK (Vivian R.), *op. cit.*, p. 140.

37. *Ibid.*, p. 90.

7. Les Bloomer girls

1. FLEXNER (Eleanor), *Century of Struggle*, Cambridge (Mass.), 1975, p. 41.

2. CRÉTÉ (Liliane), *La Vie quotidienne en Louisiane, 1815-1830*, Paris, 1978, p. 425.

3. *Encyclopedia of American History*, sixth edition, ed. by Richard B. Morris, New York, 1982, p. 756; P.J. STAUDENRAUS, *The African Colonization Movement, 1816-1865*, New York, 1961, p. 236.

4. RUGOFF (Milton), *The Beechers, an American Family in the Nineteenth Century*, New York, 1981, p. 100-101; STOWE (Lyman Beecher), *Saints, Sinners and Beechers*, Indianapolis, 1934, p. 173.

5. FLEXNER (Eleanor), *op. cit.*, p. 96-97.

6. *Ibid.*, p. 42.

7. LERNER (Gerda), *The Grimke Sisters from South Carolina*, Boston, 1967, p. 161; FLEXNER (Eleanor), *op. cit.*, p. 42.

8. LERNER (Gerda), *op. cit.*, p. 161.

9. *Ibid.*, p. 161.

10. *Ibid.*, p. 20-21.

11. *Ibid.*, p. 58.

12. *Ibid.*, p. 70-73 et 83-85.

13. *Ibid.*, p. 85.

14. FLEXNER (Eleanor), *op. cit.*, p.43; LERNER (Gerda), *op. cit.*, p. 121-123.

15. FLEXNER (Eleanor), *op. cit.*, p. 38-40; LERNER (Gerda), *op. cit.*, p. 122.

16. GRIMKE (Angelina Emily), *Appeal to the Christian Women of the Southern States*, New York, 1836, p. 16-17 et 26.

17. GRIMKE (Sarah), *Letters on Equality of the Sexes and the Condition of Women*, Boston, 1838, reprint New York, 1970, p. 9, 17, 22-41, 50-53.

18. LERNER (Gerda), *op. cit.*, p. 1-5.

19. *Ibid.*, p. 194-199 et 205.

20. Rugoff (Milton), *op. cit.*, p. 179-181; Lerner (Gerda), *op. cit.*, p. 174-187.

21. Rugoff (Milton), *op. cit.*, p. 180-181.

22. Lerner (Gerda), *op. cit.*, p. 214-220 et 294.

23. Stanton (Theodore) et Harriot Stanton Blatch, ed. *Elizabeth Cady Stanton as Revealed in her Letters, Diary and Reminiscences*, New York, 1922, 2 vol., I, p. 46-51.

24. Stanton (Elizabeth Cady), *Eighty Years and More* (1815-1897), New York, 1898, p. 53.

25. Banner (Lois W.), *Elizabeth Cady Stanton, a Radical for Woman's Rights*, Boston, 1980, p. 17.

26. Stanton (Elizabeth Cady), *op. cit.*, p. 71-73.

27. Lerner (Gerda), *op. cit.*, p. 296-297; Cromwell (Otelia), *Lucretia Mott*, Cambridge (Mass.), 1958, p. 76-79.

28. Lerner (Gerda), *op. cit.*, p. 298-299.

29. Banner (Lois W.), *op. cit.*, p. 27-47; Stanton (Elizabeth Cady), *op. cit.*, p. 147-148.

30. *Ibid.*, p. 149; Flexner (Eleanor), *op. cit.*, p. 73-74.

31. *The History of Woman Suffrage*, 6 volumes. Vol. I-III, ed. by Elizabeth Cady Stanton, Susan B. Anthony and Mathilda Joslyn Gage, Rochester (N.Y.), 1881-1886; vol. IV, ed. by Susan B. Anthony and Ida Husted Harper, Rochester (N.Y.), 1902; vol. V et VI, ed. by Ida Husted Harper, New York, 1922, I, p. 70-72; *Women in American Law*, ed. by Marlene Stein Wortman, I : *From colonial times to the New Deal*, New York, 1985, document 88, p. 171-172.

32. Flexner (Eleanor), *op. cit.*, p. 75-76.

33. *The History of Woman Suffrage*, *op. cit.*, I, p. 72.

34. *Women and the Law : A Social Historical Perspective*, Cambridge (Mass.), 1982, 2 vol., II; Speth (Linda E.), *The Married Women's Property Acts, 1839-1865*, p. 78-79.

35. Crété (Liliane), *La Vie quotidienne en Californie au temps de la ruée vers l'or (1848-1856)*, Paris, 1982, p. 25-27.

36. *Ibid.*, p. 53-55.

37. Rugoff (Milton), *op. cit.*, p. 319-325; Stowe (Lyman Beecher), *op. cit.*, p. 205.

38. Welter (Barbara), *Dimity Convictions : The American Woman in the Nineteenth Century*, Athens (Ohio), 1976, p. 146; Flexner (Eleanor), *op. cit.*, p. 66-67 et 79.

39. *The History of Woman Suffrage*, *op. cit.*, I, p. 110.

40. Banner (Lois W.), *op. cit.*, p. 53-54.

41. *Ibid.*, p. 56-57; Bloomer (D.C.), *Life and Writings of Amelia Bloomer*, New York, 1971, p. 46 et 65-70.

42. Stanton (Theodore) and Harriot Stanton Blatch, ed. *op. cit.*, II, p. 27 et 36.

43. Bloomer (D.C.), *op. cit.*, p. 70.

44. *Ibid.*, p. 54; Stanton (Elizabeth Cady), *op. cit.*, p. 162-163; Harper (Ida Husted), *The Life and Work of Susan B. Anthony*, Indianapolis, 1898-1908, 3 vol., I, p. 63-64.

45. BANNER (Lois W.), *op. cit.*, p. 76-77.
46. *Women in American Law*, *op. cit.*, I, document 90, p. 174-177; FLEXNER (Eleanor), *op. cit.*, p. 88-89.

8. La femme et la guerre

1. HARPER (Ida Husted), *The Life and Work of Susan B. Anthony*, Indianapolis, 1898-1908, 3 vol., I, p. 180-182.
2. CATTON (William) and Bruce CATTON, *Two Roads to Sumter*, New York, 1963, p. 186-187.
3. « Le corps de John Brown tombe en poussière dans sa tombe, Mais son âme poursuit sa route... »
4. CATTON (William), and Bruce CATTON, *op. cit.*, p. 72-73.
5. LINCOLN (Mary Todd), *Her Life and Letters*, ed. Justin G. Turner and Linda Levitt Turner, New York, 1972, p. 68.
6. *Ibid.*, p. 68-70, 145, 155.
7. CHESNUT (Mary Boykin), *A Diary from Dixie*, ed. Ben Ames Williams, Boston, 1949, p. 1-3.
8. SIMKINS (Francis Butler) and James WELCH PATTON, *The Women of the Confederacy*, Richmond, 1936, p. 1-5.
9. *Ibid.*, p. 6.
10. MERRICK (Caroline E.), *Old Times in Dixieland*, New York, 1901, p. 29-30.
11. SIMKINS (Francis Butler) and James WELCH PATTON, *op. cit.*, p. 7.
12. SAXON (Mrs. Lyle), *A Southern Woman's Wartime Reminiscences*, Memphis (Tenn.), 1905, p. 16 et 18.
13. COMMAGER (Henry Steel), ed. *Illustrated History of the American Civil War*, London, 1982, p. 140.
14. WILEY (Dr Bell J.), *Diarist from Dixie : Mary Boykin Chesnut*, in *Civil War Times Illustrated*, vol. XVI, n° 1, April 1977, p. 24; CHESNUT (Mary Boykin), *op. cit.*, p. 37-38; MUHLENFELD (Elizabeth), *Mary Boykin Chesnut : a Biography*, Baton Rouge (La.), 1981, p. 106-107.
15. COMMAGER (Henry Steel), ed. *op. cit.*, p. 151-152.
16. MUHLENFELD (Elizabeth), *op. cit.*, p. 110-111.
17. EDMONDS (S. Emma E.), *Nurse and Spy in the Union Army*, Chicago, 1865, p. 46.
18. MUHLENFELD (Elizabeth), *op. cit.*, p. 111-112.
19. SIMKINS (Francis Butler) and James WELCH PATTON, *op. cit.*, p. 85-86; SCOTT (Anne Firor), *The Southern Lady, from Pedestal to Politics*, Chicago, 1970, p. 85.
20. CHESNUT (Mary Boykin), *op. cit.*, p. 104.
21. *Ibid.*, p. 112.
22. *Ibid.*, p. 115-116.
23. CLAY CLOPTON (Virginia), *A Belle of the Fifties, Memoirs of Mrs. Clay of Alabama*, 1905, p. 168-169.
24. SIMKINS (Francis Butler) and James WELCH PATTON, *op. cit.*, p. 18-20.
25. EDMONDS (S. Emma E.), *op. cit.*, p. 118-119.

26. SIMKINS (Francis Butler) and James WELCH PATTON, *op. cit.*, p. 111-113.

27. *Ibid.*, p. 138-142.

28. MERRICK (Caroline E.), *op. cit.*, p. 34.

29. CHESNUT (Mary Boykin), *op. cit.*, p. 139-140.

30. MERRICK (Caroline E.), *op. cit.*, p. 29.

31. DOWRIE (Menie Muriel), ed. *Women Adventurers*, London, 1893, p. 3, 5, 25-28, 48-51; SIMKINS (Francis Butler) and James WELCH PATTON, *op. cit.*, p. 80-81.

32. *Ibid.*, p. 74-80.

33. *Ibid.*, p. 67-68, 87.

34. *Ibid.*, p. 17-18.

35. MERRICK (Caroline E.), *op. cit.*, p. 30-32, 35-36.

36. CHESNUT (Mary Boykin), *op. cit.*, p. 224, 230; SIMKINS (Francis Butler) and James WELCH PATTON, *op. cit.*, p. 56-58.

37. CHESNUT (Mary Boykin), *op. cit.*, p. 230-231.

38. CHANCELLOR (Sir Christopher), ed. *An Englishman in the American Civil War : The Diaries of Henry Yates Thompson*, London, 1971, p. 78.

39. *Ibid.*, p. 138.

40. CHESNUT (Mary Boykin), *op. cit.*, p. 340.

41. *Ibid.*, p. 397.

42. *Ibid.*, p. 422.

43. CLAY CLOPTON (Virginia), *op. cit.*, p. 223.

44. SIMKINS (Francis Butler) and James WELCH PATTON, *op. cit.*, p. 236-237.

45. CHESNUT (Mary Boykin), *op. cit.*, p. 528-529.

46. *Ibid.*, p. 528-529.

47. MYERS (Robert Manson), ed. *The Children of Pride : A true Story of Georgia and the Civil War*, New Haven, 1972, p. 1220-1248.

48. BISHOP (Jim), *The Day Lincoln was Shot*, New York, 1955, p. 186-205.

Deuxième Partie : La Femme nouvelle

1. Châtiment et Reconstruction

1. MERRICK (Caroline E.), *Old Times in Dixieland*, New York, 1901, p. 75.

2. *Ibid.*, p. 76.

3. *Ibid.*, p. 77-78.

4. MUHLENFELD (Elizabeth), *Mary Boykin Chesnut : a Biography*, Baton Rouge (La.), 1981, p. 132-133. Le whippoorwill est un oiseau d'Amérique du Nord apparenté au corbeau de nuit.

5. *Ibid.*, p. 134-135.

6. SCOTT (Anne Firor), *The Southern Lady, from Pedestal to Politics 1830-1930*, Chicago, 1970, p. 92-93.

7. KEARNEY (Belle), *A Slaveholder's Daughter*, New York, 1900, p. 20-23.

8. SCOTT (Ann Firor), *op. cit.*, p. 92-93.

9. *Encyclopedia of American History*, ed. by Richard B. Morris, New York, 1982, p. 292; SCOTT (Anne Firor), *op. cit.*, p. 106.

10. *Ibid.*, p. 107-108.

11. *Ibid.*, p. 93.

12. *Ibid.*, p. 97.

13. CLAY-CLOPTON (Virginia), *A Belle of the Fifties. Memoires of Mrs. Clay of Alabama*, New York, 1905, p. 283.

14. *Ibid.*, p. 282-283.

15. WILLIAMSON (Joel), *The Meaning of Freedom*, in *Reconstruction : an Anthology of Revisionist Writings*, ed. by Kenneth M. Stamp and Leon Litwack, Baton Rouge (La.), 1969, p. 214.

16. FOX-GENOVESE (Elizabeth), *Within the Plantation Household*, Chapel Hill, 1988 : cet ouvrage est le plus récent et le plus complet traitant des relations entre Noires et Blanches dans le vieux Sud.

17. TUCKER (Susan), *Telling Memories among Southern Women*, Baton Rouge (La.), 1988, p. 14.

18. BURWELL (Letitia M.), *A Girl's Life in Virginia before the War*, New York, 1895, p. 187.

19. ROSE (Willie Lee), *Rehearsal for Reconstruction. The Port Royal Experiment*, int. by G. Van Woodward, Indianapolis, 1965, p. 20-28, 38, 74-75; « *The Old Allegiance* », in *Reconstruction, an Anthology of Revisionist Writings*, *op. cit.*, p. 175-179.

20. ROSE (Willie Lee), *Rehearsal for Reconstruction. The Port Royal Experiment*, *op. cit.*, p. 68-69.

21. ROSE (Willie Lee), « *The Old Allegiance* », *op. cit.*, p. 182.

22. ROSE (Willie Lee), *Rehearsal for Reconstruction. The Port Royal Experiment*, *op. cit.*, p. 60-61 et 71-75.

23. *Ibid.*, p. 90-93; CRÉTÉ (Liliane), *La Vie quotidienne en Louisiane, 1815-1830*, Paris, 1978, p. 240-241.

24. ROSE (Willie Lee), *Rehearsal for Reconstruction. The Port Royal Experiment*, *op. cit.*, p. 80 et 90.

25. *Ibid.*, p. 77-78 et 85.

26. *Ibid.*, p. 86-89.

27. *Ibid.*, p. 146-150.

28. *Ibid.*, p. 160-161.

29. *Ibid.*, p. 230 et 101-102.

30. HANCOCK (Cornelia), *South after Gettysburg : Letters of Cornelia Hancock, 1863-1868*, ed. by Henrietta S. Jacquette, New York, 1956, p. 280.

31. ROSE (Willie Lee), *Rehearsal for Reconstruction. The Port Royal Experiment*, *op. cit.*, p. 378-379.

32. *Ibid.*, p. 384.

33. CASH (W.J.), *The Mind of the South*, Pelican Book, Great Britain, 1971, p. 125.

2. La nouvelle Terre promise

1. SCHLISSEL (Lillian), *Women's Diaries of the Westward Journey*, preface by Carl N. Degler, New York, 1982, p. 18-20.

2. *Ibid.*, p. 20.

3. *Ibid.*, p. 19-20.

4. *Ibid.*, p. 12-13.

5. *Ibid.*, p. 57-58, 183.

6. CRÉTÉ (Liliane), *La Vie quotidienne en Californie au temps de la ruée vers l'or (1848-1856)*, Paris, 1982, p. 67-68.

7. *Ibid.*, p. 68; DEGLER (Carl N.), *At Odds*, Oxford, 1980, p. 47.

8. CRÉTÉ (Liliane), *op. cit.*, p. 69; DANKER (Donald F.), ed. *Mollie : The Journal of Mollie Dorsey Sanford in Nebraska and Colorado Territories*, Lincoln (Nebraska), 1976, p. 33 et 25.

9. SCHLISSEL (Lillian), *op. cit.*, p. 80.

10. *Ibid.*, p. 80-81.

11. ARMITAGE (Susan), *Through Women's Eyes : A New View of the West*, in *The Women's West*, edited and with an introduction by Susan Armitage and Elizabeth Jameson, Norman (Oklahoma), 1987, p. 15; CRÉTÉ (Liliane), *op. cit.*, p. 72.

12. SCHLISSEL (Lillian), *op. cit.*, p. 82-83; CRÉTÉ (Liliane), *op. cit.*, p. 69-70.

13. *Diary of Mrs. Amelia Stwart Knight*, in SCHLISSEL (Lillian), *Women's Diaries of the Westward Journey*, *op. cit.*, p. 199-216.

14. SCHLISSEL (Lillian), *op. cit.*, p. 139.

15. *Ibid.*, p. 216 et 185.

16. DANKER (Donald F.), ed. *op. cit.*, p. 136-138.

17. *Ibid.*, p. 139-141.

18. ARMITAGE (Susan), *op. cit.*, p. 12.

19. MANSUR (Abby), *Ms. Letters written to her sister, 1852-1854*, in *Let Them Speak for Themselves : Women in the American West*, ed. by Christiane Fisher, Archon Book, Camden (Conn.), 1977, p. 49-50, 54-56.

20. DANKER (Donald F.), ed. *op. cit.*, p. 162.

21. MANSUR (Abby), *op. cit.*, p. 49.

22. CLAPPE (Louise Amelia Knapp-Smith), *The Shirley Letters from the California Mines, 1851-1852*, San Francisco, 1933, p. 31-32.

23. ROYCE (Sarah), *A Frontier Lady : Recollections of the Gold Rush and Early California*, ed. by R. H. Gabriel, New Haven, 1932, p. 117.

24. CLAPPE (Louise Amelia Knapp-Smith), *op. cit.*, p. 49, 60-61.

25. CRÉTÉ (Liliane), *op. cit.*, p. 112-115.

26. *Ibid.*, p. 115, 159-163; MURPHY (Mary), *The Private Lives of Public Women : Prostitution in Butte, Montana, 1878-1917*, in *The Women's West*, *op. cit.*, p. 193-200.

27. CRÉTÉ (Liliane), *op. cit.*, p. 163.

28. MURPHY (Mary), *op. cit.*, p. 198-199.

29. *Notable American Women, 1607-1950 : A Biographical Dictionary*, ed. by Edward T. James, Janet Wilson James and Paul S. Boyer, Cambridge (Mass.), 1971, 3 vol., I, p. 267-268.

30. SCHLISSEL (Lillian), *op. cit.*, p. 138, 154-155.
31. FLEXNER (Eleanor), *Century of Struggie*, Cambridge (Mass.), 1975, p. 165-166.

3. Où l'on retrouve Elizabeth et Susan

1. FLEXNER (Eleanor), *Century of Struggle*, Cambridge (Mass.), 1975, p. 108-110; BANNER (Lois W.), *Elizabeth Cady Stanton: A Radical for Woman's Rights*, Boston, 1980, p. 94-95; STANTON (Elizabeth Cady), *Eighty Years and More (1815-1897)*, New York, 1898, p. 237-238.
2. FLEXNER (Eleanor), *op. cit.*, p. 111; STANTON (Elizabeth Cady), *op. cit.*, p. 238; BANNER (Lois W.), *op. cit.*, p. 93.
3. *Ibid.*, p. 94; FLEXNER (Eleanor), *op. cit.*, p. 111.
4. *The History of Woman Suffrage*, 6 volumes. Vol. I-III, ed. by Elizabeth Cady Stanton, Susan B. Anthony and Mathilda Joslyn Gage, Rochester (N.Y.), 1881-1886; vol. IV, ed. by Susan B. Anthony and Ida Husted Harper, New York, 1902; vol. V et VI, ed. by Ida Husted Harper, New York, 1922, II, p. 42-45; *Notable American Women, 1607-1950: A Biographical Dictionary*, ed. by Edward T. James, Janet Wilson James and Paul S. Boyer, Cambridge (Mass.), 1971, 3 vol., I, p. 475 et 476.
5. HARPER (Ida Husted), *The Life and Work of Susan B. Anthony*, Indianapolis, 1898-1908, 3 vol., I, p. 250-251.
6. *Ibid.*, p. 252.
7. *The History of Woman Suffrage*, *op. cit.*, vol. II, p. 91-92.
8. *Ibid.*, p. 180.
9. BANNER (Lois W.), *op. cit.*, p. 95.
10. *Ibid.*, p. 96.
11. *Ibid.*, p. 98-99.
12. STANTON (Elizabeth Cady), *op. cit.*, p. 250-253.
13. *The History of Woman Suffrage*, *op. cit.*, II, p. 229-231.
14. FLEXNER (Eleanor), *op. cit.*, p. 150.
15. STANTON (Elizabeth Cady), *op. cit.*, p. 254.
16. FLEXNER (Eleanor), *op. cit.*, p. 151.
17. STANTON (Elizabeth Cady), *op. cit.*, p. 264.
18. BANNER (Lois W.), *op. cit.*, p. 100-101; FLEXNER (Eleanor), *op. cit.*, p. 153-154.
19. *Ibid.*, p. 154 et 155; BANNER (Lois W.), *op. cit.*, p. 104-105.
20. FLEXNER (Eleanor), *op. cit.*, p. 155-156; *Notable American Women 1607-1950: A Biographical Dictionary*, *op. cit.*, II, p. 412.
21. Howe (Julia Ward), *Reminiscences*, Boston, 1899, p. 375.
22. *Notable American Women, 1607-1950: A Biographical Dictionary*, *op.cit.*, II, p. 410-413.
23. BANNER (Lois W.), *op. cit.*, p. 115-116.
24. HARPER (Ida Husted), *op. cit.*, I, p. 387-388; FLEXNER (Eleanor), *op. cit.*, p. 163-164.
25. HARPER (Ida Husted), *op. cit.*, I, p. 389.
26. *Ibid.*, I, p. 390-391.

27. *Ibid.*, I, p. 392-401; BANNER (Lois W.), *op. cit.*, p. 129-130.

28. ANDREWS (Wayne), *The Vanderbilt Legend*, New York, 1941, p. 147-149.

29. BANNER (Lois W.), *op. cit.*, p. 126-127; *Notable American Women 1607-1950 : A Biographical Dictionary*, *op. cit.*, III, p. 654.

30. *Ibid.*, p. 654; BANNER (Lois W.), *op. cit.*, p. 127-129.

31. *Ibid.*, p. 130; RUGOFF (Milton), *The Beechers, an American Family in the Nineteenth Century*, New York, 1981, p. 489.

32. *Ibid.*, p. 471.

33. *Ibid.*, p. 474.

34. *Ibid.*, p. 487-490; BANNER (Lois W.) *op. cit.*, p. 134-136; DOUGLAS (Ann), *The Feminization of American Culture*, New York, 1977, p. 240-241.

35. *Ibid.*, p. 242-243.

4. Croisades pour de nobles causes

1. HOFSTADTER (Richard), *The American Political Tradition*, Vintage Books Edition, New York, 1974, p. 211-214; ANDREWS (Wayne); *The Vanderbilt Legend*, New York, 1941, p. 121-142.

2. SELLER (Maxime Schwartz), ed. *Immigrant Women*, Philadelphie, 1981, p. 5.

3. HOFSTADTER (Richard), *op. cit.*, p. 219.

4. SELLER (Maxime Schwartz), ed. *op. cit.*, p. 126-127.

5. *Ibid.*, p. 127.

6. DEGLER (Carl), *At Odds*, Oxford, 1980, p. 279-280.

7. *Ibid.*, p. 281.

8. ROSENBERG (Carol Smith), *Beauty, the Beast and the Militant Woman*, in *American Quarterly 23*, October 1971, p. 574-583.

9. *Ibid.*, 574-583.

10. FLEXNER (Eleanor), *Century of Struggle*, Cambridge (Mass.), 1975, p. 184; DEGLER (Carl), *op. cit.*, p. 322.

11. *Ibid.*, p. 320.

12. *Ibid.*, p. 321.

13. FREEDMEN (Estelle), *Nineteenth Century Women's Prison Reform and Legacy*, in *Women and the Law, A Social Historical Perspective*, Cambridge, 1982, 2 vol., I, p. 141-142.

14. *Ibid.*, p. 142.

15. *Ibid.*, p. 142.

16. *Ibid.*, p. 143.

17. HARPER (Ida Husted), *The Life and Work of Susan B. Anthony*, Indianapolis, 1898-1908, 3 vol. I, p. 19.

18. BORDIN (Ruth), *Frances Willard: A Biography*, Chapel Hill (North Carolina), 1986, p. 65-66.

19. WILLARD (Frances), *Women and Temperance*, New York, 1972, p. 54-57; THOMPSON (Eliza Jane Trimble) and WILLARD (Frances), *The Hillsboro Crusade Sketches and Family Records*, Cincinnati (Ohio), 1906, p. 73-76.

20. WILLARD (Frances), *op. cit.*, p. 59.

21. *Ibid.*, p. 66-67.

22. *Ibid.*, p. 69-72.

23. THOMPSON (Eliza Jane Trimble) and WILLARD (Frances), *op. cit.*, p. 85, 93-95, 112.

24. WILLARD (Frances), *op. cit.*, p. 126-133.

25. BORDIN (Ruth), *op. cit.*, p. 14-19.

26. *Ibid.*, p. 22-23.

27. *Ibid.*, p. 24-27, 33-37.

28. *Ibid.*, p. 37.

29. *Ibid.*, p. 28-29, 61-64; FLEXNER (Eleanor), *op. cit.*, p. 186.

30. BORDIN (Ruth), *op. cit.*, p. 69-75.

31. *Ibid.*, p. 98.

32. *Ibid.*, p. 100.

33. *Ibid.*, p. 101-108.

5. Solidarité féminine

1. HARPER (Ida Husted), *The Life and Work of Susan B. Anthony*, Indianapolis, 1898-1908, 3 vol., I, p. 422-424.

2. *Ibid.*, p. 422-427, 437-441; FLEXNER (Eleanor), *Century of Struggle*, Cambridge (Mass.), 1975, p. 167-171.

3. HARPER (Ida Husted), *op. cit.*, p. 468-469.

4. BORDIN (Ruth), *Frances Willard: a Biography*, Chapel Hill (North Carolina), 1986, p. 46; DEGLER (Carl N.), *At Odds*, Oxford University Press, 1980, p. 144-147.

5. DEGLER (Carl N.), *op. cit.*, p. 145.

6. *Ibid.*, p. 157-158.

7. BORDIN (Ruth), *op. cit.*, p. 84-86; *Notable American Women, 1607-1950: A Biographical Dictionary*, ed. by Edward T. James, Janet Wilson James and Paul S. Boyer, Cambridge (Mass.), 1971, 3 vol., I, p. 475-476.

8. BORDIN (Ruth), *op. cit.*, p. 86.

9. SCOTT (Anne Firor), *The Southern Lady, from Pedestal to Politics, 1830-1930*, Chicago, 1970, p. 135-142.

10. Cité dans SCOTT (Anne Firor), *op. cit.*, p. 146.

11. *Ibid.*, p. 146-147.

12. BORDIN (Ruth), *op. cit.*, p. 114; WILLARD (Frances), *Glimpses of Fifty Years*, Chicago, 1889, p. 372-374.

13. MERRICK (Caroline E.), *Old Times in Dixieland*, New York, 1901, p. 143-144.

14. *Ibid.*, p. 151.

15. KEARNEY (Belle), *A Slaveholder's Daughter*, New York, 1900, p. 118.

16. *Ibid.*, p. 75-76.

17. *Ibid.*, p. 107-109.

18. *Ibid.*, p. 119.

19. *The History of Woman Suffrage*, 6 volumes. Vol. I-III, ed. by Elizabeth Cady Stanton, Susan B. Anthony and Mathilda Joslyn Gage,

Rochester (N.Y.), 1881-1886; vol. IV, ed. by Susan B. Anthony and Ida Husted Harper, New York, 1902; vol. V-VI, ed. by Ida Husted Harper, New York, 1922, III, p. 801, 804-805, 825-827.

20. KEARNEY (Belle), *op. cit.,* p. 117, 167-168.

21. *The History of Woman Suffrage, op. cit.,* III, p. 826.

22. SCOTT (Anne Firor), *op. cit.,* p. 151.

23. CROLY (Jane C.), *Sorosis, its Origin and History*, New York, 1886, p. 5-9.

24. *Ibid.,* p. 12-14, 37.

25. CROLY (Jane C.), *History of the Woman's Club Movement in America*, New York, 1898, p. 37-46.

26. *Ibid.,* p. 62-63, 75-78, 260-263, 318-321, 325, 340-350.

27. *Ibid.,* p. 82-83; ROTHMAN (Sheila M.), *Woman's Proper Place*, New York, 1978, p. 79; FLEXNER (Eleanor), *op. cit.,* p. 209-211.

28. Cité dans Scott (Anne Firor), *op. cit.,* p. 152-154; CROLY (Jane C.), *History of the Woman's Club Movement in America, op. cit.,* p. 35, 210, 232, 510, 514.

29. SCOTT (Anne Firor), *op. cit.,* p. 153; CROLY (Jane C.), *History of the Woman's Club Movement in America, op. cit.,* p. 227.

6. Les portes s'ouvrent

1. SCOTT (Anne Firor), ed. *The American Woman, Who was She?*, Englewood Cliffs (N.J.), 1971, p. 2.

2. HIGGINSON (Thomas Wentworth), R.I., *Ought Women to Learn the Alphabet?*, Feb. 1959 (s.l.).

3. DEGLER (Carl N.), *At Odds*, Oxford, 1980, p. 308-309, 314.

4. *Ibid.,* p. 310.

5. *Ibid.,* p. 310-311.

6. FLEXNER (Eleanor), *Century of Struggle*, Cambridge (Mass.), 1975, p. 126.

7. *Ibid.,* p. 126-127.

8. Cité dans DEGLER (Carl N.), *op. cit.,* p. 313.

9. ROTHMAN (Sheila M.), *Woman's Proper Place*, New York, 1978, p. 28-29; SCOTT (Anne Firor), *op. cit.,* p. 78; FLEXNER (Eleanor), *op. cit.,* p. 126-127.

10. *Ibid.,* p. 128-129; ROTHMAN (Sheila M.), *op. cit.,* p. 32-33.

11. DEGLER (Carl N.), *op. cit.,* p. 311.

12. WORTMAN (Marlene Stein), ed. *Women in American Law*, vol. 1er, *From Colonial Time to the New Deal*, New York, 1985, document 116, p. 238-242; DEGLER (Carl N.), *op. cit.,* p. 311-312; HOWE (Julia Ward), ed. *Sex and Education*, Boston, 1874, p. 14-17, 21-25.

13. *Ibid.,* p. 191-195, 202-203.

14. Cité dans DEGLER (Carl N.), *op. cit.,* p. 312.

15. SCOTT (Anne Firor), *op. cit.,* p. 73.

16. *Ibid.,* p. 78-80.

17. ROTHMAN (Sheila M.), *op. cit.,* p. 29.

18. KEARNEY (Belle), *A Slaveholder's Daughter*, New York, 1900, p. 122-123.

19. WILLARD (Frances E.) and Mary LIVERMORE, *A Woman of the Century*, Buffalo (N.Y.), 1893, p. 91-93.

20. DEGLER (Carl N.), *op. cit.*, p. 379-380.

21. ROTHMAN (Sheila M.), *op. cit.*, p. 38-39.

22. DEGLER (Carl N.), *op. cit.*, p. 314-315.

23. SCOTT (Anne Firor), *op. cit.*, p. 69-72.

24. DEGLER (Carl N.), *op. cit.*, p. 381-382.

25. SCOTT (Anne Firor), *The Southern Lady, from Pedestal to Politics 1830-1930*, Chicago, 1970, p. 124.

26. Cité dans Scott (Anne Firor), *The American, Who Was She?*, *op. cit.*, p. 19.

27. *Ibid.*, p. 16-17; DEGLER (Carl N.), *op. cit.*, p. 382-383, 390-391.

28. *Ibid.*, p. 384.

29. DORR (Rheta Childe), *A Woman of Fifty*, New York, 1980, p. 188-189.

30. ROTHMAN (Sheila M.), *op. cit.*, p. 52-55.

7. Femmes de plume

1. Cité dans JONES (Anne Goodwyn), *Tomorrow Is Another Day, The Woman Writer in the South, 1859-1936*, Baton Rouge (La.), 1982, p. 52.

2. *Ibid.*, p. 55.

3. *Ibid.*, p. 52.

4. Cité dans WELTER (Barbara), *Dimity Conviction: The American Woman in the Nineteenth Century*, Athens (Ohio), 1976, p. 78.

5. *Ibid.*, p. 79.

6. *Ibid.*, p. 79.

7. WADE (Mason), *Margaret Fuller, Whetstone of Genius*, New York, 1940, p. 6-19, 28.

8. WELTER (Barbara), *op. cit.*, p. 152, 155-156.

9. *Ibid.*, p. 161; WADE (Mason), *op. cit.*, p. 28.

10. FLEXNER (Eleanor), *Century of Struggle*, Cambridge (Mass.), 1975, p. 66; *Notable American Women, 1607-1950 : A Biographical Dictionary*, ed. by Edward T. James, Janet Wilson James and Paul S. Boyer, Cambridge (Mass.), 1971, 3 vol., I, p. 678-679.

11. WADE (Mason), *op. cit.*, p. 82-94.

12. OSSOLI (Margaret Fuller), *Woman in the XIXth Century*, Boston, 1855; *Notable American Women*, *op. cit.*, I, p. 678-679.

13. WELTER (Barbara), *op. cit.*, p. 172-173.

14. WADE (Mason), *op. cit.*, p. 140.

15. *Love Letters of Margaret Fuller, 1845-1846*, int. Julia Ward Howe, New York, 1903, p. 20-21.

16. *Ibid.*, p. 23-25; WADE (Mason), *op. cit.*, p. 142, 164, 167.

17. *Ibid.*, p. 168, 270-272; WELTER (Barbara), *op. cit.*, p. 194-195.

18. FOSTER (Charles H.), *The Rungless Ladder : Hariet Beecher Stowe and New England Puritanism*, Durham (N.C.), 1954, p. 27.

19. STOWE (Charles Edward), *The Life of Harriet Beecher Stowe*, London, 1889, p. 196.

20. Douglas (Ann), *The Feminization of American Culture*, New York 1977, p. 253.

21. Kelley (Mary), *At War with Herself : Harriet Beecher Stowe as Woman in Conflict within the Home*, in *Woman's Being, Woman's Place*, ed. by Mary Kelley, Boston (Mass.), 1979, p. 203-205.

22. *Ibid.*, p. 206-207.

23. Stowe (Charles Edward), *op. cit.*, p. 218, 275-277; Rugoff (Milton), *The Beechers, an American Family in the Nineteenth Century*, New York, 1981, p. 353; Stowe (Lyman Beecher), *Saints, Sinners and Beechers*, Indianapolis, 1934, p. 218, 223-225.

24. Douglas (Ann), *op. cit.*, p. 245-246; Rugoff (Milton), *op. cit.*, p. 525-528.

25. Jones (Anne Goodwyn), *op. cit.*, p. 59.

26. *Ibid.*, p. 58-61; Baym (Nina), *Woman's Fiction : A Guide to Novels by and about Women in American, 1820-1870*, Ithaca (N.Y.), 1979, p. 275, 281-286.

27. Jones (Anne Goodwyn), *op. cit.*, p. 59-60.

28. *Ibid.*, p. 95-96.

29. *Ibid.*, p. 135-182; *Notable American Women, op. cit.*, I, p. 233-235; Chopin (Kate), *The Awakening*, New York, 1964.

30. *Notable American Women, op. cit.*, I, p. 335.

8. New York, New York

1. Wharton (Edith), *A Backward Glance*, New York, 1934, p. 122-123.

2. *Ibid.*, p. 9-10.

3. Lane (Wheaton), *Commodore Vanderbilt*, New York, 1942, p. 316.

4. Andrews (Wayne), *The Vanderbilt Legend*, New York, 1941, p. 168-169.

5. Wharton (Edith), *op. cit.*, p. 11.

6. *Ibid.*, p. 20, 77-78.

7. *Ibid.*, p. 80-84.

8. Kavaler (Lucy), *The Astors and the American Legend*, New York, 1968, p. 87; Lehr (Elizabeth Drexel), *King Lehr and the Golden Age*, New York, 1938, p. 23-24.

9. Kavaler (Lucy), *op. cit.*, p. 83-85; Cowles (Virginia), *The Astors*, New York, 1979, p. 90.

10. *Encyclopedia of American History*, ed. by Richard B. Morris, New York, 1982, p. 976; Kavaler (Lucy), *op. cit.*, p. 26.

11. *Encyclopedia of American History, op. cit.*, p. 648-649.

12. Kavaler (Lucy), *op. cit.*, p. 70, 71-73.

13. *Ibid.*, p. 58-60.

14. Cowles (Virginia), *op. cit.*, p. 94-95; McAllister (Ward), *Society as I Have Found It*, New York, 1890, p. 212-216.

15. Lehr (Elizabeth Drexel), *op. cit.*, p. 87.

16. Cité dans Cowles (Virginia), *op. cit.*, p. 96.

17. *Ibid.*, p. 96-97; Kavaler (Lucy), *op. cit.*, p. 89-90.

18. LEHR (Elizabeth Drexel), *op. cit.,* p. 19-20; ANDREWS (Wayne), *op. cit.,* p. 220-221.

19. Cité dans KAVALER (Lucy), *op. cit.,* p. 89.

20. LEHR (Elizabeth Drexel), *op. cit.,* p. 139.

21. McALLISTER (Ward), *op. cit.,* p. 111-113; COWLES (Virginia), *op. cit.,* p. 93-95.

22. KAVALER (Lucy), *op. cit.,* p. 93.

23. *Ibid.,* p. 93-94; COWLES (Virginia), *op. cit.,* p. 102-103.

24. ANDREWS (Wayne), *op. cit.,* p. 251-253.

25. *Ibid.,* p. 253-254; COWLES (Virginia), *op. cit.,* p. 104.

26. *Ibid.,* p. 106.

27. ANDREWS (Wayne), *op. cit.,* p. 262-264; COWLES (Virginia), *op. cit.,* p. 106.

28. ANDREWS (Wayne), *op. cit.,* p. 266-267.

29. WHARTON (Edith), *op. cit.,* p. 106-107.

30. *Ibid.,* p. 119-120.

31. *Ibid.,* p. 124-125.

9. Le temps du changement

1. FLEXNER (Eleanor), *Century of Struggle*, Cambridge (Mass.), 1975, p. 208.

2. DEGLER (Carl N.), *Out of the Past*, New York, 1984, p. 335.

3. *Ibid.,* p. 338-340.

4. *Ibid.,* p. 369.

5. *Ibid.,* p. 370.

6. *Ibid.,* p. 368.

7. *Ibid.,* p. 392-393.

8. ROTHMAN (Sheila M.), *Woman's Proper Place*, New York, 1978, p. 103-104.

9. *Ibid.,* p. 68-69.

10. BORDIN (Ruth), *Frances Willard: A Biography*, Chapel Hill (N.C.), 1986, p. 175; DEGLER (Carl N.), *op. cit.,* p. 393.

11. ROTHMAN (Sheila M.), *op. cit.,* p. 68.

12. BORDIN (Ruth), *op. cit.,* p. 168-169.

13. *Ibid.,* p. 170.

14. DEGLER (Carl N.), *op. cit.,* p. 319-320.

15. *Ibid.,* p. 319-320.

16. ROTHMAN (Sheila M.), *op. cit.,* p. 79-80.

17. *Ibid.,* p. 75, 76, 90.

18. *Ibid.,* p. 76, 77, 92.

19. *Ibid.,* p. 73; FLEXNER (Eleanor), *op. cit.,* p. 212.

20. *Ibid.,* p. 212.

21. HARPER (Ida Husted), *The Life and Work of Susan B. Anthony*, Indianapolis, 1898-1908, 3 vol., II, p. 764-765.

22. *History of Woman Suffrage*, 6 volumes. Vol. I-III, ed. by Elizabeth Cady Stanton, Susan B. Anthony and Mathilda Joslyn Gage, Rochester (N.Y.), 1881-1886; vol. IV., ed. by Susan B. Anthony and Ida Husted

Harper, New York, 1902; vol. V et VI, ed. by Ida Husted Harper, New York, 1922, II, p. 789-792.

23. FLEXNER (Eleanor), *op. cit.*, p. 225-226; HARPER (Ida Husted), *op. cit.*, II, p. 840-841.

24. BANNER (Lois W.), *Elizabeth Cady Stanton: A Radical for Woman's Rights*, Boston, 1980, p. 154, 155, 158, 159.

25. *Ibid.*, p. 154-155.

26. *Ibid.*, p. 161-165; FLEXNER (Eleanor), *op. cit.*, p. 226.

27. ROTHMAN (Sheila M.), *op. cit.*, p. 128-129.

28. FLEXNER (Eleanor), *op. cit.*, p. 228-230.

29. *Ibid.*, p. 230.

30. HARPER (Ida Husted), *op. cit.*, II, p. 880-890.

31. *Ibid.*, III, p. 1381.

Documentation

1. Sources manuscrites

Tulane University, Manuscripts Division. Howard Tilton Memorial Library, New Orleans, C.C. Jones Paper.

Louisiana State University, Manuscripts Department. Baton Rouge, Weeks (David and Family) papers.

Private collection : *The Diary of Edith Haynes.*

2. Sources imprimées

ADAMS (John), *Letters of John Adams addressed to his wife,* 2 vol., Boston, 1841.

ALCOTT (Louise May), *Hospital sketches,* ed. Bessie Z. Jones, Cambridge (Mass.), 1960.

BAYLEY (Rev. John), *Marriage as it is and as it should be,* New York, 1857.

BEECHER (Catherine Esther) and Harriet BEECHER STOWE, *The American Woman Home or Principle of Domestic Science,* New York, 1872.

BENNET (Rev. John), *Letters to a Young Lady on a Variety of Subjects...* Hartford (Conn.), 2 vol. in one, 1798.

BLOOMER (D.C.), *Life and Writings of Amelia Bloomer,* int. Susan J. Kleinberg, New York, 1895.

BREMER (Frederika), *La Vie de famille dans le Nouveau Monde,* trad. Mlle du Puget, 3 vol., Paris, 1854.

BURWELL (Letitia M.), *A Girl's Life in Virginia before the War,* New York, 1895.

CHANCELLOR (Sir Christopher), ed. *An Englishman in the American Civil War : The Diaries of Henry Yates Thompson,* London, 1971.

CHESNUT (Mary Boykin), *A Diary from Dixie,* ed. Ben Ames Williams, Boston, 1949.

CHILD (D.L.), *The History of the Condition of Women*, 2 vol., London, 1835.

CHOPIN (Kate), *The Awakening*, New York, 1964.

CLAPPE (Louise-Amelia Knapp-Smith), *The Shirley Letters from the California Mines, 1851-1852*, New York, 1960.

CLAY-CLOPTON (Virginia),*A Belle of the Fifties : Memoirs of Mrs. Clay of Alabama*, ed. Ada Sterling, New York, 1905.

CROLY (Jeanne Cunningham), *Sorosis : its Origin and History*, New York, 1886; *The History of the Woman's Club Movement in America*, New York, 1898.

DORR (Rheta Childe), *A Woman of Fifty*, New York, 1980.

DRURY (Clifford Merril), ed. *First White Women over the Rockies*, 3 vol., Glendale (Cal.), 1963-1966.

EDMONDS (S. Emma E.), *Nurse and Spy*, Chicago, 1865.

GILMAN (Charlotte Perkins), *Women and Economics*, Boston, 1898.

GRIMKE (Angelina E.),*Appeal to the Christian Women of the South*, New York, 1970.

GRIMKE (Sarah M.), *The Equality of the Sexes and the Condition of Women*, New York, 1970.

HANCOCK (Cornelia, *South after Gettysburg : Letters of Cornelia Hancock, 1863-1868*, ed. Henrietta S. Jacquette, New York, 1956.

HARPER (Ida H.), *The Life and Work of Susan B. Anthony*, 3 vol., Indianapolis, 1898-1908.

HIGGINSON (Thomas Wentworth), *Ought Women to Learn the Alphabet?* (s.l.), 1859.

The History of Woman Suffrage, 6 volumes. Vol. I-III, ed. by Elizabeth Cady Stanton, Susan B. Anthony and Mathilda Joslyn Gage, Rochester (N.Y.), 1881-1886; vol. IV, ed. by Susan B. Anthony and Ida Husted Harper, New York, 1902; vol. V et VI, ed. by Ida Husted Harper, New York, 1922.

HOWE (Julia Ward), ed. *Sex and Education*, Boston, 1874; *Reminiscences*, Boston, 1899; ed. *Love Letters of Margaret Fuller, 1845-1846*, New York, 1903.

KANE (Paul), *Wandering of an Artist*, Rutland (Vermont), 1868.

KEARNEY (Belle), *A Slaveholder's Daughter*, New York, 1900.

KEMBLE (Frances Ann), *Journal of a Residence on a Georgian Plantation*, New York, 1861.

LARCOM (Lucy), *A New England Girlhood*, New York, 1889.

LEHR (Elizabeth Drexel), *King Lehr and the Gilded Age*, New York, 1938.

LINCOLN (Mary Todd), *Her Life and Letters*, ed. Justin G. Turner and Linda Levitt Turner, New York, 1972.

LIVERMORE (Mary A.), *What Shall We Do with Our Daughters?*, New York, 1887.

MARRYAT (Frederick),*A Diary in America, with Remarks on its Institutions*, 2 vol., Philadelphie, 1839.

MARTINEAU (Harriet), *Retrospect of Western Travel*, 3 vol., London,

1838; *Voyage aux États-Unis ou Tableau de la société américaine,* trad. Benjamin Laroche, 2 vol., Paris, 1839.

McALLISTER (Cornelius), *Society as I have Found it,* New York, 1890.

MERRICK (Caroline E.), *Old Times in Dixieland,* New York, 1901.

MOORE (Frank), *Women of the War : Their Heroism and Self Sacrifice,* Hartford (Conn.), 1866.

MYERS (Robert Manson), ed. *The Children of Pride, a True Story of Georgia and the Civil War,* New Haven (Conn.), 1972.

OSSOLI (Margaret Fuller), *Women in the Nineteenth Century,* Boston, 1855.

PEACOCK (Virginia Tatnell), *Famous American Belles of the Nineteenth Century,* Philadelphie, 1901.

PHELPS (Elizabeth Stuart), *Au-delà des Portes,* trad. Charles Grolleau, Paris, 1903; *Entre Ciel et Terre,* trad. Mme Dussau Roman, Paris, 1889.

PRENTISS (Elizabeth), *Stepping Heavenward,* New York, 1869.

PRENTISS (George C.), *The Life and Letters of Elizabeth Prentiss,* New York, 1882.

ROUSSEAU (Jean-Jacques), *Émile ou de l'Éducation,* Paris, 1966.

ROYCE (Sarah), *A Frontier Lady,* New York, 1932.

SANFORD (Mollie Dorsey), *Mollie : The Journal of Mollie Dorsey Sanford in Nebraska and Colorado Territories, 1857-1866,* int. and notes by Donald F. Danker, Lincoln (Neb.), 1976.

SAXON (Mrs. Elizabeth Lyle), *A Southern Woman's War Time Reminiscence,* Memphis (Tenn.), 1905.

SEDGWICK (Catherine Maria), *Foyer,* scènes de la vie de famille aux États-Unis, imité de l'anglais par Mme A. Gael, Paris, 1875.

STANTON (Elizabeth Cady), *Bible and Church Degrade Women,* Chicago (s.d.); *Eighty Years and More (1815-1897),* New York, 1898.

STANTON (Theodore), and Harriot STANTON BLATCH, ed. *Elizabeth Cady Stanton as Revealed in her Letters, Diary and Reminiscences,* 2 vol., New York, 1922.

STOWE (Charles Edward), *The Life of Harriet Beecher Stowe,* London, 1889.

THOMPSON (Eliza Jane Trimble) and Frances WILLARD, *Hillsboro Crusade Sketches,* Cincinnati (Ohio), 1906.

TOCQUEVILLE (Alexis de), *De la démocratie en Amérique,* 2 vol., Paris, 1961.

TROLOPPE (Mrs.), *Domestic Manners of the Americans,* 2 vol., New York, 1894.

UNDERWOOD (Rev. J.L.), *The Women of the Confederacy,* New York, 1906.

WHARTON (Edith), *A Backward Glance,* New York, 1934.

WILLARD (Frances E.), *Glimpses of Fifty Years,* Chicago, 1889; *Women and Temperance,* New York, 1972.

WILLARD (Frances E.) and Mary A. LIVERMORE, *A Woman of the Century : Leading American Women,* Chicago, 1893.

3. Bibliographie

ANDREWS (Wayne), *The Vanderbilt Legend*, New York, 1941.

ARMITAGE (Susan) and Elizabeth JAMESON, ed. *The Women's West*, Norman (Okla.), 1987.

ASBURY (Herbert), *Carry Nation*, New York, 1929.

BANNER (Lois W.), *Elizabeth Cady Stanton : A Radical for Woman's Rights*, Boston, 1980.

BAYM (Nina), *Woman's Fiction : A Guide to Novels by and about Women in America, 1820-1870*, Ithaca (N.Y.), 1979.

BEARD (Mary), *Woman as Force in History*, New York, 1946.

BODE (Carl), *Midcentury America : Life in the 1850*, South Ill. University Press, Carbondale (Ill.), 1972.

BORDIN (Ruth), *Frances Willard : A Biography*, Chapel Hill (N.C.), 1986.

BRODIN (Pierre), *Les Quakers en Amérique du Nord au xviiᵉ siècle et au début du xviiiᵉ*, Paris, 1985.

CASH (W.J.), *The Mind of the South*, Pelican Book, Great Britain, 1973.

CASKEY (Marie), *Chariot of Fire*, New Haven (Conn.), 1978.

CHIPPERFIELD (Faith), *In Quest of Love*, New York, 1957.

CRÉTÉ (Liliane), *La Vie quotidienne en Louisiane (1815-1830)*, Paris, 1978 ; *La Vie quotidienne en Californie au temps de la ruée vers l'or (1848-1856)*, Paris, 1982.

CATTON (William) and Bruce CATTON, *Two Roads to Sumter*, New York, 1963.

COTT (Nancy F.), *The Bonds of Womanhood*, « *Woman's Sphere* » *in New England, 1780-1835*, New Haven (Conn.), 1977.

COWLES (Virginia), *The Astors*, New York, 1979.

CROMWELL (Otelia), *Lucretia Mott*, Cambridge (Mass.), 1958.

DEGLER (Carl N.), *Out of our Past : The Forces That Shaped Modern America*, New York, 1984 ; *At Odds : Women and the Family in America from the Revolution to the Present*, New York, 1980.

DONALD (David), *The Politics of Reconstruction, 1863-1867*, Baton Rouge (La.), 1965.

DOUGLAS (Ann), *The Feminization of American Culture*, New York, 1977.

Encyclopedia of American History, ed. Richard B. Morris, New York, 1982.

FISHER (Christiane), *Let them speak for themselves : Women in the American West*, Camden (Conn.), 1977.

FLEXNER (Eleanor), *Century of Struggle : The Woman's Rights Movement in the United States*, Cambridge (Mass.), 1975.

FORD (Thomas W.), *Heaven Beguiles the Tired*, University (Ala.), 1966.

FOSTER (Charles H.), *The Rungless Ladder : Harriet Beecher Stowe and New England Puritanism*, Durham (N.C.), 1954.

FOX-GENOVESE (Elizabeth), *Within the Plantation Household*, Chapel Hill (N.C.), 1988.

GAY (Peter), *The Bourgeois Experience, Victoria to Freud,* vol. I : *Education of the Sense,* Oxford, 1985.

GOODSELL (Willystine), *Pioneers of Women's Education in the United States,* New York, 1931.

GROSSBERG (Michael), *Governing the Hearth : Law and the Family in Nineteenth Century America,* Chapel Hill (N.C.), 1985.

HALTTUNEN (Karen), *Confidence men and painted women : a study of Middle culture in America, 1830-1870,* New Haven, 1982.

HOFSTADTER (Richard), *The American Political tradition,* New York, 1974.

Illustrated History of the American Civil War, ed. by Henry Steele Commager, London, 1982.

JAMES (Janet Wilson), *Changing Ideas about Women in the United States, 1776-1825,* New York, 1981.

JONES (Anne Goodwyn), *Tomorrow is Another Day : The Woman Writer in the South, 1859-1936,* Baton Rouge (La.), 1982.

KAVALER (Lucy), *The Astors : American Legend,* New York, 1968.

KELLEY (Mary), ed. *Woman's Being, Woman's Place : Female History and Vocation in American History,* Boston, 1979.

LANE (Wheaton), *Commodore Vanderbilt,* New York, 1942.

LERNER (Gerda), *The Grimke Sisters from South Carolina : Rebels against Slavery,* Boston, 1967.

McCALLUM (Jane Y.), *Women Pioneers,* Richmond (Va.), 1929.

MUHLENFELD (Elizabeth), *Mary Boykin Chesnut : a Biography,* Baton Rouge (La.), 1981.

Notable American Women, 1607-1950 : A Biographical Dictionary, ed. by Edward T. James, Janet Wilson James and Paul S. Boyer, Cambridge (Mass.), 1971.

POLLAK (Vivian E.), *Dickinson : the Anxiety of Gender,* Ithaca (N.Y.), 1984.

ROSE (Willy Lee), *Rehearsal for Reconstruction, the Port Royal Experiment,* int. C. Van Woodward, Indianapolis, 1964.

ROTHMAN (Sheila M.), *Woman's Proper Place,* New York, 1978.

RUGOFF (Milton), *The Beechers, an American Family in the Nineteenth Century,* New York, 1981.

RYAN (Mary P.), *Womanhood in America from Colonial Times to the Present,* New York, 1975.

SCHLISSEL (Lillian), *Women's Diaries of the Westward Journey,* New York, 1982.

SCOTT (Anne Firor), *The Southern Lady, from Pedestal to Politics, 1830-1930,* Chicago, 1970, ed. *The American Women : Who Was She?,* Englewood Cliffs (N.J.), 1971.

SELLER (Maxime Schwartz), ed. *Immigrant Women,* Philadelphie, 1981.

SIMKINS (Francis Butler) and James Welch PATTON, *The Women of the Confederacy,* Richmond, 1936.

SKLAR (Kathryn Kish), *Catherine Beecher : A Story of Domesticity,* New Haven (Conn.), 1973.

STAMP (Kenneth M.) and Leon F. LITWACK, ed. *Reconstruction, an Anthology of Revisionist Writings,* Baton Rouge (La.), 1969.

STAUDENRAUS (P.J.), *The African Colonization Movement, 1816-1865,* New York, 1961.

STOWE (Lyman Beecher), *Saints, Sinners and Beechers,* Indianapolis, 1934.

THARP (Louise Hall), *Three Saints and a Sinner,* Boston, 1956.

TUCKER (Susan), *Telling Memories among Southern Women,* Baton Rouge (La.), 1988.

UNDERWOOD (Rev. J.L.), *The Women of the Confederacy,* New York, 1906.

U.S. Colonial History, Readings and Documents, selected and edited by David Hawke, Indianapolis, 1966.

WADE (Mason), *Margaret Fuller, Whetstone of Genius,* New York, 1940.

WEISBERG (Dr Kelly), ed. *Women and the Law: A Social Historical Perspective,* 2 vol., Cambridge (Mass.), 1982.

WELTER (Barbara), *Dimity Convictions: The American Woman in the Nineteenth Century,* Athens (Ohio), 1976.

WILSON (Vincent, jr.), *The Book of Distinguished American Women* Brookeville (Maryland), 1983.

WORTMAN (Marlene Stein), ed. *Women in American Law, From Colonial Times to the New Deal,* vol. Ier, New York, 1985.

4. Thèse

COLOMBU-CHABOT (NICOLE), *La Famille noire sous l'esclavage aux États-Unis,* thèse pour le doctorat du IIIe cycle, université de Paris-Sorbonne, printemps 1982.

5. Articles

ROSENBERG (Carole Smith), « *Beauty, the Beast and the Militant Woman: a Case Study in Sex Roles and Social Stress in Jacksonian America* », in *American Quarterly,* 23, n° 4, October 1971.

WELTER (Barbara), « *The Cult of Womanhood: 1820-1860* », in *American Quarterly,* 18, Summer 1966.

WILEY (Dr Bell I.), « *Diarist from Dixie: Mary Boykin Chesnut* », in *Civil War Illustrated,* vol. XVI, n° 1, April 1977.

WOOD (Ann D.), « *The "Scribbling Women" and Fanny Fern* », in *American Quarterly,* 23, n° 1, Spring 1971.

Principaux personnages

ABBOT (Frances), journaliste.

ABBOT (Lyman), pasteur new-yorkais.

ADAMS (Abigail), épouse de John Adams.

ADAMS (John), deuxième président des États-Unis, avocat du Massachusetts, l'un des pères fondateurs.

ADDAMS (Jane), travailleur social, fondatrice de *Hull House* à Chicago.

ANDREWS (Eliza Frances), fille de planteurs de Géorgie.

ANTHONY (Daniel), quaker du Massachusetts.

ANTHONY (Lucy Read), épouse de Daniel Anthony.

ANTHONY (Susan B.), fille de Daniel et Lucy Anthony, l'un des fers de lance des mouvements féministes et chantre de la Tempérance.

LES ASTOR :

John Jacob I, fondateur de la dynastie, émigrant allemand de Waldorf, fit fortune dans le commerce des peaux.

John Jacob II, fils de John Jacob I.

William Backhouse I, son frère.

John Jacob III, fils de William Backhouse I.

William Backhouse, jr., son frère.

Caroline Astor, née Schermerhorn, épouse de William Backhouse, jr., reine de la société new-yorkaise.

Carrie Astor, fille de William Backhouse, jr., et de Caroline Astor.

Margaret Rebecca Astor, épouse de William Backhouse I.

AVERY (Alida C.), médecin attachée au *Vassar College*.

BARKER (Anna), jeune New-Yorkaise dont Emerson chanta la beauté.

BEAUREGARD (Pierre G.T.), général confédéré de Louisiane, qui fit ouvrir le feu sur le fort Sumter, Caroline du Nord, le 12 avril 1861.

LES BEECHER :

Lyman, théologien revivaliste controversé qui mena un combat incessant contre les unitariens, les catholiques, les mécréants, les duellistes, les ivrognes et les idiots.

Roxana Foote, sa première épouse, dont il eut huit enfants.

Harriet Porter, sa deuxième épouse, dont il eut quatre enfants.

Lydia Jackson, sa troisième épouse.

Catherine Beecher, fille aînée de Lyman et de Roxana, éducatrice, grande prêtresse du culte de la Vraie Femme.

Harriet Beecher, troisième fille de Lyman et Roxana (voir Stowe).

Edward Beecher, deuxième fils de Lyman et Roxana, pasteur.

Henry Ward Beecher, quatrième fils de Lyman et Roxana, orateur célèbre, clergyman presbytérien libéral, soutint la cause des Noirs et des femmes.

Les Blackwell :

Samuel Blackwell, réformateur de Cincinnati, abolitionniste.

Henry, son frère, abolitionniste et militant des mouvements féministes.

Elizabeth, sœur de Samuel et de Henry, médecin.

Antoinette Brown Blackwell, pasteur, épouse de Samuel.

Lucy Stone Blackwell (voir Stone), épouse de Henry.

Alice Stone Blackwell, fille de Alice Stone et de Henry Blackwell.

Blatch (Harriot Stanton), fille de Elizabeth Cady Stanton et de Henry Stanton, féministe.

Bloomer (Amelia), fondatrice d'un journal de tempérance, *The Lily*, milita pour le suffrage des femmes et lança la fameuse tenue appelée Bloomer.

Booth (John Wilkes), célèbre acteur shakespearien qui assassina le président Lincoln le 14 avril 1865.

Bremer (Frederika), romancière et féministe suédoise.

Brown (John), fanatique abolitionniste, responsable de violences dans le Kansas et d'une tentative de soulèvement d'esclaves dans le Sud en 1859.

Burwell (Letitia M.), fille d'un riche planteur de Virginie.

Bushnell (Horace), théologien célèbre qui prêcha le mysticisme et le libre arbitre plus que l'élection.

Burke (Martha Jane Canary, dite Calamity Jane), dont la vie aventureuse et les amours tumultueuses firent d'elle une héroïne du Far West.

Cady (Daniel), fils de fermier, juriste éminent de l'État de New York.

Cady (Margaret Livingston), son épouse, membre de l'aristocratie newyorkaise.

Cady (Elizabeth), fille de Daniel et Margaret Cady (voir Stanton).

Catt (Carrie Chapman), présidente de la toute-puissante *National American Woman Association*. Après la disparition de Susan B. Anthony et d'Elizabeth Cady Stanton, elle reprit le flambeau de la lutte pour le suffrage des femmes.

Channing (William Ellery), clergyman unitarien qui s'éleva avec force contre le calvinisme. Après 1825, son influence s'étendit au-delà des milieux religieux.

Chapman (Maria Weston), vétéran des campagnes pour l'abolition de l'esclavage.

Les Chesnut :

Colonel James Chesnut, propriétaire de Mulberry Plantation, possesseur de plusieurs centaines d'esclaves.

Mary Cox, son épouse.

James Chesnut, jr., fils de James Chesnut et de Mary Cox Chesnut, juriste, sénateur de la Caroline du Sud puis brigadier général dans l'armée confédérée.

Mary Boykin Miller, épouse de James Chesnut, jr. Son journal de guerre apporte un témoignage remarquable de la vie dans la capitale confédérée.

CHILD (Lydia Maria), auteur à succès, féministe.

CHOPIN (Kate O Flaherty), romancière née à Saint Louis, Missouri. Elle vécut à La Nouvelle-Orléans et prit le Sud pour toile de fond de ses ouvrages, romans et nouvelles.

CLAFFIN (Tennessee Celeste), aventurière née dans l'Ohio qui fit trembler la bonne société new-yorkaise.

CLARKE (Dr Edward H.), diplômé de Harvard, auteur d'un ouvrage sur les méfaits de l'éducation supérieure sur les femmes : *Sex in Education.*

CLAY (Clement), sénateur de l'Alabama.

CLAY (Virginia), son épouse, une « belle du Sud » des années 1850.

LES CLUBWOMEN :

Jeannie C. Croly, journaliste, fondatrice de *Sorosis.*

Decker (Sarah), réformatrice.

Grace Dodge, philanthrope.

Fanny Fern, nom de plume de Sara Parton Willis, journaliste et romancière.

Caroline M. Severance, l'une des fondatrices du *New England's Woman Club.*

Elizabeth Oakes Smith, conférencière, féministe.

COFFIN (Rhoda), réformatrice quakeresse.

CRANDALL (Prudence), maîtresse d'école quakeresse de Canterbury, Conn.

DAVIS (Caroline S.), fille d'un clergyman de Géorgie (voir Jones).

DAVIS (Jefferson), président de la Confédération.

DAVIS (Varina), seconde femme de Jefferson Davis.

DICKINSON (Anna), conférencière pour la cause abolitionniste et les droits de la femme.

DICKINSON (Emily), poétesse d'Amherst, Massachusetts, qui de son vivant refusa de publier ses œuvres. Fut une observatrice de la mort et de son effet sur les vivants.

DORR (Rheta Child), journaliste et réformatrice du Nebraska.

EDMONDS (Emma E.), Canadienne qui servit comme infirmière et espionne dans l'armée de l'Union.

EDWARDS (Jonathan), théologien et philosophe du XVIIIe siècle dont la prédication donna le coup d'envoi au premier Grand Réveil religieux de la Nouvelle-Angleterre.

EMBURY (Emma), auteur à succès de romans populaires pour magazines féminins.

EMERSON (Ralph Waldo), philosophe, poète, essayiste. Bien qu'imprégné du puritanisme de ses pères, il prôna l'individualisme transcendantaliste. Son influence sur les écrivains américains des générations suivantes fut capitale.

EVANS (Augusta Jane), romancière de Géorgie.

FINNEY (Charles), prédicateur revivaliste.

FISHER (Alexander Metcalf), brillant théologien, fiancé à Catherine Beecher et qui trouva la mort dans un naufrage.

FOWLER (Charles), théologien, président de la *Northwestern University*, qui fut un moment fiancé à Frances Willard.

FULLER (Margaret), féministe, critique littéraire, essayiste célèbre pour les « conversations » qu'elle organisa à Boston, ses traductions de Goethe et son ouvrage, *Woman in the Nineteenth Century*. Épousa le marquis Angelo d'Ossoli.

GARRISON (William Lloyd), journaliste et leader abolitionniste.

GAYLE (Sarah Haynsworth), fille d'un planteur de la Caroline du Sud qui émigra en 1810 en Alabama, alors la « frontière ». Elle épousa John Gayle, futur gouverneur de l'Alabama.

LES GIDEONITES :

Elizabeth Botume.

Charlotte Forten.

Mansfield French, pasteur méthodiste.

Austa French, son épouse.

William Gannet.

Lucy Mckim.

Ellen Murray.

Helen Phillbrick.

Laura Towne.

Susan Walker.

Harriet Ware.

GILMAN (Charlotte Perkins), féministe et réformatrice, petite-nièce de Catherine Beecher et de Harriet Beecher Stowe.

GORDON (Anne), amie et secrétaire de Frances Willard.

GRANT (Ulysses Simpson), général de l'Union. Candidat républicain, il fut élu à la présidence des États-Unis en 1868 puis réélu en 1872.

GREELEY (Horace), propriétaire du tout-puissant *New York Tribune*. On lui doit la phrase célèbre : « *Go west, young man.* »

GRIMKE (Angelina), fille d'un riche planteur de la Caroline du Sud, se révolta contre l'esclavage et la société sudiste. Elle se convertit au quakerisme, partit pour Philadelphia et fit campagne pour l'abolition de l'esclavage et les droits de la femme. Épousa un bouillant abolitionniste, Theodore Weld.

GRIMKE (Sarah), sœur aînée d'Angelina. Se jeta dans l'abolitionnisme le plus radical et publia une véritable charte du féminisme.

HALE (Sarah Josepha), journaliste célèbre, éditeur en chef d'un magazine féminin, *Godey's Lady's Book*, chanta la femme au foyer.

HANCOCK (Cornelia), jeune fille quakeresse qui servit sur le front comme infirmière, puis se rendit en Caroline du Sud après la guerre de Sécession pour tenter d'améliorer le sort des Noirs.

HAWTHORNE (Nathaniel). Il fit du Mal la préoccupation centrale de ses œuvres. Son livre le plus célèbre, *La Lettre écarlate*, est considéré comme un chef-d'œuvre.

HIGGINSON (Thomas Wentworth), réformateur, partisan du suffrage des femmes.

Howe (Julia Ward), fille d'un riche New-Yorkais, élevée dans la stricte tradition calviniste; elle fit sienne la cause des Noirs puis celle des femmes.

Howe (Samuel Gridley), réformateur de Boston. Il voua sa vie aux aveugles et aux sourds-muets, instruisant ces derniers par une méthode orale. En 1843, il épousa Julia Ward avec laquelle il mena la lutte pour l'abolition de l'esclavage.

Hunt (Richard), architecte de Chicago.

Hunter (David), général de l'Union commandant le secteur du Sud.

Johnson (Annie), ancienne esclave.

Johnson (Ellen Cheney), réformatrice du Massachusetts.

James (Henry), maître du roman américain qui peignit avec un goût minutieux la société riche et désœuvrée de la fin du siècle.

Les Jones :

Révérend Dr Charles Colcock Jones, pasteur presbytérien de Géorgie surnommé « l'apôtre des Noirs ».

Mary (Jones) Jones, son épouse.

Charles Colcock Jones, jr., avocat à Savannah, fils aîné du révérend et de Mary Jones.

Ruth B. (Whitehead) Jones, sa femme, morte en 1861.

Julia, leur fille, morte également en 1861.

Joseph Jones, médecin, fils cadet du révérend et de Mary Jones.

Caroline (Davis) Jones, son épouse.

Révérend Robert Q. Mallard, pasteur presbytérien.

Mary S. (Jones) Mallard, son épouse, fille du révérend et de Mary Jones.

Kane (Paul), artiste canadien.

Kearney (Belle), fille d'un planteur du Mississippi, réformatrice, milita pour le suffrage des femmes et la tempérance.

Kemble (Fanny), actrice anglaise qui épousa en 1834 un riche planteur de Géorgie, possesseur de 700 esclaves. Ne pouvant supporter la société esclavagiste, elle divorça.

King (Grace), romancière et historienne louisianaise.

King (Rufus), journaliste au *Scribner's Magazine*.

Larcom (Lucy), ouvrière et poétesse de la Nouvelle-Angleterre.

Lee (Robert E.), généralissime des armées sudistes pendant la guerre de Sécession.

Lehr (Elizabeth Drexel), « belle » des salons new-yorkais.

Lewis (Dio), médecin, conférencier, apôtre de la tempérance.

Lincoln (Abraham), avocat, homme politique du Kentucky, élu à la présidence des États-Unis en 1860. Abolit l'esclavage. Il fut assassiné par John Wilkes Booth en avril 1865, peu après la reddition du général Lee.

Lincoln (Mary Todd), épouse d'Abraham Lincoln, fille d'un notable de Lexington, Kentucky.

Livermore (Mary), fonda le journal *The Agitator* de Chicago et participa à la création du *Massachusetts Woman Suffrage Association*. Incarna la ligne conservatrice des mouvements féministes.

Loomis (Mabel), jeune fille de la haute société de Washington (D.C.).

LOWELL (Josephine Shaw), réformatrice et philanthrope de New York.

LYON (Mary), pionnière en éducation, elle fonda le *Mount Holyoke Seminary*.

McALLISTER (Ward), avocat désargenté de Savannah (Géorgie) qui fit une brillante carrière de dandy à New York.

McDOWELL (W.A.), pasteur presbytérien de Caroline du Sud.

McIVER (Charles), éducateur de Caroline du Sud.

MARTINEAU (Harriet), célèbre romancière et voyageuse anglaise.

MATHER (Cotton), théologien, maître à penser de Boston à la fin du XVIIᵉ siècle. Auteur prolifique, il n'écrivit pas moins de 450 ouvrages. L'un d'eux, *Memorable Providence Related to Witchcraft and Possession* (1692), contribua à l'hystérie collective qui amena la chasse aux sorcières de Salem.

MERRICK (Caroline), Louisianaise qui milita pour la tempérance et le suffrage des femmes.

MERRICK (Edwin), juriste, époux de Caroline.

LES MISSIONNAIRES EN OREGON :
Cushing Eels.
Myra (Fairbanks) Eels, son épouse.
Deux enfants.
William Henry Gray.
Mary Augusta (Dix) Gray, son épouse.
Deux enfants.
Asa B. Smith.
Sarah (White) Smith, son épouse.
N'eurent pas d'enfant.
Henry Harmon Spalding.
Eliza (Hart) Spalding, son épouse.
Quatre enfants.
Elkanah Walker.
Mary (Richardson) Walker, son épouse.
Huit enfants.
Marcus Whitman, médecin de la mission.
Narcissa (Prentiss) Whitman, son épouse.
Un enfant, Alice Clarissa, morte noyée en 1839.

MORRIS (Lloyd), écrivain new-yorkais.

MOTT (Lucretia), prédicatrice quakeresse qui milita activement en faveur de l'abolition de l'esclavage et des droits de la femme.

NATHAN (James), juif allemand émigré à New York. Noua avec Margaret Fuller une idylle mouvementée.

NATION (Carrie), exaltée religieuse qui participa à la croisade antisaloon.

PAMBRUN (Mr.), agent de la *Hudson Bay Company*.

PARKER (Samuel), prédicateur presbytérien. Organisa la première mission en Oregon.

PARKER (Theodore), pasteur, théologien et écrivain célèbre du Massachusetts, actif dans les mouvements réformateurs et humanitaires.

PERKINS (H.K.W.), missionnaire à Waskopum ou The Dalles.

PHELPS (Elizabeth Stuart), auteur à succès de romans sur le « royaume céleste ».

PHILLIPS (Wendell), réformateur de Boston. Orateur infatigable, milita en faveur des Noirs, des femmes, des Indiens, des travailleurs, de la tempérance et de l'abolition de la peine de mort.

LES PIONNIÈRES :

Clara Brown.
Amelia Buss.
Gusta Anderson Chapin.
Lucy Rutledge Cook.
Esther Hanna.
Catherine Haun.
Amelia Stewart Knight.
Abby Mansur.
Sarah Royce.
« Dame Shirley ».
Velina Williams.

POLK (James Knox), onzième président des États-Unis, ardent expansionniste.

PRENTISS (Elizabeth), auteur d'ouvrages de consolation.

RAYMOND (John), premier président de *Vassar College*.

ROSE, esclave appartenant à Sarah Gaynsworth Gayle.

ROSE (Ernestine), féministe.

SANFORD (Molly Dorsey), jeune fille de l'Indiana dont la famille émigra au Nebraska en 1857.

SANFORD (Byron), mari de Molly Dorsey.

SAXON (Elizabeth Lyle), réformatrice, qui lutta pour les droits de la femme et l'amélioration de la condition féminine dans le Sud.

SEDGWICK (Catherine Maria), auteur de romans féminins à succès.

SHERMAN (Tecumseh), général de l'Union dont les armées ravagèrent le Sud et brûlèrent Atlanta.

SMITH (Gerrit), réformateur, abolitionniste passionné, cousin d'Elizabeth Cady Stanton.

SMITH (Sophia), philanthrope de la Nouvelle-Angleterre, fondatrice de *Smith College*.

STANTON (Elizabeth Cady), fer de lance des mouvements féministes, fut une des premières femmes américaines à réclamer le suffrage.

STANTON (Henry), juriste, abolitionniste, conférencier pour l'*American Anti-Slavery Society*.

STONE (Lucy), féministe, milita pour la cause des Noirs et celle des femmes. Avec Mrs. Livermore, créa la *Massachusetts Women Suffrage Association*, qui réunit les membres les plus conservateurs du mouvement féministe.

STOWE (Calvin), professeur de grec et d'hébreu, théologien, épousa en seconde noce Harriet Beecher.

STOWE (Harriet Beecher), l'auteur le plus célèbre du XIXe siècle américain, dont l'ouvrage, *La Case de l'oncle Tom*, fit plus pour la cause des Noirs que tous les discours des abolitionnistes.

STRONG (Josiah), pasteur militant des années 1890, apôtre de la tempérance.

TAYLOR (révérend William), bouillant pasteur méthodiste.

THOMAS (M. Carey), fit carrière dans l'enseignement et devint présidente de *Bryn Mawr College*, en Pennsylvanie.

THOMPKINS (Sally), ouvrit un hôpital militaire à Richmond (Virginie) pendant la guerre de Sécession.

THOMPSON (Eliza), digne épouse d'un avocat de Hillsboro, Ohio; mena la première croisade contre les saloons.

TILOUKAIKT, chef indien cayuse, massacra Marcus et Narcissa Prentiss.

TILTON (Theodore), réformateur, rédacteur du journal libéral *Independent*.

TILTON (Elizabeth), épouse de Theodore Tilton. Sa « liaison » avec le révérend Henry Ward Beecher devint une cause célèbre des années 1870.

TRAIN (George), milliardaire excentrique, financier, spéculateur.

TUBMAN (Harriet), esclave réfugiée dans le Nord qui joua un rôle considérable dans le fameux *Underground Railway*, réseau d'assistance pour les esclaves en fuite.

LES VANDERBILT :

Cornelius Vanderbilt, dit le Commodore, fondateur de la dynastie, bâtit sa fortune dans la marine à vapeur et les chemins de fer.

William Henry, fils du Commodore.

Maria Louisa Kissam, fille d'un clergyman de Brooklyn, épouse de William Henry.

Cornelius Jeremiah, fils cadet du Commodore.

William Kissam dit Willie K., fils de William Henry.

Alva Forbes Smith, épouse de Willie K.

Cornelius Vanderbilt II, fils de William Henry.

WARD (Lester Frank), jeune homme de Pennsylvanie.

WELD (Theodore), abolitionniste, époux d'Angelina Grimke.

WHARTON (Edith), talentueuse écrivain américain qui décrivit avec un art consommé un monde qu'elle connaissait bien : l'élite sociale new-yorkaise.

LES WILLARD :

Josiah Willard, gros fermier du Middle West, descendant d'une vieille famille puritaine de la Nouvelle-Angleterre.

Mary Hill Willard, son épouse.

Oliver, leur fils.

Frances, leur fille. Milita pour la tempérance et devint présidente de la toute-puissante *Women's Christian Temperance Union* qu'elle amena peu à peu à faire campagne pour le vote des femmes.

Mary, fille cadette, qui mourut à dix-neuf ans de la tuberculose.

Mary Bannister Willard, épouse d'Oliver, amie de classe de Frances.

WILLARD (Emma Hart), pionnière dans le domaine de l'éducation, fonda un séminaire à Troy (New York).

WITTENMAYER (Annie), première présidente de la *Women's Christian Temperance Union*.

WISS (Rosa), fille d'un petit fermier du Mississippi, première femme à exercer la médecine dans l'État.

WOODHULL (Victoria Claffin), prôna les droits de la femme, le spiritisme, l'empirisme médical et l'amour libre.

Chronologie

1801 : 17 février : élection de Thomas Jefferson à la présidence des États-Unis.

1803 : *Louisiana Purchase.* Le 30 avril, la France cède aux États-Unis la Louisiane contre 15 millions de dollars.

1803-1806 : Jefferson confie à deux jeunes officiers, Merriweather Lewis et William Clark, une expédition, afin de découvrir les territoires vierges du Nord-Ouest et de nouer des relations amicales avec les Indiens.

1807 : à l'instigation de Jefferson, le Congrès, le 2 mars, interdit l'importation d'esclaves sur le territoire américain à partir du 1er janvier 1808.

1810 : annexion de la Floride occidentale, qui appartenait aux Espagnols.

1811 : le long des frontières de l'ancien Nord-Ouest, le chef shawnee Tecumseh soulève les tribus contre les Blancs.

1812-1814 : seconde guerre d'Indépendance contre la Grande-Bretagne. Le 24 décembre 1814, la paix de Ghent met fin à la guerre.

1815 : le 8 janvier, quinze jours après la signature du traité de paix, les forces américaines, sous le commandement d'Andrew Jackson, remportent leur première grande victoire sur les Anglais à la bataille de La Nouvelle-Orléans.

1818 : première guerre contre les Seminoles en Floride.

1819 : cession de la Floride orientale aux États-Unis le 22 février.

1820 : à l'occasion de l'admission dans l'Union du Missouri et du Maine, un compromis est trouvé pour maintenir l'équilibre politique entre les États esclavagistes et les États libres : dorénavant, l'esclavage est interdit sur tout le territoire des États-Unis au nord de la latitude 36° 30′, sauf au Missouri.

1823 : le 2 décembre, un message au Congrès énonce la doctrine de Monroe.

1824-1840 : des prédicateurs revivalistes parcourent l'Est et le Middle West pour prêcher le Grand Réveil.

1826 : 4 juillet, mort de Thomas Jefferson à Monticello (Virginie) et de John Adams à Quincy (Massachusetts).

James Oliver Cooper publie *Le Dernier des Mohicans*.

1828 : élection d'Andrew Jackson à la présidence des États-Unis.

1830 : le Congrès vote une loi prévoyant la déportation en territoire indien (Oklahoma) des cinq grandes tribus civilisées : Creek, Cherokee, Chickasaw, Choctaw, Seminole.

1831 : William Lloyd Garrison fonde le journal abolitionniste *The Liberator*.

Rébellion du prédicateur noir Nat Turner qui aboutit au massacre de 57 Blancs, hommes, femmes et enfants.

1832 (6 avril-2 août) : guerre des Black Hawks contre les tribus Fox et Sac.

1832-1840 : formation de différentes sociétés antiesclavagistes et de l'*Underground Railroad*, réseau d'assistance aux esclaves en fuite.

1835 : début du conflit armé entre les colons texans et les Mexicains.

1835-1842 : seconde guerre contre les Séminoles en Floride.

1836 (26 février-6 mars) : siège d'Alamo.

En juillet, Narcissa Prentiss Whitman et Eliza Hart Spalding franchissent les Rocheuses, premières femmes blanches sur la piste de l'Oregon.

21 octobre : établissement de la république indépendante du Texas.

1839 : Henry W. Longfellow publie *Voices of the Night*.

1841 : Ralph Waldo Emerson publie *Essays*.

1845 : annexion du Texas le 1ᵉʳ mars.

Edgar Allan Poe publie *The Raven and other poems*. Margaret Fuller publie *Woman in the Nineteenth Century*.

1846 : règlement des frontières de l'Oregon entre la Grande-Bretagne et les États-Unis ; la frontière du Canada est fixée au 49° de latitude, mais l'île de Vancouver est concédée aux Anglais.

11 mai : les États-Unis déclarent la guerre au Mexique.

1848 (24 janvier) : découverte de l'or en Californie.

2 février : traité de Guadalpe Hidalgo, par lequel le Mexique renonce à toute prétention sur le Texas, reconnaît comme frontière le rio Grande et cède aux États-Unis, contre 15 millions de dollars, la Californie et tout le territoire situé entre cette province et le Texas.

19 juillet : première convention des droits de la femme à Seneca Falls (New York), organisée par Lucretia Mott et Elizabeth Cady Stanton.

1849 : ruée vers l'or californienne.

1850 : grand débat sur l'esclavage provoqué par la demande d'admission dans l'Union de la Californie, débat qui aboutit à un nouveau compromis ; la Californie est admise comme État libre ; dans le reste des terres cédées par le Mexique, la décision au sujet de l'esclavage sera laissée aux colons.

9 septembre : la Californie est reçue dans l'Union.

18 septembre : le Congrès vote le *Fugitive Slave Act*, qui recourt le concours de tous, au Nord comme au Sud, pour traquer les esclaves en fuite et les ramener à leurs propriétaires.

Nathaniel Hawthorne publie *La Lettre écarlate*.

1851 : Herman Melville publie *Moby Dick*.

Nathaniel Hawthorne publie *The House of the Seven Gables*.

1852 : Harriet Beecher Stowe publie *La Case de l'oncle Tom*.

1853 : *Gadsden Purchase* : contre 10 millions de dollars, le Mexique cède aux État-Unis un territoire rectangulaire situé au sud de la rivière Gila, dans la vallée de la Mesilla.

1854 : création du *Know Nothing Party*, force politique dirigée contre les étrangers et les catholiques.

1855 : Walt Whitman publie *Leaves of Grass*.

Violents incidents au Kansas entre pro-esclavagistes et abolitionnistes. Le fanatique John Brown, avec six compagnons, massacre des colons sur la Pottawatomie Creek.

1858 : ruées vers l'or dans le Colorado, le Nevada et la Colombie britannique.

1860 (6 novembre) : élection d'Abraham Lincoln à la présidence des États-Unis.

24 décembre : la Caroline du Sud fait sécession.

1860-1864 : ruée vers l'or dans l'Idaho et le Montana.

Guerre contre les Cheyennes et les Arapahos.

1861 (4 février-8 février) : convention des États du Sud à Montgomery (Alabama), rédaction d'une Constitution confédérée et mise en place d'un gouvernement provisoire. Jefferson Davis est élu président de la Confédération.

4 mars : Lincoln entre à la Maison-Blanche.

1-15 avril : le général Beauregard s'empare du fort Sumter, en Caroline du Sud. Le président Lincoln appelle aux armes.

1861-1865 : guerre civile entre le Nord et le Sud.

1862 : *Homestead act* conférant gratuitement la propriété de 60 acres du domaine public à ceux qui les ont occupés pendant cinq ans.

1863 (1er janvier) : Lincoln proclame l'émancipation des esclaves.

1864 : Elisabeth Cady Stanton et Susan B. Anthony fondent l'*American Equal Right Association* dans le dessein de promouvoir le vote de tous les Américains, sans distinction de sexe ou de race.

7 mai-2 septembre : à la tête de 100 000 hommes, le général Sherman marche à travers la Géorgie, semant la mort et la ruine.

1865 (9 avril) : reddition du général Robert E. Lee, généralissime des armées confédérées, à Appomatox Courthouse, Virginie.

14 avril : le président Lincoln est assassiné par John Wilkes Booth.

Première guerre des Sioux.

Adoption du 13ᵉ amendement de la Constitution américaine.

1866 : fondation du Ku Klux Klan à Pulaski, Tennessee.

Adoption du 14ᵉ amendement de la Constitution américaine.

Elizabeth Cady Stanton se propose comme candidate aux élections législatives.

1867 : les États-Unis achètent l'Alaska à la Russie pour 7 200 000 dollars.

1868 : fondation à New York du club de femmes *Sorosis*, premier du genre.

1869 : l'*American Equal Right Association* se scinde en deux ; les éléments conservateurs forment l'*American Woman Suffrage Association* ; les autres, sous la houlette d'Elizabeth Cady Stanton, se regroupent dans la *National Woman Suffrage Association*.

1870 : adoption du 15ᵉ amendement de la Constitution américaine.

10 mai : le *Central Pacific* rejoint le *Union Pacific* à Promontory Point (Utah).

23 mai : voyage inaugural du train Boston-Oakland.

1871-1886 : guerre contre les Apaches au Nouveau-Mexique et en Arizona.

1872 : amnistie générale pour les ex-Confédérés.

Susan B. Anthony vote à l'occasion des élections présidentielles et est emprisonnée.

Procès en adultère d'Elizabeth Tilton et Henry Ward Beecher.

1873 : début de la croisade antisaloon.

1874 : fondation de la *Women's Christian Temperance Union*.

1875 : ouverture des Black Hills du Dakota du Sud aux chercheurs d'or.

1875-1876 : seconde guerre des Sioux.

1876 : Mark Twain publie *Tom Sawyer*.

1883 : Mark Twain publie *Life on the Mississippi*.

1885 : Mark Twain publie *Huckleberry Finn*.

1890 : les deux mouvements pour le suffrage des femmes fusionnent; création de la *National American Woman Suffrage Association*.

1896 : ruée vers l'or au Klondike.

1898 : annexion de Hawaii.

Guerre hispano-américaine.

Table des illustrations

19. L'école de Blanche Lamont à Hecla, Montana, en octobre 1893. Photographie. Photo The Granger Coll.

20. Kindergarten pour filles. Gravure, vers 1895. Photo Mary Evans Picture Library-Explorer.

21. Grève des ouvrières de la chaussure à Lynn, Massachusetts, le 7 mars 1860. Gravure. Photo The Granger Coll.

22. La filature de coton de Boott à Lowell, Massachusetts. Gravure. Photo The Bettmann Archive.

23. Ouvrières des filatures dans le Massachusetts, avec leur navette et leur crochet. Photographie, milieu du XIXe siècle. Photo The Granger Coll.

24. Fillette ouvrière dans une filature. Photographie, fin du XIXe siècle. Photo DITE-IPS.

25. Atelier de femmes dans la confection. Gravure. Photo The Bettmann Archive.

26. *Une beauté du Sud.* Gravure. Photo Mary Evans Picture Library-Explorer.

27. Famille d'esclaves. Lithographie, vers 1820. Photo Explorer-Archives.

28. La récolte du coton. Gravure. Photo Mary Evans Picture Library-Explorer.

29-30. Angelina et Sarah Grimke. Gravures. Photo The Granger Coll.

31. *Des ségrégationnistes lynchent Phillis, une jeune affranchie, parce qu'elle a frappé une jeune blanche.* Gravure, 1867. Photo The Granger Coll.

32. Un convoi d'émigrants dans la Sierra Nevada. Photographie, 1866. Photo The Granger Coll.

33. Calamity Jane. Photographie, 1901. Photo The Bettmann Archive.

34. Une pionnière ramassant des bouses de bison pour le chauffage. Photographie, vers 1880. Photo The Bettmann Archive.

35. Une famille de paysans de l'Oregon. Photographie de W. A. Raymond, vers 1880. Photo The Bettmann Archive.

36. Pionniers devant leur maison de tourbe, dans le Nebraska. Photographie, vers 1890. Photo The Bettmann Archive.

37. Scène de ménage dans un billard de l'Arizona. Gravure. Photo Edimédia.

38. Une famille de mormons. Gravure. Photo Mary Evans Picture Library-Explorer.

39. Shakers. Gravure. Photo Mary Evans Picture Library-Explorer.

40. Une réunion quaker à Philadelphie. Gravure. Photo The Granger Coll.

41. Susan B. Anthony et Elizabeth C. Stanton. Photographie, vers 1900. Photo The Bettmann Archive.

RECHERCHE ICONOGRAPHIQUE : Studio CLAM! (Anne Mensior).

Table des matières

Deuxième Partie : La Femme nouvelle

Régine Pernoud

La femme au temps des
Croisades

Avec *La Femme au temps des Croisades*, Régine Pernoud donne un formidable prolongement à son désormais célèbre *La Femme au temps des Cathédrales*. Cette femme médiévale que nous avons découverte et aimée, nous partons à sa suite dans ce qui fut la plus grande aventure du Moyen Âge. Les Croisades ne furent pas seulement affaire de soldats et de batailles. Elles ont lancé sur mer et sur les routes des dizaines de milliers d'hommes et de femmes, des familles entières qui ont tout quitté pour aller s'installer autour des Lieux saints. Dans les chartes et dans les chroniques, ainsi que sur place au Proche-Orient, Régine Pernoud a retrouvé la trace de ces hommes et de ces femmes oubliés.
Bourgeoises ou grandes dames, femmes de commerçants ou d'artisans, humbles moniales ; venues de Toulouse, de Châteauroux ou de Poitiers ; Mélisende, Sibylle, Alix, Éléonore — elles ont fait vivre pendant quatre siècles, en Palestine puis à Chypre, l'étonnant royaume de Jérusalem, fragile îlot occidental en terre orientale. Parmi les Arméniennes, les Turques, les Syriennes, les Byzantines, devenues leurs sœurs d'adoption, elles ont cultivé la terre, transmis la vie, gardé les biens. Elles ont subi la rigueur des défaites, les drames de l'esclavage et de l'exil. Plus que les hommes, elles ont été les véritables héroïnes d'une épopée qui, malgré ses errements et ses contradictions, ne visait pas la conquête mais le droit à la cohabitation pacifique, sur une terre appartenant au patrimoine spirituel de l'humanité.

Pour mener à bien un tel ouvrage, grandiose fresque historique sur les rives bigarrées de la Méditerranée orientale, en même temps que réflexion profonde sur la rencontre des peuples et des cultures, il fallait la connaissance intime que possède du Moyen Âge Régine Pernoud, qui nous livre ici son chef-d'œuvre.

Christiane Desroches Noblecourt

La femme au temps des Pharaons

Cette Égypte qui nous fascine avec ses pharaons légendaires, ses sarcophages d'or et ses pyramides mystérieuses s'est-elle faite *avec* ou *sans* les femmes? *Avec*, répond Christiane Desroches Noblecourt au terme d'un impressionnant travail de recherche et de décryptage.

Dans la société civile, la femme est l'égale de l'homme; comme lui, elle peut faire des études; elle peut hériter, tester, léguer. Au sein du couple les décisions se prennent à deux.

Dans le domaine royal, la Grande Épouse transmet le sang et l'héritage pharaonique; elle seconde et conseille le roi. Consécration ultime : une femme sur le trône; c'est l'extraordinaire histoire de la reine Hatshepsout, pharaonne pacifique, énergique, éclairée; le récit de l'expédition qu'elle organise à Pount pour y chercher des arbres à encens, des résines, des aromates, en échange de quelques verroteries, est stupéfiant d'audace et d'ingéniosité.

D'autres femmes participent au pouvoir : celles du Grand Harem du pharaon qui vont jusqu'à ourdir des complots; les vierges souveraines de Thèbes, Épouses du dieu, qui évincent les grands prêtres pour prendre le pouvoir religieux, concurrent du pouvoir royal.

Quant au monde divin qui imprègne toute la vie quotidienne, il est largement dominé par Isis, la magicienne, le modèle de l'épouse et de la mère dont le poète dit : « Tu as rendu le pouvoir des femmes égal à celui des hommes. » Rempli d'anecdotes inattendues, d'histoires cocasses, de faits divers, d'intrigues et de légendes cosmiques; illustré de vingt-quatre pages de reproductions hors texte, de nombreux dessin in texte, *La Femme au temps des Pharaons* donne une vision nouvelle et plus familière d'une époque dont on n'avait jusqu'aloes que l'image impériale et grandiose.

Christiane Desroches Noblecourt, médaille d'or du C.N.R.S., a été conservateur en chef du département égyptien du Louvre. Par son enseignement, ses écrits, en particulier par son best-seller sur Toutankhamon – traduit dans vingt-deux pays –, par son acharnement à sauvegarder les temples de Nubie, elle a contribué à faire connaître l'Égypte au grand public. Elle poursuit actuellement des recherches dans la Vallée des Reines, dont elle a entrepris, grâce à un mécénat, la rénovation.

Danielle Elisseeff

La femme au temps des
Empereurs
de Chine

La Chine impériale, terre du « Juste Milieu » mais aussi de terribles excès, fit toujours rêver l'Occident : pays de la soie, de la porcelaine, des filles-fleurs au sourire en bouton de rose, avançant à pas gracieux sur des pieds minuscules. Vision superficielle et mièvre de voyageur barbare, mais image douce, rassurante et que les Chinois eux-mêmes aimaient à évoquer. Car nulle autre civilisation, peut-être, n'a autant redouté la femme, la voyant comme un être étrange, dérangeant, capable du meilleur et du pire.

Danielle Elisseeff, archiviste-paléographe, docteur en études extrême-orientales, et l'une des meilleurs spécialistes actuelles de la Chine, raconte le difficile parcours des femmes chinoises sous l'Empire, pour se situer dans un monde qui se méfiait d'elles, parcours difficile et long puisqu'il s'étend sur deux millénaires et qu'il plonge ses racines jusque dans la Préhistoire.

Les destins s'y enchaînent en un déroulement implacable – séduction, amour, cruauté, terreur. Il y a la belle Si de Bao, que son roi ne savait pas faire rire, ce dont il mourut ; Dame Lü, fille de cabaretier promue impératrice, d'une féroce efficacité, et qui périt mordue par un chien venu, dit-on, de l'au-delà ; Douwan, frivole princesse reposant pour l'éternité dans son habit de jade et d'or ; Dame Yang, tendre amoureuse qui accepta d'être pendu, pour sauver l'Empire, face à l'image du Bouddha. Il y a surtout la cohorte des humbles, inlassables fourmis laborieuses, toujours en mouvement dans les rizières et les champs, à la maison, au jardin, à l'atelier familial, sans oublier les hommes de bonne volonté qui s'efforcèrent, contre vents et marées, de leur donner une place la mesure de leur énergie.

Une inoubliable saga où la palpitation de la vie s'allie au souffle de l'épopée.

Catherine Bernard-Cheyre

La femme au temps de Shakespeare

On les veut chastes et soumises ; on les marie contre leur gré ; on les vend au plus offrant. Et pourtant l'Angleterre élisabéthaine est « le paradis des femmes ». Sous la glace couve un volcan : l'orpheline se venge du destin, l'épouse-enfant devient adultère, voire empoisonneuse. Elles se parent avec ostentation, abusent des fards et des onguents, vendent leurs charmes pour quelques pièces. Elles jettent des sorts, perdent leur vertu au théâtre, s'élancent du haut d'une tour dans les bras de leur amant, se remarient encore drapées dans leurs voiles de veuves. En vain les puritains tentent-ils de les ramener à la raison – celle des hommes.

Mais elles savent lire le grec et le latin, écrire des vers et composer de la musique. Elles dirigent boutiques et entreprises, soignent les malades et construisent des châteaux. Les hommes les vilipendent mais, par amour pour elles, ils perdent fortune et honneurs.

La mort d'Elisabeth Iʳᵉ, « reine des abeilles », met-elle fin à leur règne ? Pas véritablement. Jacques Iᵉʳ, homosexuel et chasseur de sorcières, ne saura pas mieux les dompter que ne l'avait fait Henry VIII, lubrique et paranoïaque. Pendant plus d'un siècle, les femmes mènent la danse dans la joyeuse Angleterre, sur la scène du théâtre de Shakespeare comme sur celle de la vie. Le rideau ne tombera sur elles que bien plus tard.

Désespoirs, luttes, vengeances, ambitions, triomphes modestes ou éclatants, Catherine Bernard-Cheyre nous fait partager la vie de ces femmes dans une Angleterre en plein tumulte encore ébranlée par des conflits religieux. Le récit se nourrit de détails et d'anecdotes, s'attarde sur des figures particulièrement captivantes et sur leurs destins tragiques ou brillants. Sans pour autant négliger la foule des anonymes : marchandes des quatre-saisons, paysannes, infirmières, brasseuses de bière, laveuses ou prostituées, toutes celles qui, jour après jour, font vraiment l'histoire des peuples.

Catherine Bernard-Cheyre est agrégée d'anglais, docteur ès lettres, maître de conférences à l'université d'Aix-Marseille et spécialiste de l'histoire de la femme dans la littérature anglaise aux xvIᵉ et xvIIᵉ siècles.

Célia Bertin

La femme à Vienne
au temps de Freud

La Vienne de 1900, et les Viennoises, ont pour nous des accents de rêve et de brillant. Elles sont belles et elles valsent dans des palais baroques au bras d'officiers chamarrés, sur des airs de Strauss. Elles sont libres et audacieuses, comme dans les tableaux de Klimt, et leur nom évoque le génie : Alma Malher, Lou Andreas-Salomé, Margaret Wittgenstein... Elles sont simples et confiantes, comme les oies blanches des pièces de Schnitzler, et elles rêvent d'amour et de musique au printemps, parmi les lilas du Prater. Elles sont aussi « l'impératrice de la solitude », la fantasque Sissi, qui, entre les hauts murs de la Hofburg, rêve à son enfance heureuse, au vieux château des Wittelsbach, à tant de choses en elles inexplicables.

C'est que la capitale de l'Empire austro-hongrois, aux mœurs encore si rigides, nourrit aussi en son sein d'autres femmes et d'autres rêves, plus troubles, plus secrets. Dans les immeubles opulents des quartiers chics, elles sont nombreuses à se languir dans leurs vastes appartements. Elles n'ont pas le droit d'avoir une occupation à elles, pas le droit de flâner dans les rues, d'entrer seules dans un café. Alors elles fuient dans l'imaginaire et deviennent la proie de démons étranges. Soudain elles prétendent ne plus pouvoir marcher, elles crient de terreur ou elles rient comme des folles. Le sont-elles vraiment? On les cache et un silence gêné les entoure.

C'est en observant les hystériques, si nombreuses parmi ses patientes, que Freud découvre l'inconscient et qu'il « perce le mystère du rêve », comme il le déclare en 1895. Célia Bertin nous raconte la double histoire d'une ville exceptionnelle et d'une découverte révolutionnaire, à travers les femmes, célèbres ou anonymes, qui habitèrent l'une et inspirèrent l'autre.

Célia Bertin est l'auteur de plusieurs grands succès, dont une biographie de la psychanalyste Marie Bonaparte, *La Dernière Bonaparte*, ainsi qu'une autre de Rodolphe de Habsbourg, *Mayerling ou le destin fatal des Wittelsbach*.

Yvonne
Knibiehler

Régine
Goutalier

La femme au temps des
Colonies

L'histoire de la colonisation a superbement ignoré le deuxième sexe, et la littérature coloniale ne l'a guère évoqué qu'à travers des fantasmes érotiques. Les
auteurs, historiennes, partent à la recherche de ce monde féminin dédaigné. A
partir de sources multiples, d'enquêtes rigoureuses, de témoignages indivi-
duels, elles évoquent à la fois les colonisatrices et les colonisées. L'empire était
immense! Tout en suggérant sa diversité, elles prennent un grand nombre
d'exemples en Afrique.
Le livre raconte la vie de nombreuses figures féminines de grand relief, de
l'exploratrice à la séductrice, de la bagnarde à l'apôtre. On découvre outre-
mer des personnalités de premier plan, mais aussi des dévouements obscurs, et
des formes nouvelles de souffrance. Au-delà de la « petite histoire » – c'esty
ainsi que l'on a trop longtemps perçu l'histoire des femmes – on voit émerger
les plus graves problèmes de la colonisation : en matière de santé et d'éducation, le colonisateur ne pouvait rien sans la participation des femmes; et il a
trop souvent sous-estimé le rôle de ces « productrices-reproductrices » qui sont
la base même de l'économie agricole, au moins en Afrique noire.
En dépit d'une vive sympathie pour toutes ces oubliées, le ton de l'ouvrage est
à peine féministe. Quant aux querelles partisanes (colonialisme-anti-
colonialisme), elles sont ici dépassées. Non que les auteurs veuillent nier les
antagonismes; mais, placées du côté féminin, elles peuvent poser d'autres
questions. Y a-t-il eu rencontre entre les colonisatrices et les colonisées? Si
oui, où et comment? Avec quelles conséquences pour les unes et pour les
autres? Ce livre est aussi une réflexion sur les rapports qui s'établissent entre
femmes, entre hommes et femmes, quand se heurtent plusieurs cultures, plusieurs civilisations.
Trente-deux pages d'illustrations hors texte évoquent l'érotisme et la vie de
famille, les têtes couronnées et les esclaves, les missionnaires et les « petites
épouses ». Elles montrent à quel point l'art, la littérature, le cinéma, la publi-
cité ont subi la fascination des colonies.

Yvonne Knibiehler et Régine Goutalier, historiennes, enseignent toutes deux à
l'université de Provence.

Catherine Marand-Fouquet

La femme au temps de
La Révolution

Les clichés ont la vie dure, s'agissant de la Révolution, et particulièrement en ce qui concerne les femmes. Pour les uns, c'est le souvenir des tricoteuses, des dames de la Halle qui haranguent la foule, de quelques amazones hystériques. Pour les autres, suivant en cela Michelet, les femmes manipulées par les prêtres fournissent les gros des troupes de la Contre-Révolution – tandis que les patriotes tentaient de les affranchir.

Sans parti pris, avec le souci permanent de déchiffrer les attitudes individuelles derrière des images trompeuses, Catherine Marand-Fouquet rétablit la vérité, et fait revivre pour nous toutes les femmes de ces dix années capitales. Celles qui tentèrent d'agir, aux premières heures de la Révolution, qui voulurent prendre la parole, écrire, manifester, mais que les conventionnels renvoyèrent au rôle d'épouse vertueuse qu'ils rêvaient pour elles. Les passionnées, d'un bord ou de l'autre, Théroigne de Méricourt ou Charlotte Corday; celles qui survécurent, comme Madame Tallien, et celles qui moururent, comme Madame Roland et Marie-Antoinette, qui cristallisa sur elle toutes les haines. Il y eut aussi toutes celles qui subirent: fuyardes dans la Vendée ravagée par la guerre, femmes de prisonniers qui hantaient inlassablement les allées du pouvoir pour quémander la libération de leur époux, mères déchirées aux heures les plus noires de la Terreur, veuves de soldats de l'An II auxquelles la Patrie monnayait chichement sa reconnaissance. Parce qu'elles étaient en charge du foyer, ce sont les femmes qui éprouvèrent le plus durement les désordres et la pénurie.

Aucune réflexion sur la Révolution ne pourra désormais ignorer l'apport de ce livre, et l'éclairage qu'il jette sur cette moitié de la société qu'on oublie trop souvent à l'heure des comptes: les femmes.

Catherine Marand-Fouquet, agrégée d'histoire, est une des meilleures spécialistes de l'histoire des femmes.

Cet ouvrage a été réalisé par la
SOCIÉTÉ NOUVELLE FIRMIN-DIDOT
Mesnil-sur-l'Estrée
pour le compte des Éditions Stock
22, Avenue Pierre-1ᵉʳ-de-Serbie
75016 Paris
en Août 1990

Imprimé en France
Dépôt légal : Septembre 1990
Nᵒ d'édition : 8419 – Nᵒ d'impression : 14594
ISBN 2-23402256-8
54-20-3897-01

54.3897.3